普通高等教育人力资源管理专业系列教材

职业生涯管理

第 3 版

郑美群　李洪英　刘　丹　编

机 械 工 业 出 版 社

本书借鉴和整合了国内外大量研究成果,力求全面系统地阐述职业生涯管理的理论和实践,在介绍理论的基础上,紧密结合职业生涯管理实践,充分体现系统性、前瞻性、实践性和适用性等特点。

本书分为四个部分:第一部分是基本理论与方法,第二部分是个人职业生涯管理,第三部分是组织职业生涯管理,第四部分是理论前沿问题。

本书每章都设有本章要点、导入案例、相关链接、关键词、思考题、案例分析讨论等模块,以帮助读者更好地提高学习效果和阅读效果。

本书可作为高等院校工商管理、人力资源管理及相关专业的本科生教材,也可作为从事人力资源管理工作的读者的学习用书,以及企业员工进行个人职业生涯管理的指导用书。

图书在版编目(CIP)数据

职业生涯管理/郑美群,李洪英,刘丹编.—3版.—北京:机械工业出版社,2022.8(2024.9重印)

普通高等教育人力资源管理专业系列教材

ISBN 978-7-111-71362-3

Ⅰ.①职⋯ Ⅱ.①郑⋯ ②李⋯ ③刘⋯ Ⅲ.①大学生-职业选择-高等学校-教材 Ⅳ.①G647.38

中国版本图书馆CIP数据核字(2022)第140242号

机械工业出版社(北京市百万庄大街22号 邮政编码 100037)
策划编辑:曹俊玲　　　　　　责任编辑:曹俊玲　王　芳
责任校对:肖　琳　王　延　　封面设计:张　静
责任印制:李　昂
北京捷迅佳彩印刷有限公司印刷
2024年9月第3版第3次印刷
184mm×260mm・19.75印张・488千字
标准书号:ISBN 978-7-111-71362-3
定价:61.80元

电话服务　　　　　　　　网络服务
客服电话:010-88361066　　机 工 官 网:www.cmpbook.com
　　　　　010-88379833　　机 工 官 博:weibo.com/cmp1952
　　　　　010-68326294　　金 书 网:www.golden-book.com
封底无防伪标均为盗版　　机工教育服务网:www.cmpedu.com

前言

当今社会，每一个人在组织中都期望达到"工作，并快乐着"的理想境界。而要达到这一理想境界，个人要在自我认知的基础上，找到自己感兴趣、能够发挥个人特长和不断成长的工作，以实现个人价值；组织则要为个人提供他们喜欢并胜任的岗位，并促进其不断成长，以实现个人与组织的"双赢"。这些都是职业生涯管理的内容。可见，无论是对于个人还是组织，做好职业生涯管理都具有重要的现实意义。

本书自2010年出版以来，得到了高校师生和社会相关人士的高度认可，已经多次印刷。本次修订，是在借鉴近年来国内外大量研究成果的基础上完成的，力求全面系统地阐述职业生涯管理的理论和实践，引入最新的理论研究成果和优秀企业的管理实践，充分体现系统性、前瞻性、实践性和适用性等特点。

（1）逻辑清晰，系统性强　本书在借鉴国内外大量研究成果的基础上，力求全面系统地阐述职业生涯管理的理论与实践，帮助读者构建职业生涯管理知识体系，提高实践应用能力。为此，本书分为四个部分：第一部分介绍基本理论与方法，它是职业生涯管理的基础；第二部分是个人职业生涯管理，主要介绍个人职业生涯管理的内涵、个人职业生涯管理的模型和个人职业生涯周期管理的策略等；第三部分是组织职业生涯管理，主要介绍组织职业生涯管理的内涵、步骤与方法，以及组织职业生涯阶梯管理、组织职业生涯开发与管理活动等；第四部分是理论前沿问题，主要介绍职业生涯管理中的工作压力、工作倦怠、工作－家庭冲突、职业生涯高原，以及人工智能对职业生涯的影响等问题。四个部分相互衔接，从职业生涯基础理论，到个人职业生涯管理与组织职业生涯管理，最后到职业生涯管理前沿问题，逻辑清晰，结构合理。

（2）紧跟时代，体现前瞻性　本书紧跟时代发展，及时引入学者对职业生涯管理问题的研究成果，专门设计第十章介绍职业生涯管理的前沿问题，有助于读者了解现实中的职业生涯管理问题，激发其探索职业生涯管理领域问题的热情。近年来，人工智能技术的发展会对工作和职业产生巨大的影响，为此，本书在第十章增加了一节，专门讲解人工智能对职业生涯的影响以及如何应对相关影响，帮助读者认清形势，明确人工智能时代所需要具备的职业能力，做好职业生涯规划，积极应对人工智能时代的挑战。

（3）立足现实，注重实践性　职业生涯管理是一个实践性非常强的研究领域，因此，本书紧密跟踪个人职业生涯管理与组织职业生涯管理的动态发展实践，将国内外一些优秀企业的职业生涯管理案例及时补充进来，如华为的"全员导师制"、海尔的个人职业生涯培训、海底捞的员工发展、微软为项目经理设立的职业阶梯等。通过这些优秀企业的案例，帮助读者理解职业生涯管理的理论和方法，促进其提高个人职业生涯规划的能力，提高组织职业生涯管理的实战能力。

（4）内容丰富，形式多样　本书每章都设有本章要点、导入案例、相关链接、关键词、思考题、案例分析讨论等模块，以帮助读者提高学习效果。本章要点和关键词能够帮助读者明确学习的重点,避免盲目学习;每章开篇的导入案例能够激发读者对本章内容的学习兴趣,避免被动式学习;每章的相关链接能够帮助读者深入理解职业生涯管理的理论和方法,开阔其视野;每章后的思考题和案例分析讨论能够引发读者结合实际对学习内容进行思考,提高读者分析问题和解决问题的能力。

本书整体结构框架如下:

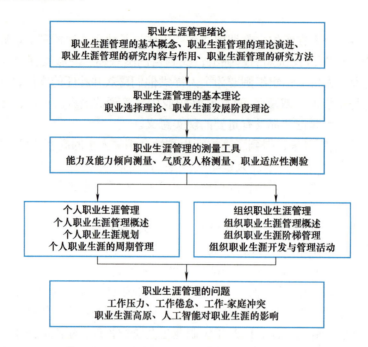

本书由吉林财经大学郑美群教授、李洪英副教授、刘丹博士编写,具体分工为:郑美群编写第七章、第八章和第九章;李洪英编写第三章、第四章、第五章和第六章;刘丹编写第一章、第二章和第十章。本书的编写得到了许多人的帮助和支持,研究生李萌、郭长征、孙丽爽、胡晓璇在本书的资料收集和文字录入方面做了大量的工作,付出了辛勤的劳动,在此深表谢意。特别感谢本书所参考的研究成果的作者们,是他们富有开创性的探索、创新性的劳动成果,使本书的内容更加丰富和新颖。

本书配有电子课件,凡使用本书作为教材的教师可登录机械工业出版社教育服务网(www.cmpedu.com)注册后免费下载。

尽管我们在修订过程中竭尽全力,但是由于水平有限,书中疏漏和不足之处在所难免,恳请读者提出宝贵意见,以便我们今后进一步完善。

编者联系方式:1652746087@qq.com(吉林财经大学郑美群),114045@jlufe.edu.cn(吉林财经大学李洪英),liud413@nenu.edu.cn(吉林财经大学刘丹)。

编 者

目录

前　言
第一章　职业生涯管理绪论 ... 1
　本章要点 ... 1
　导入案例 ... 1
　第一节　职业生涯管理的相关概念 ... 5
　第二节　职业生涯管理理论的历史演进 ... 19
　第三节　职业生涯管理的研究内容与作用 ... 23
　第四节　职业生涯管理的研究方法 ... 27
　关键词 ... 36
　思考题 ... 36
　案例分析讨论 ... 36

第二章　职业生涯管理的基本理论 ... 38
　本章要点 ... 38
　导入案例 ... 38
　第一节　职业选择理论 ... 39
　第二节　职业生涯发展阶段理论 ... 52
　关键词 ... 67
　思考题 ... 67
　案例分析讨论 ... 68

第三章　职业生涯管理的测量工具 ... 70
　本章要点 ... 70
　导入案例 ... 70
　第一节　能力及能力倾向测量 ... 72
　第二节　气质及人格测量 ... 84
　第三节　职业适应性测验 ... 93
　关键词 ... 99
　思考题 ... 99
　案例分析讨论 ... 99
　附录 ... 100

第四章　个人职业生涯管理概述 ... 119
　本章要点 ... 119

导入案例 ……………………………………………………………………… 119
　　第一节　个人导向型职业生涯管理模型 …………………………………… 121
　　第二节　有效的个人职业生涯管理的特征 ………………………………… 129
　　第三节　个人职业生涯管理的应聘技巧 …………………………………… 131
　　第四节　自我雇佣 …………………………………………………………… 137
　　关键词 ………………………………………………………………………… 139
　　思考题 ………………………………………………………………………… 139
　　案例分析讨论 ………………………………………………………………… 139

第五章　个人职业生涯规划 …………………………………………………… 142
　　本章要点 ……………………………………………………………………… 142
　　导入案例 ……………………………………………………………………… 142
　　第一节　个人职业生涯规划的内涵及步骤 ………………………………… 143
　　第二节　职业生涯分析 ……………………………………………………… 150
　　第三节　确定职业生涯目标 ………………………………………………… 158
　　第四节　制订职业生涯行动方案 …………………………………………… 165
　　关键词 ………………………………………………………………………… 175
　　思考题 ………………………………………………………………………… 175
　　案例分析讨论 ………………………………………………………………… 175
　　附录 …………………………………………………………………………… 177

第六章　个人职业生涯的周期管理 …………………………………………… 182
　　本章要点 ……………………………………………………………………… 182
　　导入案例 ……………………………………………………………………… 182
　　第一节　职业生涯早期管理 ………………………………………………… 184
　　第二节　职业生涯中期管理 ………………………………………………… 190
　　第三节　职业生涯晚期管理 ………………………………………………… 198
　　关键词 ………………………………………………………………………… 204
　　思考题 ………………………………………………………………………… 204
　　案例分析讨论 ………………………………………………………………… 204

第七章　组织职业生涯管理概述 ……………………………………………… 207
　　本章要点 ……………………………………………………………………… 207
　　导入案例 ……………………………………………………………………… 207
　　第一节　组织职业生涯管理的内涵与特征 ………………………………… 210
　　第二节　组织职业生涯管理的作用 ………………………………………… 211
　　第三节　组织职业生涯管理的步骤与方法 ………………………………… 213
　　第四节　组织职业生涯管理的参与者 ……………………………………… 216
　　关键词 ………………………………………………………………………… 218
　　思考题 ………………………………………………………………………… 218
　　案例分析讨论 ………………………………………………………………… 219

第八章　组织职业生涯阶梯管理 ··········· 222
本章要点 ··········· 222
导入案例 ··········· 222
第一节　职业生涯阶梯概述 ··········· 223
第二节　职业生涯阶梯模式 ··········· 224
第三节　组织职业生涯阶梯的设置 ··········· 228
关键词 ··········· 229
思考题 ··········· 229
案例分析讨论 ··········· 229

第九章　组织职业生涯开发与管理活动 ··········· 233
本章要点 ··········· 233
导入案例 ··········· 233
第一节　继任规划 ··········· 234
第二节　导师制 ··········· 238
第三节　职业生涯咨询管理 ··········· 241
第四节　组织职业生涯分阶段管理 ··········· 243
第五节　职业生涯导向的员工培训 ··········· 250
第六节　未来组织职业生涯管理的发展策略 ··········· 254
关键词 ··········· 256
思考题 ··········· 257
案例分析讨论 ··········· 257

第十章　职业生涯管理的问题 ··········· 264
本章要点 ··········· 264
导入案例 ··········· 264
第一节　工作压力 ··········· 265
第二节　工作倦怠 ··········· 272
第三节　工作-家庭冲突 ··········· 278
第四节　职业生涯高原 ··········· 290
第五节　人工智能对职业生涯的影响 ··········· 293
关键词 ··········· 303
思考题 ··········· 303
案例分析讨论 ··········· 303

参考文献 ··········· 307

第一章

职业生涯管理绪论

本章要点

1. 职业、职业生涯与职业生涯管理
2. 职业生涯管理的理论演进
3. 职业生涯管理的研究内容
4. 职业生涯管理的作用
5. 影响职业生涯管理的因素
6. 职业生涯管理的定量研究方法
7. 职业生涯管理的定性研究方法

导入案例

怎样衡量你的人生？㊀

我接到了当年英特尔公司董事长安德鲁·格鲁夫（Andrew Grove）的一个电话，他问我是否可以谈一谈我的研究以及这些研究可能在英特尔起的作用。于是我飞到硅谷和他见面，到了以后却被告知只能用 10 分钟的时间来阐述我的研究（破坏性模型）对英特尔的意义。我坚持必须用完整的 30 分钟时间来解释这个模型，包括描述这个模型的来源——它是从一个完全不同的行业（钢铁行业）中总结出来的。

我讲了纽柯（Nucor）钢铁公司及其他小型钢铁厂是如何通过进入最低端市场——钢筋条市场起步，然后进入高端市场，击败了那些传统钢铁厂的。当我讲完了这些故事，格鲁夫就开始条理分明地阐述英特尔公司为进入低端市场，推出赛扬处理器的战略。

事后我无数次想起这件事：如果当时我直接告诉格鲁夫该如何思考微处理器业务，估计我直接就被否定了，但是我只是教他如何去思考，他就自己找到了正确答案。

这件事情对我影响很大。从此，当人们问我觉得他们应该怎么做的时候，我很少直接回答他们的问题。我会借助我的某个模型来解释这个问题，然后描述在另一个不同的行业中这个模型是如何应用的。这样，问我问题的人通常就会说："好吧，我明白了。"接着，他们就能比我更清楚地看到自己的问题了。

㊀ 本文是哈佛商学院著名教授克莱顿·克里斯坦森（Claytonm Christensen）在毕业生最后一堂课上的励志演讲稿。

我在哈佛商学院的课程体系是为了帮助我的学生理解什么是好的管理理论，以及它是怎样构建的。我们带着不同的模型或从不同的理论视角观察一家企业，应用这些模型和理论来解释这家企业是如何走到这一步的，并审视什么样的管理行动可能产生希望得到的结果。

在最后一天的课堂上，我要求我的学生把这些理论的聚焦镜对准自己，并针对下列三个问题寻找令人信服的答案：

第一，怎样确保我在职业生涯中会快乐？

第二，怎样确保我与配偶及家人的关系能成为一种持久的快乐源泉？

第三，怎样确保我一定不会进监狱？

最后一个问题听起来像在开玩笑，但并非如此。我当年的罗兹学者（Rhodes Scholar）班的32名同学中就有2名进过监狱，他们都曾是很好的人，但人生中的一些事情把他们引入歧途。

1. 管理是最崇高的职业

弗雷德里克·赫茨伯格（Fredrick Herzberg）的激励保健理论认为，人生中最有力的激励因素不是金钱，而是那些学习的机会、在责任中成长的机会、为他人做贡献的机会、成就被认可的机会。

我成为学者以前，自己经营着一家公司。我曾想象着我的一名经理早上踌躇满志地来工作，10个小时后，她因不受赏识而带着沮丧的情绪开车回家。我在想，她这种情绪会怎样深深地影响她的孩子们？我的想象又很快进入了另一天，她带着更好的情绪回家——她觉得学到了很多东西，因做成了很有价值的事情而被认可，以及因在某个重要项目的成功中扮演了重要的角色而欣喜，我在想，这又会对她作为一位妻子与母亲产生怎样积极的影响？

我的结论是：如果做得好，管理就是最崇高的职业。其他任何职业都不可能提供这么多的方式来帮助别人学习和成长，来承担责任并因此而被认可，以及不可能为团队的成功做出那么多贡献。越来越多的工商管理硕士学生来商学院时以为从商就是买卖与投资，这是很不幸的。做生意并不能带来那种通过塑造他人而得到的最好回报，我希望学生在离开我的课堂时能明白这一点。

2. 为你的人生制定战略

对于第二个问题，一个管理理论可作为参照。这个理论的首要观点是，一家企业的战略是由管理者投资的项目类型决定的，如果不能非常娴熟地管理一家企业的资源分配，那么由此引发的一切就将会与管理预期大相径庭。这些年来，我一直在关注那些哈佛商学院学生的命运，我看到越来越多的人是不幸福的，他们离了婚，与自己的孩子也很疏远。我向你保证，他们中没有一个在毕业的时候就想着以后要离婚或者疏离自己的孩子，然而却有很多人这么做了，原因何在？这是因为他们在决定如何利用自己的时间、才能与精力的时候，没有把自己的人生目标放在前面或置于中心。我告诉我的学生，学校将是他们深刻考虑相关问题的最后机会，因为人生只会变得越来越严苛。

对我而言，拥有一个清晰的人生目标一直是很重要的。但在我真正理解这个目标之前，它确实是我不得不长期苦思冥想的一个问题。当我还是牛津大学的学者时，我的学术研究艰难到不可理喻，甚至额外增加了一年多的工作量，但我仍然决定每天晚上花一个小时来阅读和思考。我曾经很矛盾，我是否能承受得起从我的研究中抽出那些时间，但我还是坚持下来了，并最终明确了我的人生目标。

如果我还是每天花那一个小时去学习掌握经济学知识，才是真的浪费了人生。我每年只有几次用到经济学的知识，而每天都要用到那些关于人生目标的知识。关于人生目标的知识是我学到的最有用的东西。如果不愿花时间去明确人生目标，人就会像一艘没有舵的船，必将在人生的怒海狂涛中饱受摧残。

3. 分配好个人资源

一个人的资源包括他的时间、精力和天赋。如何支配个人资源，将最终影响一个人生活策略的形成。有一堆事情来争抢你的资源——保持良好的夫妻关系；培养优秀的孩子；在事业中获得成功；等等。但是，你只有有限的时间、精力和天赋，对于那些你要完成的事情，你该如何分配自己的资源？

不同的选择可以使你的生活走向和预期不同的方向。有时候，这并不是坏事，因为你可能会发现一些意想不到的机会。但如果你错误地支配了自己的资源，那么产出就会很糟糕。正如那些将精力投入空虚与不幸之中的学生，他们犯的错误就来源于短视。

那些很想获取成就的人（包括哈佛商学院的毕业生）有额外的半小时或多余的一点精力时，总是会不自觉地把它分配到最能体现成就的事情上去——事业。而投资于与配偶和子女关系上的时间和精力，通常并不能立即体现同样的成就感。孩子可能每天都做错事，恐怕要等到20年后你才能自豪地说："我培养了一个好孩子。"他们也可能忽视夫妻之间的感情，看不出夫妻关系一天天地在变糟。这些人往往不自觉地把个人资源过度投资于他们的事业，而忽略了家庭。他们往往没有意识到，与家人亲密、和睦的关系，才是最强有力的也是最持久的快乐源泉。

4. 营造一种文化

有一个重要的工具被称为合作工具，其基本含义就是：一位有远见卓识的管理者并不总像是某些人吹出来的那样，敏锐地洞察迷雾重重的未来并勾勒出企业所需的航向调整是一码事，而说服那些没有看到未来变化的员工，让他们齐心协力把企业带向新的方向，却完全是另一码事。知道使用什么工具能带来所需的合作是一种关键的管理技巧。

这个理论把这些工具排列在两个维度上——组织成员对从他们加入企业想要得到的东西的认同程度，以及他们对采取什么行动才能实现预期结果的认同程度。如果在两个坐标轴上都是低认同，则需要使用"权力工具"——强迫、威胁、惩罚等来确保合作。很多企业都是从这个象限开始的，这也是为什么那些创始的经理团队，在规定什么必须做，以及怎样做的时候都要扮演这样一种独断专行的角色。

如果员工在一起工作时完成这些任务的方式反复这样持续，共识就开始形成了。麻省理工学院的埃德加·施恩（Edgar Schein）认为这种过程就是一种建立文化的机制。最终，人们甚至不去考虑他们做事情的方式是否会成功，他们通过本能与责任去接受优先顺序，遵循工作程序，这意味着他们已经营造了一种文化。文化以一种不可言传但却不可抗拒的方式，决定着那些已经证实的、被接受的行为方式，而组织成员正是通过这些方式来应对经常出现的问题的。文化也对不同类型的问题规定了优先顺序，它是一种强有力的管理工具。

父母能够使用的最简单的能让孩子们合作的工具就是权力工具，但是也存在一个时点，在十几岁的时候，权力工具就不再起作用了。尽管你想要你的孩子拥有很强的自尊与信心，以使他们能够解决困难的问题，但是这些素质是不可能在高中时期突然实现的。你必须把这些东西设计进你的家庭文化之中，你也必须从很早就开始考虑这些事情。就像员工一样，孩子们是通过做困难的事情，并学习怎样做才有效这样一个过程来建立自尊的。

5. 避免"边际成本"的误区

在金融学和经济学中，当我们评估每一个投资方案时，必须忽略沉没成本和固定成本，而以不同方案的边际成本与边际收益为基础来做决策。但这种对投资的评估理论，往往可能误导企业。如果未来与过去一样，这个理论就没有错。但如果未来和过去是很不同的（并且一般情况下都如此），那么就不应该用这个理论了。这个理论解答的是我和学生讨论的第三个问题——怎样过一种正直的生活（不坐牢）。

人们往往无意识地把边际成本的理论用于我们个人生活的对错决定中。我们脑子里常有一个声音会说："虽然我知道按照一般的原则，大多数人是不应该这样做的。但是在这个特别的、情有可原的情况下，仅此一次，没问题。"人们往往认为这"仅此一次"的边际成本非常低，这种想法像吸盘一样把人吸进去，而根本不曾看到这条路最终通向何方，以及这个选择最终包含的全部成本。在所有形式的不忠实与不诚信里面，它们辩解的理由都是边际成本经济学——"仅此一次"。

在人的一生中，总有许多各种各样的小决定。其实100%地去坚守你的原则，要比98%地去坚持来得容易。从理论上讲，你肯定可以在某一次越过界线后，再也不那样做了。但是，你若抵抗住了"在这个特殊的情有可原的情况下，就这一次，没有问题"的诱惑，你将受益无穷。因为生命是一条充满未知的河流，假如你越过这道防线一次，则在今后的生活中你可能将会一次又一次地越过这道防线。就如我过去的一些同学所做过的那样，你一定会后悔你最终得到的结果的。因此，你必须给你自己的原则做个定义，然后以你的原则为基准，给自己画一条安全的防线。

6. 记住谦逊的重要性

所有谦逊的人都有一个共同的特点：他们都有着很高程度的自尊和自信。"谦逊"不等同于自我贬低或自我嘲弄，而是一种对他人的尊重。从这种形式的谦逊中，总能自然地产生好的行为。

把"谦逊"带入社会是很重要的。当你刚刚进入一个顶级研究生院校的时候，几乎所有你所学的知识和经验都来自那些比你更聪明且更有经验的人——父母、老师、老板。而当你离开了哈佛商学院或任何其他顶尖学府后，你会发现每一天与你打交道的人大多数可能没有你聪明。这时，如果你认为只有从比你聪明的人那里才能学到东西，那么，你就把自己学习成长的机会大大缩小了。总而言之，只有你真正自信时，你才可能谦逊。当我们看到一些人以一种攻击性的、傲慢的、损人的方式对待他人时，他们的行为其实就是自卑的体现，他们需要贬低其他人，以此来使自己感觉良好。

7. 选择正确的标尺

去年我被诊断出得了癌症，我必须面对我的生命将可能比我预期的要结束得早一些这个情况。现在看来我可能幸免了，但这段经历让我对生命有了不同的见解。

我很清楚，我的见解已经为那些应用了我的研究的企业带来了巨大的收益；我知道我的见解已经产生了深远的影响。但是，当我面对这场疾病时，那些影响对现在的我而言并不是那么重要。我总结出：衡量我人生的尺子并不是金钱，而是那些我曾经影响过他们人生的人，我认为这是一种对我们所有人都有用的方式。别去操心那些你将取得的个人声望，而去操心那些通过你的帮助能变得更好的人吧。这是我对你们最后的一个建议：认真思考什么才是衡量自己人生的正确标尺。

我们每个人都要在职业生涯中度过大部分人生，但是由于每个人职业价值观不同，对职业生涯管理的投入也不同，因此，每个人的职业生涯结果大相径庭。可见，明确职业生涯管理的重要作用，做好职业生涯管理，对于我们每一个想获得事业成功的人来说都是非常重要的。

第一节　职业生涯管理的相关概念

一、职业

关于职业的含义，我们首先看看其中英文解释。在中文里，从词义学角度分析，"职业"一词由"职"和"业"两个字组合而成。"职"包含责任、工作中所担当的任务等意思；"业"包含行业、业务和事业等意思。《现代汉语词典》将职业解释为"个人在社会中所从事的作为主要生活来源的工作"。可见，职业反映了个人和社会两个方面的内容，属于个人与社会互动的范畴。在英文中，Occupation 和 Vocation 都可以译成"职业"，但两者的含义并不完全相同。Occupation 是一个比较宏观的概念，在社会制度或社会分工的层面上使用，如职业分类等；而 Vocation 是一个比较微观的概念，在个人层面和心理方面使用，如职业兴趣和职业能力等。

对于职业的学术定义，学者们从不同的角度给出不同的阐释，其中具有代表性的是社会学家和经济学家的观点。从社会学角度，美国社会学家李·泰勒（Lee Taylor）在其 1972 年出版的《职业社会学》一书中指出："职业的社会学概念，可以解释为一套成为模式的与特殊工作经验有关的人群关系。这种成为模式的工作关系的整合，促进了职业结构的发展和职业意识形态的显现。"美国社会学家塞尔兹（Selz）认为，职业是指一个人为了不断地取得个人收入而从事的具有市场价值的特殊活动，这种活动决定着从业者的社会地位。日本著名社会学家尾高邦雄认为，职业是指某种特定的社会分工或社会角色的持续实现，包括工作、工作场所和社会地位。

从经济学角度，日本劳动问题专家保谷六郎认为，职业是指有劳动能力的人为了生活而连续从事的连续活动。他认为职业具有以下五个特性：①经济性，即人们可以从职业中获得收入；②社会性，即人们在职业中承担为社会做贡献的责任；③技术性，即人们在职业中可以发挥个人的才能和专长；④伦理性，即人们所从事的职业要符合社会的需要，为社会提供有用的产品或服务；⑤连续性，即人们在职业中所从事的劳动相对稳定，是非中断性的。

综合上述学者对职业的定义，本书将职业定义为：职业是指人们为了谋生和发展而从事相对稳定的、有收入的、专门类别的活动。职业是人类文明进步、经济发展及社会劳动分工的结果。

二、与职业相关的概念

1. 职位

职位（Position）是指承担一系列工作职责的某一任职者所对应的组织位置，是组织的基本构成单位，职位与任职者是一一对应的。

2. 工作

工作（Work）是指由一系列相似的职位所组成的一个特定的专业领域。

3. 职业声望

职业声望（Occupational Prestige）是指人们对职业社会地位的主观评价。

4. 职业地位

职业地位（Occupational Status）是指某项职业在人们心目中的位置。它由不同的职业所拥有的社会地位所决定，但是它往往通过职业声望的形式表现出来，所以，人们通过职业声望调查来确定职业地位。

5. 职业期望

职业期望又叫职业意向（Career Aspirations），是指个人自己希望从事的某项职业的态度倾向，即个人对某一项职业的希望、愿望和向往。

6. 职业价值观

职业价值观（Occupational Values）是指个人对某一职业的价值判断，职业期望是个人职业价值观的直接反映。职业价值观是人生目标和人生态度在职业选择方向上的具体表现。由于每个人的职业价值观不同，因此，对某一职业的评价和取向也会不同。

相 关 链 接

罗素[一]：工作到底为了什么？

工作应该被看作是幸福的源泉还是不幸的源泉，尚是一个不能确定的问题。确实有很多工作是非常单调、沉闷的，工作任务太重也总是令人痛苦的。然而在我看来，工作数量不多的话，对于大多数人来说即使是单调的工作也比无所事事要好。按照劳动的性质和劳动者的能力，工作确实可以分为不同层次。

很多人所从事的工作本身虽没有多大的乐趣，但这些工作包含着某种好处，因为个人无须决定什么，工作便可以让他消磨掉一天中的好多时间。有许多人，当他们可以随心所欲地安排自己的时间时，竟然想不出有什么快乐的事值得一做。不管他们决定做什么，都感到一定有其他某种更快乐的事情可做，这使他们非常苦恼。能够自觉而明智地充实空闲时间是文明的最后产物，但是，目前很少有人能做到这一点。另外，进行选择本身也是一件令人烦

[一] 伯特兰·罗素（Bertrand Russell，1872—1970）是20世纪英国哲学家、数理逻辑学家、历史学家，也是20世纪西方最著名、最具影响力的学者之一。

恼的事情。除了特别富有创造性的人以外，很多人都喜欢由别人安排自己一天中的每个小时该做些什么，只要这个安排不是太令人不快。许多富人感到一种说不出来的烦闷，似乎这是免做苦役的代价。有时他们可以在非洲追捕猛兽，或者乘飞机环游世界，从中找到轻松的感觉，但这种感觉的数量是有限的，特别是在青春逝去以后。因此，许多聪明的富翁没日没夜地工作，而富有的女人大多忙于难以计数的琐碎小事，似乎他们追求的东西是极端重要的。工作首先是作为一种解除烦闷的手段而被人们称道的。一个人在从事必要却不怎么有趣的工作时也会感到烦闷，但这种烦闷比起整天无所事事所感到的烦闷来说，就不值得一提了。除此以外，工作还有一个好处，那就是它使得节假日格外充实愉快。假如一个人并无必要拼命工作以至于损及身体的话，他很可能比一个无所事事的人更能够在空闲时间里找到快乐。

大多数有报酬的工作和部分无报酬的工作所具有的好处是：它给了人们获取成功和展露雄心的机会。在许多工作中，衡量成功的尺度是收入，而且只要资本主义社会继续存在，这就是不可避免的。人们想增加自己收入的愿望，其实就是想获得成功的愿望，想以较多的收入来获得舒适心情的愿望。无论工作本身是多么索然无味，如果它能成为获得声誉的手段，也不管这种声誉是世界性的，还是小圈子里的，它都会变得有意义。目的持续是幸福长久的最基本的因素之一，对大多数人来说，目的持续主要是在工作过程中实现的。家庭妇女没有工资收入，也没有改善自身生活的手段，她之所以受到丈夫的青睐，之所以被丈夫看得重要，不是由于她的家务活干得很好（丈夫对此几乎熟视无睹），而是由于其他方面。当然，这一点并不适用于那些十分能干，能够把房间和花园整修得非常漂亮而引起邻居嫉妒的家庭妇女。但是，这种家庭妇女相对来说太少了，而且她们中的大多数人，从家庭劳动中所获得的乐趣，远不如其他工作给予男人和职业妇女的。

很多工作能给予人们消磨时间和施展抱负的快乐，这种快乐能使从事单调工作的人比无所事事的人幸福得多。但是，当工作充满了乐趣时，它所能给予的满足比仅仅为了逃避烦闷的工作所带来的满足要大得多。可以对有趣味的工作做一个从上到下的排序，我将从趣味平平的工作开始讲起，到那些值得一位伟人倾其一生的工作为止。使工作变得有趣的因素主要有两个：一是技能的运用，二是建设性。

每一个获得了某种特殊技能的人，都乐于运用这种技能，直到它变得不再特殊，或者不能再提高。这种行为的动机早在儿童时代就已产生：一个能够倒立的男孩，是不愿意用脚站立的。许多工作给人的乐趣，与技巧游戏给人的乐趣不同。律师或政治家的工作如同打桥牌，包含了妙不可言的乐趣。当然，这不仅包括技能的运用，也包括与高明对手的明争暗斗。不过，即使没有这种竞争的因素，仅仅是这些绝技的施展，就足以令人乐不可支了。一个能在飞机上表演特技的人，冒着生命危险，在表演中获得极大的乐趣。我猜想，一名干练的外科医生，虽然其工作环境令人不快，但他仍然能从极为成功的手术中获得乐趣。这种乐趣还可以来自许多并不显眼的劳动，不过这些劳动强度略差一点，我甚至听说管道工人也喜欢自己的工作。只要能不断变化或不断完善，一切技术性工作就都会是令人愉快的。

一旦某种技术变得完美无缺，它便不再能给人带来乐趣。幸好，在相当多的工作中，新的情况需要新的技能，一个人便可以不断地、不同程度地完善自己的技能。在政治之类的工作中，工作者的最佳年龄大概在 60～70 岁，因为这类职业的一个非常重要的技能就是见闻广博、阅历丰富。因此，成功的政治家在 70 岁时一般比同龄人更幸福些。在这个方面，唯一可以与他们相媲美的是企业家。

然而，最佳的工作还有另外一个因素，它比起技能的运用来说是幸福之源的一个更为重要的因素，这就是建设性。在一些工作中，当事情完成的时候，会留下某种纪念碑似的东西，我们可以用下述标准来区分建设和破坏的差别：在建设中，事情的原始状态相对来说是杂乱无章的，而其终极状态则体现了一种意图和目的；在破坏中，情况正好相反，事情的原始状态体现了一种意图和目的，而终极状态则显得杂乱无章，也就是说，破坏者的整个意图在于造成一种不体现某个目的事物的状态。这个标准可用于最简单、最显著的例子，即房屋的建造和破坏。在建造一幢房屋的过程中，谁也不能肯定那些建材在拆毁之后会是什么样子，建设之前的破坏诚然是必不可少的步骤之一，在此它是整个建设的一部分。但常见的情况往往是：一个人从事着旨在破坏的活动，而根本没想过随之而来的建设。这种人往往有意隐瞒真实的想法，标榜自己之所以破坏是为了立新。然而，如果这真是一个借口，人们要想戳穿它是不难的，你只需问他接下来建设什么就行了。面对这一问题，他必定会含糊其辞，而对于此前的破坏，他却说得头头是道、神采飞扬。不少好战分子和其他暴力鼓吹者都是如此，他们往往在并不自觉的情况下，被仇恨所驱使，他们所厌恶的破坏实际上是自己的目的，对于继此之后的问题，他们很少关心。现在我不敢否认，在破坏性工作中，如同在建设性工作中一样，也存在着一定的快乐，这是一种更为狂暴的，同时也是更为短暂的快乐。然而，它却不能给人以深深的满足，因为，在这种结局中，几乎没有什么使人高兴的东西。

破坏性工作者因胜利而获得的满足很快就会消逝。相反，建设工作一旦完成，人们就会久久地凝望着它，欣喜不已；而且，这件工作并非完美无缺，因而不会使人们无事可干。最令人满意的计划应该是那种能够使人从一个胜利走向另一个胜利、永到不头的计划。从这一方面来看，建设无疑比破坏更能使人快乐。这样说也许更为恰当：那些从建设中寻找到的乐趣，比那些从破坏中寻找到的乐趣要更为浓厚持久。因为，一旦你内心充满了仇恨，就不能像其他人一样，在建设中轻而易举地获得快乐。而且几乎没有别的东西能像建设性工作一样，更易于治好仇恨的恶习。

从一个伟大的建设性事业的成功中获得的满足，是生活能够提供的最大快乐，虽然在它最高的形式上，它只为那些才华超群的人所独有。在一项非常重要的工作中，一个人所获得的成就感是谁也剥夺不了的幸福，除非这项工作最终被证明是低劣的，这类幸福具有不同的形式。一个人依靠灌溉规划而使荒地长出绿草，他这时获得的快乐便是最明确的一种。创建一个组织也许是一个极为重要的工作，在混乱中确立起有秩序的工作也不例外。少数政治家就是为此而奉献了毕生的精力，列宁便是一个典型的榜样，常见的例子是科学家和艺术家。莎士比亚对自己的诗曾做过这样的评价："只要人们还活着，眼睛还能看，这诗便不会死去。"这种想法当然会使他在不幸中感到宽慰和满足。在他的十四行诗里，莎士比亚强调说，对朋友的思念，使他和生活重归于好，但我不得不怀疑，比起那位朋友，这些写给朋友的十四行诗，在促成他与生活和好这一点上，可能更为重要。艺术家和科学家所做的工作本身就使人愉快，因而，当他们进行这种工作时，便能获得敬重，工作给予他们最基本的权力，他们是有充分的根据标榜自己的出类拔萃的。人们会认为，这种种因素结合起来一定足以使任何人幸福，然而事实并非如此。例如，米开朗琪罗在内心里并不是一个幸福的人，他声称如果不是非要还清那些亲戚的债，他绝不会费什么心思去创作艺术品。创作伟大艺术作品的力量往往与气质上的抑郁联系在一起。因而，我们不能说，最伟大的作品能使人幸福，我们只能说，它能减轻人的不幸。然而，科学家气质上的抑郁要比艺术家气质上的抑郁要少得多，大体上说，那些在科学上做出重大贡献的人往往是幸福的，他们幸福的根源就是工作。

在如今的知识界中，不幸的原因之一是，许多人特别是那些从事与文化有关工作的人，找不到独立运用自己才能的机会，而只能受雇于由庸人、外行把持的富有公司，被迫制作那些荒诞无聊的东西。如果你去问英国或美国的记者，他们是否相信他们为之奔走的报纸政策，我相信，你会发现只有少数人会相信，其余的人都是为生计所迫。这样的工作不能给人带来任何满足，并且当他勉为其难地从事这种工作时，他会使自己变得玩世不恭，以至于从任何事物中都不再能够获得完全的满足。我还是认为，只要有可能从事一项能满足一个人的建设性本能冲动的工作，而无冻馁之虞，那么他最好还是为了自己的幸福去做这种工作。

在现实生活中，建设性工作的快乐是少数人所特有的享受。任何人，只要他是自己工作的主人，他便能感受到这一点，其他所有认为自己的工作有益，并且需要相当技巧的人均有同感。培养令人满意的孩子是一件能给人极大快乐的事情，但又是艰难的、富于建设性的劳动。凡是取得这方面成就的女性都觉得，由于她的辛勤操持，世界才有了某些有价值的东西，要不是她的劳动，世界就不会有那些东西。在如何从总体上看待自己的生活这一问题上，人与人之间存在着很大差异。

对于一些人来说，把生活看作一个整体是很自然的做法，能够做到这一点也是幸福的关键。对于另外一些人来说，生活是一连串并不相关的事件，其间缺乏统一性，其运动也没有方向。我认为前者比后者更易获得幸福，因为前者能够逐渐地为自己营造一个环境，从中能够获得满足和自尊；而后者会被命运之风一会儿刮到东、一会儿刮到西，永远找不到一个落脚点。把生活看作一个整体，不仅是智慧的，也是道德的重要部分，是应被教育极力倡导的内容之一。始终一贯的目标并不足以使生活幸福，但它是幸福生活一个不可或缺的条件。而始终一贯的目标，主要体现在工作之中。

（资料来源：https://view.inews.qq.com/a/20220325A01B9100?startextras=undefined&amptj.）

三、职业分类

（一）职业分类的概念

职业分类是指特定的国家采用一定的标准和方法，依据一定的分类原则，对从业人员所从事的各种专门化社会职业进行全面、系统的划分与归类。社会分工是进行职业分类的依据，工作分析是进行职业分类的基本方法。科学的职业分类是职业社会化管理的基础，也是职业自身发展的需要。

（二）职业分类的方式

根据西方国家一些学者的理论，国外一般有以下三种分类方式。

1. 按脑力劳动和体力劳动的性质、层次进行分类

这种分类方法把工作人员划分为白领工作人员和蓝领工作人员两大类。白领工作人员包括：专业性和技术性的工作人员，农场以外的经理和行政管理人员、销售人员、办公室人员。蓝领工作人员包括：手工艺及类似的工人，非运输性的技工，运输装置机工人，农场以

外的工人，服务行业工人。

2. 按心理的个体差异进行分类

这种分类方法是根据美国著名职业指导专家约翰·霍兰德（John Holland）创立的"人格—职业"类型匹配理论，把人格类型划分为六种：现实型、研究型、艺术型、社会型、企业型和常规型。六种人格类型对应六种职业类型。

3. 按各个职业的主要职责或从事的工作进行分类

这种分类方法较为普遍，以两种代表作为示例。

一是国际标准职业分类，它把职业由粗到细分为四个层次，共8个大类、83个小类、284个细类、1506个职业项目，总共列出职业1881个。其中8个大类是：①专家、技术人员及有关工作者；②政府官员和企业经理；③事务工作者和有关工作者；④销售工作者；⑤服务工作者；⑥农业、牧业、林业工作者，以及渔民、猎人；⑦生产和有关工作者、运输设备操作者和劳动者；⑧不能按职业分类的劳动者。这种分类方法便于提高国际职业统计资料的可比性和国际交流。

二是加拿大《职业岗位分类词典》的分类，它把分属于国民经济主要行业的职业划分为23个主类，主类下分81个子类、489个细类、7200多个职业。这种分类方法对每种职业都有定义，逐一说明了各种职业的内容及从业人员在教育程度、职业培训、能力倾向、兴趣、性格及体质等方面的要求，有较高的参考价值。

（三）职业分类的标准

1. 国际职业分类的标准

为了使国际职业分类具有规范化标准，1949年国际劳工组织召开的第七届国际劳动统计专家会议通过了《国际标准职业分类（草案）》。1958年经过国际深入协作，《国际标准职业分类》得以出版发行。此后，又经过1968年、1988年、2008年的修订，《国际标准职业分类》现已成为世界各国建立本国职业分类体系的重要参考资料。

《国际标准职业分类》按照所从事工作的类型来归类，并根据具体的职业范围确定从事工作类型的同一性。目前，根据国际职业分类的通行做法，职业类别一般分成大类、中类、小类和细类4个层次。大类依据工作性质的同一性进行分类；中类是在大类的范围内，根据任务与分工的同一性进行分类；小类是在中类之内按照工作的环境、功能及相互关系进行分类；细类则是在小类的基础上，依照工作的工艺技术、操作流程等的相似性和同一性再做划分与归类。《国际标准职业分类》对各国制定符合国情的职业分类具有重要的参考价值。但由于存在国情的差异，不同国家的职业结构各具特点，职业分类标准、内容和方法也不尽相同。

2. 我国职业分类的标准

在我国，由原劳动和社会保障部、原国家质量技术监督局、国家统计局联合组织编制的《中华人民共和国职业分类大典》（以下简称《职业分类大典》）是我国第一部具有国家标准性质的职业分类大全。《职业分类大典》编制工作于1995年年初启动，近千名专家、学者参加了编制工作，历时四年，1999年年初通过审定，1999年5月正式颁布。近年来，随着经济社会的发展、科技的进步和产业结构的调整升级，我国社会职业构成和内涵发生了很大变化：一是一些传统职业开始衰落甚至消失，如"餐具清洗保管员""唱片工""拷贝字幕员"等；二是一些新的职业不断涌现并迅速发展，如"信息通信信息化系统管理员""基金发行员""期货交易员""光伏组件制造工"等；三是还有一些职业为适应新形势开始调整和转化，如"光盘复制工""市话测量员""话务员"等职业由于社会发展和科技进步等原因，相应调整和转化为"音像制品复制工""信息通信网络测量员""呼叫中心服务员"。2005年后的连续三年，我国对1999版《职业分类大典》进行了增补，但仍无法准确、客观地反映当时职业领域的变化，相关部门、行业组织和劳动者对此反映强烈。2010年年底，我国人力资源与社会保障部会同国家质量监督检验检疫总局、国家统计局成立了国家职业分类大典修订工作委员会，启动修订工作，历时五年，形成了新版《职业分类大典》（2015版）。

2015版《职业分类大典》延续了职业分类的大类、中类、小类和细类结构，细类是最基本的类别，即职业。调整后的职业分类结构为8个大类、75个中类、434个小类、1481个职业。其中，8个大类分别介绍如下。

第1大类：党的机关、国家机关、群众团体和社会组织、企事业单位负责人，其中包括6个中类、15个小类、23个职业。

第2大类：专业技术人员，其中包括11个中类、120个小类、451个职业。

第3大类：办事人员和有关人员，其中包括3个中类、9个小类、25个职业。

第4大类：社会生产服务和生活服务人员，其中包括15个中类、93个小类、278个职业。

第5大类：农、林、牧、渔业生产及辅助人员，其中包括6个中类、24个小类、52个职业。

第6大类：生产制造及有关人员，其中包括32个中类、171个小类、650个职业。

第7大类：军人，其中包括1个中类、1个小类、1个职业。

第8大类：不便分类的其他从业人员，其中包括1个中类、1个小类、1个职业。

（四）新职业的产生

随着社会的发展，新职业不断涌现。自2004年以来，人力资源和社会保障部先后发布了12批新职业。2019年4月1日，人力资源和社会保障部、国家市场监督管理总局、国家统计局联合向社会发布了第13批13个新职业信息，包括：人工智能工程技术人员、物联网工程技术人员、大数据工程技术人员、云计算工程技术人员、数字化管理师、建筑信息模型技术员、电子竞技运营师、电子竞技员、无人机驾驶员、农业经理人、物联网安装调试员、工业机器人系统操作员、工业机器人系统运维员。这13个新职业主要集中在高新技术领域，具有以下特点。

1. 产业结构的升级催生高端专业技术类新职业

当前，我国经济已由高速增长阶段进入高质量发展阶段，这对劳动者的科学文化素质和能力水平提出了新的要求。近几年，随着我国人工智能、物联网、大数据和云计算的广泛运用，与此相关的高新技术产业已经成为我国经济新的增长点，对从业人员的需求大幅增长，形成了相对稳定的从业人群。人工智能工程技术人员、物联网工程技术人员、大数据工程技术人员和云计算工程技术人员等4个专业技术类新职业应运而生。这些新职业属于高新技术产业，以较高的专业技术知识和能力为支撑，从业人员普遍具有较高的学历。

2. 科技提升引发传统职业变迁

随着新兴技术的应用，传统的第一、第二产业越来越智能化。工业机器人替代生产流水线上简单劳动力的做法在部分地区得到推广，与机器人相关的生产、服务和培训企业蓬勃发展。工业机器人的大量使用，对工业机器人系统操作员和系统运维员的需求剧增，使其成为现代工业生产一线的新兴职业。随着无人机技术的成熟，利用无人机完成一些人类难以完成的"高、难、险"工作和有毒有害工作成为可能。通过无人机可以进行植被保护、测绘、摄影、高压线缆和农林巡视，无人机在物流等领域也拥有广阔的应用空间。大量无人机的使用，使无人机驾驶员成为名副其实的新兴职业。

3. 信息化的广泛应用衍生新职业

信息化如同催化剂，使传统职业的职业活动内容发生变革，从而衍生出新职业，如数字化管理师、建筑信息模型技术员。随着物联网在办公、住宅等领域得到广泛的应用，信息化与现代制造业深度结合，物联网安装调试从业人员需求量激增。近几年，在国际赛事的推动下，基于计算机的竞技项目发展迅猛，电子竞技已成为巨大的新兴产业，电子竞技运营师和电子竞技员职业化势在必行。在农业领域，农民专业合作社等农业经济合作组织发展迅猛，从事农业生产组织、设备作业、技术支持、产品加工与销售等管理和服务的人员需求旺盛，农业经理人应运而生。

（五）未来职业变化的趋势

新技术革命必然会引起社会经济结构的变化，从而影响劳动力市场供求状况，进而影响人们的职业选择。新技术时代背景下，未来职业的变化将呈现以下两个特点。

1. 新职业不断被催生

新技术时代背景下，一方面，新技术的发展创造了新的产品与服务，带来了新的岗位与职业需求，如宠物医生、健身教练、调酒师、快递配送、外卖配送、电商客服、专车司机、网络主播等新职业应运而生。人工智能的发展使社会对高新技术人才的需求不断增长，芯片设计师、数据分析师、逻辑架构师等人才较为稀缺。领英发布的《2017年美国新兴工作岗位报告》总结了未来新职业拥有的特点：科技为王，软技能占重要位置，流动性高的工作在增多，高端职位人才供不应求，面向未来的技能至关重要。但是，另一方面，人工智能等新技术的发展也产生了岗位替代效应，导致一部分劳动者失业，需要重新寻找岗位。随着工厂"机器换人"的推广，流水线工人逐步被机器取代，许多机械、重复、精准操作的工作也被智能化、自动化程序取代，诸如办公室行政、安装与装修等职业都可能受到较大的冲击。

2. 职业的工作平台和形式更具弹性

随着共享经济和互联网的发展，职业不再受组织边界、地域等条件的约束，众多劳动者开始将"互联网+"与就业相结合，以网约车司机为代表的共享经济平台从业者，以美妆博主为代表的自媒体从业者等新兴从业群体不断涌现。《中国共享经济发展年度报告（2018）》指出，2017年我国共享经济平台企业员工约716万人，比上年增加131万人，占当年城镇新增就业人数的9.7%，这意味着城镇每100个新增就业人员中就有约10人是共享经济企业新雇用员工。该报告预计，未来五年我国共享经济有望保持年均30%以上的高速增长。由此可见，共享经济很有可能发展成为未来主流的商业模式。在这一背景下，就业模式也将变得更加灵活与多样化。艾媒咨询发布的《2017年中国自媒体从业人员生存状况调查报告》显示，2014年—2016年自媒体从业人员人数连续三年增长，虽然2015年—2016年自媒体从业人数增长速度大大放缓，但从业者总数仍呈增长趋势。

相关链接

国家职业资格证书简介

职业资格证书制度是劳动就业的一项重要内容，也是一种特殊形式的国家考核制度。它按照国家制定的职业技能标准或任职资格条件，通过政府认定的考核鉴定机构，对劳动者的技能水平或职业资格进行客观公正、科学规范的评价和鉴定，对合格者授予相应的国家职业资格证书。国家职业资格证书是反映劳动者专业知识和职业技能水平的证明，是劳动者通过职业技能鉴定进入就业岗位的凭证。国家职业资格证书是劳动者求职、任职和用人单位录用劳动者的主要依据，也是境外就业、对外劳务合作人员办理技能水平公证的有效证件。国家职业资格证书分为五个等级，即初级（国家职业资格五级）、中级（国家职业资格四级）、高级（国家职业资格三级）、技师（国家职业资格二级）、高级技师（国家职业资格一级）。国家职业资格证书由中华人民共和国人力资源和社会保障部统一印制，劳动保障部门或国务院有关部门按规定办理和核发。

实施职业资格证书制度的法律依据是《中华人民共和国劳动法》（以下简称《劳动法》）和《中华人民共和国职业教育法》（以下简称《职业教育法》）。《劳动法》第八章第六十九条规定："国家确定职业分类，对规定的职业制定职业技能标准，实行职业资格证书制度，由经过政府批准的考核鉴定机构负责对劳动者实施职业技能考核鉴定。"

《职业教育法》第一章第八条规定："实施职业教育应当根据实际需要，同国家制定的职业分类和职业等级标准相适应，实行学历证书、培训证书和职业资格证书制度。"这些法规确定了国家推行职业资格证书制度和开展职业技能鉴定的法律依据。

开展职业技能鉴定、推行职业资格证书制度是落实党中央提出的"科教兴国"战略方针的重要举措，也是我国人力资源开发的一项战略措施。这对于提高劳动者素质、促进劳动力市场的建设，以及深化国有企业改革、促进经济发展都具有重要的意义。

（资料来源：周文霞. 职业生涯管理[M]. 上海：复旦大学出版社，2008.）

四、职业生涯

职业生涯（Career）这个概念曾随着时间的推移发生过很多变化。在20世纪70年代，职业生涯专指个人生活中和工作相关的各个方面。随后，又有很多新的含义被纳入职业生涯的概念中，其中甚至包含了关于个人、集体的生活的方方面面。职业生涯可分为狭义和广义两类。狭义的职业生涯是指与个人终身所从事的职业有关的过程，与"事业"同义。广义的职业生涯则是指整体人生的发展，除了事业之外，还包括个体的生活。在职业生涯研究的早期，一些学者认为职业生涯是一个人终身经历的职位或职业的总称或整个历程。后来，一些学者提出"无边界职业生涯"（Boundaryless Career）和"易变性职业生涯"（Protean Career）的概念，区分现代职业生涯与传统职业生涯的不同。

学者关于职业生涯概念的理解有多种观点。早期的概念是由沙特列（Shartle）提出的。他认为，职业生涯是指一个人在工作生活中所经历的职业或职位的总称。麦克·法兰德（McFarland）认为，职业生涯是指一个人依据理想的长期目标所形成的一系列工作选择，以及相关的教育或者训练活动，是有计划的职业发展历程。美国著名职业问题专家唐纳德·E.舒伯（Donald E.Super）在1957将职业生涯定义为：一个人终生经历的所有职位的整体。1976年他又进一步指出：职业生涯是个人生活中各种事件的演进方向与历程，统合了个人一生中各种职业与生活的角色，由此表现出个人独特的自我发展组合。职业生涯是人生自青春直到退休之后，一连串有酬或无酬职位的综合，除了职位之外，还包括任何与工作有关的角色，如副业、家庭和社会中的角色等。

美国著名学者杰弗里·H.格林豪斯（Jeffrey H. Greenhaus）对职业生涯的概念进行了归纳总结，他指出传统的观点有两种。一种观点是将职业生涯理解为一种职业或者一个组织的有结构的属性。例如，在法律这个职业中，可以认为职业生涯是典型的从业者所具有的一系列职位：法学专业的学生、法律专员、律师事务所的初级成员、律师事务所的高级成员、法官直到最终退休。职业生涯也可以被认为是在一个组织中升迁的路径，如销售代表、产品经理、区域市场经理、地区市场经理、市场副总经理。另一种观点是将职业生涯看成是一种个人的而不是一个职位或一个组织的特性，然而持有这种观点的人对职业生涯的定义不尽相同。第一种定义是"提升的职业生涯观"，主张只有当一个人在地位、金钱等方面展现出稳定或者快速的提高，才构成其职业生涯。这个定义认为如果人们没有经历提升，即使取得其他方面的成就，也不能算是真正具有职业生涯。第二种定义是"专业的职业生涯观"，它强调职业生涯必须具有专业化的特点，只有获得一个确定的职业或是达到某种社会地位，才能构成一个人的职业生涯。例如，医师和律师被认为具有职业生涯，而文员和机械工就没有。第三种定义是"稳定的职业生涯观"，它强调只有在某一职业领域或紧密相关的领域从事一种稳定的职业，才算得上是职业生涯。在这种情景下，我们经常听到职业士兵或职业警官的说法。类似地，如果人们从事一系列具有内在联系的工作（如教师、指导顾问、家教等），则被认为是一种职业生涯，而从事明显不相关的工作（如小说家、政治家、广告编写人员等），违反了工作内容的完美一致性，则不能构成一种职业生涯。

以上各种定义对职业生涯的内涵都做了很严格的限制，它们都强调职业生涯是一个稳定的、长期的、可预测的、组织驱动的纵向移动系列。这些定义过于狭窄，缺乏弹性，只注意到了职业生涯的客观性和稳定性特点，却忽略了其主观性和变动性特点，使许多人的工作经历和他们对职业生涯的主观感受被排除在职业生涯研究领域之外，限制了职业生涯这一概念的概括性和解释力。

与上述观点不同，格林豪斯认为职业生涯是贯穿于个人整个生命周期的、与工作相关的经历的组合。他强调职业生涯的定义既包括客观部分（如工作职位、工作职责、工作活动以及与工作相关的决策），也包括对工作相关事件的主观知觉（如个人的态度、需要、价值观和期望等）。一个人的职业生涯通常包括一系列客观事件的变化以及主观知觉的变化，一个人可以通过改变客观的环境（如转换工作）或者改变对工作的主观评价（如调整期望）来管理自己的职业生涯。因此，个人与工作相关的活动及个人对这些活动所做出的主观反映都是其职业生涯的组成部分，只有把两者结合起来，才能充分理解个人的职业生涯。这个定义还包含着这样一个意思：随着时间的推移，职业生涯是不断向前发展的，并且无论从事何种职业，具有何等晋升水平，工作模式的稳定性如何，所有人都拥有自己的职业生涯。格林豪斯还强调了个人、组织和环境对个人的工作生命周期的影响和重要性。个人在职业生涯过程中所做出的关于工作和职业方面的选择，在很大程度上取决于个人以及组织内部的力量；当然，其他外部力量（如家庭、社会和教育体系）也起到了很重要的作用。一方面，个人受其技能、知识、能力、态度、价值观、个性和生活环境等的影响而做出特定的工作选择；另一方面，组织为个人提供工作及相关信息，个人可以在未来谋求其他工作的机会和条件也影响着个人的职业选择和职业生涯的发展。格林豪斯的职业生涯定义全面、深刻，具有很强的灵活性。它不仅把传统职业生涯的内涵囊括其中，而且其开放性也与现代职场的变化相适应。

当前科技的迅猛发展和全球经济的一体化，给组织带来了巨大的挑战。组织应对变化的措施是缩小规模、减少层级、兼并、裁员等，这些都对个人职业生涯产生了极大的影响。一些学者提出了"无边界职业生涯"的概念和"易变性职业生涯"的概念来表示现代职业生涯与传统职业生涯的不同。无边界职业生涯强调打破组织界限和组织内部职位界限的职业转换和职业流动；易变性职业生涯强调驾驭职业生涯的是个人而不是组织，个人在需要时可以随时重新创立其职业，可以在不同的产品领域、技术领域、组织和其他工作环境中出入自由。这些新概念的内涵都可以通过格林豪斯的职业生涯定义得到解释。

在现实生活中，个人选择一种职业后也许会终生从事，也许一生中会转换几种职业。但无论如何，一旦个人开始进入职业角色，其职业生涯就开始了，并且随着时间的流逝而延续。职业生涯即这样一个动态过程，是指一个人一生在职业岗位上度过的、与工作活动相关的连续经历，并不包含在职业上成功与失败或进步快与慢的含义。也就是说，无论职位高低，无论成功与否，每个正在工作的人都有自己的职业生涯。职业生涯不仅表示职业工作时间的长短，而且表示职业发展、变更的经历和过程，包括从事何种职业的工作、职业发展所处阶段、由一种职业向另一种职业转换等具体内容。

职业生涯是一种复杂的现象，由行为和态度两个方面组成。要充分了解一个人的职业生涯就必须从主观和客观两个方面进行考察。表示一个人职业生涯的主观内在特征是价值观、态度、需要、动机、气质、能力、性格等；表示一个人职业生涯的客观外在特征是职业活动中的各种工作行为。一个人的职业生涯受多方面因素的影响，如本人对自己职业生涯的设想与计划、家庭中父母的意见、配偶的理解与支持、组织的需要与人事计划、社会环境的变化等都会对职业生涯产生影响。

职业生涯中与工作相关的经历既包括客观事件或情景，也包括与工作有关的事件的主观解释。某种假设的职业生涯的客观和主观因素如图1-1所示。

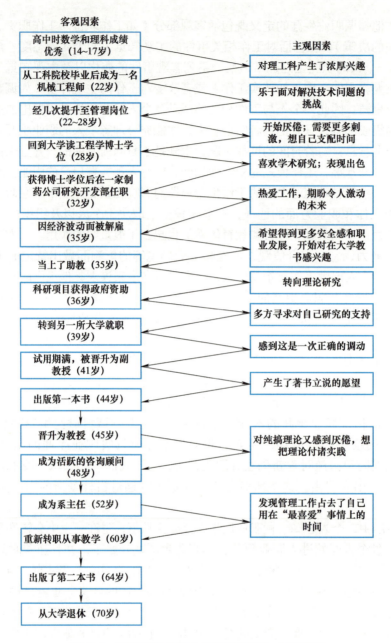

图 1-1　某种假设的职业生涯的客观和主观因素

（资料来源：格林豪斯，卡拉南，戈德谢克. 职业生涯管理：第 3 版 [M]. 王伟，译. 北京：清华大学出版社，2006.）

五、内职业生涯和外职业生涯

内职业生涯是指在职业生涯发展中通过提升自身素质与职业技能而获取的个人综合能力、社会地位及荣誉的总和，它是别人无法替代和窃取的人生财富。

外职业生涯是指在职业生涯过程中所经历的职业角色（职位）及获取的物质财富的总和，它是依赖于内职业生涯的发展而增长的。

内职业生涯的发展是外职业生涯的前提，可以带动外职业生涯的发展；如果内职业生涯匮乏，外职业生涯就会停滞或失败；而当外职业生涯遭遇寒流时，则应该加强内职业生涯的修炼。一个人应关注内职业生涯的发展，如果内职业生涯足够强大，外职业生涯的成功就是水到渠成的事。如果太注重外职业生涯，当能力不够时，就有可能会采取一些不正当的手段，以求保住职位，结果不是损害组织就是损害他人，最终则损害了自己。

一个人的内职业生涯和外职业生涯在大多数时候是不一致的，但差别不会太大。如果差别太大，就会出现：要么内在能力达不到外在岗位的要求，会产生压力，甚至被降职、辞退；要么外在岗位无法满足内在能力的成长需要，就会产生工作倦怠，严重时个人甚至会"跳槽"，寻找更好的外职业生涯平台。

相 关 链 接

当外职业生涯遭遇"寒流"

20出头的小A因得不到公司重用，唯恐这种状况延续下去会被公司解雇，不堪压力，得了抑郁症。

小A曾是一名非常优秀的学生，但不知什么原因，没有得到公司的重用。

导致小A抑郁的原因是多方面的：如果公司能多关心一下新员工的心理变化、行为表现，这样的事情也许就不会发生；如果小A能够适当地进行心理调适，从积极的角度看待问题，这样的事情也不会发生。走出校园的职场新人在面对各方面环境的巨大变化时，更加应该注意及时转换角色、调适心态，特别是当外职业生涯发展暂时遭遇"寒流"时，更要正确对待。

1. **环境差异带来巨大的心理落差**

在学校里，小A一直都是出类拔萃的优秀学生，深受老师和同学的喜爱，而他所期望的一切也都可以凭借自己的努力得到。但当进入公司以后，公司内竞争异常激烈，同事都是"高手"，小A个人先前的优越性大打折扣。个人如果不能很好地去理解和适应所在公司，就容易使自己处于比较被动的境地。环境差异带来的巨大落差，很可能带来个人心理上的巨大压力。

专家发现，相当数量的职场新人身上都有着诸多类似的情况。很多新人没有意识到，公司不比学校，如何与同事融洽相处，如何让上司发现自己的优点等，都是需要潜心体会和实践的。个人如果没有注意到这种巨大的环境差异，没有意识到需要相应地做出心理、生理上的调整，仍旧以在校时的眼光来看待问题，以在校时的标准来衡量问题，就无法适应现实的环境。

因此，一个人在从一种生活工作环境短时间内进入另一种生活工作环境时，如果不能及时调整好心态，也没有采取具体的行动去克服环境变化带来的各种不适应，往往会出现诸多心理、生理上的病症，其内在表现是焦虑、惶恐、不知所措，外在表现则是没有精神、心烦气躁、忧郁，甚至自闭。

2. 外职业生涯不代表全部

像小 A 一样，很多新人心理压力的焦点在于得不到上司的重视，害怕长期下去会被公司解雇。从个人职业发展的角度来说，这是外职业生涯发展遭遇了暂时的"寒流"。外职业生涯各项构成因素通常是由别人认可和给予的，也容易被别人否认和收回；而内职业生涯各项构成因素的取得主要靠个人的努力追求。与外职业生涯的构成因素不同，内职业生涯各构成因素的内容一旦取得，别人便不能收回或剥夺。因此，内职业生涯因素是真正的人力资本所在，提高内职业生涯而取得的工作成绩，会转化为外职业生涯。

很多人在评估个人职业生涯发展状况时，往往过于看重外职业生涯的指标，表现为过于看重薪水，或过于在意职位的高低，容易被这些外在因素影响情绪，而忽视了个人发展的关键——内职业生涯因素。由于外职业生涯因素可能与自己的付出不符，尤其是在职业生涯初期，很多职场新人疲于追求外职业生涯的成功而未达到，导致内心极为痛苦。

3. 修炼内职业生涯是基石

职业生涯规划专家认为，当外职业生涯遭遇"寒流"时，更应该加紧修炼内职业生涯。"失之东隅，收之桑榆"，暂时的被冷落也可以为日后的被器重创造契机。与其因为不被公司重用而一筹莫展、忧心忡忡，还不如利用这段时间多自学一些在今后发展中用得到的技能和知识，多了解公司文化，尽量争取机会多与同事、上司沟通等。如此一来，个人不仅在公司内有了不错的人缘，而且其工作技能也得到了提高，这样，即便在这家公司的情况还是得不到改善，也可以信心百倍地再换一份工作，因为在这个过程中，自己比其他同事学到了更多知识，这无疑为再次的求职积蓄了力量，增加了砝码。

另外，职场新人在遇到类似的问题时，选择适当的方式与上司充分沟通也是必要的。你可以向上司表明自己很希望为公司贡献力量，同时虚心求教自己还需要学习和改进的地方。一般来说，如果沟通态度足够诚恳，上司都会不吝赐教的。这种方式既可以增近自己与上司的感情，拉近彼此的距离，也可以明确自己的努力方向。

总之，外职业生涯固然是个人价值的体现，但是修炼个人内职业生涯是更长远发展的基石。就像一棵树一样，要想枝繁叶茂、硕果累累，就应该将树根深扎地下。所以，当外职业生涯遭遇寒流时，也许是好好修炼"内功"的时候了。

（资料来源：2006 年 6 月 22 日，向阳生涯职业咨询网站.）

六、职业生涯管理

职业生涯虽然是个体的与工作相关的经历，但是职业生涯管理却不仅包括员工个人职业生涯管理，还包括组织职业生涯管理，它是由员工和组织两个方面共同参与的一项活动。

（一）自我职业生涯管理

美国著名学者格林豪斯从个人角度将职业生涯管理定义为："个人对职业生涯目标与战略的开发、实施以及监督的过程。"格林豪斯认为职业生涯管理是一个持续的过程，在这个过程中个人要做到：①搜集自身的信息和各行各业的情况；②摸清自己的能力、兴趣、价值和所喜欢的生活方式，以及希望选择哪些职位、工作内容和组织；③以上述信息为基础，提出现实的职业生涯目标；④制定并实施为达成此目标而设计的战略；⑤获得战略有效性和目标相关性的反馈。可见，他强调职业生涯管理是个人的活动，而不是组织的活动。

从个人角度出发的职业生涯管理即自我职业生涯管理。自我职业生涯管理就是个人对自己所要从事的职业、要服务的组织以及在职业发展上要达到的高度等做出规划和设计，并为实现自己的职业目标而积累知识、开发技能的过程。这个过程一般通过选择职业，选择工作组织，选择工作岗位，在工作中提高技能、晋升职位、发挥才能来实现。

个人在选择职业上的自由度很大程度上取决于其拥有的职业能力和职业品质。而个人的时间和精力毕竟是有限的，个人要使自己拥有不可替代的职业能力和职业品质，就要根据自身的潜能、兴趣、价值观和需要来选择与自身优势相匹配的职业，将自己的潜能转化为现实的价值，这就需要个人对自己的职业生涯做出规划和设计。因此，人们越看重自己的职业发展机会，就会越重视自我职业生涯管理。

（二）组织职业生涯管理

一些学者从组织的角度对职业生涯管理进行界定，霍尔（Hall，1988）认为，职业生涯管理是一个持续的过程准备、实施与追踪个人执行的职业生涯设计与组织职业生涯制度的配合活动。吉利（Gilley，1988）认为，职业生涯管理是整合性的人力资源活动，也就是以人力资源管理措施来配合个人的职业生涯发展。米尔科维奇（Milkovich，1991）认为，职业生涯管理是一个过程，通过这个过程，组织为满足未来需求，甄选、评估、指派与发展员工，以提供一群合格者去满足未来的需要。可见，这些学者的定义更侧重于组织，即认为职业生涯管理是组织的一项活动。我国学者张旭、张爱琴等认为，职业生涯管理就是组织帮助员工确定个人在本组织的职业发展目标，并提供员工在工作中增长职业素质机会的人力资源管理方法，它使企业的发展目标与员工个人的发展目标相联系并协调一致，以建立组织与员工间的双赢关系，进而结成紧密的利益共同体。

从组织的角度对员工的职业生涯进行管理，集中表现为：帮助员工制订职业生涯规划，建立各种适合员工发展的职业通道，针对员工职业发展的需求进行适时的培训，给予员工必要的职业指导，使员工职业生涯获得成功。

第二节 职业生涯管理理论的历史演进

职业生涯管理学说最初来源于职业指导活动，始于20世纪初期，在20世纪60年代得到迅速发展。我国是在20世纪90年代中期开始引入职业生涯管理理论的，尽管这一学说的发展历史并不长，但已经取得了丰硕的成果，并且在实践中得到了广泛的应用。

目前，对于职业生涯管理理论的发展历史阶段还没有统一的划分。我国学者龙立荣和李晔从职业指导的角度对职业生涯管理理论的发展历程进行了精辟的概括。他们认为，关注职业选择和职业适应的职业指导从20世纪初诞生后，在概念和思想等各方面都发生了很大的变化，大致经历了三个阶段：职业与职业指导、职业生涯发展与职业生涯辅导、生涯发展与辅导。这一划分方法比较清晰、全面地反映了职业生涯管理理论的发展历程，因此，本书将主要依据他们的观点进行阐述。

一、职业与职业指导阶段

职业指导是伴随着西方国家经济发展和技术进步带来的职业分化而产生的一项社会活动。它的正式形成以美国学者弗兰克·帕森斯（Frank Parsons）在1908年创立地方职业局为标志。他首次提出了"职业指导"这一概念，并使职业指导成为具有组织形态的专业性工作。当时所指的职业指导，是指导者根据心理学中人与事匹配的理论，对职业选择或决定有困难的被指导者进行的帮助活动，1913年，美国成立国家职业指导协会（National Vocational Guidance Association，NVGA）。

在总结多年工作实践经验的基础上，帕森斯指出进行职业选择需要具备的三个条件：①必须要对个人自身的天赋、能力、兴趣、志向、资源和限制条件等考虑清楚；②要对不同行业工作的要求、成功要素、薪酬水平、发展前景以及机会有较明确的认识；③在这两组要素之间进行最佳搭配。受心理测量的影响，帕森斯的理论特别强调理性的重要性，认为被指导者可能由于缺乏这种理性作用而难以做出合适的选择。在职业指导中，指导者要做的就是对职业选择困难的被指导者进行诊断，帮助其收集资料、提供各种可能的解决办法，帮助被指导者做出最佳的选择。

威廉姆逊（Williamson，1939）承袭了帕森斯的思想，按照理性的方法将职业指导具体分成六个步骤：

（1）分析　通过各种途径以及主观与客观的工具，收集有关个人的兴趣、能力倾向、态度、家庭背景、受教育程度及社会经济情况等资料。

（2）整理　利用测验剖析图及个人材料，通过整理并综合，来显示个人的差异性和独特性。

（3）诊断　描述个人的特质或问题所在，探讨问题的原因。

（4）预测　根据各项资料来预测个人职业成功的可能性，或针对问题来判别其可能发生的后果及调适的可能性，将预测结果作为选择职业及未来调适的依据。

（5）咨询　协助个人了解、运用各项个人与职业方面的资料，进而与被指导者交流有关择业和调适的计划。

（6）追踪　协助被指导者执行计划，若有新问题产生，再重复上述步骤。

威廉姆逊于1932年在明尼苏达大学开办了大学测验部，后来改名为学生咨询和测验部。1939年，他出版了《如何给学生咨询》一书，比较系统地阐述了匹配理论，这一理论在1930年—1940年十分盛行。

1950年后，沿着匹配理论思想，约翰·霍兰德创造性地提出了人格与环境匹配的类型理论（Typology Theory），该理论克服了以往能力测验和兴趣测验的不足，科学地将人格和职业两个方面概括为六个基本类型，即现实型（Realistic）、研究型（Investigative）、艺术型（Art）、社会型（Social）、企业型（Enterprising）和常规型（Conventional），并编制了相应的测验问卷。霍兰德的类型理论在实践中产生了巨大的影响，因为他所开发的模型是迄今为止在职业选择中最具有影响力的模型之一。

总体来说，职业与职业指导阶段有两大贡献。首先，它重视职业指导工作，认为人并不是生来就能够进行科学的职业选择的，而是需要教育工作者、社会予以指导和帮助。这种开创性的工作开辟了一个新的研究和工作领域，为职业指导的广泛和深入开展奠定了基础。其次，它提出了职业指导的匹配理论，并将这种理论建立在理性、科学的方法的基础之上，对职业指导的科学化做出了贡献；尽管其方法仍有不完善的地方，但对后来的相关研究具有重要的指导意义。

受当时社会发展状况的制约，当时的职业指导也存在许多不足，主要表现在以下三个方面：

1）静态地看待职业，认为人的职业选择是一次完成的，这不符合客观实际。事实上，人的职业选择是一个过程，人的职业观念、职业能力、职业选择等诸方面都经历了一个漫长的发展和变化过程。

2）在进行职业指导活动时，过于强调指导者的作用，将被指导者放在被动的地位上，不利于被指导者的成长，也不利于提高职业指导的效果。如果能通过职业指导调动被指导者的积极性和能动性，从长远来看，效果会更好。

3）在职业指导的具体活动中，运用匹配理论时，对心理因素考虑较多，而对经济、社会等因素考虑较少，这也是这个阶段的职业指导的不足。

这些不足的存在，使得学者们不断地探索，进而推动了职业观和职业指导观的发展。

二、职业生涯发展与职业生涯辅导阶段

自20世纪50年代开始，职业指导经历了两个重大的转变：一是由静态的、一次完成的职业指导向发展的、多次完成的职业选择转变，导致这一转变的核心人物是舒伯（Super）；二是职业指导观念向职业辅导观念的转变，即将教导式的职业指导方式变成更加人性化的、强调发挥被指导者作用的职业辅导，导致这种转变的核心人物是罗杰斯（Rogers）。1951年，金兹伯格（Ginzburg）等根据各职业发展阶段的重要性最早提出了他们的职业发展阶段理论。他们依据职业发展的顺序，将职业选择分成3个阶段：幻想期、尝试期和现实期。幻想期大致出现在6～11岁，这一时期的个体对未来职业存在不现实的观念期待，表现为个体职业偏好的任意性、武断性、缺乏现实导向；尝试期大致出现在11～17岁，这一时期的个体具备对所喜欢的、能做到的活动进行分类的能力，表现为个体开始思考职业并收敛不现实的幻想，转而关注能力，发现一些活动比另一些活动更具有内在或外在的价值；现实期大致在个体21岁时结束，现实期的个体能体现实探索，并能够选择特定的职业，表现为个体开始通过各种途径实施生涯选择，在经历成功或失败的基础上，出现比较清晰的职业模式，进而选择特定的职业或专业。

1953年，舒伯从人的生命周期角度提出了终生的职业生涯发展理论。他将人的职业发展分成一系列生活阶段，即生理和心理成长（Growth）阶段、探索（Exploration）阶段、建立（Establishment）阶段、维持（Maintenance）阶段和衰退（Decline）阶段。与霍兰德相比，他多考虑了一个变量，即职业生涯发展；与金兹伯格相比，他涉及的发展阶段更长。在他看来：职业生涯发展和选择涉及十分复杂的个人与环境因素，因此不存在一个最合适的职业；相反，为了很好地适应工作，个人必须在人格特质、兴趣、潜能、价值观之间做出让步。在1957年出版的《职业生涯心理学》一书中，他使用了职业生涯的概念，将职业生涯定义为一个人终生经历的所有职位的整个历程，并且比较全面地阐述了其早期职业生涯发展理论。

20世纪40年代至20世纪50年代，职业指导的另一变化是由指导向辅导转变，推动这

一转变的力量主要来自心理学领域,一批从事心理治疗研究的人本主义心理学家,尤其是罗杰斯起了重要作用。1942年,罗杰斯出版了《咨询和心理治疗》,1951年,他又出版了《咨询者中心治疗》。在这两本著作中,他系统地阐述了人本主义思想。首先,罗杰斯主张无条件地尊重来访者(被指导者),这使传统的指导活动观(如指导者在与被指导者关系上的权威主义态度和家长式作风、过分依赖测验、过多的直接指导等)受到了严峻的挑战。其次,罗杰斯的心理治疗使咨询帮助的范围扩大了。克立兹(Crites,1981)认为:以人为中心的辅导中,辅导员的职责是协助来访者将自我概念转变成相应的职业角色;而职业测验不是必需的,只有在来访者要求时才使用;职业信息非常重要,它有助于来访者进行职业探索,并做出职业决策。

经历了职业观念本身的转变和职业指导观念的变革后,职业指导活动进入一个新阶段。具体地说,这一阶段有如下三个方面的贡献:

1)用发展的职业观取代了静止的职业观,由注重职业早期发展向注重终生职业发展过渡。这种变化的优点是适应了时代的变革,使职业理论更加贴近实际生活。在20世纪初期,社会变革速度较慢,人们从事相对稳定的职业,职业选择可能是一次完成的,但随着社会变革的加剧、组织动荡的增多,个人主动或被动地进行职业选择的机会增多,职业选择呈现出多次性的特点。

2)对职业选择过程研究得更加深入。过去的职业指导只关注职业选择的一个时间段,而对人们的职业观念、职业能力、职业价值观是如何形成、发展和稳定的,缺乏深入的研究。持发展观的学者通常都十分注意对职业选择过程的研究,使人们对职业发展的动力、过程、特点的了解更加深入,为科学地进行职业指导奠定了基础。

3)摆正了指导者和被指导者的地位,使职业指导呈现出成长性。社会变革会直接影响个人的职业生涯,快速变革的社会需要人们适应社会的要求。因此,只管人就业而忽视人学会如何就业的职业指导观的局限性便充分暴露出来,因而以被指导者为中心的职业辅导正好克服了传统职业指导观的不足,由"授人以鱼"向"授人以渔"的观念转变。

三、生涯发展与辅导阶段

从20世纪70年代开始,职业生涯的内涵有了进一步的发展,它不仅包含职业生涯,而且进一步扩大到家庭生活。

1976年,舒伯从社会发展的需要出发,将生涯定义为:生活中各种事件的演变方向和历程,包括人一生中的各种职业和生活角色,由此表现出个人独特的自我发展类型;它也是人自青春期至退休之后一连串的有报酬或无报酬职位的总和,甚至包含了副业、家庭和公民的角色。[1]舒伯(1986)认为,人生的整体发展主要由三个层面构成:一是时间,即一个人的年龄或生命历程,通常分为成长、探索、建立、维持和衰退5个阶段;二是范围,即一个人一生所扮演的各种不同的角色,如儿童、学生、公民、休闲者、工作者和持家者等;三是深度,即一个人在扮演每一个角色时所投入的程度。各种角色的消长除了与年龄的增长及社会期望有关外,还受个人所投入的时间及情绪的影响,因此每一阶段均有特定的角色特征。比如:0~10岁的角色特征是儿童;15~20岁的角色特征是学生;30岁左右的角色特征是

---

[1] 张添洲. 生涯发展与规划[M]. 台北:五南图书出版公司,1993:19.

配偶和家长；30～35岁的角色特征是工作者；43岁左右，出现中年职业生涯危机，工作角色突然中断，学生角色又会出现，参加进修或攻读学位；45岁再度积极投入工作；48岁以后，公民与休闲者角色逐渐增加；60岁以后，工作角色减弱，而休闲者和家庭角色相对增加。生涯辅导应根据生涯发展的规律，对不同阶段实施针对性的辅导措施。

1978年，麻省理工学院的施恩（Schein）教授从组织心理学的角度研究人的生涯发展，系统地阐述了组织激励人的动力理论：组织和个人互惠。他认为：个人与组织双方同处于一个社会，有同样的文化、同样的成功标准和生活道路。个人和组织是相互依存的，为了组织和个人双方的长期利益，组织不能只为了自己的利益而忽视甚至牺牲个人的利益；否则，就会导致劳资冲突，使组织本身的利益和个人的利益受到伤害。招聘、挑选、培训，以及任务分配、绩效评估、提升等应看成是与个人匹配的过程，而不仅是组织为了实现自身目的而拥有的特权。如何使匹配过程合理，使组织和个人双方都受益，是一个核心问题，而个人受益首先要考虑的是个人的发展需求。施恩认为，人们在参与工作或职业的需要程度上是不同的，而这些需要既随着家庭和生命发展的阶段发生变化，又随着所追求的工作的特定内容而变化。他将个人的生物社会生命周期、职业生涯周期和家庭发展周期结合在一起考虑，认为三者相互作用，管理者应根据这些规律来管理人力资源。

由上述可知，生涯发展理论的贡献主要有两个方面：①对职业生涯概念及理论的发展。随着社会生产力的发展，人们的物质生活需要基本得到了满足，在这种情况下，职业的谋生职能相应弱化，而全面提高生活质量、实现人生价值成为人的兴奋点。因此，如何实现工作和家庭的有机统一，便成为职业心理学家和组织行为学家不得不考虑的问题。可以说，生涯发展理论的提出正是适应了时代需求，丰富和发展了职业生涯的理论。②使职业辅导进入组织中，成为组织管理的一项内容，扩大了职业生涯辅导的组织机构。应该看到，人们进入职业领域后的时间占据了人生的绝大多数时间，而且这段时间正是体现人生价值的主要阶段。过去，人们过于注重职前的作用，似乎解决了职业前期的问题，就解决了职业中期的问题。其实不然，信息社会恰恰是不确定性更高、变化节奏更快的时代，如果组织不能很好地解决个人的发展问题，提高工作生活质量就会落空。

总之，职业辅导在经历从职业指导到职业生涯辅导再到生涯发展与辅导的过程中，其思想内涵也发生了较大的变化：从注重稳定的职业选择向注重变化的职业生涯转变；从注重单一的职业生涯向将职业生涯与个人的家庭、休闲统合考虑转变；从注重教导式的诊断、提建议的指导向注重被辅导者主动参与、辅导者协助的辅导转变；从以民间、社会为主，过渡到学校、政府，最后到企业的全面参与。这些都使职业辅导更加切合实际、更加科学和有效。

第三节 职业生涯管理的研究内容与作用

一、职业生涯管理的研究内容

职业生涯管理既包括个人职业生涯管理，也包括组织职业生涯管理，它是由个人和组织两个方面共同参与的一项活动。职业生涯管理的目的是通过个人和组织的共同努力与合作，使个人的职业目标与组织发展目标相一致，使个人的发展与组织的发展相吻合。因此，职业生涯管理包括以下两个方面：

（1）个人职业生涯管理　个人职业生涯管理是个人职业生涯成功的关键。个人不仅要全面了解自己的性格、兴趣、能力、工作动机、价值观、态度和优缺点，而且要了解组织的目标、经营理念，以及组织能够提供的发展、训练、升迁机会与晋升渠道等。

（2）组织职业生涯管理　组织职业生涯管理是指组织协助个人规划其生涯发展，并为个人提供必要的教育、训练、轮岗等发展机会，以促进个人职业目标的实现。一方面，组织要了解自身过去的发展及未来的目标，预测外在的政治、经济、社会、文化等环境可能发生的变化及可能产生的影响，为自身规划一个具有前瞻性的长远目标。另一方面，组织还要深入了解个人的个别差异、发展目标、绩效表现等。组织要积极、主动地向个人提供各种信息，以强化彼此之间的回馈、沟通、信赖与支持，使个人了解其在组织中的发展方向，提高工作积极性和组织的凝聚力。

由此可见，一个系统的、有效的职业生涯管理体系往往会涉及组织与个人的诸多方面。一般来讲，主要包括以下七个方面：

（1）对组织的发展目标进行宣传教育　通过会议、内刊、主管宣讲等方式，让个人了解组织的发展目标，使个人对组织的目标产生认同，产生使命感，并以此激发个人内在的积极性，进而促进个人之间的了解和沟通，以建立共识，为完成组织目标而共同奋斗。

（2）建立职业信息系统　职业信息系统包括组织和个人所有的相关信息，也包括组织的发展战略、职位空缺、各职位任职资格标准、晋升标准等方面的信息。一个好的职业信息系统应该能够比较全面地呈现职位需求和组织内人员的供给状况，以便为平衡需求与供给打下一个良好的基础。

（3）设立员工职业生涯发展评价中心　对于规模比较大的组织来说，可以在组织内部设立职业生涯发展评价中心，对个人进行评估。例如，美国通用电气公司与 IBM 公司、日本的松下电器公司等均设有咨询辅导专家，协助个人解决职业生涯发展问题。这些公司都设有管理知识讲座、自我成长等课程，制订了自我评估方案并对个人进行心理测验，以协助个人分析自己，增加其个人生涯知觉与自信心等。对于规模比较小的组织，可以由其人力资源部门的工作人员兼任辅导、评估与指导工作，也可以聘请社会上的职业生涯专家来负责本组织的指导与咨询工作。

（4）与人力资源管理活动相配合　人力资源管理活动要密切配合职业生涯管理工作，如确定个人的职业生涯途径和发展方向，使个人能够集中精力去学习新知识和新技能；对个人的工作进行轮岗调适，增强个人的工作技能，丰富个人的工作经历；对管理者候选人进行培训，提高管理人员的素质，预测未来人力资源的供给与调配计划等。

（5）建立奖赏升迁制度　奖赏与升迁既是满足个人物质需求和精神需求的重要手段，也是激励个人的主要方式，升迁往往还是个人职业生涯发展规划中的一个重要目标。因此，组织里的人力资源部门应该开辟多种升迁渠道，包括行政管理系列、技术职务系列、实职领导岗位、非领导岗位等，让优秀个人均能实现生涯目标，以此来调动个人的工作积极性，提高组织的整体素质。

（6）加强对个人的训练与教育　对个人进行训练是为了提高个人的工作技能，主要是为了满足组织当前的工作需要；对其进行教育则是为组织培养未来所需的人才，主要着眼于未来组织的发展。对于个人而言，接受训练与教育是其职业生涯发展的重要内容之一，通过训练与教育，可以增强技能，丰富理论知识，转变观念，变革思维，进而可以促进职业生涯的发展，成为有用人才，为组织做出更大的贡献。

（7）个人需要与组织需要相适应　组织的职业规划贯穿于组织职业生涯管理的全过程，它针对个人职业工作生命周期的不同阶段，配以不同任务和内容的职业计划，与个人的职业发展相匹配，为个人的不断进步开辟道路。只有做到个人需要与组织需要相互适应，才能最终同时实现组织目标和个人目标，达到双赢的目的。

二、职业生涯管理的作用

个人职业生涯管理的重要作用体现在两个方面：一是能够帮助个人更有效地管理其职业生涯；二是帮助组织理解个人面临的矛盾和他们的职业决策，使组织能从中受益。为了有效地实现自我价值，以保证在事业上取得更大的成就，任何个人都需要对其即将从事的职业、工作职务以及在工作职务上的发展道路等进行全面的分析，以确立明确的职业目标，并为实现各阶段的职业目标而自觉地积累有关知识，掌握相关技术，开发相关能力。因此，职业生涯管理在现代人力资源管理中是强化自我管理、有效开发与利用个人智能的重要手段。具体而言，职业生涯管理对个人具有以下几个方面的作用：

（1）帮助员工确定职业发展目标　职业生涯管理的核心内容之一就是对个人进行分析。通过分析个人的知识、能力、性格、职业兴趣、职业价值观来明确其优势和劣势，并匹配组织内部相关工作机会的信息。通过自我分析，个人可以确定符合自己兴趣和特长的生涯路线，正确设定自己的职业发展目标和行动计划，并运用科学的方法化解人生发展中的危机，使自己的才能得到充分发挥，以实现自己的人生理想。

（2）鞭策个人努力工作　职业生涯犹如人生之靶，当它树立在个人的面前时，个人就有了一个奋斗的目标。它会时刻提醒和鞭策个人一步步地向它迈进。当个人一步步地实现了这些奋斗的目标时，就会产生强烈的成就感，思维方式和工作方式就会逐渐发生变化。

（3）引导个人发挥潜能　职业生涯管理能够使个人集中精力关注自己的优势和能够产生高回报率的方面，这样有助于最大限度地发挥其潜能。另外，当一个人不停地在自己的优势方面努力时，这些优势就会得到进一步发展，这个人最终将会成为一个充分实现自我潜能的成功人士。

（4）评估目前的工作成绩　职业生涯管理是进行自我工作评估的重要手段。如果一个人的职业生涯规划是具体的，他就可以根据规划的进展情况评估自己目前所取得的成绩。失败者面临的共同问题是他们极少评估自己所取得的进步，他们中的大多数人不懂得自我评估的重要性，或者无法度量自己所取得的进步。

职业生涯管理的内容包括职业目标的选择和有效实现职业目标的途径。它不仅关系到个人一生事业成就的大小，也关系到组织发展的成败。组织通过对个人的职业生涯进行管理，既保证了对未来人才的需要，也能够使人力资源得到有效的开发和利用。具体而言，职业生涯管理对组织的重要作用体现在以下几个方面：

（1）保证组织未来人才的需要　组织可以根据发展的需要，预测未来的人力资源需求，通过对个人职业生涯的设计，为个人提供发展空间、人力资源开发的鼓励政策以及与职业发展机会相关的信息，从而使个人发展和组织发展结合起来，有效地保证组织未来发展对人才的需要，避免出现职位空缺而找不到合适人选的现象。

（2）使组织留住优秀人才　组织人才的流失可能有多方面的原因，如待遇不理想、专长得不到发挥、没有发展的机会等，但归结为一条就是组织缺乏对个人发展的应有的考虑，即缺乏职业生涯管理。对于优秀的人才来讲，他们最关心的是自己事业的发展，如果自己的才能得到充分的发挥，则个人的发展就会得到应有的保证，他们就不会轻易换工作。西方企业的大量实践证明，凡是重视、了解并开发个人的兴趣，不断给个人提供具有挑战性的工作任务，并为他们的成长和发展创造机会和条件的组织（即重视对个人进行职业生涯管理的组织），都能够提高个人的满意度，并能吸引和留住优秀的员工。

（3）使组织人力资源得到有效的开发　职业生涯管理能够使个人的兴趣和特长受到组织的重视，能够提高员工的工作积极性，合理地挖掘个人的潜能，使组织的人力资源得到有效的开发，从而促进组织不断地发展和壮大。

三、影响职业生涯管理的因素

职业生涯管理受很多因素的影响。组织要想有效地进行职业生涯管理，就必须在管理中对各种相关因素加以分析，以帮助个人确定适宜的生涯发展目标；同时，组织还应根据各种因素的变化，对个人的职业生涯发展做出适当的调整。与职业生涯管理有关的因素通常包括个人因素、组织因素、环境因素和其他因素。

1．个人因素

（1）心理特质　每个人都有独特的心理特质，如智力、情商、性格、潜能、价值观、兴趣、动机等。

（2）生理特质　它包括性别、身体状况、身高、体重和外貌等。

（3）学历经历　它包括所接受的教育程度、训练经历、学业成绩、参与社团活动情况、工作经验、生活目标等。

2．组织因素

（1）组织特色　它包括组织文化、组织规模、组织气氛、组织结构等。

（2）人力资源评估　它包括人力资源需求预测、人力资源规划、人力资源供求、人员招募方式等。

（3）人力资源管理　它包括工资报酬、福利设施和员工关系发展政策等。

3．环境因素

（1）社会环境　它包括就业市场的供求关系、国家有关劳动与人事方面的政策及法规的颁布与实施等。

（2）政治环境　它包括国际和国内政治情况等。

（3）经济环境　它包括经济增长、市场竞争等。

4．其他因素

（1）家庭背景　它包括父母的职业、社会地位、家人的期望等。

（2）科技的发展　它包括产业结构的调整、高新科技的影响、现代化技术与管理的发展等。

（3）人际关系　它包括个人与上司、同事或下属之间的关系等。

第四节　职业生涯管理的研究方法

职业生涯管理虽是一个广泛的研究领域，但却没有自己独有的研究方法。由于职业生涯管理与心理学、组织行为学和社会学有着密切的关系，所以，这些学科的研究方法即职业生涯管理的研究方法。职业生涯管理的研究方法可以分为定性研究和定量研究两类。

一、定性研究

定性研究侧重于对事物的含义、特征、隐喻、象征的描述和理解。定性研究方法有访谈法、观察法、案例研究法等多种方法，原始资料包括场地笔记、访谈记录、对话、照片、录音和备忘录等，其目的在于描述和解释事物、事件、现象、人物，以更好地理解所研究的问题。

定性研究的主要特征之一是从被研究者的角度进行研究，即在当时当地收集第一手资料，从被研究者的视角来理解他们行为的意义和他们对事物的看法。研究者在没有获得确实的证据前，不能先入为主，决不能从主观想象、推测、臆断出发，必须深入到被研究者中间去看他们怎样做，听他们怎样说，对他们的说法和做法加以描述和分析，再据此提出假设或理论。

定性研究的主要方法之一是实地研究。简单地说，实地研究就是在完全没有外界控制的纯自然条件下，深入到被研究者的生活背景中去观察、访谈以及收集资料的研究方法。这种方法看似简单，但要得到可靠的结论，就要求研究者具有敏锐的洞察力和深厚的方法论基础。

定性研究可分为直接法和间接法。直接法包括个案研究法、观察法、小组座谈法、深层访谈法；间接法主要是指投射技术。

（一）个案研究法

个案研究法起源于医学诊治病例和侦查学中的刑事案例，后来逐渐被推广和应用于心理学中。它可以定义为：经由对个案的深入分析以解决有关问题的一种研究方法。具体而言，它是以个人或群体为研究对象，收集和整理有关各方面完整的客观情况及资料，包括历史背景、测验材料、调查访问结果、评定和谈话情况等，从而研究个人或群体行为发展变化的全过程，得出带有普遍性的结论的研究方法。个案一般是社会中真实的事件，它是某类事件的仿真和缩影。个案的原始资料来源于观察、访谈，有时也借助于记录和文件来获得支持证据。

个案研究可分为以下四个阶段：

（1）开放式阶段　研究者不做事先判断，而是通过阅读历史卷宗、档案材料，运用访谈法、直接观察法、参与式观察法等了解事实，即事情是如何进行的，为什么如此进行。

（2）重点突破阶段　这一阶段更为系统、全面地收集资料证据，目的是发现事件或重要人物的本质特征，避免无的放矢，收集杂乱无章的资料。

（3）写作阶段　好的个案报告不仅要求作者具有严谨的科学精神，而且要求作者有深厚的文学素养。

（4）检查阶段　将报告初稿送交被采访者、被调查者或事件的当事人阅读，由他们判断报告是否与事实有出入或提出修改意见。

（二）观察法

观察法是指在自然存在的条件下，对自然、社会的现象和过程，通过人的感觉器官或借助科学仪器，有目的、有计划地进行认识的过程。所谓"自然存在的条件"，是指对观察对象不加控制、不加干预、不影响其常态。所谓"有目的、有计划"，是指根据科学研究的任务，对观察对象、观察范围、观察条件和观察方法做了明确选择，而不是观察能作用于人感官的任何事物。

1. 常用的观察法

（1）抽样观察法　抽样观察法包括时间抽样观察法、场合抽样观察法和阶段抽样观察法。时间抽样观察法是指在特定的时间内观察和记录观察对象和过程的一种方法。场合抽样观察法是指有意识地选择某种自然场合，观察研究对象行为表现的一种方法。阶段抽样观察法是指观察者选择某一阶段，对观察对象的状态进行观察的一种方法。运用以上观察方法时，必须注意抽样的科学性，以保证观察的结果能够符合总体情况。

（2）追踪观察法　追踪观察法是一种长期、系统、全面地观察研究对象发展过程的方法，目的在于获得研究对象发展变化过程的材料，以便研究其发展变化的规律性。这种方法常常用在对特殊从业者的个案研究上，是一种实验观察方法。

（3）隐蔽观察法　在观察过程中，观察者对被观察者的影响是常见的，这不同程度地影响了观察材料的真实性。为了使观察对象自然、放松，往往通过单向透光玻璃、电视、纱幕或监视系统等进行观察，这就是隐蔽观察法。虽然，这种方法会受到条件的限制，但是观察者应特别重视这种方法的使用。

（4）综合观察法　客观事物都是相互影响、相互联系、相互制约的，要想成功地对某一事物进行观察，只有将几种有关的观察方法有机地结合起来，才能获得最有价值的观察材料，才能找出事物发展的规律。综合观察法有两层含义：一是指对某一具体观察对象进行观察时，要把眼光扩展到与观察对象有关的各个方面、各个因素上去；二是指在观察某一观察对象时，不应只使用一种观察方法，而是根据具体情况，把多种相关的观察方法有机地结合起来使用。

在实际观察中，除了充分选用不同观察途径和方法之外，还必须注意遵循观察的原则，即可观察性原则、客观性原则和典型性原则。

2. 观察法的一般步骤

（1）观察准备　做好观察前的准备工作是进行科学观察的基础，准备工作的好坏是观察成败的关键之一。准备工作包括以下三项内容：

1）明确观察目的。观察目的是根据科研任务和观察对象的特点确定的。为了明确观察目的，应做小范围调查和试探性观察。其目的不是系统收集科研材料，而是掌握一些基本情况，了解观察对象的特点，以便确定需要通过观察获得什么材料、弄清楚什么问题，然后确定观察范围，选定观察重点，具体计划观察的步骤。

2）制订观察计划。确定了观察目的，又收集了有关观察对象的材料，并进行试探性观察后，就应深思熟虑地制订观察计划，使观察有计划、有步骤、全面系统地进行。观察计划一般应包括如下内容：①观察目的；②观察重点和范围，一般观察重点不能太多，范围不能太广；③观察提纲，列出需要通过观察获得材料的要点和目录；④观察过程，包括选择观察的途径，安排观察的时间、次数和位置，选择观察的方法，掌握观察的密度，等等；⑤观察注意事项，根据观察的特点，列出保持观察对象常态所需的有关规定；⑥观察的记录表格，速记符号，应规定有关的统一参照标准；⑦观察仪器；⑧观察人员的组织分工；⑨观察的反应措施。

3）做好物质准备　如果观察要借助仪器，就必须事先对仪器进行检查、安装以及进行使用的安排。印制观察记录表格，以便迅速、准确和有条理地记录所需要的材料，以便日后核对、比较、整理和应用。

（2）进行实际观察　实际观察应尽量按计划进行，不要轻易更换观察重点，不要超出原定的范围，避免偏离原定的观察目的。如果原定计划确实不妥或观察现象有所变更，则应按计划中的应变措施或实际的变化情况调整，但应注意力求妥善地完成原定任务，尽可能地取得最好的成果。

在进行观察时必须注意以下事项：

1）选择最佳观察位置。一方面要力争处在观察的最佳视野，另一方面要保证不影响观察对象的常态。

2）善于辨别重要的和无关的因素。根据科研任务，把注意力集中到能获得有价值材料的重要因素上去，不被无关的、次要的因素所纠缠，以提高观察效率。

3）善于抓住引起各种现象的原因。对于出现的每一种现象，都要能找到引起现象出现的原因，使获得的观察材料具有科研价值。

4）善于抓住观察对象偶然的或特殊的反应。能够说明本质问题的是一贯性的反应，但要全面、正确地了解问题，偶然的或特殊的反应并不是无足轻重的，它们对于研究问题的动向更有启示意义。

5）善于与观察对象建立良好的关系。在科研任务中，观察对象往往是人，因此在观察中陌生感容易改变观察对象的正常状态，而良好的关系有利于保持观察对象的正常状态。

（3）观察材料的记录和整理　观察材料的记录应符合准确性、完整性和有序性的要求，为此，必须及时进行记录，不要依赖记忆。一般的记录方法有：

1）评定等级法。观察者对观察对象评定等级。记录的方法可以是在预先打印好的表格上按等级画圈。

2）频率法。观察者事先规定好观察对象和要观察的项目，并将其印成表格，它们一旦出现，就在表格的相应框格内做上记号。

3）连续记录法。这种方法就是当场在笔记上做连续记录，或借用录音机、摄像机等将现场情况连续地记录下来。

采用观察法，要及时整理材料，对大量分散材料要利用统计技术进行汇总加工，删去错误材料，并对典型材料进行分析。如果有遗漏就要及时纠正，对反映特殊情况的材料要另做处理。

3. 观察法的优缺点

观察法具有许多优点：运用方便，可以随时随地采用；可以保持观察对象的自然状态；不做人为干涉，可直接取得生活中的材料；可以不妨碍观察对象的正常生活或正常的发展过程，不会产生不良后果等。

观察法也有一些局限性，具体表现为以下三点：

（1）人的生理局限　人的生理局限主要表现为：人的感官使观察范围受到局限。感官是有一定阈值的，超过该阈值，就听不到、看不到、感觉不到。人的感官也使观察的精度受到局限，人们常常只能凭感官对观察对象做出大概的估计。人的感官还使观察的速度受到局限，对于处在不断运动变化中的事物的现象或过程，人们也常常观察不到。受到人的生理局限，观察常常局限于了解事物的表面现象，不能直接深入到事物的本质，难以分辨是偶然的事实还是有规律性的事实，这是观察法最主要的局限之一。

（2）观察仪器的局限　随着科学技术的发展，人们在凭借感官直接观察的同时，也借助先进的科学仪器进行观察。观察仪器可以大大提高观察的广度、深度和精度，然而观察仪器的认识功能也有局限性。观察仪器的局限主要表现为：缺乏直观性，间接观察还不能完全取代直接观察；仪器设计的错误或不精确、制作和操作仪器的误差都会导致观察结果的错误；观察仪器容易产生对观察对象的干扰等。

（3）观察者对所获取材料的解释容易带有主观色彩　为此，在运用观察法时，除了尽力提高观察法的功能，如灵活移动观察位置、转换观察背景、延长观察时间以及增加观察次数等以改善观察结果外，还要结合统计方法对多次观察数据进行科学处理。

（三）小组座谈法

小组座谈法是指由一位经过训练的主持人以一种无结构的自然形式与一个小组的被调查者交谈，主持人负责组织讨论。小组座谈法的主要目的是通过与被调查者座谈，来获取对有关问题的深入了解。这种方法的价值在于常常可以从自由进行的小组讨论中得到一些意想不到的信息。

小组座谈法的运用条件：①小组规模为 8～12 人；②小组构成应具有同质性，预先筛选被调查者；③座谈环境应营造放松的、非正式的气氛；④时间长度为 1～3 小时；⑤可使用录音和录像设备记录；⑥主持人可以观察被调查者，可以与被调查者接触，主持人应具有熟练的交流技能。

计划和执行小组座谈法的过程如图 1-2 所示。

与其他数据收集方法相比，小组座谈法有以下优点：

（1）协同增效　将一组人放在一起讨论，与向单个人询问得到的私人保密的回答相比，前者可以得到更广泛的信息，对问题有更深入的理解和看法。

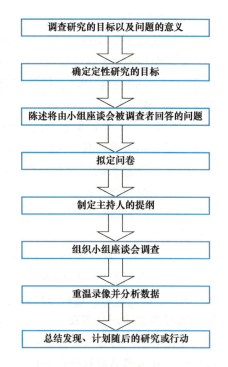

图 1-2　计划和执行小组座谈法的过程

（2）"滚雪球"效应　在小组座谈会中常常会出现一种"滚雪球"效应，即一个人的评论会引发其他人一连串的反应。

（3）刺激性　通常在简短的介绍后，随着小组中对所谈论问题的兴奋程度的增强，被调查者想要表达他们的观点和感情的愿望也在增强。

（4）安全感　因为某人的感觉与小组中的其他人是类似的，所以，被调查者感到比较舒服并愿意表达自己的观点和情感。

（5）自发性　由于没有要求被调查者回答某个具体的问题，其回答是自发的、不遵循常规的，因此他们能够准确地表达自己的看法。

（6）激发灵感　与一对一的访问相比，小组讨论更容易激发灵感而产生想法。

（7）专门化　因为多位被调查者会同时参与，所以主持人应受过专业的训练。

（8）科学监视　容许对小组座谈情况进行秘密监视，观察者可以亲自观看座谈会的情况并可以将讨论过程录制下来以进行后期分析。

（9）结构灵活　小组座谈会在覆盖的主题及其深度方面都是灵活的。

（10）速度快　由于同一时间内同时访问了多位被调查者，因此数据收集和分析的过程都是比较快的。

尽管小组座谈法有许多优点，但它也存在以下缺点：

（1）结果误用　小组座谈会座谈的问题是探索性的，但可能会误用和滥用而将结果作为结论来对待。

（2）错误判断　通过小组座谈会得到的结果比用其他数据收集方法得到的结果更容易被错误地判断。小组座谈会特别容易受支持人和被调查者偏差的影响。

（3）主持困难　小组座谈会是很难主持的，调查结果的质量主要依赖于主持人的水平。

（4）数据凌乱　被调查者回答问题的无结构性使得编码、分析和解释很困难，因此，通过小组座谈会收集到的数据往往是凌乱的。

（5）错误代表　小组座谈会的结果对总体是没有代表性的，因此，不能把小组座谈会的结果作为决策的唯一依据。

（四）深层访谈法

深层访谈法是一种无结构的、直接的、个人的访谈。在访谈过程中，一名掌握高级技巧的调查员深入地访谈一位被调查者，以揭示其对某一问题的潜在动机、信念、态度和情感。

比较常用的深层访谈技术主要有三种：阶梯前进、隐蔽问题寻探以及象征性分析。

（1）阶梯前进　它是顺着一定的问题线探索，如从产品的特点一直到使用者的特点，使调查员有机会了解被调查者思想的脉络。

（2）隐蔽问题寻探　它将重点放在个人的"痛点"而不是社会的共同价值观上，放在与个人密切相关的生活方式而不是一般的生活方式上。

（3）象征性分析　它是通过反面比较来分析对象的含义。要想知道"是什么"，先想办法知道"不是什么"。例如，在调查某产品时，其逻辑反面是产品的不适用方面、"非产品"形象的属性以及对立的产品类型。

深层访谈法与小组座谈法相比，能够更深入地探索被调查者的内心思想与看法，而且深层访谈法可以将反应与被调查者直接联系起来，不像小组座谈法中难以确定哪个反应是来自哪位被调查者的。深层访谈法可以更自由地交换信息,而这在小组座谈法中也许是做不到的,因为有时会因团体压力而不自觉地形成小组一致的意见。深层访谈法也存在一些缺点:能够做深层访谈的有技巧的调查员(一般是专家,需要熟练掌握心理学知识)是很昂贵的,也难于找到;调查的无结构性使得结果非常容易受调查员自身的影响,结果的完整性也主要依赖于调查员的水平;得到的数据常常难以分析和解释,需要心理学家提供服务来分析和解释;由于占用的时间和所花的经费较多,因而在一个调研项目中,深层访谈的被调查者人数是十分有限的。

与小组座谈法一样,深层访谈法主要用于获取对问题的理解和深层了解的探索性研究。不过,深层访谈法的应用不如小组座谈法的那么普遍。

(五) 投射技术

投射技术是一种无结构的、非直接的询问形式,可以鼓励被调查者将他们对所关心问题的潜在动机、信仰、态度或情感投射出来。投射技术并不要求被调查者描述自己的行为,而是要求他们解释其他人的行为。在解释其他人的行为时,被调查者就间接地将他们自己的动机、信仰、态度或情感投射到了有关情境之中。因此,通过分析被调查者对那些没有结构的、不明确而且模棱两可的"剧本"的反应,揭示出他们的态度。"剧情"越模糊,被调查者就越多地投射他们的情感、需要、动机、态度和价值观。

1. 投射技术的基本假设

投射技术的基本假设是:①人们对外界刺激的反应都是有其原因的,而不是偶然发生的;②这些反应固然取决于当时的刺激或情境,但个人本身的心理状态、过去的经验、对将来的期望、人格结构、当时的知觉与反应的性质和方向,都起到了很大的作用;③大部分的人格结构是处于潜意识之中的,很难凭借意识来说明,当个体面对一种不明的情境时,常常可以将隐藏在潜意识中的欲望、需求、动机和冲突等"泄露"出来。

2. 投射技术的特点

投射技术的特点有:①在测验的刺激方面,使用的是模棱两可的刺激,如云迹图、墨迹图等;②测验目的多是伪装的;③被调查者可以完全自由地回答;④在结果分析方面,以定性分析为主,可以有许多推论;⑤在结果解释方面,多数结果解释是参照人格类型标准进行测量的;⑥注重对人格的整体分析;⑦测验难以标准化,多由训练有素的专家进行;⑧测验的内容以潜意识为主。

3. 投射技术的具体方法

投射技术可以分为联想技法、完成技法、结构技法和表现技法。

(1) 联想技法 这种技法是指将一种刺激物呈放在被调查者面前,然后询问被调查者最初联想到的事情。最为常用的是词语联想法。在词语联想法中,给出一连串的词语,每给一个词语,都让被调查者回答其最初联想到的词语(即反应语),被调查者对每一个词的反应是即时的并且被逐字记录,这样反应犹豫者(要花3秒钟以上来回答)就可以被识别出来。通过调查员记录反应的情况,来记录被调查者书写反应语所需的时间。

这种技法的潜在假设是:联想可以让被调查者暴露出他们对有关问题的内在情感。对回答或反应的分析可计算以下几个量:每个反应词语出现的频数;在给出反应词语之前耽搁的时间；在合理的时间段内，对某一试验词语完全无反应的被调查者数目；一位被调查者的反应模式以及反应细节，可以用来判别其对所研究问题的潜在态度或情感。

（2）完成技法　在完成技法中，给出一种不完全的刺激情景，要求被调查者来完成。常用的方法有句子完成法和故事完成法。

1）句子完成法。句子完成法是指给被调查者一些不完全的句子，要求他们完成。一般来说，要求他们使用最初想到的那个单词或词组。句子完成法不如词语联想那么隐蔽，许多被调查者可能会猜到研究目的。句子完成法的另一种类型是段落完成，被调查者要完成由某个刺激短语开头的一段文章。

2）故事完成法。故事完成法是指给被调查者故事的一部分，要将被调查者的注意力引到某一特定的话题上，但是不要提示故事的结尾，要求被调查者自己编完故事。

（3）结构技法　结构技法与完成技法十分相近。结构技法要求被调查者以故事对话或绘图的形式构造一种反应。在结构技法中，调查者为被调查者提供的最初结构比完成技法中提供的要少一些。结构技法中的两种主要方法是图画回答法和卡通试验法。

1）图画回答法。这种方法的做法是显示一系列的图画。在其中的一些图画画面中，人物或对象描绘得很清楚，但在另外一些图画画面中却很模糊，要求被调查者看图讲故事，他们对图画的解释可以反映出他们自身的个性特征。这种方法又被称为主题统觉法，这是因为主题是从被调查者对图画的感觉概念中抽取出来的。

2）卡通试验法。在卡通试验法中，将卡通人物显示在一个与问题有关的具体环境中，要求被调查者指出该卡通人物会怎样回答另一个人物的问话或评论。被调查者的回答中可以反射出他（她）对该环境或情况的情感、信念和态度。

（4）表现技法　这种方法的做法是给被调查者提供一种文字的或形象化的情景，请他（她）将其他人的情感和态度与该情景联系起来。表现技法中的两种主要方法是角色表演法和第三者技法。

1）角色表演法。角色表演法是指让被调查者表演某种角色或假定按某人的行为来做动作。调查者的假定是被调查者将会把他们自己的感情投入角色中。这样，通过分析被调查者的表演，就可以了解他们的情感和态度。

2）第三者技法。第三者技法是指给被调查者提供一种文字的或形象化的情景，让被调查者将第三者的信仰和态度与该情景联系起来，而不是直接联系自己个人的信仰和态度。第三者可能是自己的朋友、邻居、同事或某种"典型的"人物。同样，调查者的假定是当被调查者描述第三者的反应时，其个人的信仰和态度也就暴露出来了。让被调查者去反映第三者立场的做法减小了其个人的压力，因此，能得到较真实合理的回答。

4. 投射技术的优缺点

与无结构的直接法（小组座谈法和深层访谈法）相比，投射技术的一个主要优点是：可以提取出被调查者在知道研究目的的情况下不愿意或不能提供的答案。在直接询问时，被调查者常常有意或无意地错误理解、错误解释或错误引导调查者，在这些情况下，投射技术可以通过隐蔽研究目的来增强回答问题的有效性，特别是当要了解的问题是私人的、敏感的或者有着很强的社会标准时，作用就更加明显。当潜在的动机、信仰和态度处于一种潜意识状态时，采用投射技术是十分有效的。

投射技术也有无结构的直接法的许多缺点，而且在程度上可能更严重。投射技术通常需要由经过专门高级训练的调查员去做个人面访，在分析时还需要熟练的解释人员。因此，一般情况下采用投射技术的费用都是很高的，而且有可能出现严重的解释偏差。除了词语联想法之外，所有的投射技术都是开放式的，因此，分析和解释起来就比较困难，也容易出现主观臆断。

有的投射技术（如角色表演法）要求被调查者采取异常的行为，在这种情况下，调查者可能假定同意参加的被调查者在某些方面也是异常的。因此，这些被调查者可能不是所研究的总体的代表，因此最好将投射技术的结果与更具有代表性样本的采用其他方法的结果进行比较。

二、定量研究

（一）定量研究的定义

定量研究是指从量的方面分析和研究事物，运用数学方法研究和考察事物之间的相互联系和相互作用的方法。任何事物都是质和量的统一体，若只有定性研究而没有定量研究，就只能对事物有一个大致的认识。这种认识既不精确也不全面，甚至可能是错误的。量变到了一定程度，就会引起质变，所以对事物的基本数量分析是十分必要的。定量研究通过对事物量的规定性的分析来把握事物质的规定性。研究程序的标准化、系统化和操作化是定量研究的重要特征，为了避免研究者的主观性，定量研究十分强调客观事实，强调现象之间的相关性和变量之间的关系。它所采用的研究步骤为：①明确问题；②探索和研究有关理论和模式；③形成假设；④选择适当的研究方法；⑤通过观察—测验—试验进行论证。

在社会学研究中，最常用的定量研究方法就是社会统计法。社会统计法是一套收集、整理和分析资料方面完整的方法。社会统计法不仅可以通过各种统计数字描述一个社会现象，揭示社会现象间的关系，而且可以推断局部和总体的关系。近年来，随着计算机技术的推广和应用，以及量度设计和计算技术的改进和发展，社会统计法日臻完善，因而定量研究在社会学中的运用越来越普及。定量研究的特点是具有逻辑的严密性和可靠性，它推导出来的结论通常是十分精确的，但是具体运用时必须有正确的理论观点做指导。应把定量研究和定性研究有机地结合起来，绝不能主观地割裂量和质的关系，避免孤立、片面、静止地分析和研究问题。

（二）定量研究的分类

定量研究可以分为探索性研究、描述性研究和解释性研究。

（1）探索性研究　探索性研究（Exploration Research）是指对所要研究的现象或问题进行初步了解，以便为今后更深入、系统地研究提供线索和奠定基础。探索性研究通常采用参与观察和无结构访谈等方法收集资料，其研究对象的规模通常较小。从资料中得出的各种结果，既不用来推论研究对象的总体，也不用来检验某种理论假设，主要用来探测某类现象或问题的基本范围、内容或特征，给人们一个大致轮廓或印象。探索性研究可用来揭示深入研究某问题或现象的可能途径，用来尝试可用于这一现象或问题研究的合适方法和工具。

（2）描述性研究　描述性研究（Descriptive Research）的目的是通过对某一总体或某

种现象的描述，发现研究对象在某些特征上的分布状况和出现频率。描述性研究通常需要严格的随机抽样方法来选择研究样本，并且研究样本的规模要比探索性研究的规模大得多。描述性研究通过问卷调查获得的资料必须经过统计处理，得出以数量形式为主的结果，并将这些结果推论到总体中去。

（3）解释性研究　解释性研究（Explanatory Research）是一种探索现象背后的原因、各种影响因素之间的关系，并回答为什么的研究方法。它通常从理论假设出发，通过实践经验收集资料，并通过对收集到的资料进行分析来检验假设，最后达到对研究现象进行理论解释的目的。解释性研究比描述性研究更严谨，针对性更强。

（三）定量研究的方法

1. 调查研究

调查研究是一种采用自填式问卷或结构式访谈，直接、系统地从一个取自某种社会群体的样本那里收集资料，并通过对资料的统计分析来认识所要研究的现象及其规律的定量研究方法。调查研究有三个主要特征：

1）它要求运用抽样的方法从某个调查总体中抽取一定规模的随机样本，这种随机抽取的、有相当规模的样本的特征是其他研究方式所不具备的。

2）资料收集需要采用特定的工具（如调查问卷），并且有一套系统的、特定的程序要求。

3）研究所得到的是巨大的量化资料，必须在计算机的辅助下完成对资料的统计分析，以得出研究的结论（风笑天，2001）。

调查研究的基本要素包括抽样、调查问卷、统计分析和相关关系等。这种方法可以兼顾到描述和解释两种目的，它既可以用来描述某一总体的概况、特征以及进行总体各部分之间的比较，也可以用来解释不同变量之间的关系。由于调查研究有严格规范的操作程序，因此其应用范围十分广泛。

2. 实验研究

实验研究是一种重要的定量研究方法，主要包括实验室实验和现场实验两种。

（1）实验室实验　实验程序的基本思路是控制自变量（或刺激变量）以观察因变量（或反应变量）的变化，从而确定自变量和因变量之间的因果关系。它有以下三个基本要素：

1）实验者。通过基于心理统计的严格的实验设计，实验者控制或者排除种种无关变量，而使感兴趣的自变量凸现出来。

2）被实验者。被实验者即社会行为的研究对象，在刺激的作用下会做出种种反应。

3）实验情景。绝大多数实验是在模拟自然的社会环境的实验室中进行的。

一般来说，实验室情景是对社会日常生活情景的模拟，或者说，它是一个微缩的现实世界，往往能在一定程度上"达到"真实的社会情景。但是，在实验室这种特殊的情景中，实验者与被实验者之间相互作用，被实验者意识到正被研究而刻意采取某些行为，这些都将影响被实验者的代表性以及实验结果对真实世界的概括性。

（2）现场实验　虽然我们很容易将实验与实验室实验画等号，但并不是所有的实验都是在实验室内进行的，因为许多重要的社会科学实验通常发生在受控制的情景之外，发生在一般社会事件的进展之中。现场实验与实验室实验的最大区别就在于现场实验的情景不是人为设计的，而是自然发生的。例如，一家大公司的管理人员想了解 4 天内每天工作 10 小时与传统的 5 天内每天工作 8 小时相比，缺勤率是否会有所降低，于是他们选择了两家规模相同又在同一地区的工厂进行实验。其中一家工厂为实验组，工人们按 4 天工作制开始工作；另一家工厂则是控制组，工人们每天仍旧按 5 天工作制工作。两家工厂分别记录 18 个月内的缺勤情况。18 个月后，管理人员发现，实验组的缺勤率下降了 40%，而控制组只下降了 6%。基于实验设计的可行性，管理人员认为引起实验组缺勤率大幅度下降的原因是工作制中工作日的减少。可见，现场实验除了在真正的组织中进行实验外，与实验室实验没有多大差别。自然的场景比实验室更真实，这虽增强了实验的有效性，但却不利于控制。

3. 文献研究

文献研究是一种通过收集和分析现存的，以文字、数字、符号、画面等信息形式出现的文献资料，来探讨和分析各种社会行为、社会关系及其他社会现象的研究方法（风笑天，2001）。文献研究一般包括内容分析、编码与解码、二次分析、现有统计分析等，常常被用于探讨那些既不会引起研究对象的任何反应，又是其他方式在时间和空间上无法实现的社会现象。

【关键词】

职业　职业价值观　职业期望　职业生涯　外职业生涯　内职业生涯　职业生涯管理　定性研究　个案研究法　观察法　小组座谈法　深层访谈法　投射技术　定量研究

【思考题】

1. 什么是职业生涯与职业生涯管理？
2. 职业价值观和职业期望有什么区别？
3. 职业生涯管理在发展中经历了哪几个阶段？
4. 职业生涯管理的主要研究内容有哪些？
5. 为什么说职业生涯管理对人生发展具有重要的作用？
6. 如何促进内职业生涯和外职业生涯的发展？
7. 影响职业生涯管理的因素有哪些？
8. 职业生涯管理的定量研究与定性研究有什么区别？

【案例分析讨论】

高建华的职业生涯

在成为一名职业培训咨询师之前，高建华的职业生涯几乎都与惠普公司联系在一起。他"三进三出"惠普公司的经历，足以颠覆之前我们所认定的员工和企业之间那种简单而缺乏感情的认识。按高建华自己的话说："在惠普，我学会了人与人之间的互相尊重。"

1986年，高建华初次进入惠普公司，八年半后担任市场部经理。"一个人若老待在舒服的地方，个人发展就会受到制约。"在猎头公司的劝说下，高建华跳槽进入苹果公司担任市场总监。

1996年，高建华又回到了惠普公司，在惠普公司的测量仪器分部担任市场总监。当时，惠普公司给他的工资只有苹果公司的一半，这在很多人看来是倒退，但他看中的并不是那点工资，因为测量仪器分部是一个面向世界市场的部门，既可以掌握市场营销最核心的产品市场技能，又能积累国际化经验，这在当时是难得的机会。

1999年，惠普公司分家，高建华所在的部门被并入安捷伦科技公司，这也是他唯一一次被动地离开惠普公司。在安捷伦科技公司，他继续担任市场总监，还被挑选进入"加速成长计划"接受培训，成为安捷伦科技公司第一期由全球副总裁亲自提名的30名学员之一，据说每一名学员的培训费用高达10万美元。

2001年年初，已再次回到惠普公司且担任惠普助理总裁的高建华接到一个任务——协助各部门领导制订战略规划。他很快发现，由于不同员工在公司的职位不同，转述问题的方式不同，看待问题的角度也不同，使得各种战略规划在传递过程中失真，一些员工在战略方向上模糊不清。高建华认为，缺乏足够的知识和信息共享是症结所在。为此2001年9月，惠普公司成立了知识管理委员会，两个月后，高建华成为首任"首席知识官"。

高建华为知识管理体系提出了三个目标：①提高组织智商，让团队更加聪明；②减少重复劳动，对已经有人做过的事，后人没必要再摸着石头过河；③避免组织失忆，如技术人员带走技术、销售人员带走客户等。不过，高建华做知识管理的初衷是让大家正确地理解部门战略规划，所以他给知识管理实施步骤订立了"先文化、后内容、最后上系统"的设想。他的第一步是先给大家"洗脑"，做填鸭式灌输。

2002年，惠普公司制订了新的战略规划，每个部门都要做自己的年度规划。高建华充当辅导员协助各部门完成战略规划后，组织了公司战略演讲会。高建华事后向高层解释时说："做这个活动的关键是让在场的惠普员工一天听上12遍基本一致的战略描述，记性再差的也记住了。"为了让每一位员工都切实领会，高建华甚至在职业道德规范的培训中使出狠招儿——不准上大课，每节课的培训人数不得超过15人，谁都不能睡觉。课后，受训者还要逐一签字，表示"我已经听了公司的职业道德规范，我愿意接受，如果违反了我愿意接受处罚"。惠普公司为此也付出了高昂的代价，但高建华觉得这是值得的。然而，就在高建华兴奋不已地进行了一年半的知识管理探索后，并购康柏工程让知识管理进度戛然而止。

离开惠普公司后，高建华创办了汇智卓越管理咨询公司，担任董事长及首席顾问。与前两次离开惠普公司不同，这次高建华听到了更多的质疑声。但他认为，要想继续实现自我超越，就只有离开。他希望用自己在跨国公司学到的管理技能来帮助中国民营企业，让自己发挥更大的作用。

分析讨论题：

1．通过阅读案例，请找出高建华在职业生涯中经历了哪些不同的职位？你认为这些职位对他创办管理咨询公司有何作用？

2．你认为高建华事业成功的关键是什么？你从中得到了哪些启示？

第二章

职业生涯管理的基本理论

> **本章要点**
>
> 1. 弗隆的择业动机理论
> 2. 帕森斯的特性-因素匹配理论
> 3. 霍兰德的人格类型理论
> 4. 洛伊的动力学理论
> 5. 克朗伯兹的社会学习理论
> 6. 施恩的职业锚理论
> 7. 舒伯和金兹伯格的职业生涯发展阶段理论
> 8. 格林豪斯和利文森的职业生涯发展阶段理论
> 9. 道尔顿和汤普森的职业发展阶段模型
> 10. 施恩的职业发展阶段理论
> 11. 职业生涯发展"三三三"理论

导入案例

商界奇女子——董明珠

她出身普通家庭,儿子2岁时丈夫去世,36岁开始从基层员工做起。她能吃苦、独立、不服输,被称为商界奇女子,身家过亿,她就是格力电器董事长兼总裁——董明珠。

1954年,董明珠出生于江苏南京一个普通人家。1975年她参加工作。丈夫在儿子2岁时病逝,这一不幸的事件成为董明珠人生的转折点。

1990年,她辞去工作,将儿子留给婆婆照顾,自己南下打工。36岁从格力电器一名基层业务员做起,不知营销为何物的董明珠,却凭借着坚定的毅力,用40天追讨回42万元债款。

1992年,董明珠在安徽的销售额突破了1600万元,占整个公司销售额的12.5%。随后,她被调往几乎没有一点市场机会的南京,并签下了一张200万元的空调单子。一年内,她的个人销售额就突破了3650万元,成绩斐然。

1994年,格力电器内部出现了一次严重危机,部分骨干业务员突然"集体辞职",在格力电器最困难的时候,董明珠经受住了诱惑,坚持留在格力电器,被全票推选为公司经营部部长。

1996年，空调行业凉夏"血战"，被提升为格力电器销售部经理的董明珠宁可让出市场也不降价，董明珠带领23名营销业务员奋力迎战国内一些厂家的成百上千人的营销队伍。1996年8月31日，董明珠宣布拿出1亿元利润的2%按销售额比例补贴给每个经销商，使得该年格力电器空调销售额增长17%，首次超过春兰。自1994年年底董明珠出任经营部部长以来，她领导的格力电器从1995年至2005年，连续11年空调产销量、销售收入、市场占有率均居全国首位。

2002年9月，董明珠荣获"中国企业女性风云人物"称号。

2003年，董明珠当选为第十届全国人大代表，并荣获"南粤首届优秀女企业家"荣誉称号。

2004年3月，董明珠当选人民日报《中国经济周刊》评选的2003年度—2004年度"中国十大女性经济人物"。

2004年6月，董明珠被评为"受MBA尊敬的十大创新企业家"。

2004年11月，董明珠被评为"2004年度中国十大营销人物"。

2005年11月，董明珠再次荣登美国《财富》杂志评选的"全球50名最具影响力的商界女强人榜"。2004年印度洋爆发海啸，董明珠代表格力电器捐款100万元。

2006年夏天，台风"碧利斯"席卷广州，董明珠代表格力电器拿出600万元救助广东省灾区。

2007年，董明珠出任格力电器总裁。

2008年1月，"鸿兴送爱建家园——爱的奉献赈灾公益晚会"上，热心公益事业的董明珠代表格力电器慷慨捐款100万元，格力电器成为此次珠海市募捐活动中捐款最多的企业。

2008年5月的汶川地震中，董明珠将首笔善款850万元的支票交到了珠海市常务副市长手中。2008年5月23日，董明珠又拿出120万元，通过安徽省红十字会捐助四川灾区。

2010年，董明珠向西南干旱五省、玉树地震灾区分别捐款600万元和1000万元。

2012年5月，格力电器宣布，董明珠正式被任命为格力电器董事长。

2013年，董明珠位列2013福布斯亚洲商界权势女性榜第11名。

2014年9月17日，由于格力电器长期以来在技术创新、提高能源效率和缓和环境恶化方面做出的不懈努力和贡献，董明珠被联合国正式聘为"城市可持续发展宣传大使"。

（资料来源：http://sanwen.net/a/nwpyubo.html.）

我们每一个人都希望获得职业的成功，都要面对职业发展过程中的选择问题，而如何选择往往成为困扰我们的一个难题。董明珠的故事告诉我们，成功的职业生涯来源于准确的自我认识、合适的职业选择和坚持不懈的努力，这些正是本章所要讨论的内容。

第一节　职业选择理论

在人的整个职业生涯，乃至整个人生中，职业选择是极重要的环节，正如哲学家罗素（Russell）所言：选择职业是人生的大事，因为职业决定了一个人的未来……选择职业，就是选择将来的自己。舒马赫（E.F.Schumacher）曾指出，职业具有三个关键功能：一是给人们提供一个发挥和提高自身才能的机会；二是通过和别人一起共事来克服自我中心的意识；三是提供生存所需的产品和服务。

职业选择是指人们从对职业的评价、意向、态度出发，依照自己的职业期望、兴趣、爱好、能力等，从社会现有的职业中选择其一的过程。劳动者职业选择的目的在于使自身的能力、素质与职业需求特征相符合。为此，需要明确以下3点：

1）劳动者是职业选择的主体，是择业行为能动的主导方面，各种职业则是被选择的客体。

2）职业选择受劳动者自身条件和职业要求的限制，不能任意进行。一方面，劳动者不可能具有从事一切职业的能力与兴趣；另一方面，各种职业由于劳动对象、手段、劳动条件和作业环境的不同，对劳动者能力也有相应的特定要求。

3）职业选择是劳动者与职业岗位互相选择、互相适应的过程，它既是劳动者作为主体主动择业的过程，又是职业选择劳动者的过程，这一过程在人们的职业生涯中可能会不止一次发生。

一、弗隆的择业动机理论

美国心理学家弗隆（Victor H.Vroom）通过对个体择业行为的研究提出，个体择业行为动机的强度取决于效价的大小和期望值的高低，动机强度与效价和期望值成正比，可以用公式表示为

$$F=VE$$

式中，F 为动机强度，表示个体积极性的激发程度；V 为效价，表示个体对一定目标重要性的主观评价；E 为期望值，表示个体估计的目标实现概率。

择业动机的强弱表明了择业者对目标职业的追求程度，或者对某项职业选择意向的强弱。按照上述观点，择业动机取决于职业效价和职业概率。

1. 职业效价

职业效价是指择业者对某项职业价值的主观评价，它取决于因素：一是择业者的职业价值观；二是择业者对某项具体职业要素（如兴趣、劳动条件、报酬、职业声望等）的评估。

2. 职业概率

职业概率是指择业者认为获得某项职业的可能性大小，通常取决于以下4个因素：

1）某项职业的社会需求量。职业概率与社会需求量呈正相关关系。

2）择业者的竞争能力，即择业者自身的工作能力和求职就业能力。职业概率与择业者的竞争力呈正相关关系。

3）竞争系数，即谋求同一职业的竞争者人数的多少。职业概率与竞争系数呈负相关关系。

4）其他随机因素。一般而言，择业者对其视野内的几种目标职业进行职业效价和职业概率的评价之后，将会进行横向的择业动机比较。择业动机是择业者对职业和自身的全面评估，是对多种择业影响因素的全面考虑和得失权衡。因此，择业者多以择业动机强的职业作为自己的最终职业目标。

二、帕森斯的特性－因素匹配理论

特性－因素匹配理论（Trait-Factor Theory）由弗兰克·帕森斯创立的，这一理论是职业生涯管理理论中历史最为悠久的理论之一，它源于19世纪官能心理学的研究。

特性－因素匹配理论是指人们依据人格特性及能力特点等条件，寻找具有与这些条件相对应的因素的职业理论，因此也称为"人格特性－职业因素匹配理论"。该理论的核心是人与职业之间的匹配，其理论前提是：每个人都有一系列独有特质，并且可以对其进行客观有效的衡量；每个人的独有特质又与特定的职业相关联；为了取得成功，不同职业需要配备具有不同独有特质的人员；独有特质与工作要求之间配合得越紧密，职业成功的可能性就越大。因此，帕森斯提出了职业选择的"三步范式"法，他强调选择职业时要做到：

1）应该清楚地了解自己的态度、能力、兴趣、智力局限和其他特质。
2）应该清楚地了解不同行业工作的要求、成功要素、薪酬水平、发展前景以及机会等。
3）在以上人与职业的要素之间进行最佳搭配。

帕森斯的"三步范式"法被认为是职业选择与设计的基础，并且得到了不断完善和发展，形成了职业选择和职业指导过程中被广泛运用的以下三个步骤：

1）进行人员分析，评价个体的生理和心理特质。
2）分析职业对求职者的要求，并向求职者提供有关的职业信息。
3）人职匹配。求职者在了解自己的特点和职业要求的基础上，借助职业指导者的帮助，选择一项既适合自己特质又有可能获得的职业。

特性－因素匹配理论分为以下两种类型：

1）条件匹配。条件匹配即：需要特殊技能和专业知识的职业与掌握该种特殊技能和专业知识的求职者相匹配；劳动条件较差的职业，需要吃苦耐劳、体格健壮的求职者与之相匹配。

2）特长匹配。特长匹配即某些职业需要求职者具有一定的特长。如高敏感、易动感情、不守常规、有独创性、个性强、理想主义等人格特性的人，适宜从事审美、自我情感表达的艺术创作类型的职业。

特性－因素匹配理论之所以受到广泛的重视，就在于这种理论为人们进行职业选择提供了最基本的指导原则，即人职匹配原则。这一原则清晰明了、简便易行，具有很强的操作性。当然，特性－因素匹配理论也有其局限性，它只强调个人特质要与工作要求相匹配，忽视了社会因素对职业选择的影响和制约作用，而且它以静态的观点看待个人的特质，忽视了个人和职业都是不断变化的现实。

三、霍兰德的生涯类型理论

（一）主要观点

生涯类型理论又被称为职业兴趣理论或人格类型理论，是由美国著名的职业指导专家约翰·霍兰德于20世纪60年代创立的。该理论认为：生涯选择代表了人格的延伸，个体试图在个人工作中贯彻其主要的行为风格；同时，人们在工作选择和经验中表达自我、个人兴趣和价值，每个人都需要与某种环境相适应。根据个体对特定职业的偏好或者厌恶，也可将人进行特定的归类。个人对自我认识和职业偏好间的一致性，就构成了霍兰德的典型生涯类型。例如：具有社会倾向的人，会偏好在与他人密切互动的环境中工作；具有机械倾向的人，则会偏好一个较少社会接触、能安静工作的环境。霍兰德特别强调工作者的自我认识（Self-knowledge）在寻求职业满意度及稳定性时的重要性。根据霍兰德的观点，一个人的职业性向会极大地影响职业的适宜度，只有他从事的职业与兴趣相吻合时，才可能发挥最佳水平，易于做出成就；反之，则可能感到极不适应或者毫无兴趣，即使取得一定成绩也难以获得成就感。正如诺贝尔物理奖获得者丁肇中所说的，"兴趣比天才重要"。

1. 四个理论假设

霍兰德的生涯类型理论提出了四个假设：

1）在文化环境中，大多数人的人格类型可以分为现实型、研究型、艺术型、社会型、企业型和常规型六种类型，这些人格类型是在个人与环境的相互作用下形成的。具有特定人格类型的人，会对相应的职业类型中的工作或学习感兴趣。

2）人们所生活的职业环境也同样可以划分为上述六种类型，各种职业环境大致由同一种人格类型的人占据。

3）人们寻求的是能够充分施展自己技能和能力，充分表现和发展自己价值观的职业环境。

4）个人的行为是由个人的人格类型和其所处的职业环境相互作用的结果。

在上述假设之下，霍兰德提出：人格类型模式和职业类型模式应互相配合，人格类型与职业环境的匹配是一个人职业满意度和成就感的基础。

2. 人格类型与职业类型的匹配模式

在上述假设的基础上，霍兰德进一步提出了人格类型与职业类型的匹配模式。霍兰德认为，同一类型的劳动者与职业岗位相互结合，就能够达到适应状态，其结果是劳动者找到了适宜的职业岗位，职业岗位获得了合适的人才，劳动者的才能与积极性得到了充分的发挥。人格类型与职业类型的匹配模式见表2-1。

表2-1 人格类型与职业类型的匹配模式

类　　型	劳动者特点	职　　业
现实型 （又译为技能型）	具有这类特质的个体，属于技术与运动取向：①对机械与物体的关心比较强烈，愿意使用工具从事操作性工作；②身体技能及机械协调能力好，动手能力强，手脚灵活，动作协调；③不善言辞，对于人际交往及人员管理、监督等活动不太感兴趣；④稳健、务实，喜欢从事规则明确的活动及技术性工作，甚至热衷于亲自动手创造新事物	主要是指各类工程技术工作、农业工作。通常需要一定的体力，需要运用工具或操作机器 主要职业：工程师、技术员；机械操作、维修、安装工人，矿工，木工，电工，鞋匠，司机；测绘员、描图员；农民、牧民、渔民；等等
研究型 （又译为调查型）	具有这类特质的个体，喜欢理论思维或偏爱数理统计工作：①抽象思维能力强，求知欲强，倾向于通过思考来分析解决难题，不愿自己动手；②喜欢独立的、富有创造性和挑战性的工作，不太喜欢有固定程序的任务；③知识渊博，有学识和才能，不善于领导他人和人际交往	主要是指科学研究和科学实验工作 主要职业：自然科学和社会科学方面的研究人员、专家；化学、冶金、电子、无线电、电视、飞机等方面的工程师、技术人员；飞机驾驶员、计算机操作员；等等

(续)

类　　型	劳动者特点	职　　业
艺术型	具有这类特质的个体，对具有创造、想象及自我表现空间的工作显示出明显偏好：①喜欢以各种艺术形式的创作来表现自己的才能，实现自身的价值；②具有特殊艺术才能和个性；③乐于创造新颖的、与众不同的艺术成果，渴望表现自己的个性，重视自己的感性，直觉力较好，情绪变化较大，比较喜欢独立行事，不太合群；④对于结构化程度较高的任务及环境都不太喜欢，对于机械性及程序化的工作不感兴趣	主要是指各类艺术创作工作 主要职业：音乐、舞蹈、戏剧等方面的演员、艺术家、编导、教师；文学、艺术方面的评论员；广播节目的主持人、编辑；绘画、书法、摄影家；艺术、家具、珠宝、房屋装饰等行业的设计师；等等
社会型	具有这类特质的个体，喜欢以人为对象的工作：①通常言语能力优于数理能力，善于言谈，乐于与人相处，给人提供帮助，具有人道主义倾向，责任心也较强，喜欢从事为他人服务，教育、指导他人的工作；②习惯与人商讨或调整人际关系来解决面临的问题，喜欢参与解决人们共同关心的社会问题，渴望发挥自己的社会作用；③比较看重社会义务和社会道德	主要是指各种直接为他人服务的工作，如医疗服务、教育服务、生活服务方面的职业等 主要职业：教师、保育员、行政人员；医护人员；衣食住行服务行业的经理、管理人员和服务人员；福利人员；等等
企业型 （又译为经营型）	具有这类特质的个体，喜欢制订新的工作计划、事业规划以及设立新的组织：①精力充沛、自信、善于交际，具有领导才能；②支配欲、冒险性强，喜欢竞争；③喜爱权力、地位和物质财富；④不喜欢具体、精细或需要长时间集中心智的工作	主要是指那些组织与影响他人共同完成组织目标的工作 主要职业：经理、企业家、政府官员；商人；行业部门和单位的领导者、管理者；等等
常规型 （又译为事务型或传统型）	具有这类特质的个体，喜欢高度有序、要求明晰的工作：①喜欢按计划办事，习惯接受他人指挥和领导，自己不谋求领导职务；②不喜欢冒险和竞争，对社会地位、社会评价比较在意，通常愿意在大型机构做一般性工作；③工作踏实、有毅力，忠诚可靠，遵守纪律，偏保守，与他人工作中的交往会保持一定的距离	主要是指各类与文件档案、图书资料、统计报表等相关的工作 主要职业：会计、出纳、统计人员；打字员；办公室人员、秘书和文书；图书管理员；旅游、外贸职员；保管员、邮递员、审计人员、人事职员；等等

（资料来源：周文霞. 职业生涯管理 [M]. 上海：复旦大学出版社，2008.）

3. 各种类型之间的关系

霍兰德所划分的六大类型并不是并列的，而是有着明晰边界的，他以六边形标示出了六大类型的关系，即生涯类型六边形，如图 2-1 所示。

从图 2-1 中可以看出，每一种类型与其他类型之间都存在着不同程度的不同关系。

（1）相邻关系　如现实型与常规型、研究型，研究型与现实型、艺术型等，属于相邻关系的两种类型，其个体之间的共同点较多，一致性较高。如现实型和研究型的人都不太偏好人际交往，这两种职业环境的特点也包括与人接触的机会较少。霍兰德在实验中发现，尽管大多数人的人格可以主要归为某一类型，但每个人都有广泛的适应能力，其人格类型在某种程度上相近于另外两种人格类型，因此也能够适应另外两种类型的工作。

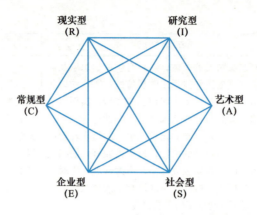

图 2-1　生涯类型六边形

（2）相隔关系　如现实型与艺术型、企业型等，属于相隔关系的两种类型，其个体之间的共同点较相邻关系少。如现实型的特点是为人、做事稳重、务实，而艺术型的特点则是感性化、情绪化。

（3）相对关系　在六边形上处于对角位置的类型之间为相对关系，如现实型与社会型、常规型与艺术型等。其个体之间的共同点最少，基本属于相斥关系。因此，一个人同时对处于相对关系的两种职业环境都很感兴趣的情况较为少见。如果一个人选择与其人格类型相斥的职业环境，就可能很难适应，甚至无法胜任工作。

（二）生涯类型理论在职业生涯规划中的应用

在职业生涯规划中，人们通常倾向选择与自身人格类型匹配的职业环境，如具有现实型的人，希望在现实型的职业环境中工作，这样能够充分发挥其个人的潜能。但在选择职业时，个体并非一定要选择与自身类型完全对应的职业环境。究其原因有两点。一是个体本身常常是多种生涯类型的综合体，单一类型显著突出的情况并不多，因此评价个体的生涯类型时也时常以其在六大类型中得分居前三位的类型组合而成，组合时可以根据分数的高低依次排列字母，构成其生涯类型的组合类型，如 RCA、AIS 等。二是影响职业选择的因素是多方面的，不完全依据生涯类型，还要参照社会的职业需求和获得职业的现实可能性。因此，人们在选择职业时会不断妥协，寻求相邻关系职业环境，甚至相隔关系职业环境，在这些环境中，个体需要逐渐适应职业环境。但是，如果个体寻找的是相对关系的职业环境，意味着所进入的是与生涯类型完全不同的职业环境，则工作起来可能难以适应，或者难以在工作中寻找快乐，甚至每天工作得很痛苦。

在个人长期的职业生涯过程中，生涯类型并不是一成不变的。例如，一个在管理岗位上工作了 10 年的管理人员，他的职业性向一般都是企业型倾向的。现实中，许多成功人士都在做着与生涯类型偏离的工作。当然，我们做与自己生涯类型吻合度高的工作，可能工作起来更快乐，更容易发挥出自己的能力。对于大学生来说，由于工作经验较少，将霍兰德的生涯类型测试作为一种工具来帮助自己进行职业生涯规划，可以更好地发挥自己的能力，并取得成功，实现人生理想。

四、洛伊的动力学理论

1956 年，美国学者洛伊（Anne Roe）出版了《职业心理学》一书。她认为，一个人的早期经历和家庭氛围影响了其今后的职业选择。洛伊的动力学理论运用了亚伯拉罕·哈罗德·马斯洛（Abraham Harold Maslow）的需求层次理论。马斯洛将人的需求分成五个层次：生理需求、安全需求、社交需求、尊重需求和自我实现需求。生理需求是指对食物、水、空气和住房等的需求；安全需求包括对人身安全、生活稳定以及免遭痛苦、威胁或疾病等的需求；社交需求包括对友谊、爱情以及隶属关系的需求；尊重需求既包括自身对成就或自我价值的个人感觉，也包括他人对自己的认可与尊重，有尊重需求的人希望别人接受他们，并认为他们有能力、能胜任工作，他们关心成就、名声、地位和晋升机会；自我实现需求的目标是自我实现或是发挥潜能。马斯洛认为，需求是有层次的，上述五种需求由低到高，当低层次的需求获得相对的满足后，其后高一层次的需求就会占据主导地位，成为驱动行为的主要动力。其中，生理需求和安全需求属于低层次的需求，尊重需求和自我实现需求属于高层次的需求，社交需求为中间层次的需求。一个人的行为是由占据主导地位的需求决定的。

洛伊从需求被满足或受挫折的角度概述了三种基本的亲子关系：依赖型、回避型和接纳型。

第一种关系为依赖型。依赖包括从过度保护到过度要求。洛伊认为，过度保护和过度要求的父母都吝于表现出他们的爱和赞许。在依赖型亲子关系中，孩子的生理需求可以得到满足，但其心理需求往往得不到满足。被过度保护的孩子学会迎合他人的愿望以求得赞赏，渐渐变得依赖他人。被过度要求的孩子则由于父母期望值过高，自己达不到标准而难以得到认可。在父母的高标准、严要求下长大的孩子会变成完美主义者，他们会为表现得不够完美而焦虑，因而在做职业选择时会较为困难。

第二种关系为回避型，其程度可以从忽视到拒绝。尽管父母不是有意为之，但孩子的生理、心理需求都被冷落。洛伊认为，并非所有的忽视或拒绝都是物质方面的，存在情感等心理方面的忽视或拒绝。

第三种关系为接纳型。这种类型也许是出于偶然或是在爱的基础上，孩子的生理、心理需求都能得到满足，父母以一种不关心也不参与的态度或者是以积极的方式鼓励了孩子的独立和自信。

洛伊的动力学理论认为，一个人所选的工作反映了他（她）儿时的家庭氛围。如果他（她）的家庭氛围是温暖、慈爱、接纳或者过度保护的，则他（她）可能会选择服务、商业、组织、文化、艺术和娱乐类等与人打交道的"温暖"类型的工作。如果他（她）的家庭氛围是冷漠、忽视、拒绝或过度要求的，则他（她）可能会选技术、户外、科学之类与物体、动植物而非与人打交道的"冷漠"类型的工作。

洛伊的动力学理论说明图如图 2-2 所示。

洛伊还给职业分类加入了一个维度，即工作水平。工作水平是根据职业所要求的责任和能力的水平来划分的。洛伊（1956）界定了以下六个工作水平：

水平 1：专业和管理（独立的责任）。这个水平的职业包括改革家、发明家、高级管理者和行政人员。这些人员制定政策和规则，让其他人遵守，他们在重要的事情上独立承担责任。

水平 2：专业和管理。水平 2 与水平 1 的主要区别是程度不同，一定的独立性是必要的，但是水平 2 所承担的责任要比水平 1 的低一点。

水平 3：半专业和小企业。这一水平有以下特征：①对他人承担的责任较少；②执行他人所制定的政策或仅仅为自己做决定（就像管理小企业时那样）；③需要高中程度的教育，以及技术学校或同等学力教育。

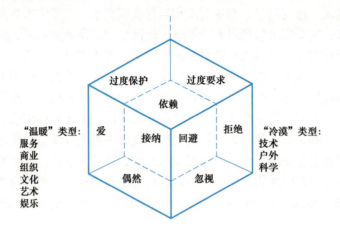

图2-2　洛伊的动力学理论说明图

水平4：技术性。这一水平要求有学徒经历或者接受过其他特殊培训或有相关经验。

水平5：半技术性。这一水平要求接受过某种培训和有某些经验，但是这方面的要求明显低于水平4的。此外，它所允许的独立性和主动性也较弱。

水平6：非技术性。这一水平不要求接受过特别的训练或教育，也不需要多少能力，只要具有听从指令、做简单重复性工作的能力就足够了。

洛伊与其他研究人员将动力学理论用于测试和研究，结果表明：

1）一个人儿童时代的经历与成长后职业选择的关系并不像洛伊想象的那样密切。父母的行为方式没有理论中描述得那样单一和绝对。父母与孩子的关系不是一成不变的，他们的关系更有可能是依赖、接纳和回避的混合。此外，父亲与母亲的教养方式也会有所不同，可能一个回避而另一个接纳。

2）洛伊的动力学理论未考虑从儿童时代到成年就职之间的正常发展所经历的许多事件。尽管洛伊的动力学理论有缺陷，但仍十分重要，动力学理论是最早提出人格因素、儿时事件、父母影响和心理需求会影响职业选择的理论。洛伊的动力学理论引发了人们对如何选择职业的许多研究，其职业分类对人类职业兴趣的测量也有影响。最重要的是，洛伊的动力学理论要求一个人审视自己的早期生活，儿时经验显然会影响到一个人未来成为什么样的人。

五、班杜拉和克朗伯兹的社会学习理论

职业生涯选择中的社会学习理论是克朗伯兹（Krumboltz）在阿尔伯特·班杜拉（Albert Bandura）的社会学习理论的基础上建立起来的。克朗伯兹与他的同事共同探讨了个体是如何做出职业生涯选择的，他们强调个人的行为和认知在其职业生涯选择中所起的重要作用。为了进一步理解克朗伯兹理论的思想，我们应该先了解班杜拉的社会学习理论。

（一）班杜拉的社会学习理论

社会学习理论是由美国心理学家阿尔伯特·班杜拉于1977年提出的。它着眼于观察学习和自我调节在引发人的行为中的作用，重视人的行为和环境的相互作用。

班杜拉认为，我们应该探讨个人的认知、行为与环境三者及其交互作用对个人行为的影响。按照班杜拉的观点，以往的学习理论家一般都忽视了社会变量对个人行为的制约作用，他们通常是用物理的方法对动物进行实验，并以此来构建其理论体系，这对于研究生活于社会之中的人的行为来说，似乎不具有科学的说服力。由于人总是生活在一定的社会条件下的，所以班杜拉主张要在自然的社会情境中而不是在实验室里研究人的行为。

班杜拉（1969）指出，行为主义的刺激-反应理论无法解释人类的观察学习现象。刺激-反应理论不能解释为什么个体会表现出新的行为，以及为什么个体在观察榜样行为之后，已习得的行为，可能在数天、数周甚至数月之后才出现等现象。如果社会学习完全是以奖励和惩罚的结果为基础的，那么大多数人都无法在社会化过程中生存下去。为了证明自己的观点，班杜拉进行了一系列实验，并在科学实验的基础上建立起了他的社会学习理论。

1. 关于行为的习得过程

班杜拉认为，人的行为特别是人的复杂行为主要是后天习得的。行为的习得既受遗传因素和生理因素的制约，又受后天经验和环境的影响。遗传因素和生理因素的制约、后天经验和环境的影响在决定行为方面微妙地交织在一起，很难分开。班杜拉认为，行为的习得有两种不同的过程：一种是通过直接经验获得行为反应模式的过程，即"通过反应的结果所进行的学习"，也就是我们所说的直接经验的学习；另一种是通过观察榜样（示范者）的行为而习得行为的过程，即"通过示范所进行的学习"，也就是我们所说的间接经验的学习。

班杜拉的社会学习理论强调的就是第二种习得过程，也称为观察学习或模仿学习。在观察学习的过程中，人们获得了示范活动的象征性表象，并引导适当的操作。观察学习的全过程由四个阶段（或四个子过程）构成：①注意阶段是观察学习的起始阶段，在注意阶段中，示范行动本身的特征、观察者本人的认知特征以及观察者与示范者之间的关系等诸多因素影响着学习的效果。②在观察学习的保持阶段，示范者虽然不再出现，但他的行为仍然影响着观察者。要使示范行为在记忆中保持，就需要把示范行为以符号的形式表象化。通过符号这一媒介，短暂的榜样示范就能够被保持在长时的记忆中。③观察学习的第三个阶段是把记忆中的符号和表象转换成适当的行为，即再现以前所观察到的示范行为，这一过程涉及运动再生的认知组织和根据信息反馈对行为的调整等一系列认知的和行为的操作。④能够再现示范行为之后，观察者能够经常表现出已习得的示范行为。这受到行为结果因素的影响。行为结果因素包括外部强化、自我强化和替代性强化，班杜拉把这三种强化作用看成是学习者再现示范行为的动机力量。

2. 交互决定论

班杜拉的社会学习理论还详细论述了决定人类行为的诸多因素。班杜拉将这些决定人类行为的因素概括为两大类：决定行为的先行因素和决定行为的结果因素。

决定行为的先行因素包括学习的遗传机制、以环境刺激信息为基础的对行为的预期、社会的预兆性线索等。决定行为的结果因素包括替代性强化（观察者看到榜样或他人受到强化，从而使自己也倾向于做出榜样的行为）和自我强化（当人们达到了自己制定的标准时，他们以自己能够控制的奖赏来加强和维持自己行动的过程）。

为了解释、说明人类行为，心理学家提出了各种理论。班杜拉对其中的环境决定论和个人决定论提出了批判，并提出了自己的交互决定论，即强调在社会学习过程中行为、认知和环境三者的交互作用。

环境决定论认为行为（B）是由作用于有机体的环境刺激（E）决定的，即$B=f(E)$。个人决定论认为环境取决于个体如何对其产生作用，即$E=f(B)$。班杜拉则认为，行为、环境与个体的认知（P）之间的影响是相互的，他同时也反驳了"单向的相互作用"，即行为是个体变量与环境变量的函数（$B=f(P,E)$），而且认为行为本身是个体认知与环境相互作用的一种副产品（$B=f(P×E)$）。班杜拉指出，行为、个体（主要指认知和其他个人因素）和环境是"你中有我，我中有你"的，不能把某一个因素放在比其他因素更重要的位置上，尽管在有些情境中某一个因素可能起支配作用。他把上述观点称为交互决定论。

3. 自我调节理论

班杜拉认为，自我调节是个人的内在强化过程，是个体通过将自己对行为的计划和预期与行为的现实成果加以对比和评价，来调节自己行为的过程。人能依照自我确立的内部标准来调节自己的行为。按照班杜拉的观点，个体具备提供参照机制的认知框架，以及知觉、评价及调节行为等能力。他认为，人的行为不仅受外在因素的影响，还受通过自我生成的内在因素的调节。自我调节由自我观察、自我判断和自我反应三个过程组成，经过这三个过程，个体完成内在因素对行为的调节。

（二）克朗伯兹的社会学习理论

克朗伯兹的社会学习理论试图解释个人的教育、职业偏好和技能是如何形成的，以及职业偏好和技能如何影响个人对各种课程、职业或工作领域的选择。克朗伯兹通过研究四种基本的因素，试图对个人职业和专业选择问题做出回答。这些因素包括遗传因素、环境条件、学习经历、完成任务的技能。他认为这四种因素在一个人做出其职业生涯选择时都会发生作用。一项选择的最终做出是这四种因素共同作用的结果。

（1）遗传因素　它是指人们先天所获得的各种因素，而不是通过后天学习获得的，包括各种生理特征。

（2）环境条件　环境条件因素一般来说是超出个体能力控制范围之外的，包括社会、文化、政治、经济和自然条件等，克朗伯兹把这些因素归纳为社会因素、教育因素和职业因素。

（3）学习经历　一个人的职业偏好是其先前各种学习经历共同作用的结果，一个人可能会有许多学习经历，这些经历最终会影响他的职业选择。在职业选择中有两种基本的学习经历类型：工具性的学习经历和协作性的学习经历。

（4）完成任务的技能　它包括目标设定、价值观归类、想法产生和职业信息获取等技能。了解一个人是如何完成一项任务的，对于职业生涯选择决策来说非常重要。遗传因素、环境条件和学习经历都会培养一个人的完成任务的技能。一个人完成任务的技能与这个人先前的经历有关，并会影响最终任务的完成状况。

在社会学习理论提出以前，尽管已有很多理论强调了先天遗传因素以及后天环境条件的重要作用，但还没有一种理论像社会学习理论一样同时强调了学习经历和完成任务的技能对于职业生涯选择的重要性。

六、施恩的职业锚理论

（一）职业锚的含义

职业锚（Career Anchor）是由美国著名职业指导专家埃德加·H. 施恩（Edgar H. Schein）提出的。1961年，施恩对麻省理工学院斯隆管理学院的44名硕士研究生进行了最初的访谈，当时，这批学生正在读二年级（总共2年的学习时间）。在这批学生毕业6个月及毕业1年后，施恩在这些学生各自的工作地点对其进行了重复访谈，这些重复访谈揭示了从学校到社会的就业过程中的大量问题。所有参与者在毕业5年后完成了一份调查问卷。1973年，在这些参与者毕业12年后，施恩又进行了一次跟踪访谈，要求参与者按时间详细回顾自己的职业生涯，不仅要求他们识别关键职业选择和事件，而且让他们思考做出决定的原因及每次变动的感受。从访谈中施恩发现，尽管每个参与者的职业经历大不相同，但在职业决策的原因和对事件的各种感受方面，他们之间却有着惊人的一致性。个人潜在的自我意识来自早期学习过程中所获得的成长经验，当他们从事自己不适合的工作时，一种意识会将他们拉回到使他们感觉更好的方向（职业）上，这就是职业锚。

施恩的职业锚是指个人经过搜索所确定的长期职业定位，它往往是个人在早期工作中逐渐对自我加以认识而发展出来的更加清晰、全面的职业自我观。职业自我观由三部分内容组成：①自省的才干和能力，以各种工作环境中的实际成功为基础；②自省的动机和需要，以实际情境中的自我测试和自我诊断的机会以及他人的反馈为基础；③自省的态度和价值观，以自我与雇佣组织和工作环境的准则和价值观之间的实际遭遇为基础。

职业锚的概念有以下五个特点：

1）职业锚概念中的工作价值观、工作动机的含义更具体、更明确。职业锚产生于最初的工作价值观和工作动机之上，但又受到实际工作经验和自我认识的具体强化。

2）由于实践工作成果的偶然性，职业锚不可能凭借各种测试来预测。职业锚是个人与工作环境互动作用的产物。在学校中表现出的潜在才干和能力，在经过实际工作的多次确认和强化之前，并不能成为职业锚的一部分。个体所进行的一系列职业选择的偶然性，体现出从不适应、无法满足需要的工作环境转向更和谐的工作环境的必然性。个体的职业锚在实践中选择、认知和强化，这就是职业锚的本质特征。

3）职业锚强调了能力、动机和价值观的互动作用。我们可能喜欢某类职业，不断地提高与此职业相关的能力，对此职业的擅长又使我们更加喜欢它；或者我们可能发现自己擅长某种职业，渐渐地培养起兴趣和感情，后来就越发精通了。职业取向中单独的动机、能力、价值观概念的意义是不大的，重要的是突出三者之间的互动作用。

4）职业锚往往在一个人正式工作若干年后才能被发现，即职业锚需要各种情境下实践工作的反复验证才可确认。

5）职业锚概念倾向于寻求个人稳定的成长区域，它并不意味着个人停止变化或成长，实际上职业锚本身也会发生变化。

（二）职业锚的类型和特点

施恩通过对44名研究生的跟踪研究，开始提出了五种职业锚，它们分别是技术/职能能力型职业锚、管理能力型职业锚、创造型职业锚、安全/稳定型职业锚和自主/独立型职业锚。随着研究的深入，施恩在后期的研究中又增加了三种职业锚：服务/奉献型职业锚、挑战型职业锚和生活型职业锚。这些职业锚的特点如下：

1. 技术/职能能力型职业锚的特点

1）强调实际技术/职能等业务工作。

2）拒绝一般管理工作，但愿意在其技术/职能领域管理他人。

3）追求在技术/职能能力区的成长和技能的不断提高，其成功更多地取决于该领域专家的肯定和认可，以及承担该能力区日益增多的富有挑战性的工作。

2. 管理能力型职业锚的特点

1）追求承担一般管理性工作，且责任越大越好，倾心于全面管理，掌握更大的权力，肩负更大的责任。

2）具有强有力的升迁动机和价值观，以提升、等级和收入作为成功的标准。

3）具有将分析能力、人际沟通能力和情感能力进行整合的技能。这里的分析能力是指在信息不完全以及不确定的情况下，发现问题、分析问题和解决问题的能力。

4）对组织有很强的信赖性。

3. 创造型职业锚的特点

1）有强烈的创造需求和欲望。

2）意志坚定，勇于冒险。

3）创造型职业锚与其他类型的职业锚存在着一定程度的重叠。

4. 安全/稳定型职业锚的特点

1）追求安全、稳定的职业前途是这一类职业锚个体的驱动力和价值观。

2）注重情感的安全和稳定，在一个熟悉的环境中维持一种稳定的、有保障的职业对这一类职业锚个体来说更为重要，包括稳定的居住环境、使家庭稳定和使自己融入团队与社区的感情。

3）对组织具有较强的依赖性。安全/稳定型职业锚的人一般不愿意离开一个既定的组织，愿意让他们的雇主来决定他们去从事何种职业，倾向于根据雇主对他们提出的要求行事，不越雷池半步。

4）个人职业生涯的开发与发展往往会受到限制。安全/稳定型职业锚的人由于对组织的依赖性强，个人缺乏职业生涯开发与发展的驱动力和主动性，因此在个人职业生涯的开发与发展方面受限。

5. 自主/独立型职业锚的特点

1）希望随心所欲地安排自己的工作方式、工作习惯、时间进度和生活方式。

2）追求在工作中享有人身自由，有较强的职业认同感，认为工作成果与自己的努力紧密相连。

3）自主/独立型职业锚与其他类型的职业锚往往有明显的交叉。

6. 服务/奉献型职业锚的特点

1）希望职业能够体现个人的价值观，关注工作带来的价值，而不在意是否能发挥自己的才能。具有服务/奉献型职业锚的人,其职业决策通常基于能否让世界变得更加美好。

2)希望所从事的职业允许他以自己的价值观影响所属组织或社会。

3)对组织忠诚,希望得到基于贡献的、公平的、方式简单的薪酬。金钱并不是这一类职业锚个体追求的根本目标。

4)比金钱更重要的是认可自己的贡献,给自己更多的权力和自由,体现自身的价值。

5)需要来自同事及上司的认可和支持,并与他们共享自己的核心价值。如果缺少这些认可和支持,这一类职业锚个体可能会转而从事有一定自主性的职业,如咨询业。

7. 挑战型职业锚的特点

1)具有挑战型职业锚的人认为自己可以做成任何事情或征服任何人,并将成功定义为"克服不可能克服的障碍,解决不可能解决的问题,或战胜非常强硬的对手"。

2)挑战型职业锚的人认为一定水平的挑战是至关重要的。工作领域、所属公司、薪酬体系、晋升体系、认可方式,这些都不如这项工作是否能够经常提供挑战自我的机会更重要。缺少挑战自我的机会使他们变得厌倦和急躁。职业中的变化对他们而言非常重要,管理工作吸引他们的一个主要原因是管理工作的多变性和面临的极大挑战性。

8. 生活型职业锚的特点

1)具有这种类型职业锚的人最需要的是弹性和灵活性,愿意为提供灵活选择的组织工作。

2)相对于组织的态度,具有生活型职业锚的人更关注组织文化是否尊重个人和家庭的需要,以及能否与组织之间建立真正的心理契约。

(三) 职业锚的意义

职业锚在个人的职业生涯与工作生命周期中,在个人与组织的事业发展过程中,都发挥着重要的作用。

1. 选择职业生涯发展道路

职业锚是通过工作经验的积累产生并形成的,能够清楚地反映个人的价值观与才干,也能够反映个人进入成年期的潜在需求和动机。个人倾向于某一职业的过程,实际上就是个人自我认知的过程,认知自己具有什么样的能力,需要什么。通过对职业锚的认识,找到自己长期稳定的职业贡献区,从而决定自己将来主要的生活方式与职业选择。

2. 确定职业生涯目标,发展职业角色形象

职业锚清楚地反映出个人的职业生涯追求与抱负。例如,具有技术/职能能力型职业锚的人,其志向和抱负是在专业技术方面事业有成,有所贡献。同时,根据职业锚可以判断个人达到职业成功的标准。例如,对于具有管理能力型职业锚的人来说,其职业成功是升迁到更高的职位,获得更大的管理机会。个体明确自己的职业锚,有助于确定自己职业生涯成功的标准以及职业生涯成功所需的环境,从而确定职业目标及职业角色。

3. 有助于提高个人的工作技能和职业竞争力

职业锚是个人经过长期寻找所形成的职业生涯定位,是个人的长期贡献区。职业锚形成后,个人便会相对稳定地从事某种职业,这样必然会积累丰富的工作经验、知识与技能。随

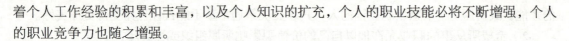

着个人工作经验的积累和丰富，以及个人知识的扩充，个人的职业技能必将不断增强，个人的职业竞争力也随之增强。

4. 职业生涯规划是一个动态变化的过程

施恩认为，职业生涯规划实际上是一个持续不断探索的过程，在这一过程中，每个人都在根据自己的天资、能力、动机、需要、态度和价值观等，慢慢形成较为明晰的与职业有关的自我概念。随着一个人对自己越来越了解，他就会越来越明显地形成一个占主要地位的职业锚。

当今社会处于激烈的变化过程中，个体的就业观念也要相应地改变，要打破传统的"一业定终身"的观念，职业生涯规划也要根据各种变化来调整。环境的变化可导致自我观念的变化，这反映在职业生涯规划上，就是个体应先找出基本的职业定位，再沿着大的方向发展，不断地探求自己的职业锚，不可能一次就把终生的职业生涯的每一个具体细节都确定下来。

第二节　职业生涯发展阶段理论

每个人的职业生涯发展过程虽各不相同，但根据人的共同的生理特点和职业发展的特点，可发现职业生涯发展有共同的规律可循。许多专家学者对职业生涯发展的过程进行了专门的研究，将职业生涯发展生命周期划分为不同的发展阶段。职业生涯发展阶段理论是以心理学为理论基础，综合了差异心理学、职业社会学及人格理论的有关内容，从发展的角度来研究个体的职业行为。

相 关 链 接

跨越危机，塑造完美职业生涯

在这样一个充满变化、竞争日趋激烈的时代，危机与压力已经成为我们生活的常态。当公众的目光一次次地被政府组织、商业企业遭遇的突发性事件和危机风波所吸引，当艰难求职和频繁跳槽令人疲惫不堪，不少人开始静下心来思考一个现实而又严峻的问题——个人的职业生涯。

高校扩招、组织变革、年龄增长、知识老化等内外因素的综合影响，让很多人感受到生活的压力和前途的迷茫，"职业危机"仿佛突然变成了一个让人心痛不已的词语。从刚刚走出校门的天之骄子到闯荡职场多年的白领人士，从普通企业员工到高级经理人员，在不同角色、不同性别、不同年龄、不同行业、不同职位的人们的"字典"里，"职业危机"一词开始出现并日渐清晰起来。

具体而言，职业危机可能因人、时间、环境、机遇而异，但普遍来说，在人生的不同阶段，大多数人最可能遇到以下四类职业危机：

1. 20～25岁：选择危机

20～25岁，这个年龄段的人正处于生理上的黄金时期，他们充满活力、精力旺盛、富有进取心，对未来充满憧憬，但却普遍缺乏社会经验。一方面，他们非常渴望成功，希望尽快取得成绩，得到社会和他人的认可；另一方面，他们的心境又比较浮躁，初涉职场，不少人会感到很难适应，甚至有时会怀疑自己的选择。由于受到自身性格、价值观、社会经验以及客观环境等因素的影响，这个年龄段的人比较容易出现职业选择的危机和困惑。所以，选择第一份工作时，找到一个良好的职业生涯起点，对于这一时期的人显得至关重要。

毕业生面对眼花缭乱的职业和岗位，在感受"外面的世界很精彩"的同时，也往往会迷失方向，不知道应该如何选择。在危机和压力面前，他们很可能会出现两种极端现象：一是过于自卑；二是自视清高。初涉职场，没有工作经验的大学毕业生在市场上几次碰壁后：一些人容易产生自卑情绪，在这种情绪感染下，有人会选择继续进修，把读研究生作为暂时的避风港；有人会降低要求，草率地找一份工作；还有一些人由于家庭经济条件比较好，干脆在家待业，逃避就业。而自视清高的人由于对工作单位、岗位职务、薪酬福利的期望值太高，在求职过程中也可能遇到挫折，从而陷入盲目的就业境地。

在职业状态上，这个年龄段的大部分人刚刚完成从学校到社会的过渡。从职位分布上看，这一阶段的人基本上是企业普通职员或基层人员，或政府部门及事业单位的科员、干事等。当然，不排除一部分特别优秀的人，在天时、地利等多种因素的作用下，在这个时期就取得了不错的成就。但整体上，这个阶段的人多数处于职业发展的探索期。

2. 25～35岁：定位危机

经历了从学校到社会的过渡和融合，这个年龄段的人的职业发展将迎来第二个阶段，25～35岁的人会进入调整和定位时期。笔者认为，这个阶段是职业生涯规划最重要的时期，这一时期的职业基础和平台将直接决定个人以后的职业高度和成就。例如：在公务员队伍中，35岁前能够做到处长，那么以后就很有可能上升到厅局级领导；在商业企业中，30岁就已经是人力资源总监或分公司总经理，那么以后进入总公司或集团决策层的概率将会非常大。因此，个人把握好这10年的时间，以后的职业生涯将会变得平坦而畅通，如果错失了这段宝贵的黄金时光，以后将很难有机会弥补。

中国人常说"三十而立"，30岁就如人生的期中考试，是检验前阶段成绩的时期。审视过去，思考未来，并自觉地将30岁当作人生的重要门槛。许多人会对自己的人生进行调整：有些打工的人自主创业了，有些人从某个行业跳到另一个行业，有些人则尝试在公司内不同部门和职位间调动。"定位和调整"成为30岁左右职业人士的主题词。因此，处于这一年龄段的人最容易出现的职业危机为定位危机。

出现定位危机的原因主要有两个：首先是外部环境因素的影响，时代的发展和竞争的加剧，让一些看似前途无限的行业和职位，在短短几年内变成冷门。曾经风光无限的大企业纷纷倒闭，这一变化趋势必然直接影响到企业中的个体。其次是个人对自身认知的不足。认识自我对于个人的成长和职业定位来说确实非常重要，但要清晰、准确地认识自我却不是一件容易的事。有时越是有能力的人，越不容易客观地剖析自我和判断周围的环境。通俗地说，认识自我有两个层面：一个层面就是要清楚自己有什么能力，能做什么；另一个层面是要明确自己打算做点什么。虽然道理非常简单，但是很多人却不能真正地明白，反而深陷其中。许多有素质、有能力的优秀人才，就是由于定位不准而在职场上多次遭受挫折的，这种事例屡见不鲜。

某一位同学，大学四年成绩一直都很优秀，英语水平非常高，思维活跃，也特别有创意。2000年毕业时，经过层层面试，过五关、斩六将进入了一家全球500强公司。当时全班同学仅他一人进入这样著名的大企业，其职业发展可以说前途无限。但半年时间不到便听到他辞职的消息。2001年春节前，不甘于过打工生活的他，想要做些自己的事情，于是坚决辞职。选择是每个人的权利，当然，每个人也都要对自己的选择负责。尽管时机不够成熟，他还是非常执着地开始创业。一个缺乏行业经验和必要社会资源支持的人，一个没有明确的创业思路，仅有满腔热情的20多岁的年轻人，将生命中最宝贵的时间用来进行"闭门造车式"的创业，其结果可想而知。最终，在历经了三年多没有任何实质性成果的创业尝试后，他不得不接受失败的现实，重新规划职业生涯。后来，他在一家外企连锁餐饮店做了见习经理。

在如今的市场环境中，类似的例子还有很多。这类人大多数都有一个共性，那就是最初不知道自己应该在哪个领域开始自己的职业生涯，所以频繁地换工作，而且越是聪明的人越容易产生这样的问题。这是因为，似乎什么工作都难不倒聪明人，他们有机会尝试不同的工作，结果却都是"蜻蜓点水"，虽然他们的年龄不断增长，但实质性的工作经验却未随之增加，造成了缺乏专长、缺乏核心竞争力的局面。

3. 35~45岁：发展危机

从35岁开始的大约10年时间，大多数人将相继达到职业发展的最高点，这个年龄段的职业人士的特点是：心态稳定，有信心，年富力强，积累了丰富的经验，工作上驾轻就熟。一个人在事业上所能达到的成就和职业高度，基本上在这个阶段可以定型，这一时期被认为是一个人职业生涯的第三个阶段。

事实上，35岁和45岁往往是职业发展的两道坎。在企业层面，许多企业招聘人员时都会将35岁作为一个分界线，招聘35岁以下员工主要侧重于考虑学历、个人素质和工作潜能等因素，招聘35岁以上员工则侧重于考虑以往的工作业绩、行业经验和专业技术职称等因素。在晋升中高层管理人员时，45岁以下的候选人更容易获得晋升机会。从现状来分析，这一年龄段的职场人士应该算是各类组织中的"少壮派"：相对于20多岁的人来说，他们褪去了浮躁，多了些沉稳；相对于50岁的人来说，他们仍然充满活力，但稍缺火候。这样一群收入逐渐丰厚、实权逐渐在握的人，自然对事业、家庭都有不少要求，但各种压力也随之而来。

首先是经济上的压力。如果做得还可以的话，这个年龄段的人在生活上是比较体面且丰富的，房子、车子、孩子、老人和旅游都是其生活的一部分。但生活质量的维持离不开金钱的支持，在这种情况下，如果职业发展方面遇到挫折或发生重大变动，稳定而高水准的生活质量必将迅速下降。其次是横向对比带来的无形压力。有些能力并不算太出众的同事晋升了，别人装修了华丽豪宅，同学、朋友已经是处长或总经理，都可能给个人带来压力。快乐多来源于自我满足，而痛苦往往来自互相比较。最后还有来自于后继者的压力。虽然自己有着经验上的优势，但面对"后生晚辈"，这个年龄段的人常常担心会被后继者赶超、替代，因此，难免产生危机感。

4. 45~55岁：生存危机

45岁以后，多数人的职业生涯逐渐进入晚期。成熟与无奈，非常形象地描绘出这个年龄段人的心理状态。一方面，他们仍然具有一定的年龄优势，经验丰富、专业精湛。另一方面，他们又具有明显的劣势，来自家庭和工作的压力变大，在工作中感到焦虑，担心被时代淘汰，低学历、低职位者更容易出现"饭碗"危机。不过需要指出的是，一些专业性职业人士，如律师、医生、教师、研究领域的技术人员等，其身价和职业成就与年龄成正比。对这类职业人士来说，年龄的增长反而对其职业发展具有推动作用。

整体而言，处在这个年龄段的人，事业成功与否已基本见分晓，大部分人的状况是在原地踏步。伴随着年龄的增长，他们的身体状况也大不如以前，因此，他们最害怕身体出现问题，最担心失去工作，工作稳定对他们来说是至关重要的。

（资料来源：2006年7月4日，中国人力资源开发网.）

一、金兹伯格的职业生涯发展阶段理论

1951年美国著名职业指导专家金兹伯格与其同事在《职业选择》一书中最先提出职业生涯选择的综合理论模型。金兹伯格等人认为应该关注个体成长过程中的有关职业选择的决定，这些决定对理解职业选择过程至关重要。因此，他们选择不同年龄段的学生进行访谈，从中学生、大学生到研究生和博士生，他们还控制了环境等其他因素对职业选择的影响，在此基础上形成了职业生涯发展阶段理论。

金兹伯格等认为：职业选择是一个连续发展的过程，具有不可逆转的特点，每一个阶段的发展都为下一个阶段打下坚实的基础，可以实现职业的精细化，但职业领域之间的转换却是费时费力的；另外，职业选择最终总以妥协作为结束，因为个体总是寻求在兴趣、能力、价值和职业之间的最佳匹配。具体来说，个体职业选择可以分为幻想期、尝试期和现实期三个阶段。

1. 幻想期

幻想期大致出现在6~11岁，这一时期主要的心理和活动为：对外面的信息充满好奇和幻想，在游戏中扮演自己喜爱的角色。此时的职业需求特点是：单纯由自己的兴趣爱好决定，并不考虑自身的条件、能力和水平，也不考虑社会需求和机遇。

2. 尝试期

尝试期大致出现在11~17岁，这一时期主要的心理和活动为：由少年向青年过渡，人的心理和生理均在迅速成长变化，独立的意识、价值观正在形成，知识和能力显著提升，初步懂得社会生产与生活的经验，开始注意自己的职业兴趣、自身能力和条件、职业的社会地位。尝试期包括兴趣阶段、能力阶段、价值观阶段和综合阶段四个子阶段。

3. 现实期

现实期大致出现在17岁~21岁，这一时期主要的心理和活动为：能够客观地把自己的职业愿望或要求与自身的条件和能力以及社会需求密切联系起来，已经有了具体的、现实的职业目标。现实期包括试探阶段、具体化阶段和专业化阶段三个子阶段。

尝试期和现实期的子阶段划分及特点见表2-2。

金兹伯格的职业生涯发展阶段理论，实际上揭示了初次就业前人们职业意识或职业追求的发展变化过程。

表 2-2　尝试期和现实期的子阶段划分及特点

子阶段		子阶段特点
尝试期	兴趣阶段（11~12岁）	开始注意并培养对某些职业的兴趣
	能力阶段（13~14岁）	开始以个人的能力为核心，衡量并检验自己的能力，同时将其表现在各种相关的职业活动上
	价值观阶段（15~16岁）	逐渐了解自己的职业价值观，并能兼顾个人与社会的需要，以职业的价值性选择职业
	综合阶段（17岁）	将上述三个阶段的职业相关资料综合考虑，以了解和判定未来的职业发展方向
现实期	试探阶段	根据尝试期的结果进行各种试探活动，试探各种职业机会和可能的选择
	具体化阶段	根据试探阶段的经历做进一步的选择，具体化
	专业化阶段	依据自我选择的目标做具体的就业准备

（资料来源：徐笑君. 职业生涯规划与管理[M]. 成都：四川人民出版社，2008.）

二、舒伯的职业生涯发展阶段理论

舒伯是美国著名的职业管理学家，《职业适应动力学》和《职业生活的心理学》两本著作的出版奠定了他在职业生涯研究领域的权威地位。舒伯把人的职业生涯发展划分为五个主要阶段：成长阶段、探索阶段、确立阶段、维持阶段和衰退阶段。舒伯的职业生涯五阶段见表 2-3，前三个阶段的子阶段见表 2-4。

表 2-3　舒伯的职业生涯五阶段

阶段	成长阶段 （0~14岁）	探索阶段 （15~24岁）	确立阶段 （25~44岁）	维持阶段 （45~64岁）	衰退阶段 （65岁以上）
主要任务	认同并建立起自我概念，对职业的好奇占主导地位，逐步有意识地培养职业能力	主要通过学校学习进行自我考察、角色鉴定和职业探索，完成择业及初步就业	获取一个合适的职业领域，并谋求发展。这一阶段是大多数人职业生涯周期中的核心部分	开发新的技能，维护已获得的成就和社会地位，维持家庭和工作两者之间的和谐关系，寻找接替人选	逐步退出职业和结束职业，开发更广泛的社会角色，减少权力和责任，适应退休后的生活

表 2-4　前三个阶段的子阶段

主阶段	子阶段		
成长阶段	幻想期（10岁以前）：在幻想中扮演自己喜欢的角色	兴趣期（11~12岁）：以兴趣为中心，理解、评价职业，开始做职业选择	能力期（13~14岁）：更多地考虑自己的能力和职业需要
探索阶段	试验期（15~17岁）：综合认识和考虑自己的兴趣、能力，对未来职业进行尝试性选择	转变期（18~21岁）：正式开始职业生涯，或者参加专门的职业培训，明确某种职业倾向	尝试期（22~24岁）：选定职业领域，开始从事某种职业，对职业发展目标的可行性进行试验

(续)

主 阶 段	子 阶 段		
确立阶段	稳定期（25～30岁）：原本以为适合的职业，后来发现不太满意，于是会有一些改变，此阶段是定向后的尝试，不同于探索阶段的尝试	发展期（31～44岁）：致力于实现职业目标，是富有创造性的时期	中期危机阶段（44岁至退休前）：个人在所选择的职业中安顿下来，重点是寻求职业及生活上的稳定

（资料来源：徐笑君. 职业生涯规划与管理 [M]. 成都：四川人民出版社，2008.）

1980年，为了全面地描述个体职业生涯发展，舒伯对生涯发展理论做出补充，拓宽和修改了他的职业生涯发展阶段理论。为了综合阐述生涯发展阶段与角色之间的相互影响，舒伯创造性地描绘出一个多重角色生涯发展的综合图形——"生涯彩虹图"（见图2-3），形象地展现了生涯发展的时空关系，更好地诠释了生涯的定义。在生涯彩虹图中，纵向层面代表的是纵观上下的生活空间，是由一组职位和角色组成的，包括孩子、学生、休闲者、公民、工作者、配偶、持家者、父母和退休者九个不同的角色，它们交互影响出个人独特的生涯类型。横向层面代表的是横跨一生的生活广度，彩虹的外层显示人生主要的发展阶段和大致的年龄：成长期（约相当于儿童期）、探索期（约相当于青春期）、建立期（约相当于成人前期）、维持期（约相当于中年期）以及衰退期（约相当于老年期）。在这五个主要的人生发展阶段内，各个阶段还有小的阶段，舒伯特别强调各个阶段的年龄划分有相当大的弹性，应依据个体的不同情况而定。

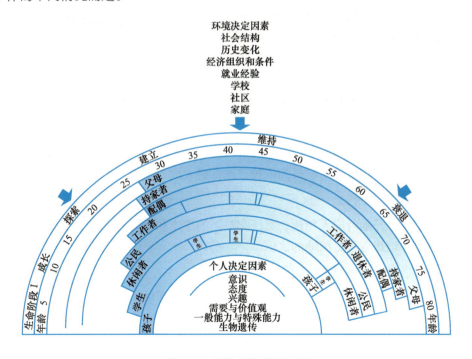

图2-3 舒伯的生涯彩虹图

三、格林豪斯的职业生涯发展阶段理论

格林豪斯的研究侧重于不同年龄段职业生涯所面临的主要任务,并以此为依据将职业生涯划分为五个阶段:职业准备阶段、进入组织阶段、职业生涯初期、职业生涯中期和职业生涯后期。

1. 职业准备阶段

职业准备阶段(0～18岁)的主要任务:发展职业想象力,培养职业兴趣和能力,对职业进行评估和选择,接受必需的职业教育和培训。

2. 进入组织阶段

进入组织阶段(18～25岁)的主要任务:进入职业生涯,选择一种合适的、较为满意的职业,并在一个理想的组织中获得一个职位。

3. 职业生涯初期

职业生涯初期(25～40岁)的主要任务:逐步适应职业工作,融入组织,不断学习职业技能,为未来职业生涯的成功做好准备。

4. 职业生涯中期

职业生涯中期(40～55岁)的主要任务:努力工作,并力争有所成就,在重新评价职业生涯的过程中强化或转换职业道路。

5. 职业生涯后期

职业生涯后期(55岁直至退休)的主要任务:继续保持已有的职业成就,成为一名工作指导者,维护自尊,准备退休。

四、利文森的职业生涯发展阶段理论

利文森(Levinson)等人曾探讨18～45岁美国成年人的生涯发展历程,将职业生涯分为以下六个阶段:

1. 20岁转型期(18～22岁)

离开原生家庭,逐渐减少对父母的依赖,准备进入成人世界。

2. 初期结构建立期(22～28岁)

进入成人世界,开始对成人角色、责任和关系的探索和暂时性承诺,建立初期的生活结构,对未来的人生理想有了更清晰的认识。

3. 30岁转型期(28～32岁)

对初期的生活结构加以检讨或反省,试图建立新的生活结构。

4. 结构逐渐稳定期(32～40岁)

个体对初期的生活结构进行修正后,会有进一步追求成就的倾向,以使个体逐渐成为真正的自己,并让其人生的梦想成真。

5. 40 岁转型期（40～42 岁）

梦想与实际成就间的差距，使个体重新思考人生的目标，并改变与自己的关系，真正接纳自己。

6. 中年期开始（45 岁左右及以后）

逐渐不在乎外在的是非得失，慢慢地学会以个人的内在追求来引导自己，追求自我价值的实现。

五、道尔顿和汤普森的职业发展阶段模型

职业发展阶段模型是由美国哈佛商学院教授吉恩·道尔顿（Gene Dalton）和保罗·汤普森（Paul Thompson）开发的。当时，一家大型电气公司来向他们咨询管理中不明显的问题，他们通过跟踪工程师的绩效情况发现，个人绩效的期望会随着职业发展而变化。有些工程师无论处于职业发展的什么阶段，都被列入高绩效者行列，但大多数工程师的进步趋于缓慢，因此道尔顿和汤普森开始调查高绩效者与平均绩效者之间差别的原因究竟是什么。

他们最后界定出职业发展的四个阶段。这四个阶段与职位无关，但能够解释这样的现象，即同样的一份工作，为什么两位员工创造的价值会有巨大的差异。职业发展四阶段模型（见表 2-5）为组织和个人提供了一张类似地图的工具，有助于更好地理解组织中员工的长期期望，这些长期期望是根据不同职业发展阶段确定的。

表 2-5　职业发展四阶段模型

第一阶段　成长依赖期	第二阶段　独立贡献期	第三阶段　指导授能期	第四阶段　策划领导期
主动接受指导 参与工作项目/任务并有良好表现 掌握基本日常工作 在指导下能发挥创造力和主动性 在时间或资源的压力下能正常工作 积极学习团队共同的工作方式	对分内工作尽职尽责 较少依赖监督，能独立完成任务，成绩优良 专业技能有所提高 树立信誉与威望 建立良好的内部工作关系	专业技能得到提升 开阔视野 以自己的见解和知识激发他人 以上司、导师和启蒙者的角色培养他人 有效地代表所在组织与客户和外界交往 建立良好的内外关系网	为组织指明方向 发现重要商机，引导业务需求 负责任地行使权力 获得必要资源 支持乐于奉献的个人成为后备领导人才 代表组织处理重大战略性事务

（资料来源：徐笑君.职业生涯规划与管理[M].成都：四川人民出版社，2008.）

处于第一阶段的个人需要接受方向性的指导，建立基本的能力，了解、学习与组织和相关专业有关的技能知识。个人在职业发展早期若真能这么做，其工作效率往往较高，但要注意发挥主动性，不能完全依赖指导。处于第二阶段的个人将成为独立的专家，独立的专家应注意拓宽自己的视野或帮助别人一起发展，以保持价值和绩效。处于第三阶段的个人是通过他人的贡献来体现自己价值的，他们有能力发展进入第四阶段。而第四阶段的特点是能影响到组织的发展方向，能预见和把握组织发展的前景，对工作有承诺，处于第四阶段的人常常成为组织的领导者。

职业发展四阶段模型与传统的由技术到管理的职业发展理论有很大的差别。道尔顿和汤

普森发现，根据不同阶段所界定的贡献，其实与岗位级别无关。比如说，第三阶段的特点是发展他人，拓宽视野，理解商业问题，能利用网络和团队来完成任务，这听起来更像是主管或者经理的工作，但事实上，许多主管或经理虽拥有正式的管理权力，但却缺乏第三阶段所需要的技能。他们还发现，处于第三阶段的大部分人并不在正式的管理岗位上，管理者与非管理者之间的比例竟为1∶3。第四阶段，管理者与非管理者之间的比例刚好为3∶1，许多拥有领导才能的人仍处于技术专业岗位上，这也影响着组织的发展方向。

研究还发现，第三阶段和第四阶段的非管理者的贡献与组织规模缩小和扁平化趋势的到来有关。随着组织规模和形式的变化，理解职业发展四阶段模型就显得格外重要。个人从一个阶段进入下一个阶段，其贡献和能力也应该随着增长。比如，他可以带来一些创新，可以完成更有挑战性的工作。个人应关注职能角色和责任的变化，并与组织沟通，以便更好地管理自己的发展，更了解自己该如何提高对组织的贡献。当组织中的每个人都能理解职业发展四阶段模型之后，职业发展四阶段模型也就成为讨论发展和成长的一种通用语言。

六、施恩的职业发展阶段理论

美国麻省理工学院教授、著名的职业生涯管理学家施恩（E.H.Schein），根据人的生命周期的特点及其在不同年龄段所面临的问题和职业的主要任务，将职业生涯分为九个阶段。施恩的职业生涯九阶段理论见表2-6。

表2-6 施恩的职业生涯九阶段理论

阶 段	角 色	主 要 任 务
成长、幻想、探索阶段（0～21岁）	学生、职业工作的候选人和申请者	发现和发展自己的需要、兴趣、能力和才干，为进行实际的职业选择打好基础；学习职业方面的知识；做出合理的受教育决策；开发工作领域中需要的知识和技能
进入工作世界（16～25岁）	应聘者、新学员	进入职业生涯；学会寻找并评估一项工作，做出现实有效的工作选择；个人和雇主之间达成正式可行的契约；个人正式成为一个组织的成员
基础培训（16～25岁）	实习生、新手	了解、熟悉组织，接受组织文化，克服不安全感；学会与人相处，融入工作群体；适应独立工作，成为一名有效的成员
早期职业的正式成员资格（17～30岁）	取得组织正式成员资格	承担责任，成功地履行第一次工作任务；发展和展示自己的技能和专长，为提升或横向职业成长打基础；重新评估现有的职业，理智地进行新的职业决策；寻求良师和保护人
职业中期（25岁以上）	正式成员、任职者、终身成员、主管、经理等	选定一项专业或进入管理部门；保持技术竞争力，力争成为一名专家或职业能手；承担较大责任，确定自己的地位；开发个人的长期职业计划；寻求家庭、自我和工作事务间的平衡
职业中期危险阶段（35～45岁）	正式成员、任职者、终生成员、主管、经理等	现实地评估自己的才干，进一步明确自己的职业抱负及个人前途；就接受现状或者争取看得见的前途做出具体选择；建立与他人的良师关系
职业后期（40岁到退休）	骨干成员、管理者、有效贡献者等	成为一名工作指导者，学会影响他人并承担责任；提高才干，以担负更大的责任；选拔和培养接替人员；如果求安稳，就此停止，但要接受和正视自己影响力和挑战能力的下降

(续)

阶　　段	角　　色	主要任务
衰退和离职阶段[①] （40岁到退休）		学会接受权力、责任、地位的下降；学会接受和发展新的角色；培养新的工作以外的兴趣、爱好，寻找新的满足源；评估自己的职业生涯，着手退休
退休[②]		适应角色、生活方式和生活标准的急剧变化，保持一种认同感；保持一种自我价值观，运用自己积累的经验和智慧，以各种自身角色，对他人进行传、帮、带

① 不同的人衰退或离职的年龄不同。
② 离开组织或者职业的年龄因人而异。
（资料来源：张再生.职业生涯管理[M].北京：经济管理出版社，2002.）

相关链接

德鲁克：让我保持成效、不断突破的七段人生经历

一个人，特别是一个运用知识的人，怎样才能取得成效？这样一个人，在生活与工作多年之后，在历经多年的变化之后，怎样才能一直保持成效？这个问题涉及的是个体，因此，不妨从我自己开始探讨。我先讲七段人生经历，它们教会了我如何一直保持成效、不断成长、不断改变，并在年龄不断增长的同时，不断实现突破。

高中毕业，我便离开了出生地——奥地利的维也纳市，去德国汉堡的一家棉纺产品出口公司做了学徒，那时我还不满18岁。我的父亲不是很高兴，因为我家世代都以政府公务员、律师、医生为生，所以，他想让我上大学。可是，我已经厌倦学生生活，想要去工作。为了安抚父亲，我随便在汉堡大学法律系注了册，那是1927年。在那个遥远的年代，奥地利和德国的大学并不要求学生必须上课，学生只要请教授在登记本上签名就可以了，学生甚至不需要为了这件事情走进教室，他们只要给系里的传信员一点儿小费，传信员就会为学生弄到教授的签名。出口公司的学徒工作极其枯燥，我几乎没有学到什么东西。早上7点半上班，星期一到星期五下午4点下班，星期六中午12点下班，因此，我有大量的闲暇时间。到了周末，我便和另外两名同样来自奥地利，但是在其他公司工作的学徒去远足，在汉堡美丽的郊外游荡，晚上投宿青年招待所。我们是在册学生，因此可以免费住宿。每周五个工作日，晚上我就泡在汉堡著名的市政图书馆里，图书馆就在我办公室的隔壁。图书馆鼓励大学生借书，一连15个月，我就不停地看书，看各种各样的德语书、英语书和法语书。

经历一：威尔第教我确立目标和愿景

那时，我一周去看一次歌剧，汉堡歌剧院当时是（现在也是）世界上最顶尖的歌剧院之一。我当时很穷，因为学徒是没有薪水的。好在大学生可以免费看歌剧，我们只要在演出开始前的一个小时赶到那里就行。在演出开始前的10分钟，那些便宜的座位如果还没有卖完，就会免费提供给大学生。有一天晚上，我去听伟大的意大利作曲家威尔第（Verdi）的收笔之作——他在1893年创作的《福斯塔夫》（Falstaff），该剧如今已成为威尔第最受欢迎的作品之一，但那时很少上演，因为歌手和观众都认为它的难度太大，我完全被它征服了，我在

孩提时期受过良好的音乐教育，那个时代的维也纳是一个音乐之都，我听过的歌剧很多，但是从来没有听过这样的作品。那天晚上，它给我留下的印象让我永生难忘。

我后来做了一些研究，惊讶地发现，这部洋溢着欢乐、对生命的热情和无限活力的歌剧，居然出自一位80岁高龄的老人之手！在当时年仅18岁的我看来，80岁是一个让人难以置信的年纪，那时，人们的普遍寿命也就是50岁左右。后来，我读到威尔第自己写的一篇文章，他在文章中谈及，人们问他身为一个著名人物，并被誉为19世纪最顶尖的歌剧作曲家之一，为什么在如此高龄的情况下还要不辞劳苦地写一部歌剧，而且是一部难度极大的歌剧，他写道："我作为一名音乐家，毕生都在追求完美，可完美总是躲着我，我觉得自己完全有义务再试一次。"这段话让我没齿难忘，并留下了不可磨灭的印象。威尔第在我那个年纪，也就是18岁的时候，就已经是一名训练有素的作曲者了，我在那个年纪却根本不知道自己将来要成为一个什么样的人，只知道靠出口棉纺织品是不太可能取得成功的。

18岁的我，幼稚得不能再幼稚，天真得不能再天真。直到15年之后，到了33岁左右，我才真正知道自己擅长的是什么事情，知道自己属于哪个地方。我当时下定决心，无论我的毕生事业是什么，威尔第的话都将指引我前行，永不放弃。同时，我还会追求完美。

经历二：菲狄亚斯的教诲

差不多同一时间，也是在汉堡做学徒的期间，我还读到了另外一个故事，它让我进一步理解了"完美"的含义。那是一个关于古希腊最伟大的雕塑家菲狄亚斯（Pheidias）的故事。

公元前440年，他受命创作一组神像，历经2400年的风雨，如今，它们依然矗立在雅典城帕台农神庙的屋顶上，它们被誉为西方最杰出的雕塑作品之一。创作完成之后，它们受到了广泛的赞誉，可雅典城的司库官在接到菲狄亚斯的账单之后，却拒绝按单付款。他说："这些神像立在神庙屋顶上，而神庙盖在雅典最高的山上。大家只能看到神像的前面，可你是按四周都雕刻收费的。也就是说，神像的背面谁也看不见，可是你却收了钱。"菲狄亚斯驳斥说："你错了，众神看得见它们。"我还记得，我是在看完《福斯塔夫》不久后读到这个故事的，它深深打动了我，并从此信守这条原则。

无论何时有人问我，认为自己写的哪一本书最好，我都会笑着回答："下一本书。"我不是开玩笑，是认真的，就如威尔第说自己在80岁高龄仍坚持创作，追求自己终生求索而始终未得的完美。尽管我比创作《福斯塔夫》时的威尔第年长，但我仍然在思考，并正在写两本新书，而且希望它们比我过去写的任何一本书都要更好、更重要、更接近完美。

经历三：持续学习——当记者时下的决心

几年后，我搬到了德国的法兰克福。最先，我在一家经纪公司做学徒，后来，纽约股市于1929年10月崩盘，我所在的经纪公司也随之破产。在我20岁生日那天，我被法兰克福最大的报社录用，成为一名财经和外交事务记者。我在当地大学的法学院注了册，因为大学生转学在那时的欧洲是一件很容易的事情。我那时仍然对法律不感兴趣，但是，我始终记得威尔第和菲狄亚斯给我的教诲。记者要涉及的话题很多，因此，我认为自己必须了解许多领域，只有这样才能成为一名合格的记者。

供职的那家报社下午出版报纸，我们早上6点开始工作，下午2点15分出版。于是我强迫自己在下午和晚上学习，学习的内容包括国际关系和国际法、社会和法律机构的历史、普通史、金融等。就这样，我慢慢构建起自己的知识体系。我一直在坚持这个习惯，每隔三四年我就会选择一个新的领域，如统计学、日本艺术、经济学等。三年的学习当然不足以让我掌握一个领域，但足以让我对它有所了解。因此，在60多年的时间里，我不断地学习，每次学习一个领域。这不仅让我掌握了丰富的知识，而且迫使我去了解新的学科、新的途径和新的方法；我研究的每一个领域，它们的假设不同，采用的方法也不同。

经历四：回顾——主编的教诲

使我的思维保持活跃、知识不断增长的另一个习惯，是该报主编、欧洲一位著名报人给我的教诲。那家报社的编辑都很年轻，我在22岁那年成为三名助理总编辑之一。我得到提拔并不是因为我特别出色，事实上，我从来都不是一流的日报记者。但是，在20世纪30年代，本该出任这些职位的人，也就是35岁左右的人，在欧洲很难找到，因为他们大都在第一次世界大战中战死了。于是，即便是一些位高权重的职务，也只好由我这样的年轻人来担任。20世纪50年代中期和晚期，我在太平洋战争结束10年后去日本，在那里发现的情况也是大同小异。50岁左右的报纸主编不辞劳苦地培训和磨砺他的年轻下属，他每周都要跟我们每一个人谈话，讨论我们的工作。每年在新年到来之初以及在暑假的6月开始之时，我们会把星期六下午和整个星期天的时间用来讨论此前6个月的工作。主编总是从我们做得好的事情开始，然后讨论我们努力想要做好但又没有做好的事情，接下来再讨论我们努力不够的事情，最后严厉地批评我们做得很糟糕，或者本该做却又没有做的事情。在讨论会的最后两个小时，我们会确定接下来6个月的工作：我们应该全力以赴的事情是什么？我们应该提高的事情是什么？我们每一个人需要学习的东西是什么？主编要求我们在一周之后，递交自己在接下来6个月内的工作和学习计划。我非常喜欢这些讨论会，但是，一离开那家报社便把它们忘得一干二净了。

10年后，我已身在美国，我又想起了这些讨论会。20世纪40年代初，我已成为一名资深教授，开始了自己的咨询生涯，并且开始出版一些重要的著作。这时，我想起了法兰克福那位日报主编教给我的东西。自此之后，我每个暑假都会留出两个星期的时间，用来回顾前一年所做的工作：包括我做得还不错，但本来可以或者应该做得更好的事情；我做得不好的事情，以及我应该做却没有做的事情。另外，我还会利用这段时间确定自己在咨询、写作和教学方面的优先事务。我从来没有严格完成自己每年8月制订的计划，但是，这种做法迫使我遵守威尔第"追求完美"的训谕，尽管完美仍然"总是躲着我"。

经历五：高级合伙人的教诲

几年之后，我再次经历了一件富有教育意义的事情。1933年，我从德国的法兰克福移居到英国伦敦，先是在一家大保险公司做证券分析员，一年之后去了一家快速发展的私人银行，担任该行的经济学家，同时兼任三名高级合伙人的执行秘书。这三名高级合伙人，一名是70多岁的公司创始人，另外两名分别为35岁和36岁。起初，我只是跟后面这两名合伙人接触，大约3个月后，公司创始人把我叫进他的办公室，严厉地说道："你刚来这里的时候，我觉得你没什么了不起的，现在也还是觉得你没什么了不起的，只不过你比我想象的还要愚蠢，简直是愚蠢到了极点。"由于那两位年轻的合伙人每天都称赞我，因此，我愣在那里什么话也说不出来。接着他说："我知道，你在保险公司做证券分析做得很好，但是，如果我们想要你做的是证券分析，就会让你待在原来那个地方，你现在成了合伙人的执行秘书，可是做的还是证券分析。你想想看，你应该做些什么事情，才能在这个新岗位上取得成效呢？"我当时非常生气，但还是意识到他说得对，于是，我彻底改变了自己的行为和工作内容。从那以后，我每换一个新岗位，都会思考下面这个问题："在这个新岗位上，我必须做些什么事情才能取得成效呢？"每次要做的事情都是不同的。

我做咨询顾问50年，给许多国家的许多组织提供过服务。我在所有组织中见过的人力资源方面的最大浪费便是提拔不成功。许多能干的人被提拔到新的岗位上，但真正成功的人不多，有不少人更是彻底失败，更多的人既谈不上成功也谈不上失败，成了平庸之辈。一个在10年甚至15年间都很称职的人，为什么突然之间变得不胜任工作了呢？我所见过的事例，几乎都犯了我70年前在伦敦那家银行里所犯的错误——他们走上了新的岗位，做的却仍然是在老岗位上让他们得到提拔的那些事情。因此，他们并不是真正不能胜任工作，而是因为做的事情是错的。我有一个多年的习惯，对那些卓有成效的客户，特别是大型组织中卓有成效的客户，我会问他们成效卓著的原因是什么，我得到的答案与我当年在伦敦的经历如出一辙：一名严厉的上司迫使自己把新职位的需要考虑清楚。没有哪一个人（至少在我的见闻中）是自己发现这一点的，人们一旦明白了这一点，就不会忘记这一点，而且几乎都会在新岗位上取得成功。其实，这不需要有出众的才华，也不需要有惊人的天赋，而是需要全力以赴地做好新岗位要求的事情，也就是对于应对新挑战、完成新工作和新任务至关重要的事情。

经历六：记下来——耶稣会和卡尔文教派的教诲

1945年前后，我选择欧洲现代史的早期，特别是15世纪、16世纪作为自己为期三年的学习领域（我于1937年从英国移居到美国）。我在研究过程中发现，有两个组织在欧洲成了两股具有支配性的力量，它们分别是在南部天主教地区的耶稣会和在北部新教地区的卡尔文教派。这两个组织的成功都是出于同一个原因，都是创建于1536年（独立创建），都是在一开始就采取了同一种学习方法。按照规定，每当耶稣会神父或者卡尔文教派牧师做一件比较重大的事情时，例如做出一个重要决策，都应该把自己预期的结果记下来，在9个月之后再用实际结果进行对照。这样，他们很快就能发现自己什么事情做得好，自己的长处是什么，有哪些东西是必须学习的，有哪些习惯是必须改变的，有哪些事情是自己没有天赋的，因此做不好。我自己也使用这种方法，并且已经坚持了50年。它能帮助一个人发现自己的长处——这是人们了解自我的最重要的一点，它还能揭示在哪些方面需要改进以及需要的是什么类型的改进，最后它还能揭示一个人没有能力去做，因此根本不应该去尝试做的事情是什么。了解自己的长处以及如何强化这些长处，并且了解自己不能做的是什么事情，是持续学习的关键所在。

经历七：想要留下怎样的名声——熊彼特的教诲

这是我要讲的关于个人发展的最后一段经历。1949年圣诞节，我在纽约大学教授管理课程之后不久，我父亲从加利福尼亚前来看望我，那一年他73岁，已退休很多年。新年刚过，也就是1950年的1月3日，父亲和我一起去探望他的老朋友约瑟夫·阿洛伊斯·熊彼特（Joseph Alois Schumpeter）。熊彼特那时已经是一名享誉世界的经济学家，虽然已经66岁，但仍在哈佛大学传道授业，并且担任美国经济学会的主席，活跃在学术圈内。1902年，我年轻的父亲在奥地利财政部担任公务员，但也在大学兼职，教一些经济学课程，于是认识了熊彼特。熊彼特当年只有19岁，是班里最聪明的学生，他和我父亲性格完全不同，可是，他俩却一见如故，友谊历久弥坚。到了1949年，熊彼特已与当初判若两人，年近七旬，执教于哈佛大学的他，名声已至顶峰。两位老人在一起尽情回忆往事，度过了一段非常愉快的时光。他们都在奥地利长大，都在奥地利工作过一段时间，后来又都到了美国——熊彼特是1932年来的，我父亲迟他4年。突然，我父亲笑出声来，问熊彼特："约瑟夫，你现在还在想要留下怎样的名声这个问题吗？"随后熊彼特爆发出一阵爽朗的笑声，我也跟着笑了。

　　熊彼特在自己两本重要的著作出版之后，曾经说过一段广为人知的话。他说，自己最想留下的名声是"欧洲最伟大的情圣和欧洲最伟大的骑师，也许还有世界上最伟大的经济学家。"那时他还只有30岁。他回答我父亲说："是啊，这个问题现在对我也还是很重要，不过答案不一样了。我现在想留下的名声是一位培养出六七名一流经济学家的教师。"他肯定是看到了我父亲那吃惊的表情，因为他接着说道："你知道，阿道夫，我已经到了一个知道光是靠书和理论留名远远不够的年纪。一个人如果不能改变人们的生活，那他就什么也没能改变。"我父亲去探望熊彼特的一个原因是知道他已经病入膏肓，来日不多，五天后，他撒手人寰。他们这段对话让我永生难忘，我从中学到三件事情：第一，我们必须问一问自己，到底想留下一个怎样的名声；第二，答案会随年岁的增长而改变，它会随自己的成熟以及外部世界的变化而变化；第三，只有改变了别人生活的东西才是值得纪念的，这些东西人人都可以学会。

　　我之所以不厌其烦地讲述自己的这些故事，原因只有一个——我所了解的长年保持成效的每一个人，无论是管理者还是学者，无论是高级军官还是一流的医生，无论是教师还是艺术家，都曾获得一些与我非常相似的教诲。我无论与谁合作，都会设法找出对方把自己的成功归结于什么因素。

　　作为一名咨询顾问，我与许多人有过合作，他们来自不同类型的组织，包括企业、政府、大学、医院、歌剧院、交响乐团、博物馆等，毫无例外，我都会听到极为类似的故事。因此，对于"一个人，特别是一个运用知识的人，要怎样才能取得成效？这样一个人，在生活与工作多年之后，在历经多年的变化之后，怎样才能一直保持成效？"这个问题，我的答案是：通过做一些相当简单的事情。第一，我们要树立自己的目标或理想，就像威尔第的《福斯塔夫》为我树立了目标和理想那样，为了目标和理想而奋斗，意味着一个人能够人老心不衰。第二，我发现长年保持成效的人对工作的态度如菲狄亚斯：神看得见。他们不甘平庸，在工作中恪守自己的标准。事实上，他们有强烈的自尊心。第三，长年保持成效的人把持续学习作为一种生活习惯，他们未必像我这样，每三四年就学习一门新的学科，但是他们会不停地试验，对自己的成绩从不满足，他们对自己的最低要求是无论做什么都要做得更好，而且常常要求自己用不同的方法去做这些事情。这些思维活跃、不断成长的人，还会坚持进行绩效评估。

　　我发现，越来越多的人像耶稣会和卡尔文教派率先做的那样，把自身行为和决策的结果记录下来，然后把它们与当初的预期进行对照，这样他们很快就能发现自己的长处所在，同时也会发现自己在哪些方面需要提高、改变和学习。最后，他们还能知道哪些事情是自己不擅长的。因此，每当我问一个成效卓著的人，请他们告诉我成功的原因，我都会听到类似的故事。例如一位仙逝多年的老师或上司告诉他们，只要自己的工作、职务或职位有变，就必须把新工作、新职务或者新职位的要求考虑清楚——它们总是不同于原来那份工作或者职位要求的。

自己的责任。所有这些行为习惯所体现的一个最重要的原则,就是那些卓有成效并能不断成长和改变的人,特别是那些以运用知识为主的人,承担起了自身发展和工作安排的责任。这可能是最新颖,也可能是最难以付诸实践的结论。

如今的组织,无论是企业还是政府机构,仍然建立在下面这个假设之上:组织要负责员工的工作安排,以及提供员工所需的经历和挑战。据我所知,这个方面的最佳范例当属日本大企业的人力资源部门,或者它们所依据的原型,即传统军队的人力资源部门,我没有见过比典型的日本企业人力资源部门更加负责任的部门。但就算是它们,我认为也必须学会做出改变,不能像过去那样做决策者,而是必须成为老师、领路人、顾问和参谋。

我确信,每一名知识工作者的发展和工作安排的责任都必须由知识工作者自己承担。每一名知识工作者都必须承担起回答下面这些问题的责任:我现在需要什么样的职位?我现在能够胜任什么样的职位?我需要获得什么样的经验、知识和技能?当然,这个决策不仅涉及员工个人,而且必须考虑到组织的需要,必须以对员工个人的长处、能力和绩效做出外部评估为基础。员工发展必然成为自我发展,员工的工作安排也必然成为自我安排,而且员工自己必须对此负责,否则,知识型员工就不可能在漫长的职业生涯中保持成效和高生产率,并且不断成长。

(资料来源:http://www.360doc.com/content/16/0703/10/33794000_572596927.shtml.)

七、职业生涯发展的"三三三"理论

我国学者廖泉文教授在总结国外学者职业生涯发展阶段观点的基础上,提出了职业发展的"三三三"理论。"三三三"理论是将人的职业生涯分为三大阶段:输入阶段、输出阶段和淡出阶段。每一阶段又分为三个子阶段:适应阶段、创新阶段和再适应阶段。而每一个子阶段又可分为三种状况:顺利晋升、原地踏步和降到波谷。职业生涯发展的"三三三"理论、输出阶段的三个子阶段和再适应阶段的三种状况分别见表2-7至表2-9。

表2-7 职业生涯发展的"三三三"理论

阶段	输入阶段(从出生到就业前)	输出阶段(从就业到退休)	淡出阶段(退休前后)
主要任务	输入信息、知识、经验、技能,为从业做重要准备;认识环境和社会,锻炼自己的各种能力	输出自己的智慧、知识、服务、才干;进行知识的再输入、经验的再积累、能力的再锻造	精力渐衰,但阅历渐丰、经验渐多,逐步退出职业,适应角色的转换

(资料来源:廖泉文.人力资源管理[M].北京:高等教育出版社,2003:233-234.)

表2-8 输出阶段的三个子阶段

输出阶段	个人的工作状态	职业环境状态
适应阶段	订立三个契约: 对领导,我要服从领导 对同事,我要协同工作 对自己,我要使自己表现得出色	适应工作硬软环境,个体与环境、个体与同事相互接受,进入职业角色

(续)

输出阶段	个人的工作状态	职业环境状态
创新阶段	独立承担工作任务 努力做出创造性贡献 提出合理化建议	受到领导和同事认可,进入事业辉煌时期
再适应阶段	工作出色获得晋升 发展空间小而原地踏步 自身骄傲或工作出差错受到批评	个体要调整心态,适应变化的环境。此时属于职业状态分化时期,领导和同事看法不一

(资料来源:廖泉文.人力资源管理[M].北京:高等教育出版社,2003:233-234.)

表2-9 再适应阶段的三种状况

再适应阶段	职业状态
顺利晋升	面临新工作环境的挑战、新工作技能的挑战、原同级同事的嫉妒、领导提出的新要求,表面的风光隐藏着一定的职业风险
原地踏步	"倚老卖老"、不求上进的状态出现,常说的话是"我早就干(想)过",容易对同事冷嘲热讽,此时如做职业平移或变更更合适
降到波谷	由于个体原因或客观原因,遭受上级批评或受到降级处分,工作状态进入波谷,此时如能重新振奋精神,就有希望进入第二次"三三三"发展状态

(资料来源:廖泉文.人力资源管理[M].北京:高等教育出版社,2003:233-234.)

【关键词】

择业动机理论 特性-因素匹配理论 人格类型理论 职业性向 社会学习理论 职业锚理论 职业生涯阶段理论 职业发展阶段模型 职业生涯发展的"三三三"理论

【思考题】

1. 列举几种主要的职业生涯理论。
2. 简要叙述霍兰德人格类型理论的内容及其在现实中的应用。
3. 克朗伯兹的社会学习理论的主要观点有哪些?
4. 简要叙述帕森斯的特性-因素匹配理论的内容及其在现实中的应用。
5. 什么是职业锚?结合自身谈谈你对职业锚的认识与看法。
6. 舒伯的职业生涯发展阶段理论将职业生涯划分为几个阶段?简要叙述各个阶段的内容。
7. 职业生涯发展的"三三三"理论是如何划分职业生涯的?
8. 结合自身实际,分析你目前正处于职业生涯的哪个阶段。你认为这一阶段急需解决的主要问题是什么?

【案例分析讨论】

案例一　为什么不提拔我?

　　王芸是一位很漂亮的女员工,她到公司工作快三年了,比她后来的同事陆续得到了升职的机会,她却原地不动,心里颇不是滋味。终于有一天,她鼓起勇气找到老板:"老板,我有过迟到、早退或乱章违纪的现象吗?"老板毫不犹豫地回答:"没有。""那是公司对我有偏见吗?"老板先是一怔,继而说"当然没有。""那为什么比我资历浅的人都可以得到重用,而我却一直在不重要的岗位上?"老板一时语塞,然后笑笑说:"你的事咱们等会再说,我手头有个急事,要不你先帮我处理一下?一家客户准备到公司来考察产品状况,你联系一下他们,问问何时过来。"临出门前,王芸还不忘调侃一句:"这真是个重要的任务。"一刻钟后,王芸回到老板办公室,老板问:"联系到了吗?"王芸回答道:"联系到了,他们说可能下周过来。"老板问:"具体是下周几?"王芸答道:"这个我没细问。"老板又问:"他们一行多少人?"王芸疑惑地说:"您没让问我这个啊!"老板接着问道:"那他们是坐火车来还是乘飞机来?"王芸面带困惑地说:"这个您也没让我问呀!"

　　老板不再说什么了,他打电话叫张怡过来。张怡比王芸晚到公司一年,现在已经是一个部门的负责人了。张怡接到了与王芸刚才相同的任务,不一会儿,张怡回来了,张怡答道:"他们是乘下周五下午3点的飞机,大约晚上6点到。他们一行5人,由采购部王经理带队。我跟他们说了,我公司会派人到机场迎接。另外,他们计划考察两天,具体行程到了以后双方再商榷。为了方便工作,我建议把他们安置在附近的国际酒店,如果您同意,我明天就提前预订房间。还有,下周天气预报有雨,我会和他们保持及时联系,一旦情况有变,我将随时向您汇报。"王芸在一边看着,脸不禁发红,不好意思再说什么就退出了办公室。

　　当晚王芸收到老板发来的如下信息:

　　王芸,不管你在哪里上班,请记住以下黄金定律:

　　第一则:工作不养闲人,团队不养懒人。

　　第二则:入一行,先别惦记着能赚钱,先学着让自己值钱。

　　第三则:没有哪个行业的钱是好赚的。

　　第四则:做工作,没有哪个是顺利的,受点气是正常的。

　　第五则:赚不到钱,赚知识;赚不到知识,赚经历;赚不到经历,赚阅历。以上都赚到了就不可能赚不到钱。

　　第六则:只有先改变自己的态度,才能改变人生的高度;只有先改变自己的工作态度,才能有职业高度。

　　第七则:让人迷茫的原因只有一个,那就是本该拼搏的年纪,却想得太多,做得太少!

　　送君三个字:用心做!

　　她突然间明白了,没有谁生来就能担当大任,所有人都是从简单、平凡的小事做起的。今天你为自己贴上什么样的标签,或许这就决定了明天你是否会被委以重任。用心的程度直接影响到工作的效率,任何一家公司都迫切需要那些工作积极、主动负责的员工。优秀的员工往往不是被动地等待别人安排工作,而是主动去了解自己应该做什么,然后全力以赴地去完成。

（资料来源：http://www.360doc.com/content/15/1212/21/27545004_519939747.shtml.）

分析讨论题：

1. 为什么张怡能得到提拔，而王芸没有得到提拔？
2. 如果你是王芸，你将如何改进自己？

案例二　成也性格，败也性格

真正了解自己的个性特点，不仅能够帮助你选择职业，而且能够促进你获得事业的成功。

莫亦佳大学毕业以后应聘到一家出版社当编辑。他在工作的几年中，编辑了几本书，但这些书的社会反响并不大，发行量也勉强保本。工作不顺利使原本话不多的莫亦佳变得越来越内向，不愿意与人沟通、不相信别人，事无巨细都要自己去做，他既苛责自己，也苛责他人，变成了一个"绝对的完美主义者"。如此一来，同事们都不太愿意与他共事，领导对他也只能暗暗地摇头。当然，敏感的他对自己的这种状况也心知肚明，但是除了苦闷还是苦闷，别无他法。

有个朋友得知莫亦佳的情况后，建议他去找职业顾问聊一聊。莫亦佳听从了朋友的建议去找职业顾问。在一个周末的下午，他犹犹豫豫地推开了职业顾问工作室的门，坐在了职业顾问张女士的对面。

张女士在听了莫亦佳支支吾吾的三言两语后，就对他说："你不太相信别人，只相信自己"。莫亦佳愣住了，他不明白张女士为什么会在如此短的接触后就能一语道破他的"天机"，点出他的症结所在。张女士进一步给他做出了解释，并开出了"药方"："你是一个非常聪明的人，对人、对事充满了好奇心，但你又是一个很严苛的人，对自己、他人都有很高的要求，是一个完美主义者。所以，你不适合从事需要较多与人沟通的工作，你可以去尝试一些相对独立的职业，譬如画家、雕刻家、平面设计等，尤其是平面设计行业，对人才的需求量很大。你可以先利用业余时间去参加一些相关的培训。"

听了职业顾问的话，莫亦佳表面上没什么大的反应，但内心却像是被点亮了一盏灯。其实，他从小就对美术非常感兴趣，很有绘画的天赋，阴差阳错干上了文字编辑。

半年后，当他再次坐在职业顾问工作室里的时候，简直与以前判若两人，笑容一直挂在脸上，不停地述说着自己的成功。原来，自从半年前接受了张女士的建议后，莫亦佳就跳槽去了一家平面广告设计公司，凭着扎实的美术功底和刻苦钻研的精神，他自学并掌握了计算机设计软件的操作。由于他在工作中认真负责，经他设计的广告经常受到客户的赞扬。最近，他已被提升为设计部主管。

分析讨论题：

1．从职业生涯管理的角度，谈谈你对"成也性格，败也性格"这句话的看法。
2．通过阅读案例，你从中受到什么启发？

第三章

职业生涯管理的测量工具

本章要点

1. 能力的定义
2. 智力的测量工具
3. 能力倾向的测量工具
4. 气质的类型与测量工具
5. 人格的测量工具
6. 霍兰德职业性向测试的构成及使用

导入案例

邓亚萍：性格决定职业生涯

她曾经被省队、国家队拒绝，然而她并没有因此而却步。无数个日日夜夜的汗水浇铸出一个永不言败，永远追求最高、最好、最快的巾帼英雄——邓亚萍。

有哲人说：成功的人生需要正确的规划，你今天站在哪里并不重要，但是你下一步迈向哪里却很重要。这样一句话对于一般人而言，可能只是一句发人深省的格言罢了，而在邓亚萍心中，这句话却代表着舍弃和重新开始的痛苦抉择以及需要不畏艰辛地付出。

一、性格创造优势

邓亚萍生于1973年，在父亲的影响下，她5岁开始学打乒乓球。因为个子矮一度被拒于省队、国家队的门外。面对省队、国家队的质疑，邓亚萍被迫比同龄人更早地站在了人生和职业抉择的十字路口：要不要继续打下去？对于邓亚萍而言，身高问题倒是次要的，重要的是如何逾越心理上的障碍。

面对外界的质疑，父亲认真地与邓亚萍沟通：她是不是真的相信自己能够把这件事情做好？邓亚萍心里憋足了劲，她坚信自己的运动成绩不比任何一个人差，自己能够成为一名优秀的乒乓球运动员。

邓亚萍选择进入郑州市队。在10岁时，她在全国少年乒乓球比赛中，一举获得团体和单打两项冠军，凭这个成绩进入河南省队。1988年，在全国乒乓球锦标赛上，邓亚萍又一举夺得女子双打冠军和单打亚军，被选入国家队。

二、性格决定转型

性格决定命运，邓亚萍以自己的经历印证了这句话。人的性格是不容易改变的，这一点在邓亚萍身上表现得十分明显。无论是作为运动员，还是作为学生，邓亚萍总是认准了那个理儿：付出超人的代价，就有可能取得超人的成绩。

在清华大学，邓亚萍除了把自己的睡眠时间压缩到最低限度外，连走路、吃饭时都在看书。她做作业和完成训练课一样，绝对是"今日事，今日毕"，毫不含糊。在英国剑桥大学的日子里，她几乎泡在学校，坚持做作业和预习功课到深夜。在诺丁汉大学，邓亚萍所学的专业是"中国当代研究"，这是个冷门专业，她必须在多个图书馆和多所大学里去找各种资料，每周都要奔走很远的路。为了写论文，邓亚萍曾集中两个月的时间把自己锁在屋子里，然后每天吃着速冻饺子查资料、打文稿。

三、好性格带来大机会

许多人在谈到邓亚萍的性格时，总爱说到执着、投入和不怕挫折等。邓亚萍的执着中还带有一种包容和理性。正是由于具有这样的性格，邓亚萍才成功实现了职业人生的三次职业转换。

从一名普通女子运动员到战绩卓著的世界冠军。邓亚萍5岁开始学打乒乓球，并最终用实力证明了自己，登上了世界乒坛冠军的宝座。

从一名世界冠军到出色的体育研究专家。由于竞技体育的职业特性和生理周期，以及多年来超强练习导致的腰、脖子和脚上的伤病困扰，需要她重新进行职业定位。在国外总有人问邓亚萍："你们中国女运动员的成绩为什么比男运动员的好？"言者无意，听者有心，正是这样一个有意或无意的询问才有了邓亚萍后来的理论课题研究——"从小脚女人到奥运冠军"，她希望能够有人真正关注中国妇女和中国女运动员。

从一名体育研究专家再到优秀的社会体育活动家。在国际上，邓亚萍两次在国际奥委会任职。在国内，她是全国人大代表，又是全国政协委员。她为我国北京成功申办2008年奥运会做出了杰出的贡献。

（资料来源：http://ishare.iask.sina.com.cn/f/35732423.html. 有改动.）

通过案例我们看到，邓亚萍的性格为其成功的职业生涯奠定了基础。事实上，除了性格以外，个体的智力、特殊能力倾向、气质、职业兴趣等多个因素都会对职业生涯管理产生重要作用。这些因素都是了解个体特征的途径，也是实现个人特性与职业特性相匹配的前提。我们可以利用一些专业的测量工具来从相关方面认识自我，如瑞文标准推理测验、一般能力倾向成套测验、气质测量表、艾森克人格问卷、卡特尔16种人格因素问卷、麦耶斯－布瑞格斯人格类型指标以及霍兰德职业性向测试等。本章我们将探讨这些测量工具。

第一节　能力及能力倾向测量

一、能力的定义及分类

（一）能力的定义

能力是指个体顺利完成某项活动所必备的心理特征的总和。首先，能力总是和人的学习、工作、劳动等具体活动相联系的。从活动的观点来考察，如节奏感、乐感是从事音乐活动必备的能力，准确估计空间比例是绘画活动不可缺少的能力。缺乏这些能力，就会影响有关活动的效率，甚至无法顺利完成一些活动。其次，只有直接影响人的活动效率，使活动顺利完成的个性心理特征才是能力。因此，像急躁、活泼、沉静等特征，尽管和活动的顺利进行有一定的间接关系，但并不是能力。最后，能力与知识、技能是不同的。知识是人类社会实践经验的总结概括；技能是在理论或实践活动中经过练习而获得并巩固的某种基本操作或活动方式。知识、技能是社会发展中积累的公共财富，个人通过学习可以掌握其中的部分内容；能力则是个体的心理特征之一，是掌握知识、技能的一种主观条件。虽然能力和知识、技能的性质不同，但存在相互影响、相互促进的关系。一方面，一个人的能力是在掌握知识、技能的过程中提高的；另一方面，知识、技能的掌握又以一定的能力为前提，能力在一定程度上制约着知识、技能掌握的深度、广度、难度和速度。一般来说，掌握知识和技能较快，而培养某种能力较慢。

（二）能力的分类

能力可以从不同的角度分成不同的种类。按照其倾向性，能力可以分为一般能力和特殊能力。

1. 一般能力

一般能力通常又被称为智力，是指大多数活动所共同需要的能力，是人所共有的最基本的能力。一般能力包括注意力、观察力、记忆力、思维力和想象力等，这些能力是有效地掌握知识和顺利完成活动所必不可少的心理条件，即使是最简单的活动，也不能缺少一般能力。

一般能力是大部分人都具备的，只是不同的人体现的突出点不同。不同的职业对于一般能力的要求是不同的，例如，一些人动手能力强，手、手腕、手指能够迅速而准确地操作小的物件，则他们适合从事技术、手工艺、检修等职业。

但是要注意，一般能力的各个方面并不是截然分开的，如注意力和记忆力就紧密相连。心理学中的"注意"，是指心理活动对一定事物的指向和集中。当一个人的注意指向并集中在某一事物上时，他对这个事物的记忆效果就会好些。心理学中有这样一个有趣的实验：一位教授让一位助教测验学生记忆的情况，他要求助教念一些材料给学生听，并事先告诉学生，听完以后要测验他们对材料的记忆情况，当念完之后，他突然要求助教和学生一样进行回答，结果这位助教的成绩远远不如学生。原因很简单，这位助教只注意念材料，丝毫没有把注意力放在熟记材料上。

2. 特殊能力

特殊能力是指从事某种专业活动所必需的能力。任何一种专业活动都要求具备与该专业内容相符合的能力，如个人在音乐、美术、体育、机械、飞行等方面的特殊能力。

一般能力和特殊能力有机地联系在一起，特殊能力总是建立在一般能力的基础上的，而特殊能力的发展也有助于一般能力的发展。

（三）能力测验的分类

根据不同的分类标准，能力测验分为不同的种类。按照测验方式，可以分为个别测验和团体测验；按照测验材料，可以分为文字测验和非文字测验；按照测验的能力种类，可以分为智力测验和能力倾向测验。这里主要讲解第三种分类方法。

1. 智力测验

智力测验是为了科学客观地测量智力水平而制定出来的测量工具，其测量内容是完成各种活动所必须具备的一般能力，其测量结果是以数量化的形式来表示的。

2. 能力倾向测验

能力倾向测验旨在测量个人的潜在才能，预测个人的能力发展倾向。一般可以分为两种：一般能力倾向测验，测量个人多方面的潜在才能；特殊能力倾向测验，测量个人特殊的潜在才能。能力倾向测验的目的性较强，它试图说明个体在多种能力上的潜在优势，并进而与专业及工作需要相结合。

相 关 链 接

心理测验的历史

心理测验是当代心理学各个领域从事理论研究和实际应用的重要手段。要研究心理测验，必须考察它的产生、发展的历史。

一、心理测验在我国的悠久历史

测验的历史根源虽然无从考究，但中国人最早使用测验，也最重视测验，这一点是举世公认的。

早在2500多年前，我国古代教育家孔子就曾根据自己的观察评定学生的个别差异，把人分为中人、中人以上和中人以下，这实际上相当于测量学中的命名量表和次序量表。比孔子稍晚的孟子也说过："权，然后知轻重；度，然后知短长。物皆然，心为甚。"这就明确指出了对心理现象进行测量的必要和可能（林传鼎，1980）。

自从隋朝创行开科取士，科举制度在我国通行了1000多年。目前，西方言语测验中常见的填字和类比，相当于我国科举考试中的帖经和对偶，早在唐朝就有了。欧美各国通过考试选拔官吏的方法是18世纪末、19世纪初从我国学去的。

清朝末年，心理学由西方传入我国。1920年，北京高等师范学校和南京高等师范学校建立了我国最早的两所心理学实验室。廖世承和陈鹤琴在南京高等师范学校开设测验课，并用心理测验试测投考该校的学生，这便是我国正式开始的科学心理测试。1921年，他们正式出版《智力测验法》一书。1922年，比奈智力量表由费培杰译成中文，并在江苏、浙江两省的一些小学生中进行测试。同年，美国测验专家麦柯尔（W.A.McCall）博士应中华教育改进社所聘来华讲学，在他的指导下，北京师范大学、北京大学、燕京大学、北京女子高等师范学校、东南大学等校的教授和学生开始编制测验。麦柯尔表示：当时中国心理学家所编制的各种测验至少与美国的水平相等，有许多比美国要优。1923年，中华教育改进社主持进行了全国小学生教育调查，调查地区包括22个城市和11个乡镇，测验了9.2万名儿童。这个大规模的调查，引起了当时教育界对测验的注意。1924年，陆志韦发表了《订正比奈－西蒙智力测验说明书》，1936年又与吴天敏再次做了修订。1931年，中国测验学会成立。1932年，《测验》杂志创刊。根据不完全的资料统计，到抗日战争前夕，我国心理学工作者制定或改编出合乎标准的智力测验和人格测验约20种，教育测验50多种，出版心理与教育测验方面的书籍20多种（陈选善，1934）。

1949年后，由于多方面的原因，心理测验一直成为禁区，1976年后心理测验才在科学的春天中复苏。1980年年初，北京师范大学心理系首次开设心理测量课。许多单位陆续编制或修订了一些心理测验。随着心理测量教学和研究工作的开展，心理测验开始在实际中应用，如飞行员的选拔、运动员的选拔、精神病的诊断、儿童多动症以及智力超常与落后儿童的检查等。在1984年召开的第五届全国心理学学术会议上，成立了以北京师范大学心理系张厚粲教授为首的心理测量工作委员会，后改称心理测量专业委员会，加强了对测验工作的指导。

二、心理测验的产生与发展

1. 心理测验的产生是社会的需要

西方一些国家在工业革命成功后，对劳动力的需要急剧增加，且分工日益精细，因而有了专门人才的训练、人员选拔与职业指导的需要，这是促使心理测验产生的重要因素。19世纪，在欧洲和美洲开设了一些护理精神病人的特别医院，因而急需确定收护标准和客观化分类方法，这是促使心理测验产生的另一个重要因素。

2. 心理测验的先驱

首先倡导测验运动的是优生学创始人、英国生物学家和心理学家弗朗西斯·高尔顿（Francis Galton）。他在研究遗传问题的过程中，认识到有必要测量那些有亲缘关系和没有亲缘关系的人们的特性，以确定其相似程度。他设计了许多简单的测验，如判断线条长短与物体轻重等，企图由各种感觉辨别力的测量结果来估测个人智力的高低。高尔顿还是应用等级评定量表、问卷法和自由联想法的先驱。

在心理测验的发展史上，美国心理学家雷蒙德·卡特尔（Raymond Cattell）占据了一个特别突出的位置。卡特尔早年留学德国，师从威廉·冯特（W. Wundt）。1888年，卡特尔在英国剑桥大学任教期间，与高尔顿过从甚密，深受其影响。回到美国后，卡特尔编制了几十个测验，包括测量肌肉力量、运动速度、痛感受性、视听敏度、重量辨别力、反应时间、记忆力等项目。他于1890年发表的《心理测验与测量》一文，首创了"心理测验"这个术语。

美国著名学者 E.G. 波林（E.G.Boring）指出：在测验领域，19 世纪 80 年代是高尔顿的 10 年，19 世纪 90 年代是卡特尔的 10 年，20 世纪头 10 年则是比奈的 10 年。

比奈·阿尔弗雷德（Binet Alfred），1857 年生于法国。1904 年，法国教育部组织成立了一个委员会，专门研究公立学校中低能班的管理方法，比奈也是委员之一。他极力主张用测验法去辨别有心理缺陷的儿童，经过细心研究，1905 年比奈与其助手 T. 西蒙（T.Simon）发表了《诊断异常儿童智力的新方法》，这篇文章中介绍了世界上第一个智力测验——"比奈－西蒙量表"。

1905 年的"比奈－西蒙量表"有 30 个由易到难排列的项目，可用来测量、判断、理解、推理，即比奈所谓的智力基本组成部分。虽然这些项目也包括了感知觉的内容，但其中言语部分所占的比例与同时代的其他测验相比要大得多。1908 年该量表做了修订，采用智力年龄的方法计算成绩，并建立了常模，这是心理测验史上的一个创新。1911 年该量表做了第二次修订，就在这一年比奈不幸逝世。

目前，世界上的智力测验为数众多，但基本原理和主要方法都是由比奈奠定的。在心理测验的发展史上，比奈的贡献是不可磨灭的。

3. 心理测验的发展

比奈－西蒙量表问世后，立即传至世界各地。各种语言的版本纷纷出现，其中最著名的是美国斯坦福大学 L.M. 推孟（L.M.Terman）教授 1916 年修订的斯坦福－比奈量表，其最大的改变是采用了智商的概念，从此智商一词便为全世界所熟悉。

心理测验运动自 20 世纪初兴起，20 世纪 20 年代进入狂热，20 世纪 40 年代达到顶峰，20 世纪 50 年代后转向稳步发展。在此期间，主要有以下几方面的发展：

1）编制出一批操作测验，既可弥补语言文字量表在理论上的缺陷，又适用于文盲和有言语障碍的人。

2）编制出团体智力测验，扩大了心理测验的应用范围。在第一次世界大战期间，为满足美国军队对官兵选拔和分派兵种的需要，编制了团体测验，对 200 多万名官兵进行了智力测验。

3）多重能力倾向测验逐渐受到重视。20 世纪 30 年代，随着因素分析理论的发展，多重能力倾向测验在第二次世界大战后编制出来。这种成套的多重能力倾向测验为分析个人心理品质的内部结构提供了适用的工具。

4）正当心理学家忙于发展智力测验的时候，传统的学校考试也在进行改革，卡特尔的学生 E.L. 桑代克（E.L.Thorndike）等人，利用心理测验原理编制了第一批标准化教育测验，因此后人尊称桑代克为教育测验的鼻祖。一些专门的教育测验机构也在一些国家陆续成立，如美国教育考试服务中心成立于 1947 年，是目前世界上最大的测验编制和研究机构之一。

5）心理测验发展的另一领域涉及情感适应、人际关系、动机、兴趣、态度、性格等人格特点的测量。

6）20 世纪 60 年代后，认知心理学的崛起将实验法与测验法结合，产生了信息加工测验，为了解心理能力提供了一些补充方法，使心理测验出现了新的发展趋势。

（资料来源：http://old.pep.com.cn/xgjy/xlyj/xlshuku/hs/yyxl/shuku8/201008/t20100827_814635.htm.）

二、能力的影响因素

能力的形成与发展受多种因素的影响，既包括先天素质，也包括后天因素。后天因素主要是指对先天素质产生影响作用的早期环境、教育条件和实践活动等。实际上，能力就是这些因素交织在一起相互作用的结果。

（一）先天素质

先天素质是人们与生俱来的解剖生理特点，包括感觉器官、运动器官以及神经系统和大脑的特点，它是能力形成和发展的自然前提和物质基础。没有先天素质，任何能力都无从产生，也不可能发展。听觉生来就失灵者，无法形成与发展音乐才能；视觉不良者也不能成为画家；早期脑损伤或发育不全的人，其智力发展会受到严重影响。

神经系统是先天素质的重要组成部分，它的特性（强度、灵活性、平衡性）对能力的形成是有影响的。例如：神经系统的强度水平影响人的注意力的集中程度和持续时间，并与学习能力有关；神经系统的平衡性影响注意的分配；神经系统的灵活性影响知觉的广度。

我们承认先天素质在能力形成中的作用，并承认先天素质具有遗传性，但并不能由此就得出能力（主要指智力）由遗传决定的结论。例如，人的手指长短是由遗传决定的，手指长为学弹钢琴提供了良好的自然条件，但这不能决定手指长的人将来就一定能成为钢琴家，成为钢琴家还需要许多主客观条件。又如，个子矮的人不利于在排球场上拦网，但如有较好的弹跳力且灵活，就能补偿个子矮这一无法改变的先天素质条件而成为出色的拦网手。所以，先天素质并不等于能力本身。

（二）后天因素

1. 早期环境的作用

胎儿生活在母体的环境中，这种环境对胎儿的生长发育及出生后智力的发展都有重要的影响。在儿童成长的整个过程中，智力的发展速度是不均衡的，往往是先快后慢。日本学者木村久一提出了智慧发展的递减规律。他认为：生下来就具有 100 分能力的人，如果一出生就得到最恰当的教育，那么就可以成为具有 100 分能力的人；如果从 5 岁才得到最恰当的教育，那么就只能具有 80 分的能力；若从 10 岁开始教育，就只能成为具有 60 分能力的人。早期环境对发展能力起到重要的作用。

2. 教育条件

一个人能朝什么方向发展以及发展水平的高低、速度的快慢，主要取决于后天的教育条件。家庭环境、生活方式、家庭成员的职业、文化修养、兴趣、爱好，家长对孩子的教育方法与态度，对一个人能力的形成与发展有着极大的影响。在教育条件中，学校教育在人的能力发展中起主导作用。学校教育有计划、有组织、有目的地对学生施加影响，不但可以使学生掌握知识和技能，而且促进了学生能力的发展。

3. 实践活动

实践活动是人与客观现实相互作用的过程，是人所特有的积极主动的运动形式。前面提到的先天素质和早期环境、教育条件是能力形成的重要因素，但这些因素只有在实践活动中才能影响能力的形成与发展。因此可以说，实践活动是能力形成与发展的必要条件。例如，油漆工在长期的工作中，辨别油漆颜色的能力得到了充分的发展，他们可以分辨的颜色达四五百种；陶器和瓷器工人听觉很灵敏，他们可以根据轻敲制品时发出的声音来确定器皿质量的优劣。同样的道理，人的自学能力是在学习活动中形成与发展的，人的组织能力也是在长期的社会实践中逐渐形成的。人的各种能力，脱离了具体的实践活动是无从提高和发展的。

（三）其他个性因素的影响

环境和教育是能力形成与发展的外部条件，外因必须通过内因起作用。一个人要想发展能力，除必须积极地投入实践中之外，还要充分发挥自身的主观能动性、积极的个性心理特征，即理想、兴趣、勤奋和不怕困难的意志力。

没有理想，能力的发展就缺乏强大的动力；兴趣是促使人们去探索和实践，进而发展各种能力的重要条件。人们从事自己感兴趣的工作，就会给能力的发展提供巨大的内部力量；勤奋与意志力也是能力发展所不可缺少的性格因素。总之，优秀的个性心理特征能促进能力的发展。

三、智力的测量

（一）智力水平的计量与差异

智力水平的计量经历了一系列的变化过程，最初高尔顿利用感觉敏锐度衡量智力水平，而后比奈－西蒙量表（1905）初次提出智力年龄的概念，推孟提出比率智商[○1]，一直到大卫·韦克斯勒（David Wechsler，1949）提出离差智商（IQ）[○2]，目前绝大多数智力测量都用离差智商来表示一个人的智力水平。智力水平的测量结果显示，智力存在一定差异。

1. 智力的个别差异

依据智商的高低，可以将智力划分成三大类别：智商在 70 以下者为智力低常；智商在 130 以上为智力超常；智商在 70～130 则为正常区域。在全人类中，智力曲线基本呈常态分布：两头小、中间大，但曲线两侧并不完全对称，智力低常的一端人数稍多。

2. 智力的个体差异

虽然每个人的智力水平不同，但智力水平的发展却体现了一些共同规律。如果把智力发展与年龄的关系画成图，就会得到一条"S"形的曲线：智力在童年期急速增长，在青春期和成年初期增长缓慢，在成年期达到最大值，保持稳定到中年后期，在老年期稍有下降。

3. 智力的团队差异

（1）性别差异　就男女两性整体而言，如果测量样本足够多并具有代表性，且使用的测验对两性是公平的，则男女在智商分布上没有明显差异，但在某些分测验上却存在差异，

[○1] 心理年龄与实际年龄之比。公式为：智商（IQ）= 心理年龄 / 实际年龄 ×100。

[○2] 为了准确表达一个人的智力水平，智力测量专家提出了离差智商的概念，即用一个人在其同龄人中的相对位置，通过计算被试者偏离平均值多少个标准差来衡量，这就是离差智商，也称为智商（IQ）。

如语言和记忆的测验上女性优于男性，而有关空间关系和数学的测验上则男性占据优势。这种差异与年龄也有一定关系，女性优势几乎从小就有而且保持终身，男性计算能力的优势则要到青年期才显现。另外，男性智商的全距比女性大，即智商特高和智商特低的人均比女性多。

（2）城乡差异和种族差异　大量测验结果显示了显著的城乡差异和种族差异，但是这种差异的主要来源是教育和文化因素。

（3）职业差异　从事专业工作的人智商较高，这可能与接受教育水平等因素有关。另外，在智力结构上也体现了职业差异，这是因为长期从事某一工作致使个体在某些能力上有较大发展，而另一些能力则没有得到开发。

（二）韦氏成人智力量表

韦氏智力量表（Wechsler Intelligence Scale）由美国心理学家韦克斯勒所编制，是继比奈－西蒙量表之后被国际通用的另一套智力量表。这套量表包括三个版本，分别是韦氏成人智力量表、韦氏儿童智力量表、韦氏学龄前和学龄初期儿童智力量表，后两者分别适用于6～16岁的儿童和2.5～8.5岁的儿童，不是职业生涯管理中的常用量表，所以这里主要介绍韦氏成人智力量表。

韦氏成人智力量表（Wechsler Adult Intelligence Scale，WAIS）的适用范围是年龄为16～64岁的成人。该量表在国际上应用十分广泛，是一个标准化水平较高的测验。它的施测和记分程序都有十分详细的说明，需要受过专门训练的人员施测。

韦克斯勒认为，智力是个人有目的的行动、理智的思考、有效应付环境的整体或综合的能力，因此，他设计了11个分测验，综合考察智力的各个方面。韦氏成人智力量表包括言语量表和操作量表两部分：言语量表包括常识、理解、算术、类同、数字广度、词汇六个分测验；操作量表包括数字符号、填图、积木图案、图片排列、物体拼凑五个分测验。言语量表和操作量表交替进行。

1. 常识分测验

常识分测验包括29道涉及广泛知识的题目，要求被试者用几句话或几个数字回答，问题由易到难排列。这些常识问题是普通成人能够在一般文化背景和日常生活中遇到的，尽量避免特殊的或专业性较强的知识。韦克斯勒认为，智商越高的人，兴趣越广泛，好奇心越强，所获得的知识就越多，因此常识反映了被试者知识的广度、一般学习能力，并可以此评价被试者的文化背景。常识分测验易与被试者建立关系，不易引起被试者紧张和厌恶，通常可作为第一个分测验。常识分测验的缺点是易受文化背景和被试者熟悉程度的影响，因此在我国的修订版或进行跨文化研究智力时，要对该部分题目做较大改动。题目的形式如"埃及在哪一洲？""一年有多少个月？"。

2. 理解分测验

理解分测验包括16道按难易程度排列的问题，要求被试者说明在某种情形下的最佳活动方式、为什么要遵守社会规则、解释常用成语。例如，"为什么要缴税？""过河拆桥比喻什么？"。该测验主要考查普通常识、判断能力、运用实际知识解决问题的能力、对伦理道德和价值观念的理解能力。该测验对智力的 G 因素① 负荷较大，与常识分测验相比，受文化教育影响小，但记分难以掌握。

3. 算术分测验

算术分测验包括 14 道小学程度的算术文字题，由易到难排列。主试者口头提问，被试者心算并口头回答。该测验主要测量顺序推理能力、计算和解决问题的能力以及思想集中的能力，这些能力随年龄而发展，因此能考查智力的发展。该测验简便，但易导致被试验者紧张。

4. 类同分测验

类同分测验包括 14 对名词，要求被试者说出每对事物的相同点。例如，"高兴和悲伤有何相似之处？"。类同分测验主要测量逻辑思维能力、抽象概括能力和分析能力，可以很好地测量智力 G 因素。

5. 数字广度分测验

数字广度分测验包括顺背和倒背两部分。主试者读出一个 2~9 位的随机数字，要求被试者顺背或倒背，两者分别进行。顺背从 3 位数字至 9 位数字，倒背从 2 位数字到 8 位数字。数字广度总分为顺背和倒背分数总和。该分测验主要用来测量短时记忆能力和注意力。临床表明，数字广度分测验对智力较低者测验的是短时记忆能力，但对智力较高者实际测验的是注意力，且得分未必会高。同时，违拗症和脑功能障碍的病人一般得分较低，顺背不超过 5 位数字，倒背不超过 3 位数字。该测验简便易行，但其可靠性较低，受偶然因素影响较大，对智力 G 因素的负荷不太高。

6. 词汇分测验

词汇分测验将 35 个难度逐渐加大的词汇，以文字形式呈现给被试者，要求被试者说出每个词汇的意思。该分测验考查言语理解能力，与抽象概括能力有关，能在一定程度上指出被试者的知识范围和文化背景。研究表明，它是测量智力 G 因素的最佳指标，可靠性很高，但其记分较麻烦，评分标准难掌握，实施时间也较长。

7. 数字符号分测验

数字符号分测验是让被试者依据事先提供的数字－符号关系，在给出的数字下面填写相对应的符号。该分测验属于速度性测验，有时间限制，主要考查被试者的一般学习能力、知觉辨别速度和灵活性、简单感觉运动的持久力、建立新联系的能力和反应速度等。该分测验与工种、性别、性格和个人缺陷有关，不能很好地测量智力 G 因素，但具有记分快、不受文化影响的特点。

---

① 英国心理学家 C. 斯皮尔曼（C. Spearman）在 20 世纪初对智力问题进行了探讨。他发现，几乎所有心理能力测验之间都存在正相关关系。斯皮尔曼提出，在各种心理任务上的普遍相关是由一个非常一般性的心理能力因素（或称一般因素）所决定的。在一切心理任务上，都包括一般因素（G 因素）和特殊因素（S 因素）两种因素。G 因素是人的一切智力活动的共同基础，S 因素只与特定的智力活动有关。一个人在各种测验结果上所表现出来的正相关，是由于各种测验含有共同的 G 因素；而测验结果又不完全相同，则是由于每个测验都包含着不同的 S 因素。斯皮尔曼认为，G 因素不能直接由任何一个单一的测验题目度量，但可以由许多不同的测验题目的平均成绩进行近似的估计。

8. 填图分测验

填图分测验包括 20 张图片，每张图片皆有意缺少某些部分，要求被试者指出图中缺失的部分。该分测验主要考查视觉记忆、视觉辨认能力，以及区分主要特征与不重要细节的能力。填图分测验有趣味性，能测验智力 G 因素，具有临床意义，但它易受个人经验、性别、成长环境的影响。

9. 积木图案分测验

积木图案分测验是主试者呈现 9 张红白相间的几何图案卡片，让被试者用提供的 9 块积木拼成卡片中的图案。这 9 块积木完全相同，皆为长、宽、高各 1in[①] 的立方体，每块积木各面分别涂有红、白及半红半白的颜色。积木图案分测验考查分析综合能力、知觉组织以及视觉－运动综合协调能力，被认为是最好的个别操作测验。该分测验对于诊断知觉障碍、分心、老年智力衰退具有很高的效度，操作具有趣味性；易评分，其缺点是手指技巧会影响测验分数。

10. 图片排列分测验

图片排列分测验包括 10 组图片，每组图片均有一定的情节，以打乱的顺序呈现给被试者，要求被试者按适当顺序重新排列，组成一个有意义的故事。图片排列分测验可以测量被试者的知觉组织能力、分析综合能力、观察因果关系能力、社会计划性、预期力和幽默感等方面的特征。它也可测量智力 G 因素，可作为跨文化的测验，但易受视觉敏锐性的影响。

11. 物体拼凑分测验

物体拼凑分测验要求被试者把一套切割成几块的零散拼板（总共 4 套拼板），组合成一个熟悉物体的完整画面，如人或汽车。该分测验主要考查概括思维能力、知觉组织能力、辨别部分与整体关系的能力。该分测验与其他分测验相关性低，具有临床意义，可了解被试者的知觉类型，但施测比较费时。

（三）瑞文标准推理测验

瑞文标准推理测验又称为瑞文渐进测验（Raven's Standard Progressive Matrices，SPM），是英国心理学家瑞文（J. C. Raven）于 1938 年设计的非文字智力测验，以智力的二因素理论为基础，主要测验一般因素（G 因素）中的推断性能力（Deductive Ability），即个体做出理性判断的能力。

瑞文标准推理测验适用于 5～75 岁智力发展正常的人。它较少受到个人知识水平或其受教育程度的影响，既可以用于个别施测，也可以用于团体施测，解释结果直观、简单，具有较高的信度和效度。1986 年，我国由张厚粲及全国 17 家单位组成的协作组完成了对瑞文标准推理测验的修订，出版了瑞文标准推理测验中国城市修订版。瑞文标准推理测验常用于人才的选拔与培训，是目前我国企业在招聘与选拔人员时使用最多的能力测验之一。

瑞文标准推理测验是纯粹的非文字智力测验，属于渐近性矩阵图。整个测验一共由 60 张图组成，按逐步增加难度的顺序分成 A、B、C、D、E 五组，每组都有一定的主题，题目的类型略有不同。直观上看，A 组主要测验知觉辨别力、图形比较和图形想象力等；B 组主

[①] 1in=0.0254m。

要测验类同比较、图形组合等能力；C 组主要测验比较推理和图形组合能力；D 组主要测验系列关系、图形套合、比拟等能力；E 组主要测验互换、交错等抽象推理能力。可见，各组要求的思维操作水平也是不同的。测验通过评价被试者的这些思维活动来研究他的智力活动能力。每一组中都包含了 12 道题目，也按逐渐增加难度的方式排列。每个题目由一幅缺少一小部分的大图案和作为选项的 6～8 张小图片组成。测验要求被试者根据大图案内图形间的某种关系（这正是需要被试者去思考、去发现的），看小图片中的哪一张填入大图案中缺少的部分最合适（在头脑中想象）。其目的主要是智力的了解和筛选。

该测验一般没有时间限制，但在必要时也可限制时间。在进行个别测验时，记录下测验所用时间，并分析其错误的特性，有助于了解被试者的气质、性格和情绪等方面的特点。一般人完成瑞文标准推理测验大约需要 30 分钟，通常时限为 40 分钟或者 45 分钟。

结果评定时应考虑以下两个方面：一是利用正确题数来表示智力水平（见表 3-1，采用瑞文标准推理测验全国修订协作组的中国城市修订版）；二是考虑五个项目的正确题数，通过五个方面得分的结构，在一定程度上了解被试者的智力结构。

表 3-1 SPM 测验结果解释

等 级	正 确 题 数	智 力 水 平
一级	测验标准分数等于或超过同年龄常模的 95%	高智力水平
二级	测验标准分数在 75%～95%	智力水平良好
三级	测验标准分数在 25%～75%	智力水平中等
四级	测验标准分数在 5%～25%	智力水平中下
五级	测验标准分数低于 5%	智力缺陷

对测验标准分数做解释时应注意，由于瑞文标准推理测验强调推理方面的能力，并非完全的智力，所以目前仅用于智力某些方面的筛选，不能绝对化。

四、能力倾向测验

（一）一般能力倾向测验

一般能力倾向测验（General Aptitude Test Battery，GATB）最初是美国劳工部自 1934 年起花了 10 多年的时间研究制定的，它是为许多职业群体同时检查各自的不适合者的一种成套测验。本套测验由 15 种分测验构成，其中 11 种是纸笔测验，其余 4 种是器具测验，可以测定 9 种能力倾向，这 9 种能力倾向是完成各种工作所必需的。

①言语能力倾向（V），要求被试者在词汇测验中指出每组词中哪两个词意义相同或意义相反；②数字能力倾向（N），要求被试者进行计算和算术推理；③空间能力倾向（S），由三维空间测验测量，包括理解三维物体的二维表示和想象三维运动的结果；④一般学习能力倾向（G），由测量 V、S、N 因素中的三个测验的分数相加而得；⑤形状知觉倾向（P），包括两个测验，一个是匹配画有同样工具的图画，另一个是匹配同样的几何形状；⑥文书知觉倾向（Q），与 P 类似，但要求匹配名称，而不是匹配图画或形状；⑦运动协调倾向（K），用一个简单的纸笔测验测量，要求被试者在一系列方框或圆中，用铅笔做出特定的记号；⑧手指灵巧性倾向（F），由装配和拆卸铆钉与垫圈的两个测验来测量；⑨手的敏捷性倾向

（M），要求被试者完成在一个木板上传递和翻转短木桩的两个测验。

全套测验实施要用 2.5 小时。这 9 个因素中不同的因素组合代表着不同的职业能力倾向，如数字能力、空间能力和手的敏捷性较好的人适于从事设计、制图作业及电器职业。因此，GATB 常用来测定个体的职业倾向，以进行职业辅导。

（二）心理运动能力测验

心理运动能力测验测量的是受个体意识支配的精细动作的能力。这类测验专门测量速度、协调和运动反应等特性，大多与手的灵巧性有关，也有一些涉及腿或脚的运动。20 世纪 50 至 70 年代，E. A. 弗莱西曼（E. A. Flishman）及其助手对心理运动能力测验进行了认真的研究。其研究结果表明，心理运动能力很特殊，这种能力的操作测验与纸笔测验之间的相关、与运动的速度和质量之间的相关很低。从各种测验的相关分析中，弗莱西曼发现了 11 种心理运动因素，它们是：瞄准，手、手臂稳定，准确控制，手指敏捷，手工操作敏捷，四肢协调，速度控制，反应时，反应倾向，手臂运动速度，腕、手的速度。他还发现心理运动能力测验的信度低于其他特殊能力测验（0.70 ~ 0.87），原因可能是这种成绩较易受练习或实践的影响。心理运动能力测验包括大动作运动测验、小动作运动测验和大小动作运动测验三种。

1. 大动作运动测验

大动作运动测验是指测量手指、手和手臂大幅度运动速度及准确性的测验。常见的有斯特龙伯格敏捷测验（Stromberg Dexterity Test），由 E. L. 斯特龙伯格（E. L. Stromberg）编制，该测验要求被试者尽可能迅速地将 54 个饼干大小的彩色圆盘按指定顺序排列。另一个常见的测验是明尼苏达机械拼合测验（Minnesota Mechanical Assembly Test），它是一种手工敏捷测验，包括一个有 60 个孔且有红、黄两色木块的木板。它有五种分测验，即安装测验、翻转测验、撤换测验、单手翻转和安放测验、双手翻转和安放测验。在这些分测验中分别要求被试者将木块按指定方式翻转、移动和安放，如安放测验要求被试者将木块放在孔中。需要注意的是，记分要考虑完成的时间。

2. 小动作运动测验

小动作运动测验是指测量小动作的运动速度及准确性的测验。常见的有奥康纳手指灵活测验和镊子灵活测验（O'Connor Finger and Tweezer Dexterity Test），测验要求被试者用手指或一对镊子将很小的螺钉放入一个纤维板的小孔中。另外，还有克劳福德小部件灵活测验（Crawford Small Parts Dexterity Test），如图 3-1 所示。在测验的第一部分，被试者用小镊子将螺钉插入孔中，并给每个螺钉套一小环；在测验的第二部分，将螺钉放入螺纹孔内并用

图 3-1　克劳福德小部件灵活测验

旋具拧紧。测验成绩以完成每个部分的时间来计算。测验的分半信度为 0.85 左右，但第一和第二部分之间的相关只有 0.40。虽然可以预估测验分数会与某些要求精细动作敏捷性的职业（如刻字等）业绩有关，但还没有充足的效度证据。

3. 大小动作运动测验

大小动作运动测验同时测量手和手指的大小动作运动及手指敏捷性两个方面的能力。常见的有普渡木钉板测验（Purdue Pegboard Test）、宾夕法尼亚双重动作工作样本测验（Pennsylvania Bi-manual Worksample Test），以及本纳特手－工具敏捷性测验（Bennet Hand-tool Dexterity Test）。

（三）机械能力倾向测验

常见的机械能力倾向测验有两种：一种是空间关系测验，它涉及三个有关的测验，即明尼苏达机械拼合测验、明尼苏达空间关系测验（Minnesota Spatial Relations Test）和明尼苏达书面形式拼板测验（Minnesota Paper Formboard Test）。另一种是机械理解能力测验。贝内特机械理解测验（Bennett Test of Mechanical Comprehension）是测量理解实际生活情景中的机械原理能力的最常见工具之一，该测验如图 3-2 所示。

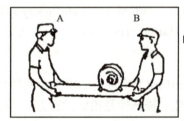

图 3-2　贝内特机械理解测验

（四）音乐能力测验

西肖尔音乐才能测验（Seashore Measures of Musical Talents）是最早也是最突出的音乐能力测验（1939），测验的刺激材料主要是一系列音乐调式或音符刺激；而后来的测验多采用有意义的音乐选段。西肖尔音乐才能测验的刺激由唱片或磁带呈现，每一项目共有两个音或两个音阶。测量被试者音乐能力的六个要素是：①辨别音调的高低；②辨别音强的高低；③辨别节拍；④辨别时间的长短；⑤辨别音色或音质；⑥音调的记忆。

温格音乐能力标准化测验（The Wing Standardized Tests of Musical Intelligence）适用于八岁以上的儿童，可用于选拔适于深造的音乐人才。该测验采用钢琴曲的有意义内容为测验材料，测验内容包括八个方面：和弦分析、音高变化、记忆、节奏重音、和声、强度、短句和总体评价。

音乐能力倾向测验（Musical Aptitude Profile Test）由 E. 戈登（E.Cordon）编制，播放包括 250 个原版的小提琴和大提琴短曲选段，不要求被试者有音乐知识或任何音乐方面的个人史，测量三种基本音乐因素：音乐表达、听知觉和音乐情感知觉。

（五）美术能力测验

关于美术能力的判断标准很难确定，因此依据可靠标准来编制测验也很难，但仍有一些测验产生。常见的有梅尔美术判断力测验（Meier Art Test）（见图3-3）、格雷福斯图案判断测验（Graves Design Judgement Test）和霍恩美术能力问卷（Horn Art Aptitude Inventory）等。

（六）文书能力测验

文书能力测验的特点是强调知觉速度和动作的敏捷性。但实际的文书工作除了需要这两种能力以外，还需要言语和数字能力，因此许多文书能力测验包括与智力测验类似的题目以及测量知觉速度和动作敏捷性的题目。

指导语：简要指出两幅图片的差别。要求被试者指出更好的一幅。

图3-3　梅尔美术判断力测验

文书能力测验又分为一般文书能力测验和测量速记能力、计算机程序编制与操作能力测验。常见的有明尼苏达文书测验（Minnesota Clerical Test）、一般文书测验（General Clerical Test）、J.M.帕洛摩（J.M.Palormo）编制的计算机程序员能力倾向成套测验（Computer Operator Aptitude Battery Test）、赫罗威（A.J.Holloway）编制的计算机操作能力倾向测验（Computer Operator Aptitude Battery Test）等。

（七）创造力测验

乔伊·保罗·吉尔福特（Joy Paul Guilford）将创造力定义为发散思维的能力，发散思维存在三个特性：流畅性、变通性和独特性。流畅性是指面对智力任务时能在短时间内做出迅速而众多的反应；变通性是指思维灵活多变，触类旁通，不受传统思维或心理定式的影响，能多方位地思考和解决问题；独特性是指对事物能表现出不同寻常的新颖见解。常见的创造力测验有美国南加利福尼亚大学测验（University of Southern California Test）、托伦斯创造性思维测验（Torrance Tests of Creative Thinking Test）、芝加哥大学创造力测验（Chicago University Test of Creativity Test）等。

第二节　气质及人格测量

一、气质及其测量

1. 气质的类型

气质是指一个人心理活动的动力特点，即心理活动的强度、速度、稳定性、灵活性和指向性等特点。这种特点是个体与生俱来的高级神经活动类型在情感和动作方面的表现，是一种稳定而典型的心理特征。人的气质虽然表现在所有的心理活动中，但在情感和情绪这类心理活动中表现得特别鲜明，最易被人觉察。比如，有的人其情感和情绪产生迅速、进行猛烈、易于变化，而且喜怒形之于色；而有些人其情感和情绪则产生缓慢、进行稳定并且不易于外显。具有某种气质特征的人，常常在不同内容的活动中表现出同样方式的心理活动特点。

人的气质可以划分为几种类型。最早对人的气质进行分类的是古希腊的医生希波克利特（Hippocrates），后经罗马医生盖仑（Galen）的验证修订，正式成为气质类型学说。他们认为人体内有四种液体，即血液、黏液、黄胆汁和黑胆汁，这四种液体在人体内的含量决定了人的气质类型。人的气质类型可以分为四种，即胆汁质、多血质、黏液质和抑郁质。

（1）胆汁质 这种气质类型的人：情绪兴奋性高，反应迅速，心境变化剧烈，抑制能力较差；易于冲动，热情直率，不够灵活；精力旺盛，动作迅猛，性情暴躁，脾气倔强，粗心大意；感觉性较低而耐受性较高，外倾性明显。

（2）多血质 这种气质类型的人：情绪兴奋性高，思维、言语、动作敏捷，心境变化快但强度不大，稳定性差；活泼好动，富于生气，灵活性强，乐观，亲切，善交往；浮躁轻率，缺乏耐力和毅力；不随意，反应性强，具有可塑性，外倾性较强。

（3）黏液质 这种气质类型的人：情绪兴奋性和不随意反应性都较低，沉着冷静，情绪稳定，深思远虑，思维、语言、动作迟缓；交际适度，内心很少外露，坚毅执拗，淡漠，自制力强；感受性较低而耐受性较高，内倾性较高并且明显。

（4）抑郁质 这种气质类型的人：感受性很强，善于觉察细节，见微知著，细心谨慎，敏感多疑；内心体验深刻但外部表现不强烈，动作迟缓，不活泼；易于疲劳，疲劳后也易于恢复；办事不果断，缺乏信心，内倾性明显。

没有任何一种气质类型是完美无缺的，也没有任何一种气质类型是一无是处的。每一种气质类型都既有被人们乐于接受的一面，也有被人们不赞成或不易接受的一面，但是气质类型不同，对职业的适应性就不同。如果一个人具备了其从事的职业所要求的气质特点，这些气质特点就可以为所从事的职业提供有利的条件。气质类型虽然不能决定一个人社会价值和成就的高低，但往往能够影响一个人职业的性质和效率，影响一个人对职业的适应性程度。因此，在选择职业时，气质应作为重要的参考因素之一。

2. 气质的测量

我国学者刘仲仁等根据多血质、胆汁质、黏液质和抑郁质的特点，参照国内外各种测试方法，设计了一套气质测量表。它由四个分量表组成，即多血质因素测试表、胆汁质因素测试表、黏液质因素测试表和抑郁质因素测试表（见表3-2至表3-5）。如果想了解自己的气质，可对这四组测试题一一作答，本着实事求是的原则，平时怎么想、怎么做，就怎么填。读完一道题后，如果认为该题与自己平时所想和所做的事情"完全符合"，则可为该题记 3 分；如果处于模棱两可之间，"既符合又不太符合"，则应为该题记 2 分；如果大部分"不符合"，则为该题记 1 分；如果差之千里，则为该题记 0 分。

表 3-2　多血质因素测试表

序　号	题　目	记　分
1	假如工作枯燥无味，马上就会情绪低落	
2	反应敏捷，大脑机智	
3	在人群中不觉得过分拘束	

(续)

序号	题目	记分
4	在多数情况下情绪是乐观的	
5	希望做变化大、花样多的工作	
6	能够很快忘记那些不愉快的事情	
7	疲倦时只要进行短暂的休息，就能精神抖擞地投入工作	
8	能够同时注意几件事物	
9	讨厌做那些需要耐心的细致工作	
10	符合兴趣的事情，做起来劲头十足，否则就不想做	
11	接受一项任务后，就希望把它迅速解决	
12	工作和学习时间长了，常常感到很厌倦	
13	理解问题比别人快	
14	善于和人交往	
15	到一个新的环境，很快就能适应	

（资料来源：周文霞. 职业生涯管理 [M]. 上海：复旦大学出版社，2019.）

表 3-3　胆汁质因素测试表

序号	题目	记分
1	做事有些莽撞，常常不考虑后果	
2	兴奋的事情常常使自己失眠	
3	做事总有旺盛的精力	
4	羡慕那些能够克制自己情感的人	
5	宁愿侃侃而谈，不愿窃窃私语	
6	别人说我"出口伤人"，可我并不觉得这样	
7	喜欢运动量大的剧烈运动，或参加各种文体活动	
8	情绪高昂时，觉得做什么都有趣；情绪低落时，又觉得做什么都没有意思	
9	认准一个目标就希望尽快实现，不达目的，誓不罢休	
10	遇到可气的事情就怒不可遏，想把心里的话一吐为快	
11	喜欢参加气氛热烈的活动	
12	爱看情节起伏跌宕、激动人心的小说或其他文学作品	
13	和周围人的关系总是相处不好	
14	对学习、工作、事业有很高的热情	
15	和别人争吵时，总是先发制人，喜欢挑衅	

（资料来源：周文霞. 职业生涯管理 [M]. 上海：复旦大学出版社，2019.）

表 3-4　黏液质因素测试表

序　号	题　　目	记　分
1	喜欢安静的环境	
2	做事力求稳妥，不做无把握的事	
3	理解问题时常比别人慢	
4	遇到令人气愤的事，能很好地自我控制	
5	当注意力集中于一件事情时，别的事情就难以使自己分心	
6	能够长时间做枯燥、单调的工作	
7	与人交往不卑不亢	
8	喜欢有条理而不甚麻烦的工作	
9	做事有规律，很少违反制度	
10	别人讲授新知识、新技术时，总希望他讲得慢些，并且多重复几遍	
11	不能很快地把注意力从一件事情转移到另一件事情上去	
12	在学习和生活中，常常因为反应慢而落后于人	
13	认为墨守成规比冒风险好	
14	对工作报以认真、严谨、始终如一的态度	
15	不喜欢长时间谈论一个问题，愿意付诸实际行动	

（资料来源：周文霞.职业生涯管理[M].上海：复旦大学出版社，2019.）

表 3-5　抑郁质因素测试表

序　号	题　　目	记　分
1	别人说我总是闷闷不乐	
2	别人讲新概念时，我常常听不懂，但是听懂后就很难忘记	
3	碰到陌生人觉得很拘束	
4	遇到问题时常常举棋不定，优柔寡断	
5	小时候会背的诗歌，我似乎比别人记得清楚	
6	爱看感情细腻、描写人物内心活动的文学作品	
7	喜欢一个人工作	
8	心里有事，不愿说出来	
9	同别人一样学习、工作，一段时间后常比别人更疲劳	
10	喜欢复习知识，重复做已经做过的工作	
11	做作业或完成一件工作总比别人花更多的时间	
12	当我烦闷的时候，别人很难使我高兴起来	
13	一点小事情就能引起情绪波动	
14	碰到危险情况时，常常有一种极度恐惧感	
15	厌恶那些强烈的刺激，如尖叫、噪声、危险镜头	

（资料来源：周文霞.职业生涯管理[M].上海：复旦大学出版社，2019.）

多血质因素测试表总分超过 30 分的，是典型的多血质类型的人。胆汁质因素测试表总分超过 30 分的，是典型的胆汁质类型的人；如果得分在 15～30 分，则为一般型的胆汁质类型的人。黏液质因素测试表总分超过 30 分的，是典型的黏液质类型的人。抑郁质因素测试表总分超过 30 分的，是典型的抑郁质类型的人。值得注意的是，一个人回答全部问题后，如果某类气质得分明显高出其他三种，均高出 4 分以上，则可以确定他就是该种气质类型的人；如果两种气质类型的总分十分接近，两者的分差小于 3 分，而又明显高于其他两种类型，高出部分超过 4 分以上，则为两种气质的混合型；如果三种气质的总分相差无几，但又明显高于第四种，那么这个人的气质属于三种气质的混合型。

二、人格及其测量

人格是一个人稳定的、习惯化的思维方式和行为风格，它贯穿于一个人的整个心理过程，是一个人独特性的整体反映。人格特征在一定程度上决定了个体适合什么样的职业以及可能取得的成就。人格测验也称为个性测验，主要用于测量个人在一定条件下经常表现出来的、相对稳定的性格特征，如兴趣、态度、价值观等。职业生涯管理中常用的人格测验有艾森克人格问卷（Eysenck Personality Questionnaire，EPQ）、卡特尔 16 种人格因素问卷（Sixteen Personality Factor Questionaire，16PF）和迈尔斯－布里格斯人格类型指标（Myers-briggs Type Indicator，MBTI）。

1. 艾森克人格问卷

艾森克人格问卷是英国伦敦大学著名人格心理学家和临床心理学家 H.J. 艾森克（H.J.Eysenck）教授等编制完成的用于人格测量的心理测验工具。该问卷于 1952 年首次发表，经过几次修订后，1975 年形成较为成熟的艾森克人格问卷，随后发展为成人问卷和儿童问卷两种格式。艾森克人格问卷包括四个分量表：内外倾向量表（Extroversion，E）、神经质量表（Neuroticism，N）、精神质量表（Psychoticism，P）和说谎量表（Lie，L）。相对于其他以因素分析法编制的人格问卷而言，艾森克人格问卷涉及的概念较少，施测方便，有较好的信度和效度，因此在人格测验中影响很大，并在许多国家得到修订和应用。

内外倾向量表测量个体内外倾向性。高分特征表现为性格外向，具有良好交际、渴望刺激和冒险、情感易于冲动等特点。低分特征表现为性格内向、安静、乐于内省，除亲密朋友外，对一般人缄默冷淡，不喜欢刺激，喜欢有秩序的生活，情绪比较稳定。

神经质量表测量个体情绪性，其两极分别是情绪稳定和神经过敏。高分特征的人常常焦虑、担忧、闷闷不乐、忧心忡忡，遇到刺激时有强烈的情绪反应，以至于出现不够理智的行为。低分特征的人情绪反应缓慢，很容易恢复平静，通常性格稳定、性情温和，善于自我控制。

精神质量表测量个体精神质倾向，并非暗指精神病，精神质倾向在所有人身上都存在，只是程度不同。高分特征的人可能孤独、不关心他人，难以适应外部环境，不通人情，感觉迟钝，与别人不友好，喜欢寻衅，喜欢奇特的事情，并且不顾危险。

说谎量表是测定被试者的掩饰、自身掩蔽或测定社会性朴实幼稚水平的，与其他量表的功能相连，本身也代表一种稳定的人格功能。

2. 卡特尔 16 种人格因素问卷

卡特尔 16 种人格因素问卷是美国心理学教授雷蒙德·B.卡特尔（Raymond B. Cattell）编制的一套个性心理测验问卷。卡特尔认为，人的行为之所以具有一致性和规律性，就是因为每一个人都有根源特质。为了测量这些根源特质，他与同事从字典或心理学等文献中收集了 4500 个人格特质的描述性词汇，并针对生活情景中的各种行为，采用系统观察、科学实验以及因素分析的方法，经过二三十年的研究，确定了可构建成形形色色人格的 16 种人格因素，并据此编制了问卷（见表 3-6）。这 16 种人格因素分别是：乐群性、敏锐性、稳定性、影响性、活泼性、规范性、交际性、情感性、怀疑性、想象性、隐秘性、自虑性、变革性、独立性、自律性和紧张性。经过许多心理学家研究证实，这些人格因素普遍存在于不同年龄和文化背景的人群中，这些因素的不同组合便构成了一个人不同于他人的独特人格。

表 3-6　卡特尔 16 种人格因素问卷

因素 A	乐群性：热情对待他人的水平
高分特征	对他人的关注程度高于平均水平，并且很容易与他人交往，热情对待他人
平均分特征	对他人的关注与感兴趣的程度处于平均水平之上
低分特征	对工作任务、客观事物或活动所倾注的关注水平要高于对他人的关注水平
因素 B	敏锐性：刺激寻求与表达的自发性
高分特征	有很高的自发表达水平，思维活动非常迅速，但同时也表明，在言行之前并不总是深思熟虑
平均分特征	表达的自然流露程度和多数人一样，在进行决策时，会进行认真思考
低分特征	在决策之前会进行非常仔细的思考，这种深入思考的能力表明比大多数人更全面、达到更深刻的理解
因素 C	稳定性：对日常生活要求应付水平的知觉
高分特征	感到能够控制生活的现实需要，并且能够比大多数人更沉着、冷静地应付这些需要
平均分特征	觉得和大多数人一样能平静应付生活中的变化
低分特征	觉得自己受到生活变化的影响很大，难以像大多数人一样沉着地应付这些生活变化
因素 E	影响性：力图影响他人的倾向性水平
高分特征	喜欢影响他人
平均分特征	并不将自己的观点、看法强加于他人。倾向于向他人表达自己的观点，但同时也让他人表达自己的观点。当不同的观点有正确性时，愿意接受它
低分特征	不经常表达自己对事物的看法和观点，并倾向于让他人处于领导地位
因素 F	活泼性：寻找娱乐的倾向和表达的自发性水平
高分特征	通常较为活泼和任性，具有高于平均水平的自发性
平均分特征	能量水平、言行的自发性处于平均水平
低分特征	是一个认真的人，喜欢全面地思考问题。认为别人会将其看成是一位严肃对待生活的人
因素 G	规范性：崇尚并遵从行为的社会化标准和外在强制性规则
高分特征	崇尚社会强制性标准和规则，并愿意遵从它们

(续)

平均分特征	倾向于接受外来强制性标准和规则，但并不僵硬地去遵从它们。有时更倾向于灵活地运用规则，而不是逐字逐句地去遵从	
低分特征	不喜欢遵从严格的规则和外在强制性指导，较之多数人更少地遵从于书本原则	
因素 H	交际性：在社会情景中感觉轻松的程度	
高分特征	在社会情景中比大多数人都表现得自如，较之其他人更少感受到来自他人的威胁	
平均分特征	像多数人一样，在社会情景中感到较为轻松	
低分特征	在社会情景中，尤其是在周围的人都不熟悉的情况下，会感到有些害羞和不舒服。可能自我意识较强，不喜欢被他人关注	
因素 I	情感性：个体的主观情感影响对事物判断的程度	
高分特征	对事物的判断较容易受到自己的情感和价值观的影响。对某个决策的判断更多地基于它看起来是否正确，而不是对它进行冷静的逻辑分析。因此，在对事物进行评价时，更关注自己的品位、价值观和感觉	
平均分特征	在需要判断和决策时，倾向于注意事实以及它们的使用意义，同时也意识到有关问题的情绪性后果与价值。实际上，判断事实倾向于在主观与客观之间取平衡	
低分特征	在进行决策和判断时，倾向于注重逻辑性与客观性	
因素 L	怀疑性：喜欢探究他人表面言行举止之后的动机倾向	
高分特征	有一种自然倾向，认为他人的言行背后隐藏着某种动机，而不是将他人的言行按其表面意义理解	
平均分特征	倾向于认为他人是值得信任和真诚的。可能会对值得怀疑的目的较为警觉，但当完全了解他人后，会乐于接受他们	
低分特征	通常乐于信任他人的所说所做是真诚的，并对他人给予无怀疑的信任	
因素 M	想象性：个体在关注外在环境因素与关注内在思维过程两者之间寻求平衡的水平	
高分特征	勤于思考，并不拘泥于时间本身的细节信息，而倾向于思考有限事实之外的东西	
平均分特征	在关注某一事件时，既关注事件的事实和细节，又会从更广阔的思路去考虑	
低分特征	是一个现实主义和脚踏实地的人，更倾向于直接去做某件事情，而不是花时间去论证其可行性	
因素 N	隐秘性：将个人信息私人化的倾向	
高分特征	不愿轻易透露个人信息，似乎是一位喜欢保守个人秘密的人	
平均分特征	对大多数人都较为公开地展示自我	
低分特征	喜欢待人公平、直率。较之大多数人来说，更乐于解释有关自己的各种信息	
因素 O	自虑性：自我批判的程度	
高分特征	觉得自己有很大的困惑，或者觉得自己比别人活得更艰难。自我批判意识较强，对现实中的事物倾向于承担太多的个人责任	
平均分特征	对自己的长处和缺陷似乎有较现实的认识，能为自己的失误承担责任，能够从这些失误中吸取教训	
低分特征	和大多数人相比，很少自我怀疑	

(续)

因素 Q1	变革性：对新观念与经验的开放性
高分特征	对新观念与经验有强烈的兴趣，似乎对变革有很高的开放性
平均分特征	对新观念与经验的开放程度和绝大多数人一样
低分特征	强调按既定方法行事的重要性。和多数人相比，很少倾向于冒险尝试新的做法与观念
因素 Q2	独立性：融合于周围群体及参与集体活动的倾向性
高分特征	倾向于独立解决问题和做出自己的选择和决定
平均分特征	力求在融合于群体及独立于群体这两个极端中寻找平衡
低分特征	希望成为组织中的一员，并热爱组织活动
因素 Q3	自律性：强调以清晰的个人标准及良好的组织性对行为进行规划的重要性程度
高分特征	通过对事情的事先计划和准备来对事物进行控制，有十分清晰的个人标准，并认为以此规划自己的行为很重要
平均分特征	对事情进行事先计划和组织的倾向与多数人相同
低分特征	不像多数人那样去对事情进行控制和进行事先计划和组织，更乐于任由事情变化，并可以容忍某种程度上的无组织性
因素 Q4	紧张性：在和他人交往中的不稳定性、不耐心以及由此所表现的躯体紧张水平
高分特征	和绝大多数人相比，体验到高度的紧张，经常感到不满和厌烦
平均分特征	通常所体验到的躯体紧张水平和大多数人差不多
低分特征	和大多数人相比，躯体紧张水平较低，很少对别人不耐烦和不满

（资料来源：王垒，等．实用人事测量[M]．北京：经济科学出版社，1999．）

卡特尔16种人格因素问卷由187道题组成，每一人格因素由10～13个测验题所组成的分量表来测量，共有16个分量表。16种人格因素的测验题按序轮流排列，即从第1题到第16题分别按序对应于16种人格因素，然后再转回来，从第17题到第32题再同样按序对应16种人格因素。卡特尔16种人格因素问卷已广泛应用于心理咨询、生涯设计、人才选拔、职业指导和潜能开发等应用心理学工作中，适用于对具有中学以上文化程度者进行测试。测验时，每人一份答案纸，被试者首先必须把姓名、性别、年龄、测验日期等填写在答案纸上，问卷的封面上有简单的指导语，被试者可以自己默读，也可以由主试者朗读，然后进行测验。无论是个别测验还是团体测验，主试者必须做好测前的动员工作，使被试者了解测验的意义，以取得被试者的合作。

3. 迈尔斯－布里格斯人格类型测试

迈尔斯－布里格斯人格类型测试是根据著名精神分析学派心理学家卡尔·古斯塔夫·荣格（Carl Gustav Jung）的心理类型学说，由一对母女凯瑟琳·库克·布里格斯（Katharine Cook Briggs）和伊莎贝尔·布里格斯·迈尔斯（Isabel Briggs Myers）编制而成。它是一种必选型、员工自我报告式的人格测试问卷，用以衡量和描述人们在获取信息、做出决策和生活取向等方面的偏好。这套工具为人们提高自我认识、了解人际的差异与相似提供了一种有效的方法。迈尔斯－布里格斯人格类型测试是世界上使用最广泛的人格类型测试工具之一，每年有 200 多万人使用这一工具。在世界 500 强企业中有不少高层管理者、高级人事主管使用迈尔斯－布里格斯人格类型测试。

荣格认为，世界上有三种人格维度和 8 种人格类型。布里格斯母女在此基础上又发展了一种人格维度（判断－知觉），这样就共有四种人格维度、八种行为风格、十六种人格类型。这四种人格维度都可以看作是两种极端之间的连续体，每个人在每个人格维度上都处于连续体上的某一点，大多数人只是在两种对立的行为风格中相对更偏向其中的一种。

四种人格维度如下：（E）外向—内向（I），（S）感觉—直觉（N），（T）思维—情感（F），（J）判断—知觉（P）。

人格类型的第一个维度"外向—内向"主要测量人们注意力集中的方向。外向型的人把注意力集中在身外的世界，主动与人交往，喜欢互动，与人为伴就会精神抖擞，常常认识很多人。内向型的人专注于自我的内心世界，喜欢独处并陶醉其中，他们总是先想后做，心理活动居多，他们不喜欢受人注目，一般比外向型的人更矜持。

人格类型的第二个维度"感觉—直觉"与人们平时接受信息的方式有关。感觉型的人倾向于通过感觉器官获取真实存在的信息，他们注意自己看到、听到、触到、嗅到或尝到的具体感觉，他们只相信可以测量、能够记录下来的东西，只注重具体细节，比较实际。直觉型的人更相信"第六感觉"（直觉），他们善于理解字面以外的含义，对一切事情都要寻求一个内在意义，他们富有想象力，倾向于看到事物的整体和抽象性的东西，通常不愿意维持事物的现状，比较有创造性。

人格类型的第三个维度"思维—情感"涉及人们做决定和结论的方式。思维型的人处理信息和做决策时依赖的是逻辑的因果关系，善于客观分析一切，不以情感为转移，比较理智公正。情感型的人常常依靠自己的喜好和感觉决策，他们容易将自己置于问题情境中，过多考虑情感因素而忽略客观事实，他们很能体贴人、富有同情心。

人格类型的第四个维度"判断—知觉"所关注的是一个人更愿意有条理还是随意地生活。判断型的人条理性很强，只要生活安排得有条不紊、事事井井有条，他们就快乐无比，他们对所有事都要断个分明，喜欢决策。知觉型的人生活散漫随意，生活动机性强时最高兴，他们乐于尝试一切可能的事情，他们往往理解生活，而不是努力控制生活。

迈尔斯－布里格斯人格类型测试中所使用的 16 种人格类型见表 3-7。

表 3-7　迈尔斯－布里格斯人格类型测试中所使用的 16 种人格类型

		感觉型（S）		直觉型（N）	
		思维型（T）	情感型（F）	情感型（F）	思维型（T）
内向型（I）	判断型（J）	ISTJ 严肃、沉静，因专注和执着而取得成功。务实、有条不紊、尊重事实、逻辑严密、现实、可信，能够承担责任	ISFJ 沉静、友好、可靠、尽责，全力以赴承担责任，持之以恒、勤劳、细致、忠诚、周到	INFJ 凭借毅力、创造力以及做事情的强烈愿望而取得成功。稳重、尽责、关注他人，尊重组织的原则	INTJ 通常富有创造力，有很强的按照个人愿望和目标行事的动机。疑心较重、挑剔、独立性强、坚定、较为固执

(续)

	感觉型（S）		直觉型（N）	
	思维型（T）	情感型（F）	情感型（F）	思维型（T）
知觉型（P）	ISTP 沉静、少言、好分析问题。通常对一些非人际的原则以及事物的运作机制感兴趣，常有创造性的幽默闪现	ISFP 独处、沉静、友好、敏感、友善、能力一般，回避矛盾，忠实的追随者，做事不积极	INFP 对于学习、思想、语言比较感兴趣，独立制订个人计划。倾向于承担过多的工作，并且会设法完成。待人友善，但是常常过于全神贯注	INTP 沉静、少言、非感性，喜欢理论性和科学性的问题。只对思想感兴趣，对于聚会或者闲谈不太喜欢。个人的兴趣范围是严格界定的
外向型（E）				
知觉型（P）	ESTP 尊重事实、不慌不忙，能够坦然面对发生的一切。会略显迟钝或不敏感。对于容易拆分或组合的具体问题有较强的处理能力	ESFP 喜欢交往、易于相处，接受他人友好，能够根据他人的喜好让事情变得更有意思。喜欢运动和做事。对于他们来说，记住某种事实比掌握某种理论更为容易	ENFP 充满热情、精力旺盛、富有创造性的想象力。能够做大多数让他们感兴趣的事情，能够快速找到解决问题的办法，乐于助人	ENTP 思维敏捷、富有创造性、多才多艺。可能会与某一问题中的任何一方开玩笑。在解决富有挑战性的问题方面能力很强，但是却常常会忽略一些例行的任务
判断型（J）	ESTJ 务实、现实、尊重事实，天生就是经商或者从事机械类工作的料。他们对认为没用的事物不感兴趣，喜欢组织和开展活动	ESFJ 热心肠、健谈、受人欢迎、负责、善于与人合作，需要和平相处。在受到鼓励时能把事情做得更好。对于抽象思维或者技术性问题不感兴趣	ENFJ 敏感、有责任心。通常真正关心他人的想法和需要。好交际、受人欢迎。对于表扬和批评很敏感	ENTJ 热心、坦诚、坚定的领导者。通常比较擅长需要推理和机智交谈的工作。有时在某些领域比在他们的正式工作领域还要活跃

（资料来源：周文霞.职业生涯管理[M].上海：复旦大学出版社，2019.）

第三节 职业适应性测验

职业适应性测验主要从个体的兴趣、需求、动机等方面入手，考察人与职业之间的匹配关系。通过这一类测验，可以帮助个体了解其对职业的期望、自己的生活目的、追求或者愿望，对于职业决策有重大意义。常用的职业适应性测验有生活特性问卷、个体需求测验和职业兴趣测验。

一、生活特性问卷

动机是行为的内在原因，主要是指发动一定的行为来满足某种需要的意愿。它因需要而产生，为行为提供能量，具有目标指向性。个人不同的动机需要模式决定了个体对自己在组织中的责任、职权和利益三者的认识，具体相互关系的构造，特别是决定了个体对待这三者的方式。

生活特性问卷是为评定个体的动机水平而编制的。它从近代激励理论关于员工行为动机的基本概念出发，以成就动机、亲和动机、风险动机、权力动机为四个维度构建而成。这四个维度在个体层次上的定位以及组合模式，与个人工作绩效和职业匹配程度关系紧密。使用动机测量工具可以揭示个体的动机需要模式特征，进而评估其动机与职业的匹配度。

在生活特性问卷中，每种动机选定 11～15 道题目加以测试，每道题目陈述一个观点，被试者根据自己对此观点的同意程度用 7 分量表评分，如"完全同意"评 7 分，"完全不同意"评 1 分，题目随机排列即编成生活特性问卷。生活特性问卷由 51 道题目组成，测验不限定时间，要求被试者凭直觉答题，一般在 20 分钟左右可以完成。它广泛应用于各行业、各层次人员，特别是用于评估面临择业、改行或求职的应聘者的动机与职业的匹配程度。

1．成就动机

成就动机是指人们发挥能力获取成功的内在需要，一种克服障碍、完成艰巨任务，达到较高目标的需要。这种动机是对成功的渴望，意味着人们希望从事有意义的活动，并在活动中获得圆满的结果。由于成就动机具有驱动行为作用，所以在智力水平和其他条件相当的情况下，高成就动机的人获得的成功更大、绩效更突出。但成就动机过高也有逆反现象：人们对目标的设置降低难度，倾向于回避失败，结果是动机对行为的驱动力减退，工作任务未必尽善尽美；而且，害怕失败就害怕尝试多种可能性，无形中放弃、丧失很多机会。

2．亲和动机

亲和动机是指人们对于建立、维护、发展或恢复与他人或群体的积极情感关系的愿望，其结果是引导人们和睦、相互关心，形成良好的人际氛围。亲和动机强的人能很容易地与他人沟通、交流，并且促进团体中积极的社会交往；他们富有同情心，容易接纳他人，避免冲突和竞争，有利于合作气氛的形成。亲和型的领导容易得到下属的接受和拥护，团队合作密切。但亲和动机过于强烈时也可能有副作用，如回避矛盾、害怕被拒绝、过于求同、忽视个性，甚至息事宁人、放弃原则。具有亲和动机的人适合担当团队的组织者和社交性职务。

3．风险动机

风险动机是指决策时敢于冒险，敢于使用新思路、新方法，不惧怕失败的动机。风险动机高的人可能过于莽撞，对可能发生的危险和损害估计不足，缺乏足够的大局意识和责任感，缺乏对失败的应变策略；风险动机低的人则过于保守、谨慎、优柔寡断、谨小慎微，做事缺乏果断性。

4．权力动机

权力动机是指人们力图获得、巩固和运用权力的一种内在需要，是一种试图控制、指挥、利用他人的行为，想成为组织的领导的动机。权力动机高的人往往有许多积极的特征，例如，善于左右形势大局，果断自信，试图说服人。但权力动机过高的人也可能会成为组织中的危险人物，他们可能只顾及个人权力，在极端情况下会不择手段，不顾及组织的利益，甚至危害组织。

一般来说，高层管理者的权力动机应比较高，成就动机应中等适度偏高，亲和动机中等；中层管理者的成就动机应比较高，权力动机应中等适度偏高；职位越低的管理者，权力动机水平应当越低，亲和动机水平应越高。不同职业要求从业者所适宜的动机状态是不同的，有些差异还十分大。不同职业对于各种动机表现出来的重要程度不同，每一项动机所适宜的定位水平也不同。因此，任何人都不可能统一设定动机水平优劣的分数标准。

二、个体需求测验

个体需求测验的设计和建构参照了马斯洛需求层次理论所提出的人类五种需求形式（见表 3-8），以测查被试者对生理需求、安全需求、归属和爱的需求、尊重的需求和自我实现的需求等各大类生活需求的发展程度，通过个体需求测验可把握被试者的主要需求方向，帮助他们全面了解自己的状态，以做出良好的职业设计和规划。

表 3-8　马斯洛需求层次理论所提出的人类五种需求形式

需求形式	定义
生理需求	指各种用于满足生存的基本物质需要，如饮食、睡眠等
安全需求	指对安全、稳定、依赖的需要，希望免受恐吓、焦躁和混乱的折磨，有稳定的工作等
归属和爱的需求	指对爱、情感、友谊、归属和社会交往的需要，希望拥有朋友、爱人和亲人。如果得不到满足，个体会感到孤独
尊重的需求	指对于自己稳定的、牢固不变的、较高评价的需要或欲望，对于自尊、自重和来自他人尊重的需要或欲望
自我实现的需求	指个体充分发挥自己的潜能，实现人生价值的需要。也就是说，一个人生下来具有什么样的潜能，他就希望成为什么样的人

个体需求测验由 67 道题目组成，每种需要选定 10 ~ 16 道题目加以测试，每道题目陈述一个观点，被试者根据自己对此观点的同意程度来评分，即"完全同意"评 7 分，"完全不同意"评 1 分。测验不限时间，要求被试者凭直觉作答，测验时间约 30 分钟，纸笔或计算机作答都可以。

个体需求测验广泛适用于希望了解自我状态的个体；它也适用于组织全体在职人员集体施测，可以了解各员工的需求构成，为实施有效激励措施提供建议。但要注意的是，它只适用于企业的激励设计、员工民意调查，而不适用于选拔。

三、职业兴趣测验

（一）兴趣与职业兴趣测验

兴趣是最重要的心理特征之一，是个体力求认识某种事物或从事某种活动的心理倾向，表现为个体对某种事物、某项活动的选择性态度或积极的情绪反应。职业兴趣是职业的多样性、复杂性与就业人员自身个性的多样性相对应所反映出的一种特殊的心理特点，是人们选择职业的重要依据。如果一个人对其从事的职业有兴趣，就能够发挥全部才能的 80% ~ 90%，并且能较长时间保持高效率而不感到疲劳；而如果一个人对职业缺乏兴趣，则只能发挥其全部才能的 20% ~ 30%，且容易精疲力竭。

职业兴趣测验是对职业指导有直接用途的工具之一。职业兴趣测验之所以对职业指导有直接作用，是因为通过职业兴趣测验可以测出求职者未知的或未经识别的兴趣，或者证实求职者声称的职业兴趣等。通过职业兴趣测验可以发现一个人真正的职业兴趣所在，正因如此，职业兴趣测验越来越广泛地应用到职业指导上，在诸如高考专业选择、人员安置、下岗

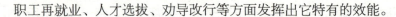

职工再就业、人才选拔、劝导改行等方面发挥出它特有的效能。

(二)霍兰德职业性向测试

美国心理学教授约翰·霍兰德是美国著名的职业指导专家,著有《职业决策》(*Making Vocational Choices*,1973)一书,并编制了"职业偏好量表"(VPI)和"自我指导探索"(SDS)。它们是目前使用比较广泛而且信度和效度较高的职业兴趣问卷,能够有效地协助企业进行招聘选拔、晋升、职业发展和职业指导工作。

霍兰德将个体职业兴趣划分为六个基本类型,并形成了性向六角形理论,详细内容参见第二章。

个体职业性向可以通过职业适应性测试问卷确定,这个问卷分为不设时限的八个答题模块,依次是:①你心目中的理想职业;②你感兴趣的活动;③你擅长或胜任的工作;④你喜欢的职业;⑤你的能力类型简评;⑥统计和确定你的职业性向;⑦你看重的东西——职业价值观;⑧你的基本情况。基于完整的问卷数据构建人格剖面图,即可以判定个体的职业性向,详细问卷见本章附录。

相 关 链 接

倾听内心的声音——职业呼唤

如何选择职业对自己和社会才更有意义呢?这是社会学、心理学和组织行为学多年来共同的研究课题。"呼唤"作为一个源于神学与宗教的词语,已成为社会学和组织行为学领域逐渐明晰的一个新概念,响应呼唤已经成为主观职业成功的标准之一。

虽然到目前为止,"职业呼唤"这个概念还没有统一的定义,但在"呼唤"概念的演进过程中,其本质内涵逐渐显现出来。

(1)呼唤是职业本身 呼唤的这一内涵在呼唤研究的古典学派与新古典学派的观点中都有所体现。两个学派关于呼唤有不同的看法。古典学派对呼唤的解释带有宗教色彩,例如韦伯(Weber,1956)认为,呼唤是指个体受上帝的召唤而从事的遵从道义或对社会有意义的职业。杰姆斯·C. 戴维森和戴维·P. 卡德尔(James C. Davidson 和 David P. Caddell,1994)以及道尔顿(Dalton,2001)追随古典学派,将呼唤定义为受上帝的召唤而从事的职业。类似的,科洛齐(Colozzi,2000)认为,呼唤是个体需要做出一定牺牲而从事的职业,它虽然无法给个体带来多少物质利益,但却能使整个社会更加美好。艾米(Amy,1997)等新古典学派的学者认为,呼唤是能带来更多公共利益的职业,与宗教没有必然的联系。道格拉斯·T. 霍尔和道恩·E. 钱德勒(Douglas T. Hall 和 Dawn E. Chandler,2005)支持这种观点,并指出响应呼唤是主观职业成功的最高标准,是个体一生追求的目标。古典学派和新古典学派,都强调呼唤是个体在职业生涯中利用自己的天分和特质努力追求的职业,这种职业具有亲社会性。

(2)呼唤是一种工作价值导向 在20世纪80年代,美国社会学家罗伯特·N. 贝拉(Robert N. Bellah,1986)等首先提出,个体的工作价值观有三种导向,即谋生导向(Job Orientation)、职业导向(Career Orientation)与呼唤导向(Calling Orientation),不同导向的个体从工作中获取的意义不同。那些将工作视为谋生手段的人，其工作的意义在于获得报酬；持职业导向的人将工作视为职业发展的需要，目的是获得晋升、权力与声望，同时接受工作的挑战；持呼唤导向的人则认为工作是其人生不可分割的一部分，是其内在激励和职业成功的源泉，工作不完全是为了经济收入与职务提升，更多的是为了实现个人的主观成就。这一内涵在职业生涯领域得到了广泛的应用，艾米等（2003）以及瑞安·D. 杜菲和威廉·E. 塞德拉斯克（Ryan D. Duffy 和 William E. Sedlacek，2007）在此基础上，对呼唤与工作变量的关系展开了深入的研究。

（3）呼唤是一种激励力量　呼唤来自外部召唤或内心感悟，因此，常常表现为一种激励力量。布莱恩·J. 迪克（Bryan J. Dik）和瑞安·杜菲（Ryan Duffy 2009）就把呼唤理解为个体感受到的指向特定职业并超越自我的力量，这种力量来自别人的需要与社会的利益，也是个体追求生活意义与目标的动力。S. R. 多布罗夫（S. R. Dobrow）等（2010）也认为，呼唤是个体针对某一领域发自内心的强烈激情与力量。贾德·比格姆和赛缪尔·J. 史密斯（Jared Bigham 和 Samuel J. Smith，2008）等别出心裁地让受访者自己去定义呼唤，结果发现，受访者对呼唤的定义为：呼唤是个体生活、工作的驱动力量，能产生激励作用与利他结果。正是激励作用使得呼唤受到了理论界与社会组织的广泛重视。

（资料来源：田喜洲，谢晋宇，吴孔珍. 倾听内心的声音：职业生涯中的呼唤研究进展探析 [J]. 外国经济与管理，2012（1）：27-35.）

（三）其他常见职业兴趣量表

1. 坎贝尔职业兴趣测验

早在 20 世纪 20 年代，美国就开始对职业兴趣测量进行了大量研究。1921 年，坎贝尔职业兴趣测验（Campell Interest Inventory）最早在美国面世，它从人与职业匹配的角度将人的职业兴趣分为三类：D，对数字、符号等工作的兴趣；P，对人及社会性工作的兴趣；T，对机械、工具操作等工作的兴趣。

2. 斯特朗职业兴趣量表

1927 年，E. K. 斯特朗（E. K. Strong）编制完成了第一个正式的职业兴趣量表（Strong Vocational Interest Blank），这是最早的职业兴趣测验之一。他的方法是先编制涉及各种职业、学校科目、娱乐活动及人的类型的问卷，然后取两组被试者，一组代表专门从事某种工作的标准职业者，另一组代表一般人，让两组被试者接受测试，将两组被试者反应不同的题目放在一起，构成职业兴趣量表。1927 年的量表仅适用于男性，专门为女性编制的量表则于 1933 年出版。1968 年，D. P. 坎贝尔（D. P. Campbell）主持了对该量表的修订工作，增加了基本兴趣量表（BIS）和一般职业主题（GOT），更名为斯特朗－坎贝尔兴趣量表（Strong-campbell Interest Inventory，SCII）。

斯特朗－坎贝尔兴趣量表 1985 年的版本中包括 325 个项目，组成了 264 个量表，其中包括 6 个一般职业主题量表（能够反映被试者总体倾向于哪种工作类型）、23 个基本兴趣量表（能够反映被试者对特定领域喜好或反感的具体程度）、207 个职业兴趣量表（能够反映被试者的兴趣及其性格特征与 109 种具体不同职业的相似程度）、2 个特殊量表（满意度量表和内－外向量表）、26 个管理指标量表（对每一份答案进行常规性统计，以确保在施测及数据录入过程中没有意外情况发生）。

斯特朗职业兴趣量表是国外流行的职业兴趣量表，被广泛应用于人才测评中，为个人职业选择提供了非常有效的信息，为企业的选员提供了非常有益的信息。该量表不但能为人们提供就业方向指导，而且对职位转换和职业发展也有帮助。某被试者的测试结果经过计算机分析，可以与不同类型、不同职业的人群平均水平做比较，这样就能够了解该被试者在工作领域、职业行为、休闲活动、教育专业等方面感兴趣的程度，明确自己的兴趣到底是什么以及可能在哪个领域取得成功。

3. 库德职业兴趣量表

1934年，G. F. 库德（G. F. Kuder）所编制的一些兴趣量表也经历了与斯特朗－坎贝尔兴趣量表差不多长的历史。最早的这类量表是库德偏好记录——职业篇（Kuder Preference Record—Vocational）。库德采用的是三择一的强迫选题，所得的分数不是描述在某特定职业上得分多少的，而是10个广泛的兴趣领域分数。这10个兴趣领域是：户外活动、机械、计算、科学、游说、艺术、写作、音乐、社会服务和文书。1966年，该量表改为库德职业兴趣量表（Kuder Occupational Interest Survey，KOIS），主要用于检查人的特定职业兴趣。1985年出版的库德职业兴趣量表由100组三择一强迫选择模式项目构成，以百分数按等级顺序排列，有高、中、低三个职业兴趣范围。

4. 我国的职业兴趣测验

我国学者借鉴国外职业兴趣的理论框架，汲取了国外已有测验的优点，根据国人以及我国职业的特点设计了我国的职业兴趣测验。该测验采取艺术取向、事务取向、经营取向、研究取向、操作取向和社交取向6种职业偏好作为测量维度，共60道题目，每一道题目都给出一种活动或一种技能或一种职业，要求被试者用5分制描述自己是否喜欢该项活动，或是否擅长或希望学习该种技能，或是否乐意选择该种职业。下面是这六个维度的定义：

（1）艺术取向　喜欢艺术性工作，如音乐、舞蹈、唱歌等。这类人往往具有某些艺术技能，喜欢创造性工作，富有想象力，通常喜欢同观念而不是同事务打交道，他们较开放、好想象、有创造性。

（2）事务取向　喜欢传统性工作，如记账、测算等。这类人有很好的数字和计算能力，喜欢室内工作，乐于整理、安排事务，他们往往喜欢同文字、数字打交道，比较顺从、务实、细心、节俭，做事利索、很有条理和耐心。

（3）经营取向　喜欢诸如推销、服务、管理类的工作。这类人通常具有领导能力和口才，对金钱和权力感兴趣，喜欢影响、控制别人，喜欢同人和观念而不是同事务打交道，他们热爱交际、冒险，精力充沛，乐观、和蔼、细心，抱负心强。

（4）研究取向　喜欢各种研究性工作，如科学研究人员、医师、产品检验员等。这类人通常具有较高的数学和科学研究能力，喜欢独立工作和解决问题，善于同观念而不是同人或事务打交道，他们逻辑性强、聪明、好奇、仔细、独立、安详、简朴。

（5）技能取向　喜欢现实型的实在工作，如机械维修、木工活儿、烹饪、电器技术等。这类人通常具有机械能力和体力，喜欢户外工作，乐于使用各种工具和机器设备，喜欢同事务而不是同人打交道，他们真诚、谦逊、敏感、务实、朴素、节俭、腼腆。

（6）社交取向　喜欢社会交往性工作，如教师、咨询顾问、护士等。这类人通常喜欢周围有别人存在，对别人的事很感兴趣，乐于帮助别人解决难题，喜欢与人而不是与事务打交道，他们往往乐于助人、有责任心、热情、善于合作、富于理想、友好、善良、慷慨、有耐心。

从以上六个维度测评一个人的工作兴趣并加以综合，可以判断出一个人最突出的职业兴趣以及各个方面职业兴趣强弱的对比特征。

【关键词】

能力　能力倾向测验　智力测验　韦氏成人智力量表　瑞文标准推理测验　一般能力倾向测验　气质　心理运动能力测验　机械能力倾向测验　音乐能力测验　美术能力测验　文书能力测验　创造力测验　人格　艾森克人格问卷　卡特尔16种人格因素问卷　霍兰德职业性向测试　迈尔斯－布里格斯人格类型测试

【思考题】

1．什么是能力？
2．什么是职业能力倾向？常见的能力倾向测量工具有哪些？
3．如何理解能力、性格、气质、职业兴趣与职业的关系？请举例说明。
4．气质有哪些类型？各有什么特点？
5．职业适应性测验包括哪些内容？

【案例分析讨论】

被误导的陈明

陈明是一位帅气的中年男人，在一家中型民营企业做行政副总，月收入近2万元，有一位贤惠的太太和一个可爱的男孩。虽然上下班时间比较固定，有时间和家人在一起，可他总觉得上班很无聊，缺少挑战性。

他来到一家职业咨询公司，向顾问诉说了自己的烦恼，顾问马上让他做了一次职业兴趣测评。测评报告显示，陈明的职业兴趣是与人打交道，应该从事销售类和市场类的工作。陈明大喜，刚好公司有营销副总的空缺，凭借和老板十几年的交情，他顺利地调任为营销副总。可是半年下来，陈明不但没有解决当初的烦恼，反而更郁闷了。他每天都要加班到深夜，太太很不高兴，孩子因为每天都见不到爸爸，都快不认识他了。虽然这个职位能和很多人打交道，可陈明觉得来自工作和家庭的压力很重。

无奈之下，陈明通过朋友找到了职业指导顾问。陈明一番倾诉后，职业指导顾问发现陈明所面对的不是职业兴趣的问题，而是价值观冲突的问题。职业指导顾问请陈明做了一份职业锚的测试。陈明忽然自己醒悟过来：原来自己最关心的不是工作内容，而是家庭生活。在重新调回行政副总岗位后，陈明虽然偶尔还会觉得无聊，但他明白自己其实喜欢这样的工作，因为可以享受美满的家庭生活。

（本案例资料来源于网络。）

分析讨论题：
1．陈明为什么遇到了这样的问题？
2．结合案例，谈谈你是如何看待测评结果与职业选择的。

【附录】

附录 A 一般职业能力倾向测验

本测验把人的职业能力倾向分为九种，每一种能力由五道题目来反映。测验时，请你仔细阅读表 3-9 中每一道题目，采用"五等评分法"自行评定，然后分别计算出自评等级。

表 3-9 职业能力倾向自评表

	强	较强	一般	较弱	弱
	1	2	3	4	5
（一）一般学习能力倾向（G）					
1. 快而容易地学习新内容					
2. 快而正确地解答数学题					
3. 你的学习成绩					
4. 对课文的字、词、段落篇章的理解、分析和综合能力					
5. 对学习过的知识的记忆能力					
（二）言语能力倾向（V）					
1. 善于表达自己的观点					
2. 阅读速度和理解能力					
3. 掌握词汇量的程度					
4. 你的语文成绩					
5. 你的文学创作能力					
（三）算术能力倾向（N）					
1. 做出精确的测量					
2. 笔算能力					
3. 口算能力					
4. 打算盘					
5. 你的数学成绩					
（四）空间判断能力倾向（S）					
1. 解决立体几何方面的习题					
2. 画三维度的立体图形					
3. 看几何图形的立体感					

(续)

	强	较强	一般	较弱	弱
	1	2	3	4	5
4. 想象盒子展开后的平面图					
5. 想象三维度的物体					
（五）形态知觉能力倾向（P）					
1. 发现相似图形中的细微差别					
2. 认识物体的形状差异					
3. 注意物体的细节部分					
4. 观察物体的图案是否正确					
5. 对物体的细微叙述					
（六）书写知觉能力倾向（Q）					
1. 快而准确地抄写资料（如姓名、电话号码）					
2. 发现错别字					
3. 发现计算错误					
4. 能很快查找编码卡片					
5. 自我控制能力（如较长时间抄写资料）					
（七）眼手运动协调能力倾向（K）					
1. 玩电子游戏					
2. 打篮球、排球，踢足球一类活动					
3. 打乒乓球、羽毛球运动					
4. 打算盘能力					
5. 打字能力					
（八）手指灵巧度能力倾向（F）					
1. 灵巧地使用很小的工具					
2. 穿针眼、编织等使用手指的活动					
3. 用手指做一件小工艺品					
4. 使用计算器的灵巧程度					
5. 弹琴					
（九）手腕灵巧度能力倾向（M）					
1. 用手把东西分类					
2. 推拉东西时手的灵活度					
3. 很快地削水果					
4. 灵活地使用手工工具					
5. 在绘画、雕刻等手工活动中的灵活性					

统计分数的方法

一、对每一类能力倾向计算总计次数

对每一道题目,都划分为"强""较强""一般""较弱""弱"五个等级供自评。每组五道题目完成后,分别统计各等级选择的次数总和,然后用下面的公式计算出该类的总计次数(把"强"定为第一项,以此类推,"弱"定为第五项;第一项之和就是选"强"的次数和)。总计次数的计算公式如下:

总计次数 =(第一项之和 ×1)+(第二项之和 ×2)+(第三项之和 ×3)+
(第四项之和 ×4)+(第五项之和 ×5)

二、计算每一类能力倾向的自评等级

每一类能力倾向的自评等级公式如下:

$$自评等级 = \frac{总计次数}{5}$$

三、将自评等级填入表 3-10 中

表 3-10　自评等级表

职业能力倾向	G	V	N	S	P	Q	K	F	M
自评等级									

根据结果对照职业对人的职业能力倾向的要求(见表 3-11),可以找到合适的职业。

表 3-11　职业对人的职业能力倾向的要求

职业类型	职业能力倾向								
	G	V	N	S	P	Q	K	F	M
生物学家	1	1	1	2	2	3	3	2	3
建筑师	1	1	1	1	3	3	3	3	3
测量员	2	2	2	2	2	3	3	3	3
测量辅导员	4	4	4	4	4	4	3	4	3
制图员	2	3	2	2	2	3	2	3	3
建筑和工程技术专家	2	2	2	2	2	3	3	3	3
建筑和工程技术员	2	3	3	3	3	3	3	3	3
物理科学技术专家	2	3	2	3	3	3	3	3	3
物理科学技术员	2	2	2	4	2	3	3	3	3
农业、生物、动物、植物学的技术专家	2	2	2	4	2	3	3	3	3
农业、生物、动物、植物学的技术员	2	3	3	4	3	3	3	3	3
数学家和统计学家	1	1	3	3	2	4	4	4	
系统分析和计算机程序编制者	2	2	2	3	3	3	4	4	
经济学家	1	1	1	4	4	2	4	4	4

(续)

职业类型	职业能力倾向							
	G	V	N	S	P	Q	K	F	M
社会学家、人类学家	1	1	3	2	2	3	4	4	4
心理学家	1	1	2	2	2	3	4	4	4
历史学家	1	1	3	4	4	3	4	4	4
哲学家	1	1	4	3	3	3	4	4	4
政治学家	1	1	3	4	4	3	4	4	4
经济政治学家	2	2	2	3	3	3	3	3	5
社会工作者	2	2	3	4	4	3	4	4	4
社会服务助理人员	3	3	3	4	4	3	4	4	4
法官	1	1	3	4	3	3	4	4	4
律师	1	1	3	4	4	3	4	4	4
公证人	2	2	3	4	4	3	4	4	4
图书管理学专家	2	2	3	3	4	2	3	4	4
图书馆、博物馆和档案馆管理员	3	3	3	2	2	4	3	2	3
职业指导者	2	2	3	4	4	3	4	4	4
大学教师	1	1	3	3	2	3	4	4	4
中学教师	2	2	3	4	3	3	4	4	4
小学和幼儿园教师	2	2	3	3	3	3	3	3	3
职业学校教师（职业课）	2	2	2	3	3	3	3	3	3
职业学校教师（普通课）	2	2	3	4	3	3	4	4	4
内科、外科、牙科医生	1	1	2	1	2	3	2	2	2
兽医学家	1	1	2	1	2	3	2	2	2
护士	2	2	3	3	3	3	3	3	3
护士助手	2	4	4	4	4	2	2	3	2
工业药剂师	2	1	2	3	2	2	3	2	3
医院药剂师	2	2	2	4	9	2	2	2	2
营养学家	2	2	2	3	3	3	4	4	4
配镜师（医）	2	2	2	2	2	3	3	3	3
配镜商	3	3	3	3	3	4	3	3	3
放射科技术人员	3	3	3	3	3	3	3	3	3
药物实验室技术专家	2	2	2	3	3	3	3	2	3
药物实验室技术员	2	3	3	3	3	3	3	3	3
画家、雕刻家	2	3	4	2	2	5	2	1	2
产品设计和内部装饰者	2	2	3	2	2	4	2	2	3

(续)

职业类型	职业能力倾向							
	G	V	N	S	P	Q	K	F	M
舞蹈家	2	3	3	2	3	4	2	2	3
演员	2	2	4	3	4	4	4	4	4
电台播音员	2	2	3	4	4	3	4	4	4
作家和编辑	2	1	3	3	3	3	4	4	4
翻译人员	2	1	4	4	4	3	4	4	4
体育教练	2	2	2	4	4	3	4	4	4
运动员	3	3	4	2	3	4	2	2	2
秘书	3	3	3	4	3	2	3	3	3
打字员	3	3	4	4	4	3	3	3	3
记账员	3	3	3	4	4	2	3	3	4
出纳员	3	3	3	4	4	2	3	3	4
统计员	3	3	2	4	3	2	3	3	4
电话接线员	3	3	4	4	4	3	3	3	3
一般办公室职员	3	4	3	4	4	3	3	4	4
商业经营管理者	2	2	3	4	4	3	4	4	4
售货员	3	3	3	4	4	3	4	4	4
警察	3	3	3	4	3	3	3	4	3
门卫	4	4	5	4	4	4	4	4	4
厨师	4	4	4	4	3	3	3	3	3
招待员	3	3	4	4	4	4	3	4	3
理发员	3	3	4	4	9	4	2	2	2
导游	3	3	4	3	3	5	3	3	3
驾驶员	3	3	3	3	3	3	3	4	3
农民	3	4	4	4	4	4	4	4	4
动物饲养员	3	4	4	4	4	4	4	4	4
渔民	4	4	4	4	4	5	3	4	3
矿工	3	4	4	3	4	5	3	4	3
纺织工人	4	4	4	4	3	5	3	3	3
机床操作工	3	4	4	3	3	4	3	3	3
锻工	3	4	4	4	3	4	3	4	3
无线电修理工	3	3	3	3	2	4	3	3	3
细木工	3	3	3	3	3	4	3	4	4
家具木工	3	3	3	3	3	4	3	4	3

(续)

职业类型	职业能力倾向							
	G	V	N	S	P	Q	K	F	M
一般木工	3	4	4	3	4	4	3	4	3
电工	3	3	3	3	3	4	3	3	3
裁缝	3	3	4	3	3	4	3	2	3

附录 B 霍兰德职业性向测验量表

本量表将帮助你发现和确定自己的职业兴趣和能力特长，从而更好地做出求职择业的决策。如果你已经考虑好或选择好了自己的职业，本测验将使你的考虑或选择具有理论基础，或向你展示其他合适的职业；如果你至今尚未确定职业方向，本量表将帮助你根据自己的情况选择一个恰当的职业目标。

本量表共有七个部分，每部分量表都没有时间限制，但请你尽快按要求完成。

第一部分 你心目中的理想职业（专业）

对于未来的职业（或升学进修的专业），你也许早有考虑，它可能很抽象、很朦胧，也可能很具体、很清晰。不管是哪种情况，现在都请你把最想做的三种工作或最想读的三种专业按顺序写下来。

好，第一部分已完成。现在请继续做第二部分。

第二部分 你所感兴趣的活动

下面列举了一些十分具体的活动，这些活动无所谓好坏，如果你喜欢去参加（包括过去、现在或未来），就请在相应题目后打"√"代表"是"；如果不喜欢，就请在相应题目后打"×"代表"否"。注意，这一部分量表主要想确定你的职业兴趣，而不是让你选择职业，你喜欢某种活动并不意味着你一定要从事这种活动。答题时不必考虑过去是否做过和是否擅长这种活动，只根据你的兴趣直接判断即可，请务必做完每一道题目。

一、R 型（现实型活动）

你喜欢做下列事情吗？

1．装配修理电器。
2．修理自行车。
3．装修机器或机器零件。
4．做木工活。
5．驾驶卡车或拖拉机。
6．开机床。
7．开摩托车。
8．上金属工艺课。
9．上机械制图课。
10．上木工手艺课。

11．上电气自动化技术课。

统计"是"的得分_____

二、I 型（研究型活动）

你喜欢做下列事情吗？

1．阅读科技书刊。

2．在实验室工作。

3．研究某个科研项目。

4．制作飞机、汽车模型。

5．做化学实验。

6．阅读专业性论文。

7．解一道数学或棋艺难题。

8．上物理课。

9．上化学课。

10．上几何课。

11．上生物课。

统计"是"的得分_____

三、A 型（艺术型活动）

你喜欢做下列事情吗？

1．素描、制图或绘画。

2．表演戏剧、小品或相声节目。

3．设计家具或房屋。

4．在舞台上演唱或跳舞。

5．演奏一种乐器。

6．阅读流行小说。

7．听音乐会。

8．从事摄影创作。

9．阅读电影、电视剧本。

10．读诗、写诗。

11．上书法、美术课。

统计"是"的得分_____

四、S 型（社会型活动）

你喜欢做下列事情吗？

1．给朋友们写信。

2．参加学校、单位组织的正式活动。

3．加入某个社会团体或俱乐部。

4．帮助别人解决困难。

5．照看小孩。

6．参加宴会、茶话会或联欢晚会。

7．跳交谊舞。

8．参加讨论会或辩论会。

9．观看运动会或体育比赛。

10．寻亲访友。

11．阅读与人际交往有关的书刊。

统计"是"的得分_____

五、E型（企业型活动）

你喜欢做下列事情吗？

1．对他人做劝说工作。

2．买东西与人讨价还价。

3．讨论政治问题。

4．从事个体或独立的经营活动。

5．出席正式会议。

6．做演讲。

7．在社会团体中做一名理事。

8．检查与评价别人的工作。

9．结识名流。

10．带领一群人去完成某项任务。

11．参与政治活动。

统计"是"的得分_____

六、C型（常规型活动）

你喜欢做下列事情吗？

1．保持桌子和房间整洁。

2．抄写文章或信件。

3．开发票、写收据或打回条。

4．打算盘或用计算机计算。

5．记流水账或备忘录。

6．上打字课或学速记法。

7．上会计课。

8．上商业统计课。

9．将文件、报告、记录分类与归档。

10．为领导写公务信函与报告。

11．检查个人收支情况。

统计"是"的得分_____

第三部分　你所擅长或胜任的活动

下面从六个方面分别列举一些十分具体的活动，以确定你具备哪一方面的工作特长。回答时，只需考虑你过去或现在对所列活动是否擅长、胜任，不必考虑你是否喜欢这种活动。如果你认为你擅长从事某一活动，就请在相应题目后打"√"代表"是"；如果不擅长，就

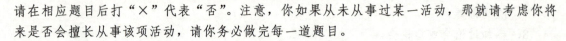

请在相应题目后打"×"代表"否"。注意,你如果从未从事过某一活动,那就请考虑你将来是否会擅长从事该项活动,请你务必做完每一道题目。

一、R型(现实型能力)

你擅长做或胜任下列事情吗?

1．使用锯子、钳子、车床、砂轮等工具。
2．使用万能电表。
3．给自行车或机器加油使它们正常运转。
4．使用钻床、研磨机、缝纫机等。
5．修整木器家具表面。
6．看机械、建筑设计图样。
7．修理结构简单的家用电器。
8．制作简单的家具。
9．绘制机械设计图样。
10．修理收录音机的简单部件。
11．疏通、修理自来水管或下水道。

统计"是"的得分_____

二、I型(研究型能力)

你擅长做或胜任下列事情吗?

1．了解真空管的工作原理。
2．知道三种以上蛋白质含量高的食物。
3．知道一种放射性元素的"半衰期"。
4．使用对数表。
5．使用计算器或计算尺。
6．使用显微镜。
7．辨认三个星座。
8．说明白细胞的功能。
9．解释简单的化学分子式。
10．理解人造卫星不会落地的原理。
11．参加科技竞赛或科研成果交流会。

统计"是"的得分_____

三、A型(艺术型能力)

你擅长做或胜任下列事情吗?

1．演奏一种乐器。
2．参加二重唱或四重唱表演。
3．独奏或独唱。
4．扮演剧中角色。
5．说书或讲故事。

6．表演现代舞或芭蕾舞。
7．人物素描。
8．油画或雕塑。
9．制造陶器、捏泥塑或剪纸。
10．设计服装、海报或家具。
11．写得一手好文章。
统计"是"的得分_____

四、S型（社会型能力）

你擅长做或胜任下列事情吗？
1．善于向别人解释问题。
2．参加慰问或救济活动。
3．善于与人合作、配合默契。
4．殷勤待客。
5．能深入浅出地教育儿童。
6．为一次宴会安排娱乐活动。
7．帮助他人解决困难。
8．帮助护理病人或伤员。
9．安排学校或社团组织的各种集体事务。
10．善于观察人心或善于判断人的性格。
11．善于与年长者相处。
统计"是"的得分_____

五、E型（企业型能力）

你擅长做或胜任下列事情吗？
1．在学校里当过班干部并且做得不错。
2．善于督促他人工作。
3．善于使他人按你的习惯做事。
4．做事具有超常的经历和热情。
5．能做一名称职的推销员。
6．代表某个团体向有关部门提出建议或反映意见。
7．担任某种领导职务期间获过奖或受过表扬。
8．说服别人加入你所在的团体（俱乐部、运动队、工作或研究组等）。
9．创办一家商店或企业。
10．知道如何做一名成功的领导人。
11．有很好的口才。
统计"是"的得分_____

六、C型（常规型能力）

你擅长做或胜任下列事情吗？
1．一天能誊抄近1万字。

2．能熟练地使用算盘或计算器。

3．能够熟练地使用中文打字机。

4．善于将书信、文件迅速归档。

5．做过办公室职员工作而且做得不错。

6．核对数据或文章时既快又准确。

7．会使用外文打字机或复印机。

8．善于在短时间内分类和处理大量文件。

9．记账或开发票时既快又准确。

10．善于为自己或集体做财务预算（表）。

11．能迅速誊清贷方和借方的账目。

统计"是"的得分_____

第四部分　你所喜欢的职业

下面列举了许多职业，这些职业的基本情况你或多或少都有所了解，并在此基础上形成了自己的评价态度。如果你喜欢某个职业的话，请在相应题目后打"√"代表"是"；如果不喜欢，则请在相应题目后打"×"代表"否"。这一部分量表也要求每题必做。

一、R型（现实型职业）

你喜欢做下列职业吗？

1．飞行机械技术人员。

2．鱼类和野生动物专家。

3．自动化工程技术人员。

4．木工。

5．机床安装工或钳工。

6．电工。

7．无线电报务员。

8．长途汽车司机。

9．火车司机。

10．机械师。

11．测绘、水文技术人员。

统计"是"的得分_____

二、I型（研究型职业）

你喜欢做下列职业吗？

1．气象研究人员。

2．生物学研究人员。

3．天文学研究人员。

4．药剂师。

5．人类学研究人员。

6．化学研究人员。

7．科学杂志编辑。

8．植物学研究人员。

9．物理学研究人员。

10．科普工作者。

11．地质学研究人员。

统计"是"的得分_____

三、A型（艺术型职业）

你喜欢下列职业吗？

1．诗人。

2．文学艺术评论家。

3．作家。

4．记者。

5．歌唱家或歌手。

6．作曲家。

7．剧本写作人员。

8．画家。

9．相声演员。

10．乐团指挥。

11．电影演员。

统计"是"的得分_____

四、S型（社会型职业）

你喜欢下列职业吗？

1．街道、工会或妇联负责人。

2．中学教师。

3．青少年犯罪问题专家。

4．中学校长。

5．心理咨询人员。

6．精神病医生。

7．职业介绍所工作人员。

8．导游。

9．青年团负责人。

10．福利机构负责人。

11．婚姻介绍所工作人员。

统计"是"的得分_____

五、E型（企业型职业）

你喜欢下列职业吗？

1．供销科长。

2．推销员。

3．旅馆经理。

4．商店管理费用人员。

5．厂长。

6．律师或法官。

7．电视剧制作人。

8．饭店或饮食店经理。

9．人民代表。

10．服装批发商。

11．企业管理咨询人员。

统计"是"的得分_____

六、C型（常规型职业）

你喜欢下列职业吗？

1．簿记员。

2．会计师。

3．银行出纳员。

4．法庭书记员。

5．人口普查登记员。

6．成本核算员。

7．税务工作者。

8．校对员。

9．打字员。

10．办公室秘书。

11．质量检查员。

统计"是"的得分_____

第五部分　你的能力类型简评

下面表3-12和表3-13是你在六个职业能力方面的自我评分表。你可以先与同龄人比较一下自己在每一方面的能力，然后经斟酌以后对自己的能力做出评价。评分时请在表中适当的数字上画圈，数字越大表示你的能力越强。

注意，请勿全部圈画同样的数字，因为人的每项能力不可能完全一样。

表3-12　职业能力自我评分表（一）

	R型	I型	A型	S型	E型	C型
	机械操作能力	科学研究能力	艺术创造能力	解释表达能力	商业洽谈能力	事务执行能力
高	7	7	7	7	7	7
	6	6	6	6	6	6
	5	5	5	5	5	5

(续)

	R 型	I 型	A 型	S 型	E 型	C 型
	机械操作能力	科学研究能力	艺术创造能力	解释表达能力	商业洽谈能力	事务执行能力
中	4	4	4	4	4	4
	3	3	3	3	3	3
	2	2	2	2	2	2
低	1	1	1	1	1	1

表 3-13　职业能力自我评分表（二）

	R 型	I 型	A 型	S 型	E 型	C 型
	体力技能	数学技能	音乐技能	交际技能	领导技能	办公技能
高	7	7	7	7	7	7
	6	6	6	6	6	6
	5	5	5	5	5	5
中	4	4	4	4	4	4
	3	3	3	3	3	3
	2	2	2	2	2	2
低	1	1	1	1	1	1

第六部分　统计和确定你的职业倾向

请将第二部分至第五部分的全部测验分数按前面已统计好的六种职业倾向（R 型、I 型、A 型、S 型、E 型和 C 型）得分填入表 3-14，并做纵向累加。

表 3-14　职业倾向统计表

测　验	R 型	I 型	A 型	S 型	E 型	C 型
第二部分						
第三部分						
第四部分						
第五部分（A）						
第五部分（B）						
总　　分						

请将上表中的六种职业倾向总分按大小顺序依次从左到右重新排列：
_____ 型、_____ 型、_____ 型、_____ 型、_____ 型、_____ 型

你的职业倾向性得分：最高分_____，最低分_____

得分最高的职业类型意味着是最适合你的职业类型。假如你在 I 型上得分最高，说明你适合做自然科学方面的研究工作，如气象研究、生物学研究、天文学研究等或科学杂志编辑，其余类推。

如果最适合你的工作和你在第一部分所写的理想工作不太一致，或者在各种类型的职业

上你的能力和兴趣不匹配，那么请你参照第七部分（职业价值观）来做出最佳选择。假如第二部分你在 I 型上得分最高，但第三部分你在 A 型上得分最高，那么请参考你最看重的因素：假如你最看重"能充分发挥自己的能力特长"或"工作环境舒适"，那么 A 型工作最适合你；假如你最看重"能从事自己感兴趣的工作"或"工作稳定有保障"，那么 I 型工作最适合你；假如你最看重的是其他因素，那么请向 A 型职业方面的专家咨询，选择和你的职业价值观最接近的工作。

第七部分　你最看重的因素——职业价值观

这一部分量表列出了人们在选择工作时通常会考虑的十要素（见所附工作价值标准）。现在请你在其中选出对你最重要的两个因素以及最不重要的两个因素，并将序号填入下面相应的空格上。

最重要：_____　最不重要：_____

次重要：_____　次不重要：_____

附：工作价值标准

1．工资高、福利好。

2．工作环境（物质方面）舒适。

3．人际关系良好。

4．工作稳定有保障。

5．能提供较好的受教育机会。

6．有较高的社会地位。

7．工作不太紧张，外部压力小。

8．能充分发挥自己的能力特长。

9．社会需要与社会贡献较大。

10．能从事自己感兴趣的工作。

以上全部量表完毕。

现在，将你得分居第一位的职业类型找出来，对照下文，判断自己适合的职业类型。

职业索引：职业兴趣代号与其相应的职业

R 型（现实型）：木匠、农民、操作 X 射线的技师、工程师、飞机机械师、鱼类和野生动物专家、自动化技师、机械工（车工、钳工等）、电工、无线电报务员、火车驾驶员、长途公共汽车驾驶员、机械制图员、机器修理工、电器师。

I 型（研究型）：气象学者、生物学者、天文学家、药剂师、动物学者、化学家、科学报刊编辑、地质学者、植物学者、物理学者、数学家、实验员、科研人员、科技作者。

A 型（艺术型）：室内装饰专家、图书管理专家、摄影师、音乐教师、作家、演员、记者、诗人、作曲家、编剧、雕刻家、漫画家。

S 型（社会型）：社会学者、导游、福利机构工作者、咨询人员、社会工作者、社会科学教师、学校领导、精神病工作者、公共保健护士。

E 型（企业型）：推销员、进货员、商品批发员、旅馆经理、饭店经理、广告宣传员、调度员、律师、政治家、零售商。

C 型（常规型）：记账员、会计、银行出纳、法庭速记员、成本估算员、税务员、核算员、打字员、办公室职员、统计员、计算机操作员、秘书。

下面介绍查找与你的三个代号的职业兴趣类型相关的职业。方法如下：首先根据你的职业兴趣代号，在下文中找出相应的职业。例如，你的职业兴趣代号是 RIA，那么牙科技术员、陶工等是适合你兴趣的职业。其次寻找与你职业兴趣代号相近的职业，如你的职业兴趣代号是 RIA，那么其他由这三个字母组合成的编号（如 IRA、IAR、ARI 等）所对应的职业，也较适合你的兴趣。

RIA：牙科技术员、陶工、建筑设计员、模型工、细木工、制作链条人员。

RIS：厨师、林务员、跳水员、潜水员、染色员、电器修理工、眼镜制作员、电工、纺织机器装配工、服务员、装玻璃工人、发电厂工人、焊接工。

RIE：建筑和桥梁工程、环境工程、航空工程、公路工程、电力工程、信号工程、电话工程、一般机械工程、自动工程、矿业工程、海洋工程、交通工程的技术人员、制图员，家政经济人员、计量员、农民、农场工人，农业机器操作和清洁工，无线电修理、汽车修理、手表修理工人，管子工、线路装配工、工具仓库管理员。

RIC：船上工作人员、接待员、杂志保管员、牙医助手、制帽工、磨坊工、石匠，机器制造、机车（火车头）制造、农业机器装配、汽车装配、缝纫机装配、钟表装配和检验、电动器具装配工人、鞋匠、锁匠、货物检验员、电梯机修工、托儿所所长、钢琴调音员、装配工、印刷工、建筑钢铁工人、卡车驾驶员。

RAI：手工雕刻、玻璃雕刻、制作模型人员，家具木工，制作皮革品、手工绣花、手工钩针编织工人、排字工人、印刷工人、图画雕刻工人、装订工人。

RSE：消防员、交通巡警、警察、门卫、理发师、房间清洁工、屠夫、锻工、开凿工人、管道安装工、出租汽车驾驶员、货物搬运工、送报员、勘探员、娱乐场所的服务员、起卸机操作工、灭害虫者、电梯操作工、厨房助手。

RSI：纺织工、编织工、农业学校教师、某些职业课程（诸如艺术、商业、技术、工艺课程）教师、雨衣上胶工。

REC：抄水表员、保姆、实验室动物饲养员、动物管理员。

REI：轮船船长、航海领航员、大副、试管实验员。

RES：旅馆服务员、家畜饲养员、渔民、渔网修补工、水手长、收割机操作工、搬运行李工人、公园服务员、救生员、登山导游、火车工程技术员、建筑工人、铺轨工人。

RCI：测量员、勘测员、仪表操作者、农业工程技术、化学工程技师、民用工程技师、石油工程技师、资料室管理员、探矿工、煅烧工、烧窑工、矿工、保养工、磨床工、取样工、样品检验员、纺纱工、炮手、漂洗工、电焊工、锯木工、刨床工、制帽工、手工缝纫工、油漆工、染色工、按摩工、木匠、农民建筑工人、电影放映员、勘测员助手。

RCS：公共汽车驾驶员、一等水手、游泳池服务员、裁缝、建筑工人、石匠、烟囱修建工、混凝土工、电话修理工、爆炸手、邮递员、矿工、裱糊工人、纺纱工。

RCE：打井工、吊车驾驶员、农场工人、邮件分类员、铲车驾驶员、拖拉机驾驶员。

IAS：普通经济学家、农场经济学家、财政经济学家、国际贸易经济学家、实验心理学家、工程心理学家、心理学家、哲学家、内科医生、数学家。

IAR：人类学家、天文学家、化学家、物理学家、医学病理学家、动物标本剥制者、化石修复者、艺术品管理员。

ISE：营养学家、饮食顾问、火灾检查员、邮政服务检查员。

ISC：侦察员、电视播音室修理员、电视修理服务员、验尸室人员、编目录者、医学实验室技师、调查研究者。

ISR：水生生物学者、昆虫学者、微生物学家、配镜师、矫正视力者、细菌学家、牙科医生、骨科医生。

ISA：实验心理学家、普通心理学家、发展心理学家、教育心理学家、社会心理学家、临床心理学家、目录学家、皮肤病学家、精神病学家、妇产科医生、眼科医生、五官科医生、医学实验室技术专家、民航医务人员、护士。

IES：细菌学家、生理学家、化学专家、地质专家、地理物理学专家、纺织技术专家、医院药剂师、工业药剂师、药房营业员。

IEC：档案保管员、保险统计员。

ICR：质量检验技术员、地质学技师、工程师、法官、图书馆技术辅导员、计算机操作员、医院听诊员、家禽检查员。

IRA：地理学家、地质学家、水文学家、矿物学家、古生物学家、石油学家、地震学家、声学物理学家、原子和分子物理学家、电学和磁学物理学家、气象学家、设计审核员、人口统计学家、数学统计学家、外科医生、城市规划学家、气象员。

IRS：流体物理学家、物理海洋学家、等离子体物理学家、农业科学家、动物学家、食品科学家、园艺学家、植物学家、细菌学家、解剖学家、动物病理学家、植物病理学家、药物学家、生物化学家、生物物理学家、细胞生物学家、临床化学家、遗传学家、分子生物学家、质量控制工程师、地理学家、兽医、放射治疗技师。

IRE：化验员、化学工程师、纺织工程师、食品技师、渔业技术专家、材料和测试工程师、电气工程师、土木工程师、航空工程师、行政官员、冶金专家、原子核工程师、陶瓷工程师、地质工程师、电力工程师、口腔科医生。

IRC：飞机领航员、飞行员、物理实验室技师、文献检查员、农业技术专家、动植物技术专家、生物技师、油管检查员、工商业规划者、矿藏安全检查员、纺织品检验员、照相机修理者、工程技术员、编计算机程序者、工具设计者、仪器维修工。

CRI：簿记员、会计、记时员、铸造机操作工、打字员、按键操作工、复印机操作工。

CRS：仓库保管员、档案管理员、缝纫工、讲述员、收款人。

CRE：标价员、实验室工作者、广告管理员、自动打字机操作员、电动机装配工、缝纫机操作工。

CIS：记账员、顾客服务员、报刊发行员、土地测量员、保险公司职员、会计师、估价员、邮政检查员、外贸检查员。

CIE：打字员、统计员、支票记录员、订货员、校对员、办公室工作人员。

CIR：校对员、工程职员、海底电报员、检修计划员、发报员。

CSE：接待员、通信员、电话接线员、卖票员、旅馆服务员、私人职员、商学教师、旅游办事员。

CSR：运货代理商、铁路职员、交通检查员、办公室通信员、簿记员、出纳员、银行财务职员。

CSA：秘书、图书管理员、办公室办事员。

CER：邮递员、数据处理员、航空邮件检查员。
CEI：推销员、经济分析家。
CES：银行会计、记账员、法人秘书、速记员、法院报告人。
ECI：银行行长、审记员、信用管理员、地产管理员、商业管理员。
ECS：信用办事员、保险人员、各类进货员、海关服务经理、售货员、购买员、会计。
ERI：建筑物管理员、工业工程师、农场管理员、护士长、农业经营管理人员。
ERS：仓库管理员、房屋管理员、货栈监督管理员。
ERC：邮政局长、渔船船长、机械操作领班、木工领班、瓦工领班、驾驶员领班。
EIR：科学、技术和有关的周期出版物的管理员。
EIC：专利代理人、鉴定人、运输服务检查员、安全检查员、废品收购人员。
EIS：警官、侦察员、交通检验员、安全咨询员、合同管理者、商人。
EAS：法官、律师、公证人。
FAR：展览室管理员、舞台管理员、播音员、驯兽员。
ESC：理发师、裁判员、政府行政管理员、财政管理员、工程管理员、职业病防治员、售货员、商业经理、办公室主任、人事负责人、调度员。
ESR：家具售货员、书店售货员、公共汽车驾驶员、日用品售货员、护士长、自然科学和工程的行政领导。
ESI：博物馆管理员、图书馆管理员、古迹管理员、饮食业经理、地区安全服务管理员、技术服务咨询者、超级市场管理员、零售商品店店员、批发商、出租汽车服务站调度员。
ESA：博物馆馆长、报刊管理员、音乐器材售货员、广告商售画营业员、导游、（轮船或班机上的）事务长、飞机上的服务员、船员、法官、律师。
ASE：戏剧导演、舞蹈教师、广告撰稿人、报刊专栏作者、记者、演员、英语翻译。
ASI：音乐教师、乐器教师、美术教师、管弦乐指挥、合唱队指挥、歌星、演奏家、哲学家、作家、广告经理、时装模特。
AER：新闻摄影师、电视摄像师、艺术指导、录音指导、丑角演员、魔术师、木偶戏演员、骑士、跳水员。
AEI：音乐指挥、舞台指导、电影导演。
AES：流行歌手、舞蹈演员、电影导演、广播节目主持人、舞蹈教师、口技表演者、喜剧演员、模特。
AIS：画家、剧作家、编辑、评论家、时装艺术大师、新闻摄影师、男演员、文学作者。
AIE：花匠、皮衣设计师、工业产品设计师、剪影艺术家、复制雕刻品大师。
AIR：建筑师、画家、摄影师、绘图员、环境美化工、雕刻家、包装设计师、陶器设计师、绣花工、漫画工。
SEC：社会活动家、退伍军人服务官员、工商会事务代表、教育咨询者、宿舍管理员、旅馆经理、饮食服务管理员。
SER：体育教练、游泳指导。
SEI：大学校长、学院院长、医院行政管理员、历史学家、家政经济学家、职业学校教师、资料员。

SEA：娱乐活动管理员、国外服务办事员、社会服务助理、一般咨询者、宗教教育工作者。

SCE：部长助理、福利机构职员、生产协调人、环境卫生管理人员、戏院经理、餐馆经理、售票员。

SRI：外科医师助手、医院服务员。

SRE：体育教师、职业病治疗者、体育教练、专业运动员、房管员、儿童家庭教师、警察、引座员、传达员、保姆。

SRC：护理员、护理助理、医院勤杂工、理发师、学校儿童服务人员。

SIA：社会学家，心理咨询者，学校心理学家，政治科学家，大学或学院的系主任，大学或学院的教育学教师，大学农业教师，大学工程和建筑课程的教师，大学法律教师，大学数学、医学、物理、社会科学和生命科学的教师，研究生助教，成人教育教师。

SIE：营养学家、饮食学家、海关检查员、安全检查员、税务稽查员、校长。

SIC：描图员、兽医助手、诊所助理、体检检查员、监督缓刑犯的工作者、娱乐指导者、咨询人员、社会科学教师。

SIR：理疗员、救护队工作人员、手足病医生、职业病治疗助手。

SAC：理发师、指甲修剪师、包装艺术家、美容师、整容专家、发型设计师。

SAE：听觉病治疗者、演讲矫正者。

SAR：图书馆管理员、小学教师、幼儿园教师、学前儿童教师、中学教师、师范学院教师、盲人教师、智力障碍人的教师、聋哑人的教师、学校护士、牙科助理、飞行指导员。

第四章

个人职业生涯管理概述

本章要点

1. 个人导向型职业生涯管理模型
2. 职业考察的类型
3. 认知的含义
4. 职业生涯目标的内涵
5. 职业生涯战略的内涵
6. 职业生涯评价的内涵
7. 有效的个人职业生涯管理的特征
8. 简历制作的技巧
9. 面试的技巧

导入案例

被蜘蛛咬伤改变了我的人生

2016年5月26日,一名在湖南农村长大、上大学才第一次进城的中国小伙儿,站在哈佛大学毕业典礼的讲台上,作为哈佛大学研究生优秀毕业生代表发言。这相当于哈佛大学给予该毕业生的最高荣誉——从全校数万名毕业生中选出一名本科生和一名研究生,代表毕业生发言。当天,与他同台演讲的特邀嘉宾是著名导演史蒂芬·斯皮尔伯格(Steven Spielberg)。这不是何江第一次获得一所大学毕业生的最高荣誉,他曾经获得中国科学技术大学本科生最高荣誉奖——郭沫若奖学金,并作为获奖代表发言。以下是何江发言的中文全稿:

在我读初中的时候,有一次,一只毒蜘蛛咬伤了我的右手。我问我妈妈该怎么处理,我妈妈并没有带我去看医生,而是决定用火疗的方法治疗我的伤口。她在我的手上包了好几层棉花,棉花上喷撒了白酒,在我的嘴里放了一双筷子,然后打火点燃了棉花。热量逐渐渗透过棉花,开始炙烤我的右手。灼烧的疼痛让我忍不住想喊叫,可嘴里的筷子却让我发不出声来。我只能看着我的手被火烧着,一分钟,两分钟,直到妈妈熄灭了火苗。你看,我在中国的农村长大,在那个时候,我的村庄还是一个类似前工业时代的传统村落。在我出生的时候,我的村子里面没有汽车,没有电话,没有电,甚至也没有自来水,我们自然不能轻易地获得先进的现代医疗资源。那个时候，也没有一个合适的医生可以帮我处理毒蜘蛛咬伤的伤口。

在座的如果有生物学背景的人，你们或许已经理解到了我妈妈使用的这个简单的治疗手段的基本原理：高热可以让蛋白质变性，而蜘蛛的毒液也是一种蛋白质。这样一种传统的土方法实际上有它一定的理论依据，想来也是挺有意思的。但是，作为哈佛大学生物系博士，我现在知道，在我初中那个时候已经有更好的、没有那么痛苦的，也没有那么有风险的治疗方法了。于是，我便忍不住问自己，为什么我在当时没有能够享用到这些更为先进的治疗方法呢？

蜘蛛咬伤的事件已经过去大概15年了，我非常高兴地向在座的各位报告一下，我的手还是完好的。但是，我刚刚提到的这个问题一直停留在我的脑海中，而我也时不时会因为先进科技知识在世界上不同地区的不平等分布而困扰。现如今，人类已经学会怎样进行人类基因编辑了，也研究清楚了很多癌症发生、发展的原因。我们甚至可以利用一束光来控制我们大脑内神经元的活动。每年生物医学的研究都会给我们带来不一样的突破和进步，其中有不少令人振奋，也极具颠覆性的成果。然而，尽管我们人类已经在科研上有了无数的建树，但在怎样把这些最前沿的科学研究带到世界最需要该技术的地区这件事情上，我们有时做得差强人意。世界银行的数据显示：世界上大约有12%的人口每天的生活水平仍然低于2美元，营养不良每年导致300万儿童死亡，将近3亿人口仍然受到疟疾的困扰。在世界各地，我们经常看到类似的由贫穷、疾病和自然匮乏导致的科学知识传播受阻，现代社会里习以为常的那些救生常识经常在这些欠发达或不发达地区未能普及。于是，在世界上仍有很多地区，人们只能依赖于用火疗这一简单粗暴的方式来治理毒蜘蛛咬伤事故。

在哈佛读书期间，我切身体会到了先进的科技知识能够既简单又深远地帮助到社会上很多的人。21世纪初，禽流感在亚洲多个国家肆虐，那个时候，村庄里的农民听到禽流感就像听到恶魔施咒一样，对其特别恐惧，乡村的土医疗方法对这样一个疾病也是束手无策。农民对于普通感冒和流感的区别并不是很清楚，他们并不懂得流感比普通感冒可能更加致命。而且大部分人对于科学家所发现的流感病毒能够跨不同物种传播这一事实并不清楚。于是，在我意识到这些知识背景，以及简单地将受感染的不同物种隔离开来以减缓疾病传播，并决定将这些知识传递到我的村庄时，我的心里第一次有了一种作为未来科学家的使命感，但这种使命感并非停留在知识层面的，它也是我个人道德发展的重要转折点。

哈佛的教育教会我们敢于拥有自己的梦想，勇于立志改变世界。在毕业典礼这样一个特别的日子，我们在座的毕业生都会畅想我们未来的伟大征程和冒险。对我而言，我在此刻不可避免地想到了我的家乡，我成长的经历教会了我，作为一名科学家，积极地将我们所学的知识传递给那些急需这些知识的人是多么重要。因为，利用那些我们已经拥有的科技知识，就能够轻而易举地帮助我的家乡，还有千千万万类似的村庄，让他们生活的世界变成一个我们现代社会看起来习以为常的场所。而这样一件事，是我们每一个毕业生都能够做到的，但问题是，我们愿意做这样的努力吗？比以往任何时候都多，我们的社会强调科学和创新。但我们的社会同样需要注意的一个重心是分配知识到那些真正需要的地方。改变世界并不意味着每个人都要做一个大突破。改变世界可以非常简单，它可以作为世界不同地区的沟通者，并找出更多创造性的方法将知识传递给像我母亲或农民这样的群体。同时，改变世界也意味着我们的社会作为一个整体，能够更清醒地认识到科技知识均衡分布是人类社会发展的一个关键环节，而我们也能够一起奋斗将此目标变成现实。如果我们能够做到这些，或许将来有一天，一个在农村被毒蜘蛛咬伤的少年或许不再用火疗这样的方法来治疗伤口，而是去看医生并得到更为先进的医疗护理。

（资料来源：http：//mt.sohu.com/20160528/n451884733.shtml.）

每个人都有自己的人生理想，而要实现理想就要做好个人职业生涯管理，了解个人导向的职业生涯管理的内涵，掌握职业生涯管理的过程，理解有效职业生涯的特征，并掌握职业生涯管理的一些技巧。本章将分析这些内容，尝试帮助人们初步了解自己的职业生涯管理。

第一节　个人导向型职业生涯管理模型

一、个人导向型职业生涯管理模型概述

格林豪斯等人提出了个人导向型职业生涯管理模型（见图4-1）。该模型包含了八项活动，即职业考察（A）、认识自己和环境（B）、目标设定（C）、制定战略（D）、战略实施（E）、接近目标（F）、获得反馈：工作/非工作（G）、职业生涯评价（H）。这个模型以个人为导向，在这一过程中，人们需要通过收集信息来更好地认识自己和周围的环境，然后确定目标，制订发展计划和战略战术并付诸实施，再获得更多的信息反馈并进行职业生涯评估，最终不断前进，继续其职业生涯管理工作。所有这些构成了一个持续的解决问题、制定决策的循环。

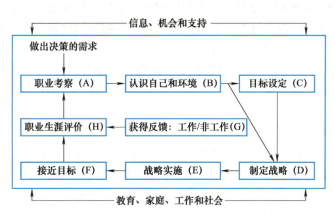

图 4-1　格林豪斯等人提出的个人导向型职业生涯管理模型

个人导向型职业生涯管理模型的基本假设是：当工作和生活体验与自己的愿望和要求一致时，人们会感到更有成就感，并具有更高的生产率；当工作经历与个人的需要、价值观、兴趣和生活方式偏好相符时，人们就会对职业选择有更高的满意度；当工作要求与个人技能相匹配时，人们的职业绩效会提高。因此，个人导向型职业生涯管理模型试图实现人岗匹配的最优化。

格林豪斯等人利用一个案例对这个模型进行了说明。某年轻的化学工程师正在认真考虑她在公司的前途，尽管她并不厌倦工程师这个普通的岗位，但担任管理职位的强烈愿望由来

职业生涯管理

已久。她本可以这样工作下去，遵循公司对她的"安排"，但她决定在自己的职业生涯管理中扮演一个积极的角色，因此她需要做出一些决策。

职业生涯管理模型中的第一步显示，这位工程师首先应该开始职业考察（见图4-1中的步骤A），也就是说，她应该开始收集信息。她要收集有关她自己的信息，如她喜欢做什么，她的天赋在什么方面，这份工作在她整个生活中的重要性如何；她还要收集组织内外可选择的工作机会信息，如公司管理者真正要做的工作是什么，如何开展工作，经验丰富的化学工程师的工资如何；她还要收集所在组织（或其他组织）的全部信息，如在这个公司是否可能从普通员工晋升至直线管理人员，怎样才能获得提升。

有效的职业考察将会使这位工程师对自己和环境有一个更全面的认识（见图4-1中的步骤B）。她会更清楚自己的价值观、兴趣、爱好，以及自己在工作和非工作生活中的才能所在，也会更加了解工作的选择及相关要求、环境中存在的机遇和障碍。

这位工程师对自己和环境有了更清晰的认识，这样就能够设定合适的工作目标（见图4-1中的步骤C）。这个目标可能是在某个特定时期获得公司经理助理的职位，或者成为项目工程师，或者在可预见未来的情况下留在目前的岗位上。

设定可实现的目标有利于职业战略的制定和实施（见图4-1中的步骤D和步骤E）。如果这位工程师的目标是成为公司的经理助理，那么她可能会参加公司的管理发展论坛，并尽量从目前的老板那里争取到更多的管理性任务，更多了解整个公司的运作。

一个合理的职业生涯战略的实施会接近职业生涯目标（见图4-1中的步骤F）。如果这位工程师实施了一个明智的职业生涯战略，那么将比没有实施战略或实施一项不当的战略更容易达到她的目标。

职业生涯战略的实施可以为个人提供有用的反馈信息。除此之外，还有来自其他工作和工作之外的反馈，这些反馈（见图4-1中的步骤G）一起帮助这位工程师正确评价她的职业（见图4-1中的步骤H），从职业生涯评价中得到的信息又反过来促进职业考察（见图4-1中的步骤H到步骤A的箭头），从而开始职业生涯管理的新循环。这位工程师也许会发现她在所需管理技能方面表现很差，这样的评价会使她考虑更改自己的目标，也许她不再希望进入管理层，或者她保留这个目标但要对战略进行修订（见图4-1中的步骤B到步骤D的箭头），比如她也许会选择攻读一个管理学的硕士学位。

遵循这种职业生涯管理方法的人并非生活在真空中，职业生涯探索、目标设定、战略和反馈的有效性往往取决于不同人和组织的支持。比如，学校提供的实习和咨询项目，或者由工作组织提供的绩效评估、自我评估和导师培训项目，以及来自家庭的建议、关爱和支持都有助于有效职业生涯管理的实现。

二、个人导向型职业生涯管理模型的关键要素

（一）职业考察

职业考察是收集并分析与职业有关信息的过程。大多数人都需要收集信息，以便更好地认识自己的价值观、兴趣和才能，以及环境中的机会和障碍。职业考察涉及的范围越广泛且越适当，人们对自身和工作环境的认识就越清楚。职业考察过程如图4-2所示。

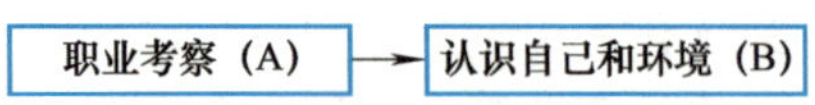

职业考察（A） → 认识自己和环境（B）

图4-2　职业考察过程

人们常常认为自己对自己很了解，事实却往往相反。例如：有些人不清楚自己真正的需求；有些人缺少认识自己的动力；有些人活在他人的期待之下，反而忽略了自己的真正需求；有些人根据自己的主观想法而不是客观事实进行判断；有些人会高估或者低估自己的能力。总之，职业考察对于增强个人的认知能力很有帮助。另外，对于环境的积极研究，也能加深个人对不同职业生涯、组织和专业机会的认识。

已经有研究表明，职业考察有利于进行职业生涯管理。一系列调查和研究显示，员工进行的职业考察越多，他们对自己所选择的工作的认识就越深刻，而且职业考察能够帮助他们研究职业生涯目标，经过广泛的职业考察之后再进行职业生涯决策，能使决策更令人满意。

格林豪斯将职业考察分为自我测评和环境考察两种类型（见表4-1），他强调划分职业考察的类型有助于理解职业考察。自我测评能够使个人对自己的人格特征有更好的了解，个人会更深刻地理解自己的兴趣所在，了解自己的工作价值，这意味着知道自己期望从工作中获得什么（挑战？安全感？金钱？）。自我测评还能提供个人的潜在信息，如优势、劣势、才能和局限。自我测评也可以使个人对自己喜欢的生活方式、工作和家庭的平衡有一个更好的把握。

环境考察能够让人更加了解环境中的各个方面。对一个学生（或者正在考虑更换职业的人）来说，环境考察会更集中在职位上；对已经工作的人来说，环境考察更注重某个组织中可选择的工作，在这种情况下，环境考察可以向他提供有关目前或将来可能的工作信息。环境考察也能为员工提供他们所在组织的信息。环境考察还包括了解家庭对职业生涯决策的影响。通过环境考察，个人可以知道家庭的需要、配偶的职业价值观以及工作与家庭生活的关系。

自我测评和环境考察是相互促进的，人们既需要利用自我测评来指导环境考察，也需要环境考察对自我测评进行指导。一个人对自己了解得越多，就越需要考虑与此相关的环境信息；同样，获得职位、工作或组织的信息越多，人们就越需要考虑这些信息与其自身价值观、能力、兴趣的相关性。

表4-1　职业考察的类型

自我测评	环境考察
兴趣	
能力	
优势	
劣势	职业类型
工作价值观	行业类型
工作挑战	所需工作技能
工作自主性	工作选择
安全	公司选择
工作/生活平衡	家庭在职业生涯决策中的影响
金钱	
工作条件	
帮助他人	
影响或权力	

（资料来源：格林豪斯，卡拉南，戈德谢克.职业生涯管理：第3版[M].王伟，译.北京：清华大学出版社，2006：24.）

（二）认知

认知是指个人对自己的特质和周围环境特征相对完整而准确的感知。从格林豪斯的个人导向型职业生涯管理模型中可以看出，全面认识自己和环境能使人设立适当的职业目标并制定恰当的职业战略（见图4-3）。因此，认知即认识自己和环境，是职业生涯管理的一个中心概念。

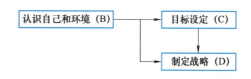

图4-3　认识自己和环境与目标设定和制定战略的关系

个人如果缺乏对自己和环境的准确认识，就很难设定符合实际的目标。例如，一个人想要成为一名人力资源经理，却对人力资源经理的岗位职责、工作内容、绩效标准、任职资格以及薪酬缺乏了解，或者对自己在任职资格各个方面的能力没有评估，他又如何能实现这一目标呢？

研究结果证明，那些能够对自己的价值观和所选职业领域有一个多方面察觉的人在建立职业生涯目标时，比那些相对不清楚自己的价值观和职业领域的人，倾向于设定更加现实可行的目标，建立更现实的工作预期，从而获得更高水平的工作满意度。总之，研究证据表明，认知能够对职业生涯管理产生积极的影响。

（三）职业生涯目标

职业生涯目标是指人们希望达到的、与职业生涯相关的结果，如图4-4所示。

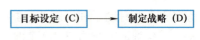

图4-4 职业生涯目标的定义

1. 目标的具体化

从明确度来看，目标的内容可以是模糊的，如仅告诉被试者"请你做这件事"；目标也可以是明确的，如"请在10分钟内做完第25题"。明确的目标可使人们更清楚要怎么做，付出多大的努力才能达到目标。目标设定得明确，也便于评价个体的能力。很明显，模糊的目标不利于引导个体的行为和评价其成败。因此，目标设定得越明确越好。事实上，明确的目标本身就具有激励作用，这是因为人们有了解自己行为的认知倾向。对行为的目标和结果的了解能降低行为的盲目性，提高行为的自我控制水平。另外，目标明确与否对绩效的变化也有影响，也就是说，目标明确，则个体的绩效变化很小，而目标模糊则个体的绩效变化很大，这是因为模糊目标的不确定性容易产生多种可能的结果。

建立职业生涯目标的好处在于人们可以通过相对集中的方式指导自己的努力方向，一旦设定了目标，互补的行为和态度将推动目标的实现。比如说，一位销售代表制定了一个成为地区营销经理的目标，他就可以围绕这一目标开始职业战略的制定。如果没有一个明确的目标，就很难制订行动的计划。职业生涯目标越具体，就越有可能制定有效的战略来实现目标。格林豪斯等人的研究表明，设立了1~2年内的具体职业生涯目标的经理比没有设立具体目标的经理对自己的职业更加乐观，并且，经理对自己的目标承诺越多，就越可能制定多方面的职业生涯战略。的确，清晰的职业生涯目标和计划是与职业效用的提高、职业的顺应性、参与工作的积极性相关的。

2. 目标的挑战性

同样的目标对某个人来说可能是容易的，而对另一个人来说可能是困难的，这取决于他们的能力和经验。一般来说，目标的绝对难度越高，人们就越难实现它。研究发现，绩效与目标的难度水平呈线性关系。当然，这是有前提的，前提条件就是完成任务的人有足够的能力，对目标又有高度的承诺，在这样的条件下，任务越难完成，绩效越好。一般认为，绩效与目标难度水平之间存在着线性关系，这是因为人们可以根据不同的任务难度来调整自己的努力程度。

组织行为学文献中最一致的研究结果之一就是，承诺了具体的有挑战性任务目标的员工比那些没有目标或承诺低目标的员工表现得更加出色（Locke et al., 1988）。在职业生涯管理中，具有挑战性的职业生涯目标往往会带给人们更多的成就感，由此引发了更大的激励作用。爱德温·A. 洛克（Edwin A. Locke）和他的助手（1991，1994）对部分人的绩效高于其他人的原因进行了广泛的调查，研究发现，只要人们制定的目标既具有挑战性又具备可实施性，就能激励他们做得更好。

但要注意的是，具有挑战性不一定意味着不断晋升，职业生涯目标必须是适合个人需要的，也就是说，职业生涯目标不一定意味着晋升。一个适当的职业生涯目标可以是在同一个或不同组织内的平行移动。实际上，职业生涯目标可以不涉及工作的变换，如一个普通工程师的目标可能就是在原有岗位上提高技能和承担更多更大的工作责任。

相 关 链 接

目标设定理论

美国马里兰大学管理学兼心理学教授爱德温·A. 洛克和休斯（Hughes）在研究中发现，外来的刺激（如奖励、工作反馈、监督的压力）都是通过目标来影响动机的。目标能引导活动指向与目标有关的行为，使人们根据难度的大小来调整努力的程度，并影响行为的持久性。于是，在一系列科学研究的基础上，他于1967年最先提出"目标设定理论"（Goal-setting Theory），他认为目标本身就具有激励作用，目标能把人的需要转变为动机，使人们的行为朝着一定的方向努力，并将人们的行为结果与既定的目标相对照，促使人们及时调整和修正行为，从而实现目标。这种使需要转化为动机，再由动机支配行动以达成目标的过程就是目标激励。目标激励的效果受目标本身的性质和周围变量的影响。

（资料来源：http://wiki.hroot.com/wiki/%E7%9B%AE%E6%A0%87%E8%AE%BE%E5%AE%9A%E7%90%86%E8%AE%BA.）

（四）职业生涯战略

在个人导向型职业生涯管理模型中，职业生涯战略是指一系列设计出来的用以帮助个人达到职业生涯目标的活动，如图4-5所示。

图4-5 职业生涯战略的定义

格林豪斯等人将职业生涯战略归纳为以下七类：
1）现有岗位的竞争力。
2）扩大工作参与（长时间的努力工作）。
3）技能开发（通过培训和工作经验）。
4）机遇开发（通过自我推荐、明确的任务划分和工作关系网络）。
5）建立支持性关系（师傅、上级、同级人员）。
6）自己形象的树立（传递一个成功者的形象）。
7）参与组织政治。

（五）职业生涯评价

职业生涯评价是人们获得并利用职业相关信息反馈的过程，职业生涯评价的定义如图4-6所示。人们需要知道自己表现得如何，职业生涯评价在格林豪斯的个人导向型职业生涯管理模型中处于非常重要的地位。建设性的反馈使人们能够确定自己的目标和战略是否仍具有意义。职业生涯评价"监督"着职业生涯过程，在职业生涯管理中起协调、反馈的作用。

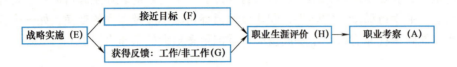

图4-6 职业生涯评价的定义

职业生涯评价的标准主要是指评估职业生涯是否成功，个人职业生涯目标能否实现。职业成功的定义因人而异，因为不同人的职业需求不同，职业目标也不同。C. 布鲁克林·德尔（C. Brooklyn Derr，1998）经过研究总结出公司员工有五种职业生涯成功方向：进取型、安全型、自由型、攀登型和平衡型。进取型，使其达到集团和系统的最高地位；安全型，追求认可、工作安全、尊敬和成为"圈内人"；自由型，在工作过程中得到最大的控制而不是被控制；攀登型，得到刺激、挑战、冒险和"擦边"的机会；平衡型，在工作、家庭关系和自我发展中取得均衡协调发展，以使工作不至于变得太耗精力或太乏味。职业锚也通常被当作判断员工职业成功的标准。要对职业生涯进行全面的评价，就必须综合考虑自我、家庭、组织、社会等各方面的因素（见表4-2）。如果一个人能在这四个方面都得到肯定的评价，则其职业生涯更可能获得成功。

表4-2 职业生涯评价体系

评价方面	评价者	评价内容	评价标准
自我评价	本人	自己的才能是否充分施展 对自己在企业发展、社会进步中所做的贡献是否满意 对自己的职称、职务、工资待遇等方面的变化是否满意 对职业生涯发展与其他人生活动关系的处理结果是否满意	根据个人的价值观，以及个人的知识、水平、能力
家庭评价	父母、配偶、子女等家庭成员	是否能够给予理解和肯定 是否能够给予支持和帮助	根据家庭文化
组织评价	上级、平级、下级	是否有下级、平级同事的赞赏 是否有上级的肯定和表彰 是否有职称、职务的晋升或相同职务责任权利范围的扩大 是否有工资待遇的提高	根据企业文化及其总体经营结果
社会评价	社会舆论、社会组织	是否有社会舆论的支持和好评 是否有社会组织的承认和奖励	根据社会文明程度、社会历史进程

（资料来源：杜映梅. 职业生涯管理 [M]. 北京：中国发展出版社，2007：150.）

相关链接

企业管理人员职业生涯成功的评价标准

职业生涯成功（Career Success）又简称为职业成功。在西方的学术文献中，职业成功通常从主观和客观两个方面来探讨。客观的职业成功是指可以观察得到、可以评价、可以被不带偏见的第三方证实的成就，如获得高的收入、显赫的头衔、高职务、高的社会声望和地位等。而主观的职业成功是指个人对于他们的职业完成情况的主观感觉和满意程度，或指个人在工作经历中逐渐积累和获得的积极的心理感受（Van Maanen, 1977; Heslin, 2005）。这两个方面是相互关联却有显著差异的。主观和客观方面合在一起不仅能反映成功的普遍通用的标准，同样也能反映一个人对于自己目标和职业期望的主观感受（Hall et al., 2005）。

企业管理人员职业生涯成功的评价标准包括八个客观指标和五个主观指标，这些指标的具体含义见表 4-3。

表 4-3　职业生涯成功评价标准中指标的具体含义

评价指标		具体含义
客观评价指标	总收入水平	包括工资、奖金、股票期权、福利等所有收入
	晋升次数	包括工作范围、内容和权限的扩大与职位的提升
	就业能力	对工作的灵活性和适应性、当前业务熟练程度和个人影响力等
	下属的人数	属于自己管辖的员工人数
	工作自主性	能否自由安排时间、工作内容和方式等
	职务等级	是基层、中层还是高层管理人员
	权力	你的岗位拥有的决策权、人事权、财权等
	晋升前景	对未来几年内能否晋升的评价
主观评价指标	工作满意度	对当前工作总体状况的满意程度
	职业满意度	对收入、职业目标的实现，未来发展机会等的满意程度
	生活满意度	对目前生活状态的满意程度
	感知到的职业生涯成功	对自己职业生涯是否成功的主观感觉
	工作-家庭平衡	是否能协调好工作与家庭之间的关系，保持两者的平衡

通过对 310 份调查问卷的数据进行整理，得出的企业管理人员职业生涯成功评价标准的结构化结果见表 4-4。

表 4-4　企业管理人员职业生涯成功评价标准的结构化结果

指标	平均值	指标	平均值
职业满意度	4.69	工作满意度	3.71
工作-家庭平衡	4.50	生活满意度	3.65
总收入水平	4.43	工作自主性	3.53

(续)

指　　标	平 均 值	指　　标	平 均 值
晋升次数	4.21	职务等级	3.41
权力	3.98	下属的人数	3.39
就业能力	3.83	感知到的职业生涯成功	3.12
晋升前景	3.80		

（资料来源：刘宁，刘晓阳.企业管理人员职业生涯成功的评价标准研究[J].经济经纬，2008（5）.）

反馈来自不同方面，执行职业生涯战略的行动也会提供工作和非工作的反馈。例如，周末在办公室加班能够赢得老板的赞许，但或许会遭到家人的反对。参加一个培训项目或建立一种亲密的导师关系有助于人们提高自己，对组织也是很有价值的。另外，绩效评估和指导，部门上司、同事以及其他重要人员都能提供对接近目标的过程的反馈。通过职业生涯评价获得反馈信息，便意味着完成了职业生涯管理的一个循环。

另外，职业生涯评价过程可能导致对职业生涯目标的重新审核。来自工作和非工作方面的反馈可能促使或导致目标的修订，比如说，对一次培训的强烈反馈或在新项目中的出色表现可能会使员工相信要进入下一个管理层的目标仍是可以实现的，但如果培训的反馈或在新项目中的表现不好，员工就可能改变自己的目标。职业生涯评价同样可以影响战略性行为，比如说，在绩效反馈的过程中，一个员工和他/她的上司也许会认为额外的正式培训是不必要的，但对完成新的任务来说，这种培训却是必不可少的，这样一来，目标虽没有变化，但战略却不一样了。有一点已经被证明，个人自我监控和修订职业生涯战略的能力能够带来更高的职业流动，包括更多跨公司的提升和公司内的晋升（Kildiff，1994）。

总之，职业生涯评价提供了一个反馈机制，使职业生涯开发和整个职业生涯管理永远循环。对学习和绩效任务的反馈是有用的，这已经在很多研究中得以证明。作为一种自我纠正机制，反馈功能同样适用于职业生涯管理。

三、职业生涯管理是一个持续的过程

职业生涯管理应该是一个规范的、持续的过程。格林豪斯等人认为：首先，由于工作是生活中很重要的一个部分，因此一份满意的职业能够提高人们的满足感；相反，一连串糟糕的职业生涯选择会对人的自信以及幸福感产生不良的影响。其次，人们要对在工作环境中所处的位置有一个深入的了解并不是一件容易的事情，目标常常是不现实的，战略也往往有失误，若没有持续的、有意识的、积极的职业生涯管理，则以往的错误也许很容易重现且持续下去。

人们往往对先前的决定继续承诺，即使他们将面临重复的失败和谴责，以向他们自己和他人证明最初的决定是正确的。这些人会使自己相信他们以前的失败可以挽回并且先前的努力会有回报，事实上，他们可能为证明最初决定的正确而构造出另外的解释或进一步进行自我辩护。持续积极的职业生涯管理包括来自各方面的反馈，其对于避免投入的升级是必要的。

进一步说，变化的环境也需要持续的职业生涯管理。在制定新的企业战略时，组织面临新环境，要为新的流动渠道清除旧的职业路径。技术的革新、重组、缩减、合并和习得的知识都会影响一个人在特定组织中的职位。同时，人也在改变，在一段时间内显得十分重要的目标，过一段时间后也许要重新审核。30岁时令人兴奋的工作在50岁时可能变得令人讨厌，随着年龄的增长、人的成熟和经历的丰富，新的才能和价值观也会出现。家庭环境的改变也会对职业生涯提供机遇或产生束缚。于是，那些无视变化的人，将会错失选择更加适应目前的价值观和生活偏好的职业的机会。

总之，职业生涯管理就应该是一个持续解决问题的过程，这并不是说人们应该每周、每日随时评价自己的行为或修订自己的目标或战略，但是人们应该与自己所处环境的改变大体保持一致。

相 关 链 接

承诺的升级

一个朋友四年来一直和一位女士保持约会关系，尽管他也承认他们两个人的关系不是十分和谐，但是他最终决定要和这位女士结婚。说到原因，他说："在两个人的关系里我已经投入了太多太多。"

这就是投入的升级，或者叫承诺的升级，它是指对过去决策的投入不断增加，即使是消极的决策。

当个体认为要对自己的失败负责时，他会对这一失败活动增加投入。也就是说，"他们继续把钱投入错误的事情中"，以表明他们最初的决策并不是错误的，因而也避免承认自己犯了错。

（资料来源：罗宾斯. 组织行为学 [M]. 北京：中国人民大学出版社，2001：128.）

第二节　有效的个人职业生涯管理的特征

人们如何判断他们的职业生涯管理是否有效呢？有些人试图通过考察某一时点上职业决策的结果来评估职业生涯管理活动的效果。例如，员工可能会根据自己的职位升迁、负责程度或者业绩水平来衡量职业生涯管理的效果，但是职业生涯管理是一个持续的适应性的过程，职位升迁或者业绩水平只能反映结果，无法清晰地反映实现这些结果的过程，而正是过程体现了职业生涯管理的策略、方法与智慧。

在这种前提下，格林豪斯等人提出了四个有效职业生涯管理的特征：深刻的认知、适合的目标、有效执行的战略和持续的反馈。

一、深刻的认知

有效的职业生涯管理需要对自我和环境有深刻的认识。一些人几乎不了解自己和工作环境中的其他选择。也许一个人可以不了解但仍足够幸运地坠入一个恰好适合自己且允许能力发挥的工作。然而从长期来看，一个人不能单靠运气，职业生涯是由一生中的很多决定组成的，对自我和环境的准确理解能够让人做出恰当的职业生涯决策。

二、适合的目标

有效的职业生涯管理要求提出实事求是的目标，与个人的价值观、兴趣、能力及向往的生活方式相一致的目标。对自我和环境的准确理解，是有效职业生涯管理的必要非充分条件，这些信息必须转化为制定一个目标的决定，也就是说，目标的实现应该符合个人的需要。但要注意一点，对一些人来说，他们倾向于选择别人（父母、配偶、教授、上司）认为合适的目标，而不管这些目标是否能满足自己的需要，而目标与个人需要和价值观的一致才是有效的职业生涯管理的特征。

三、有效执行的战略

有效的职业生涯管理要求制定并执行适当的职业生涯战略。制定有效的职业生涯目标是一回事，而根据计划完成它又是另一回事。

即使一个人在没有制订明确的战略计划的情况下偶然达成了目标，这样的好运也不会总是跟随他。职业生涯需要长期的很多不同类型的决策，制定并执行职业生涯战略的技能对有效的职业生涯管理来说是必不可少的。

四、持续的反馈

有效的职业生涯管理是一个持续的反馈过程，应根据适时变化的环境及时做出调整。没有人能完全准确地掌握关于自己和环境的信息，尤其是在人与环境都发生频繁变化的今天；并且，目标和战略本身可能也需要改善，甚至大幅度调整。

在实际生活中，人们常常能感受到职业生涯中的"停滞"，或者觉得好像碰到了顶端或"路障"。这种情况可能在提示我们，职业生涯计划在这种有挑战性的工作环境中是不合适的。认识不全面和目标战略不合适并不是无效职业生涯管理的信号，真正的问题在于一个人缺乏对这些困难的觉察力，也不能进行建设性改进。因此，有效的职业生涯管理是一个需要不断努力的过程，是不完善的信息和决策被更好的（仍不完善）信息和决策不断取代的过程。

正是由于这些原因，评价一个人的职业生涯管理是否有效很不容易。表现上的"成功"并不意味着信息的准确以及目标和战略的适宜。员工对工作的满意度同样不能真正说明问题，因为适应了他人的需要也会让人满意。有效的职业生涯管理是利用信息和洞察力来取得对个人有意义的价值和满足个人志向的结果。

> **相 关 链 接**

反馈寻求行为

反馈寻求行为（Feedback Seeking Behavior，FSB）即员工主动向上级或同事寻求绩效评价相关信息的行为（Ashford et al., 1983）。要准确理解反馈寻求行为的概念内涵，有两点需特别注意：①反馈寻求行为是一个行为过程而非结果；②反馈寻求行为是一种基于情境的积极组织行为，积极组织行为的目的不只是获取信息，还涉及组织、规划和主动发起等具体行为（Crant，2000），反馈寻求行为是人们主动寻求组织中有价值的信息以实现个人和组织目标的一种手段，其目的是规范行为和实现目标（张燕红等，2014）。

反馈寻求行为有丰富的表现形式，Ashford、Blatt 和 VandeWalle（2003）总结了反馈寻求行为的一般模式，包括五个重要方面：①反馈寻求行为的频率。多数研究表明，频率越高，沟通效果越好，工作满意度和绩效等也越高；反之频率越低，沟通效果越差，工作满意度和绩效等也越低。②反馈寻求行为的策略（询问式反馈寻求行为与监控式反馈寻求行为）。询问式反馈寻求行为（Inquiry FSB）是通过交流的方式获取信息，监控式反馈寻求行为（Monitoring FSB）是通过观察周围的人或事获取信息。有学者认为在权利距离较高的文化情境中，询问式反馈寻求行为会受到抑制，员工更多地选择监控式反馈寻求行为（张颖等，2018）。③反馈寻求行为的时间（紧随评估之后或隔一段时间）（Larson，1989）。④反馈寻求行为的反馈源（上级、同事或其他群体）。⑤反馈寻求行为的内容（关于自我或他人的信息、正面或负面信息）。负面信息尤其是绩效评价方面的负面信息更容易伤害个体自尊（Baumeister et al.，1993）。以上五个方面内容的不同组合可形成多种反馈寻求行为模式和效果，人们采取何种形式的反馈寻求行为与个人和组织因素具有很大关联（Ashford et al.，2003）。

张建平等（2020）利用元分析方法探讨反馈寻求行为与个体绩效的关系，以明确其能否改善个体绩效。共有62篇实证研究纳入元分析，被试总人数达15 141人。结果表明：反馈寻求行为与个体绩效呈中等程度正相关（$r=0.329$），而且反馈寻求行为与创新绩效的关系（$r=0.409$）强于关系绩效（$r=0.302$）和任务绩效（$r=0.258$）；询问式反馈寻求行为与个体绩效及其分维度绩效的关系均强于监控式反馈寻求行为。文化背景和数据收集方式调节了反馈寻求行为与个体绩效的关系。该关系在东亚文化背景下（$r=0.393$）和截面同源数据中（$r=0.433$）最强，在纵向配对数据中仍显著正相关（$r=0.154$），充分说明反馈寻求行为能改善个体绩效；反馈寻求行为的测量工具、反馈源、非自评绩效的主客观性和被试类型的调节效应不显著。

（资料来源：张燕红，廖建桥. 组织中的反馈寻求行为研究述评与展望 [J]. 外国经济与管理，2014，36（4）：47-56. 张建平，秦传燕，刘善仕. 寻求反馈能改善绩效吗？反馈寻求行为与个体绩效关系的元分析 [J]. 心理科学进展，2020，28（4）：549-565.）

第三节　个人职业生涯管理的应聘技巧

一、学会制作简历

通常，简历筛选是企业招聘的第一步。所以，简历的好坏直接决定了个人是否能够拥有利用面试进一步表现自己的机会，虽然这不意味着被最终录用，但却是被录用的必要条件。在个人的职业生涯管理中，每一次职业选择与转换都需要一份简历。在制作简历的过程中，有一些技巧可以参考。

1. 醒目而简短

简历不宜过长，一般中文简历最多不超过两页A4纸，用计算机打印。A4纸是当前大多数公司使用的文件纸张尺寸，千万不要使用A4以下的纸张，除非明确知道这个公司的文件是以A4以下（如B5纸张）为常用文件用纸的，否则给人以小气、寒酸和局促之感。在筛选简历的过程中，招聘者会在每一份简历上花多长时间呢？数据显示，招聘者看一份简历不会超过90秒。在90秒的时间里，招聘者只是扫视简历，然后用几秒钟（最多30秒）的第一印象决定是否给应聘者机会。因此写得越多，并不代表越优秀。如果有很丰富的职业经历，一张纸写不下，就可以试着写出最近5~7年的经历，组织出一张最有说服力的简历，删除那些无用的东西。一般而言，在初次投递简历时，不要寄附件，不要把学习成绩单复印件、推荐信或奖励证明复印件一并寄出，除非特别要求这样做，在获得面试机会后，再带上这些材料。

要让简历中的重要信息变得醒目。醒目的目的是便于招聘者阅读，就像制作一份平面广告作品一样，简历排版时需要综合考虑字体大小，行、段的间距，突出重点内容等因素。审视一下简历的空白处，用这些空白处和边框来强调正文，或使用各种字体格式，如斜体、大写、下画线、首字突出、首行缩进等。

2. 提供关键信息

在简历内容简短的情况下，就必须保证所提供的信息是关键信息，是招聘企业最关注的信息，是最能反映应聘者竞争力的信息。如果A公司要求具备相关行业经验和良好的销售业绩，则应在简历中清楚地陈述有关经历和事实，并把它们放在比较突出的位置，这就是关键信息；如果B公司要求具备良好的英语口语能力，则应在简历中描述自己做过业余涉外商务翻译的经历，这就是关键信息；如果C公司要求拥有某市城区户口，则应在简历中说明自己是某市城区居民，这就是关键信息。企业都想知道应聘者可以为它们做什么，含糊的、笼统的并且毫无针对性的简历会失去很多机会，所以为简历进行定位很重要。如果应聘者有多个目标，最好写多份不同的简历，在每一份简历上突出不同的重点和关键信息，这将使简历更有机会脱颖而出。简历的真正作用不在于告诉用人单位"我是什么样的人"，而在于告诉他"我就是你想录用的人"。

简历是一种很淳朴的东西，因此要表述得客观实在，要让招聘者一眼就能看到关键词。在所学课程的表述上，简单罗列一些看似冠冕堂皇的学科名称，远远不如写明到底学了哪些知识、掌握了哪些技能效果好，突出"我会什么"往往效果比较好。

当简历超过一页时，要把最关键的信息放在简历的第一页，以方便查看，也更容易得到招聘者的关注。例如，应届毕业生同时应聘高校教师和企业人力资源管理人员两个职位，投给高校的简历应该把科研经历和科研成果等关键信息放在显著位置，而投给企业的简历可能要将工作经验、社会活动经历、专业技能等作为关键信息给予突出。

3. 一定要诚实

不要试图编造工作经历或者业绩，谎言不会让人走得太远。多数谎言在面试过程中都会被识破，更何况许多大公司（特别是外企）会根据简历和相关资料进行背景调查。

4. 直接相关的工作经历要多写

人们认为，过去的行为是对未来行为的最有效预测，而且某种行为发生的频率越高，预测的效果就越好，某行为发生的时间越是靠近现在，预测的效果就越好。所以，招聘者在阅读简历时一般都很关注以往的经历。

那么在写作工作经历时，要注意多写直接相关的工作经历。那些相关性不强的工作经历不能提供对未来绩效的预测，所以不需要多写；那些时间久远的工作经历，如未成年工作经历也不要写。

5. 成功案例和数据要多写

"我是个工作严谨且认真负责的人，在学习之余的工作经历中，我有着十分出色的工作表现。""我曾成功担任人力资源经理，具有很好的管理能力。"在许多人的简历中常常可以看到类似的句子。相对于这些单纯的语言描述，具体的事例和数据更具有说服力，因为前者是纯主观的判断，没有论据，而招聘者想要证据。记住要例证自己以前的成就以及在以前公司得到了什么益处，包括自己为其节约了多少资金、多少时间，说明有什么创新等。强调以前的事件时，一定要写上结果，比如"组织了公司人员调整，削减了无用的员工，每年节约600 000元"。因此，在制作简历时，要记住多利用成功的案例和数据。

6. 基本信息不一定全部列出

基本信息是指姓名、性别、身体素质、婚姻、户口等个人信息和社会属性内容。如果用人单位没有特别强调必须注明，建议应聘者列出自身认为这个职位应该列出的信息。应聘者要学会分析用人单位注明的条件是不是真实的，有很多用人单位虽注明了应聘者必须是本地户口，或者必须是本科以上学历，其实完全可以大胆去展示自己的能力——胜利永远属于勇敢者！但是勇敢者要注重策略，对注明要求本地户口的外地人才，在简历上不要注明户口所在地，这并不是欺骗用人单位，只是没有必要将劣势毫无保留地表现出来。

7. 注意简历的规范性

虽然简历不像公文那样有严格的格式要求，但也有一定的规范性，比如使用A4纸打印、内容以个人信息开头等，都体现出了它的规范性。在制作简历时可以表现独创性，但一定不能太另类，另类在公司文化里是不被接受的。当然需要创意的行业就不在此限制内了（如广告业），应聘者完全可以制作海报形式或者广告形式的简历，这样更能吸引招聘者的注意。另外，现在采用彩色打印的简历也渐渐流行起来，只要设计得当，并且预算充足，也可以采用。但是采用彩色打印时不宜颜色太过鲜艳和繁杂，以致喧宾夺主，掩盖了内容的重要性。

简历中的文字、语法要准确无误。许多招聘者最讨厌错别字，他们说："当我发现错别字时我就会停止阅读。"招聘者认为，错别字说明应聘者的素质不够高或者心不够细。

二、面试中的技巧

面试是企业招聘中不可缺少的环节，是每个寻求职业的人都会遇到的步骤。下面简单介绍一些面试中的技巧：

（一）抓住面试成功的秘诀

面试成功的秘诀就是"你的预期＝我的表现"。

人岗匹配是企业招聘要遵守的最核心的原则。所谓人岗匹配，是指员工的素质及能力与岗位任职资格要求相符合，员工需要与岗位可提供的薪酬、发展等相匹配，员工技能与未来的团队需要相匹配，员工的价值观与企业、部门及团队的价值观相匹配。总之，对于企业来说，招聘就是寻找最适合的人，而不是寻找最优秀的人。基于这个原则，应聘者要想获得成功，就必须了解对于企业来说最适合的人选是什么样的，也就是要了解企业的预期，并尽可能使自己的表现与企业的预期相吻合，即实现人岗匹配。

（二）知己知彼

在面试中要想成功，就必须去了解招聘企业，包括了解其招聘流程、职位要求、面试官的相关信息等。

一般企业通知面试有两种方式：一是打电话；二是来信或发电子邮件。面试通知的到来也就意味着"侦察"行动的开始。如果是打电话，除了记下企业名称、面试时间、地点外，不要简单就说再见，还应尽力搞清如下问题：面试的方式是多人同时进行还是单独面试；面试的内容是否有笔试，此次面试是否只进行笔试；面试官姓氏和职位（是人事主管还是部门负责人）。如果是书面通知，你也要及时打电话向对方询问，有了这些信息，你对面试就应该有大概的了解了。

随后的"侦察"行动自然是搜集该企业的资料，如企业的规模、性质、开办年月、产品项目、年营业额、成长幅度、人事制度、企业文化、在行业中的排名等，应尽量多了解一些。现在企业一般都有自己的网站，这为"侦察"行动省下不少力气，了解得越清楚，面试的成功率也就越高。一个对面试企业很熟悉的应聘者，往往较容易获得面试官的认同；反之，一个对企业做什么产品都不去了解的人是很难取得面试官信任的。除此之外，如果能够了解企业的氛围，对应聘者准备合适的穿着也是十分有用的。

相 关 链 接

教你如何应对不同类型的面试官

面试官大致分成四种类型：青涩派、盘问者、伙伴型和高谈阔论者。针对这四种面试官，分别有不同的策略进行应对。

一、青涩派

他们是刚踏上招聘岗位不久的新人，一般是工作 1～2 年的人事助理。他们的工作是根据要求筛选简历、安排面试、负责面试接待或临时充当面试官（主要是核对一些硬性指标，如学历、年龄、身高、外貌，指导填写求职申请表等）。在面试过程中，他们习惯按照"标准化"的甄选流程，有时就像实习中的主持人，对着面试记录表上的标准问题，逐一向你提问："请你介绍一下自己。请问你应聘我们公司的动机是什么？"（老练的面试官可能将这个问题调整为：你最近面试的公司有几家？那你为什么来我们公司面试呢？）同样的询问目的，招聘新人的遣词造句显得较为稚嫩和书生气。

大多数招聘新人对业务没有太多的了解，因此，对你给出的答案，他们无从下手评判；对他们而言，"眼缘"、第一感觉是最重要的，有时你不露声色地"卖弄"一些专业理论可以让他们对你"肃然起敬"。

这类面试官缺少经验，自我掩饰性也较差，如果面试者不符合标准，他们会很快结束面谈，有时可能只有短短的10分钟（而老练的面试官会照顾面试者的面子，与其交流15～30分钟，结束时还可能会给应聘者一些职业发展的建议）。

应对青涩派面试官的方法是：不要忽视他们的重要性，他们的一句话或许可以决定你是否有机会进入二试；在与他们的交谈中，要强调自己可见的优势，比如良好的教育或留学背景，曾经在500强或知名企业工作过等。对刚上手的面试官来说，可见的外部信息是最容易捕捉的，也是最可靠的，是他们推荐你进入下一面试的依据，因此，要自信地表达你核心的优势，然后花更多的时间在以后的面试上。

二、盘问者

近半数的面试官属于这种类型，他们的风格是"高高在上"，不苟言笑，采用盘问或"调查户口"的方式询问所有他们想知道的。他们的面试宗旨是：你（面试者）必须有足够的依据证明你是优秀的，你别想含糊地过我这一关！

应对盘问型面试官的方法是：保持冷静，耐住性子，展示自信；千万不要被他们的气势所吓倒或激怒，也不要认为面试官的冷脸和冷冰冰的态度，一定意味着你不会得到这份工作。大多数盘问型面试官受过专业培训，有着五年以上的招聘经验，是正处在职业发展中期的经理人。

三、伙伴型（或慈父慈母型）

这种类型的面试官已经能够非常熟练地驾驭招聘面试技巧，他们可能拥有10多年的招聘面试经验。在面试初期及过程中，他们习惯身姿前倾、保持微笑，用鼓励或赞同的方式不断让应试者放松和进入状态，会使应试者慢慢打开话闸。伙伴型面试官的眼神和脸部多表现出鼓励、赞同的神态，即使是不确定的追问，他们遣词造句也比较柔和："你刚才的意思是……对吗？还有吗？"另外，他们与盘问者相比，更喜欢主动倾听。受过专业培训的面试官知道，建立平等的交谈关系，可以让应试者的心情放松，从而得到更多有价值的信息，因为此时应试者的戒备心、掩饰性较弱。

当然，这些"老江湖"也会犯一些错误，最明显的就是与应试者交谈时，提问结构不显著（同一段时间内会问不同类型的问题），可能让应试者觉得没有边际，第一个问题与第二个问题间没有显著的关联性，上一分钟还在谈论应试者过去的上司，下一分钟就开始讨论公司的文化。

面对伙伴型的面试官，应试者最大的挑战是：提出的问题好像前后没有关联，无法预测和准备面试官紧接着的下一个问题，也无法判断他们正在用什么方法来评价自己的能力、经验和资历。应对伙伴型面试官的方法是：积极回应，照实回答，但千万不要放松警惕，无意识地落入自卖自夸的境地。

四、高谈阔论者

下意识地在应试者面前推销自己、公司和未来的远景，这多半是专业面试经验不足的创业型企业主，他们对未来充满信心与期待。

对此，应试的最佳方法是：倾听，适时地提出自己的问题，然后判断面试官是在绕圈子

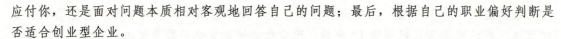

应付你,还是面对问题本质相对客观地回答自己的问题;最后,根据自己的职业偏好判断是否适合创业型企业。

(资料来源:http://zhichang.hr369.com/zhuanti/201409/172610.html。)

(三)善用印象管理技术

众所周知,印象在人际交往中有着举足轻重的地位。人们在会面之前常常在仪表方面做些准备,并在会面过程中对自己的言行举止进行适当的调控,以便给对方留下美好的印象。这种通过自觉调控自己的仪表、体态、言谈等方面,间接影响或控制他人知觉和感受的过程叫作印象管理(Impression Management)。印象管理是一种有效的人际交往手段。那么,如何进行求职面试中的印象管理呢?下面从求职面试的预备、开始、中间和结束四个阶段分别给一些建议,以供参考。

1. 预备阶段

预备阶段即面试开始之前的阶段,应聘者应在衣着、礼仪等方面做适当准备,以得体为原则;要了解面试的一般程序、可能遇到的问题、面试者所关注的能力倾向等;温习自己的求职简历,熟知自己的长处和短处;最后,在面试的前一天晚上要休息好,以保证第二天良好的体力和精神状态。预备阶段准备得越充分,在面试过程中就越能做到从容自信。

2. 开始阶段

开始阶段即应聘者与面试官从见面到切入正题的阶段,一般包括进门、问候、就座、简单寒暄和切入正题等环节。这一阶段的原则是礼貌、诚恳、落落大方和不卑不亢。进门的脚步要轻,主动问候,让座后就座,寒暄要简短,待面试官切入正题后,注意力要高度集中。

3. 中间阶段

中间阶段是指面试的正式进行阶段,一般由面试官控制。有时面试官采用固定的问题,依据固定的程序控制面谈的进程,有时又比较灵活。这一阶段的原则是认真倾听、快速反应、突出所长、谈吐自如。倾听是第一位的,它不仅表现了对面试官的尊重,而且只有倾听才能把握问题的核心所在并迅速做出反应,绝不能因为没有听清问题而答非所问。在回答问题时要注意突出自己的长处,与求职简历相吻合;同时注意吐字清晰、音量适中、节奏可控。另外,在整个过程中应聘者会心的微笑、点头,不时进行目光接触是给面试官留下美好印象的重要保证。

4. 结束阶段

结束阶段即应聘者与面试官结束面谈、相互告别的阶段。这一阶段应聘者应表现得更为礼貌和谦虚,对面试官表示感谢,对面谈表示满意,对自己充满信心。待面试官许可后,再与其握手道别。

总之,求职面试中的印象管理是一个较为复杂的策略性问题。良好的印象管理意味着应聘者良好的人际交往技能和社会成熟度,同时也体现了应聘者在被动环境下的主动精神。如果应聘者在预备、开始、中间、结束四个阶段都能够准备充分,并对面谈的言语方面(内容和形式等)和非言语方面(表情、仪容、体态等)进行适当的管理,那么应聘者在面试官头脑中的印象肯定是不错的。

(四)适度紧张、自信、平和

1. 微笑贯穿应聘全过程

应聘者进入公司，从与前台打交道开始，就不妨以笑脸示人。见到面试官之后，不管对方是何种表情，都要马上起身，微笑着与其握手，做自我介绍。在面试进行当中，也要始终注意，不要让面部表情过于僵硬，要适时保持微笑。面试结束之后，不管面试官给了怎样的答复，都要微笑着起身，并主动握手道别。

首先，初次见面，微笑可以拉近彼此的距离，让对方感觉自己没有敌意，内心真诚。如果再加上握手就更好了，与对方有了身体接触，就容易被对方记住，留下深刻印象。其次，如果应聘者的面部表情太过僵硬，就会显得很紧张、没经验，或是让人感觉性格内向。而微笑可以掩饰内心的紧张，当应聘者被问及一个有难度的问题时，保持微笑更能使自己显得冷静、胸有成竹。最后，微笑会让面试官感觉应聘者容易相处，具有亲和力。

在面试的紧张气氛中，要做到微笑贯穿始终实属不易。建议应聘者在走进面试间之前，做几个习惯性的微笑表情来放松心情。另外，面试前不妨自己对着镜子多练习练习。

2. 聚精会神

应聘者面试时，目光应正视对方，在面试官讲话的过程中适时点头示意，这是对对方的尊重，也可让对方感到自己很有风度，诚恳、大气、不怯场。如果应聘者在面试过程中不停地低头看着脚下或是目光游移不定，这样不但不礼貌，而且还可能会让面试官对你所说内容的诚信度产生怀疑。

如果应聘者实在没有勇气一直看着面试官的眼睛，也可以看着他的鼻子下方，这同样会让面试官感觉自己在认真倾听。当面试官介绍公司和职位情况时，应聘者更要适时给予反馈，表明自己很重视他所说的内容，并且记在心里了。

3. 保留两秒钟的思考

当面试官问及一个重点问题，尤其是有关工作业绩方面的问题时，譬如要求应聘者描述做过的一个项目、承担过的一项任务时，在回答之前，应聘者应适当停顿两秒钟，留出一段思考的时间。除了可以组织一下要表达的内容外，最重要的是示意对方自己正在认真回忆过去的经历。若是应聘者在回答这些问题时根本不用思考，而且倒背如流，面试官第一感觉可能认为你事先经过了精心准备，继而会对所说内容的真实程度打个问号。

第四节 自我雇佣

泰尔沃（Tervo，2008）认为劳动力将在三种状态之间进行转换，分别是自我雇佣（Self-employment）、有偿雇佣（Paid-employment）和失业（Non-employment）。可见，个人除加入一个组织来获取相应报酬之外，还有另外一种就业方式，即自我雇佣。

一、自我雇佣的概念

经济合作与发展组织将自我雇佣定义为在职者做出个体经营决策并对企业的福利负责，其利润和薪酬来自创办企业的盈利。泰尔沃（Tervo，2008）认为自我雇佣可能会为那些在劳动力市场上被边缘化的个体提供一种可行的替代工作选择。因此，在有偿就业机会较少的农村地区，个体更可能被迫选择自我雇佣。此外，移民、某些服务行业的从业者（如律师、建筑师、作家等）、兼职或第二职业者、劳动力市场上不具备竞争力的老年人也是自我雇佣群体的主要成员（石丹淅等，2013）。在我国，自改革开放以来，尤其是国有企业改革以来，农村大量剩余劳动力、城市国有企业下岗职工、城乡新增劳动力成为自我雇佣劳动力群体的主力军（章莉，2018）。自李克强总理在2014年9月的夏季达沃斯论坛上提出"大众创业、万众创新"以后，创业得到更多的鼓励与支持，自我雇佣的人群在我国逐渐庞大并且呈现多样化。

二、自我雇佣的特点

章莉（2018）认为自我雇佣与有偿雇佣相比具有灵活性与无社会保护两大特性。李新建和刘翔宇（2014）认为自我雇佣具有职业的独立性、工作的流动性、报酬的高风险性的特征。整体来看，自我雇佣具有以下特点：

1. 工作的灵活性和自治性

自我雇佣者的工作时间和工作地点十分灵活，相比于有偿雇佣者，其工作更具灵活性和自治性。

2. 收入的风险性

自我雇佣者是自己的老板，其未来收入具有不可预测性和波动性，因此相对于有偿雇佣者来说，自我雇佣者的收入具有风险性。

三、自我雇佣的影响因素

1. 个人因素

一方面，学者们发现年龄、性别等人口统计学特征对自我雇佣的偏好有影响。布兰奇福劳尔（Blanchflower，2000）研究发现，年轻人更倾向于自我雇佣的方式。40～50岁年龄段的个体更容易退出自我雇佣活动（Block et al.，2009）。这可能与年轻人喜欢挑战、愿意接受新事物的性格特点有关。就性别而言，男性比女性更喜欢选择自我雇佣的方式（Verheul et al.，2012），而一旦女性跨越障碍选择自我雇佣活动，其持续期与男性无明显差异。

此外，心理特质因素也是影响个人是否选择自我雇佣的一个重要因素。自我效能强的人更倾向于选择自我雇佣。此外，高成就感需求、自我控制、高冒险倾向等特点都会使个人倾向于选择自我雇佣。

2. 环境因素

环境因素影响着个人对就业方式的选择。如果一个地方的失业率较高，较少的择业机会就将迫使个人选择自我雇佣，但经济环境的恶化可能会使自我雇佣活动难以继续。研究表明，进口增长、高贷款率对自我雇佣的持续性有负向影响，工业品增加值的提高对自我雇佣的持续性有正向影响。

实践方面，随着创新精神和创业意识的提高，有更多的人选择自我雇佣这一就业方式，自我雇佣的群体构成早已不再是以农民工、企业下岗职工等被迫选择此方式的个体为主体，而是变得越来越庞大及多元化。

【关键词】

个人导向型职业生涯管理模型　职业考察　认知　职业生涯目标　职业生涯战略　职业生涯评价　印象管理　自我雇佣

【思考题】

1．如何理解格林豪斯的个人导向型职业生涯管理模型？
2．有效的个人职业生涯管理的特征是什么？
3．如何理解职业生涯是一个持续解决问题的过程？
4．如何制作一份成功的简历？尝试为自己制作一份简历。
5．面试中有哪些技巧？试举例说明。
6．自我雇佣的概念和特征是什么？

【案例分析讨论】

案例一　罗永浩的职业生涯发展之路

2021年，罗永浩现身抖音电商大会，并荣获"卓越星推官"称号。领奖时，他戏称自己是"直播带货的四大天王之一"，但只是"老四"，还有很大进步空间。

这并不是一句玩笑话，2021年的4月1日刚好是罗永浩进军直播电商行业一周年的日子。罗永浩透露：在过去的一年里，他和他的公司团队共售卖8000多种商品，完成营收30亿元。罗永浩立志将直播电商（兴趣电商）、代运营、品销合一营销推广、供应链以及培训业务全面整合，多箭齐发，预计2021年年底完成商品交易总额和收入100亿～150亿元。而谈到其个人债务，罗永浩表示：2021年年底应该差不多还完了，如果没有什么天灾人祸的话。为此，不少网友感叹："真牛，一个人还是应该发挥自己的长处"。这句感叹意味深长，不得不说，总结得十分到位。罗永浩到目前为止的职业发展历程可谓一波三折，通过盘点其职业生涯经历可以得到一些启示。

职业生涯第一阶段：不断试错

很多人也许不知道，高中就辍学的罗永浩，曾经在夜市摆摊，倒卖药材，开烧烤店，卖电脑配件，也做过写文章的工作。可以说，在职业选择方面他做过很多尝试，但不断试错并没有让罗永浩找到方向，反而一度迷茫到不知道自己应该做什么。

在这一时期，罗永浩的性格特点已十分鲜明。虽起点较低，但能折腾、敢折腾，站在并不高的位置，却敢于直面世界，做到不断尝试和突破，其内心之强大可见一斑。但其实罗永浩在这一阶段只是多了一些职业体验，这些体验对其未来职业规划的意义并不大，毕竟用排除法来择业，效率低且风险极大。

职业生涯第二阶段：优势探索

2000年，罗永浩给俞敏洪写了一封长长的自荐信，并在多次试讲后，成功入职。罗永浩成为新东方最另类的英语老师。

在新东方的课堂上，罗永浩经常会用一些搞笑段子来活跃课堂气氛，营造良好的学习氛围，因此很多学生都喜欢上罗永浩的课。这时候的他可能才意识到，自己作为一名讲师，在运用语言的力量征服别人方面，是具有一定优势的。

不断尝试还是有所收获的，罗永浩的这一步将别人认为的不可能变为可能，同时成功发掘了自身优势。可见，脚踏实地的同时，能大胆突破，敢想敢做，对个人职业发展十分重要。

职业生涯第三阶段：情怀至上，盲目探索

好景不长，罗永浩在2006年向新东方提交了辞呈。2008年他再次回归教育行业，开办了"老罗英语"培训班。可现实并不如愿，"老罗英语"的经营状况和规模实在无法与新东方相提并论，此次尝试最后以失败告终。

2011年，罗永浩萌生了做手机的想法，还为此拜访了雷军。他在2012年5月成立了锤子科技，2014年5月正式发布第一款锤子手机——Smartisan T1。锤子科技连续发布的几款手机的整体市场评价尚且乐观，但销量却不尽如人意，与小米、华为等手机相比更是相差甚远。后来的事情相信很多人都知道，2018年下半年，锤子科技出现经营危机，最终宣告破产，罗永浩欠下6个亿的债务。

现实告诉罗永浩，想做好一个科技公司，光靠自己的一腔热血和所谓的情怀是远远不够的，一意孤行只会遭受现实的毒打。做企业不能只搞研发，它涉及团队建设、经营管理、对市场需求的深入了解等多种要素。

职业生涯第四阶段：盲目择业

在随后的日子里，罗永浩还短暂进入过电子烟行业。2019年11月1日，罗永浩宣布小野电子烟"双11"开售。但就在该条微博发布的20分钟后，国家烟草专卖局、国家市场监督管理总局发布《关于进一步保护未成年人免受电子烟侵害的通告》。该通知敦促电子烟生产、销售企业或个人，及时关闭电子烟互联网销售网站和客户端，敦促电商平台及时关闭店铺，下架商品。也许是看到了电子烟的发展前景，急忙加入，没有考虑周全，罗永浩这一步可谓结结实实地踩在了坑里。为此，很多网友心疼：罗永浩实在太背了。也有人调侃：罗永浩眼光不行，进入一个行业之前，难道不关注国家政策吗？

可见，有行业的敏锐度是必要的，但不能只看到其中的红利，不能发现行业很有前景就盲目进入，还应全面考虑行业性质、基本面、风险、未来走势等多个方面。

职业生涯第五阶段：内外结合，找准方向

2020年4月1日，罗永浩正式进军直播电商领域，首场直播销售额就达1.4亿元。在接下来的一年，罗永浩在直播电商方面是取得了不菲的成绩。也许是看到了直播电商日益火爆的趋势，再加上考虑到自己独有的口才天赋，罗永浩这一步不偏不倚，刚好借助时下市场趋势，很好地发挥了自己的专长，大势所趋加上自身优势的完美匹配是罗永浩此次成功的关键。罗永浩提到：很多品牌商希望从业人员能够接受正规培训，从而更专业地为品牌服务，而自己也许是国内目前唯一一个横跨直播电商和教育两大领域的专家。为此，罗永浩的公司

决定启动教育培训业务,由罗永浩本人担任名誉校长及培训讲师。这一操作既迎合了市场,又再次发挥了罗永浩曾在教育行业摸爬多年形成的优势,不得不说这是值得期待的。

罗永浩多年的事业发展曲线,很好地诠释了一个人挖掘自身优势,并在职业规划中充分发挥自己的专长对职业发展的重要性。罗永浩的职业生涯无疑是精彩的,但也是一部血泪史。这段传奇的真人真事告诉我们:一个人在选择职业方向上,必须结合自身特点、过往经历、技能和知识储备等多个因素,还要对时下市场趋势以及国家政策等多方面综合分析,只有这样才能找到适合自己的职业方向。

(资料来源:向阳生涯职业规划公众号)

分析讨论题:

1．你如何看待罗永浩的职业生涯发展之路?
2．通过该案例,你获得了哪些启示?

案例二　女大学生应聘被拒绝后

一位刚毕业的女大学生到一家公司应聘财务会计工作。面试时,因为该公司想招聘具有丰富工作经验的资深会计人员,所以女大学生立即遭到拒绝,但她并没有因此灰心离开,她诚恳地对主考官说:"请再给我一次机会,让我参加完笔试。"主考官最终让她参加了笔试,结果她很顺利地通过了笔试。最后,由人事经理亲自复试。

由于这位女大学生的笔试成绩最好,所以人事经理对她颇有好感。但是,女大学生说自己没有工作经验,唯一的会计经验是在学校掌管过学生会财务,这让人事经理有些失望,毕竟自己需要的是有经验的财务会计。

不得已,人事经理只好对她说:"今天就面试到这里,如果有消息,我会打电话通知你。"

女大学生从座位上站了起来,向人事经理点了点头,并从口袋里掏出一元钱双手递给人事经理说:"不管我是否被录用,都请您给我打个电话。"

人事经理从来没有见过这种情况,一下子呆住了,不过,他很快回过神来问:"你怎么知道我们不给没有录取的人打电话呢?"

她说:"您刚才自己说了,有消息就打,那言外之意就是没被录取的人员就不打了。"

人事经理似乎对这个年轻的女大学生产生了浓厚的兴趣,又问:"如果你没被录取,我打电话的时候,你想知道些什么呢?"

她说:"请告诉我,在什么地方我不能达到公司的要求,我在哪方面不够好,我好改进。"

"那一元……"还没等人事经理说完,女大学生微笑着解释说:"给没被录取的人打电话不属于公司的正常开支,所以,应该由我来付电话费,请您一定打。"

人事经理马上微笑着说:"请你把一元钱收回。我不会打电话了,因为我现在就正式通知你,你被录取了,明天就可以来上班。"就这样,女大学生用一元钱敲开了机遇的大门。

(资料来源:http://learning.sohu.com/20151021/n423793558.shtml.)

分析讨论题:

1．为什么人事经理同意招聘这位女大学生?
2．通过该案例,你获得了哪些启示?

第五章

个人职业生涯规划

> **本章要点**
>
> 1. 个人职业生涯规划的定义
> 2. 个人职业生涯规划的步骤
> 3. 自我分析的内容和方法
> 4. 环境分析的内容
> 5. 职业生涯目标的基本概念
> 6. 确定职业生涯目标的原则
> 7. 职业生涯目标的确定方法
> 8. 职业生涯战略类型

导 入 案 例

博士的苦恼

小艾是个来自农村的孩子。当时家乡种地需要的暖棚材料价格昂贵,父母觉得会制造暖棚一定能赚大钱,于是便萌生了让小艾报考材料学的想法。一向缺乏主见的他遵从了父母的意愿,考入了高分子材料系。

其实,小艾小时候接触过计算机,计算机一直是他最大的兴趣。于是他在本科期间双管齐下,获得了材料和计算机双学士文凭。到了大四,由于成绩突出,校方给了他材料系硕博连读的机会,看着别人羡慕的眼光,他把兴趣甩在一边,顺理成章地踏上了学校为其铺就的光明大道。后来,由于导师推荐改换专业方向,小艾辗转 6 年才获得博士学位。期间,兴趣的驱动让他考取了微软的计算机认证,他还有网站维护的兼职经历。但后来随着本专业课程的加重,小艾再也无暇顾及计算机的学习了。

毕业后,他不愿意去科研机构,而他想去的企业却需要应用型人才。他也想过靠计算机本科文凭求职,但他读博期间就再也没有学习过计算机,早已生疏,完全没有竞争优势,况且将多年学成的博士专业完全放弃,也过于可惜。他空有名校博士的荣誉,却无路可走。

为什么学习优秀的小艾其职业发展却无路可走呢?

(资料来源:赵富强.职业生涯管理——理论与实务 [M].北京:科学出版社,2016.)

小艾的问题是典型的职业迷茫问题。小艾不清楚自己想做什么，能做什么。职业顾问认为，造成职业迷茫的直接原因就是缺少职业生涯规划。那么，职业生涯规划到底应该怎么做呢？本章将介绍这方面的问题。

第一节　个人职业生涯规划的内涵及步骤

一、个人职业生涯规划的定义

个人职业生涯规划（Career Planning）是指个人根据对自身的主观因素和客观环境的分析，确立自己的职业发展目标，选择可以实现这一目标的职业，制订相应的工作、培训和教育计划，以便在后期按照一定的时间安排，采取必要的行动来实现职业生涯目标。

按照时间的长短来分类，个人职业生涯规划可以划分为人生规划、长期规划、中期规划与短期规划四种类型（见表5-1）。个人职业生涯规划是个人对职业发展总体计划和总轮廓的勾画，具有粗略性、目标性、长期性和全局性的特点，为个人整个职业生涯发展指明路径和方向。

表5-1　个人职业生涯规划的类型

类　型	定义及任务
人生规划	针对整个职业生涯的规划，时间长达几十年，目的是设定整个人生的发展目标，如规划成为一个有数亿资产的公司董事长
长期规划	5～10年的规划，主要设定较长远的目标，如规划30岁时成为一家中型公司的人力资源经理，规划40岁时成为一家大型公司的人力资源总裁等
中期规划	一般为3～5年的规划，如规划承担人力资源管理不同模块的工作，规划从小型公司跳槽到大型公司等
短期规划	3年以内的规划，主要确定近期目标，规划近期完成的任务，如对专业知识的学习、掌握哪些业务知识等

二、个人职业生涯规划的意义

个人职业生涯规划指引着个人职业生涯发展的方向，帮助个人确立并认识自己的目标，更好地解决职业发展中的各种问题，如是否要改变目标，是否要进行职业转换，如何更好地工作以换取高绩效和更好的发展前景，等等。总之，个人职业生涯规划有助于个人在职业变动的过程中，面对不断变化的个人需求及环境，进行适时恰当的调整。个人职业生涯规划的意义见表5-2。

表5-2　个人职业生涯规划的意义

序　号	意　　义
1	以既有的成就为基础，确立人生的方向，提供奋斗的策略
2	突破并塑造清新、充实的自我
3	准确评价个人特点、特长和弱点

(续)

序　号	意　义
4	评估个人目标和现状的差距
5	准确定位职业方向
6	重新认识自身的价值并使其增值
7	发现新的职业机遇
8	增强职业竞争力
9	将个人、事业与家庭联系起来

相 关 链 接

职业规划缺失催生"跳蚤族"

在办公室里活跃着这么一群特殊的人，他们不讲究跳槽中的"金九银十"规律，也不参考什么"淡季旺季"的因素，工作想换就换，说走就走。最近公布的一项调查显示，56.1%的职场人士第一份工作不满一年，能在第一个工作岗位待三年的不到10%。事实上，来向阳生涯咨询的一些职场人士，一年中连跳三四次的并不少见。向阳生涯今年上半年的客户统计分析也显示，65%的客户存在职业定位问题。盲目就业、职业没目标、想获得高薪高职，已经成为当今职场的主要问题。

职场"跳蚤"为何如此之多？向阳生涯首席职业规划师认为，缺乏职业定位，以及由此引发的职业规划缺失是产生职场"跳蚤"的首要因素。向阳生涯研究发现，在众多的职场"跳蚤"中，有三类人群最为突出：泛就业＋频繁试错型、缺乏定位＋盲目就业型、自我为中心＋过分追求外职业生涯型。

一、泛就业＋频繁试错型

小V，2008年7月毕业于某财经大学金融学专业，在校兼修日语并取得了保险代理人证、会计上岗证、驾照。毕业后顺利找到了某私企的会计岗位，迈出了职业生涯的第一步。然而，三个月试用期后，小V发现自己并不喜欢会计工作，于是她到保险公司做起了业务代表，没想到两个月后由于没有业绩而被公司淘汰。接下来的半年时间里，小V做过前台接待、理财顾问、电话销售、部门助理等不同的工作，但都没能超过三个月。

有数据显示，2007年以来，66%以上的应届大学毕业生就业不顺利，只能进行泛就业，从事并非自身认同的或想从事的工作。这种泛就业＋频繁试错型的人以小V为代表的大学生居多，他们在求职就业中茫然又盲目，对眼前的工作不满意，却并不清楚满意的工作到底在哪里，妄想通过频繁的试错来寻找正确答案。结果，既失去了生存保障，又浪费了宝贵的时间，最终坠入了反复求职、频繁跳槽的怪圈。

二、缺乏定位+盲目就业型

2006 年，药学类专业毕业的小 B 原本在一家医药集团技术部担任工程师，福利待遇不错，培训机会不少。可每逢朋友聚会他就特别郁闷，这个朋友晋升了，那个同学加薪了，原本自己比他们起点高很多，但现在已渐渐失去了优势。于是，他开始为自己的发展做打算。经过几次跳槽后，2009 年 3 月，他终于进入了某公司担任研发部主管，原以为好日子就要到了，没想到研发主管的工作内容他从没接触过，工作了几个月后，不仅新产品没有开发成功，研发部也被他管理得一团糟。

由于缺乏职业定位和规划方面的知识和技能，相当部分的职场"跳蚤"属于定位错误，他们在找工作的时候总带着错误的目标，或是很强的盲目性。这一类型的人往往是参加工作 3~5 年的人，由于缺乏对自我的正确认识，他们或目标过高，或方向错误，费尽九牛二虎之力终于进入某家公司，工作了几个月就后悔莫及，转而又心生跳槽之念。这种跳槽的危害性相当大。从职业发展来看，频繁跳槽使职业积累断层，缺乏连续性，跳来跳去，除了跳槽经验，什么职业资本都没有，最后连跳的实力都没了。跳槽也是最劳民伤财的事情，自己把自己推向残酷、竞争激烈的人才市场。

三、自我为中心+过分追求外职业生涯型

小 A 在保险业已经做了八年，从业务员到核保主管，一切都在按照自己当初的规划走。最近她突然发现，身边的朋友纷纷都换了大房子、好车，自己却还蜗居在一套 $35m^2$ 的小房子里，开着低档次的车，于是她迫切地想通过跳槽来为自己赢得高薪高职。2008 年 11 月，她跳槽去了小型保险公司担任销售管理部副经理，薪资待遇都得到了大幅的上涨。可是三个多月做下来身心俱疲，高薪高职并非想象中那么好拿。更令她想不到的是，金融危机下保险业大量裁员，年初她被裁员了。

当一个人对自己的职业生涯有明确规划时，可以在自知与自信的状态下理性实现选择，但是一味地以自我为中心，过分追求外职业生涯的发展，往往不利于职业生涯的顺利发展。拔苗助长的故事大家都听过，同样的道理，当自己的职业生涯发展还没有达到一定的标准时，过高的目标只会变成一块烫手的山芋。

我们发现，职业规划的严重缺失令职场"跳蚤"队伍不断壮大，这无疑给用人单位带来了莫大的困扰，同时引发了整个就业环境的动荡。如何有效遏制职场"跳蚤"的飞速增长，已经成为当下亟待解决的问题。加强在职人士的职业规划意识，理性规划职业生涯是控制职场"跳蚤"增加的最佳方法。因为当一个人具有一个较为清晰的职业规划时，他会非常清楚自己需要的是什么，知道自己面对多项选择时该如何取舍，让自己的职业发展朝着既定目标有条不紊地前进。

(资料来源：向阳.职业规划缺失催生"跳蚤族"[J].劳动保障世界，2009（10）：30.)

三、个人职业生涯规划的原则

中国人力资源网上就职业生涯规划的"十大原则"进行了比较详细的阐述。

（1）清晰性原则　考虑目标、措施是否清晰、明确，实现目标的步骤是否直截了当。

（2）挑战性原则　目标或措施是具有挑战性，还是仅保持其原来的状况。

（3）变动性原则 目标或措施是否有弹性或缓冲性，是否能随着环境的变化而做调整。

（4）一致性原则 主要目标与分目标是否一致，目标与措施是否一致，个人目标与组织发展目标是否一致。

（5）激励性原则 目标是否符合自己的性格、兴趣和特长，是否能对自己产生内在激励作用。

（6）合作性原则 个人的目标与他人的目标是否具有合作性与协调性。

（7）全程原则 拟订职业生涯规划时必须考虑生涯发展的整个历程，做全周期的考虑。

（8）具体原则 职业生涯规划各阶段的路线划分与安排，必须具体可行。

（9）实际原则 实现职业生涯目标的途径很多，在做规划时必须考虑自己的特质、社会环境、组织环境及其他相关的因素，选择切实可行的途径。

（10）可评价和测量原则 职业生涯规划的设计应有明确的时间限制或标准，以方便评价、测量和检查，使自己随时掌握执行状况，并为规划的修正提供参考依据。

四、个人职业生涯规划的步骤

个人职业生涯规划包括四个主要的步骤：职业生涯分析、确定职业生涯目标、制订行动方案（包括选择职业、确定职业生涯发展路线、制定职业生涯战略）、评估与反馈，如图5-1所示。

职业生涯分析是职业生涯规划的第一步，主要是对个体自身和环境进行分析与评估，根据分析结果，评估有哪些短期的和长期的发展机会，通过职业生涯分析可以确定职业生涯目标。接下来就要制订相应的行动方案来实现这些目标，把目标转化成具体的路线和战略，其中比较重要的措施包括职业选择、确定职业生涯发展路线和制定职业生涯战略。最后就要对整个职业生涯规划结果和规划过程进行评估与反馈，必要时进行调整，以保证职业生涯规划符合个人的需要，最有效地发挥个人及环境的优势。

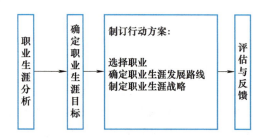

图 5-1 个人职业生涯规划的步骤

> **相 关 链 接**

解读自己22年职业生涯

时光荏苒，我的职业生涯已经走过22年。我一直在构思这个题目，最初的想法是用职业规划的理念分析自己真实走过的22年，可是每次敲击键盘的时候都会被一种隐隐的痛苦打断，我知道，这痛苦来自个人职业发展上的多次失误，造成失误的原因却很简单。那时，我不知道职业规划。

一、大学四年

1982年高考，我凭兴趣选择的专业是精密机械设计。之前我一直在农村生活，大学期间为了解决生存问题，利用学生宿舍开了一个名为"好再来"的洗相部（冲洗黑白照片），坚持了两年多的时间，赚的钱足够自己完成学业了，我还担任过宣传委员、体育委员，参加过全校的演讲比赛。因为花了过多的时间在冲洗相片上，我以专业成绩中等偏上的水平结束了四年的大学生活。

1. 理念与解读

1）职业方向选择是职业规划的关键一步，开始的时间越早越好，至少在高中就要开始，一旦选好了方向就要坚定地朝着这个方向走。要知道在正确的时间做正确的事，否则就会浪费时间。大学是学习的地方，即使为了生存去勤工俭学，也要保证学好专业知识。虽然我很喜欢自己凭兴趣选择的专业，可是生存问题占用了我大量的时间。当时家境困难的同学多数都在卖面包、生活用品等，而我对摄影感兴趣，就开了洗相部，室友都去自习室学习的时候我就在宿舍冲洗相片，其实所有的冲洗技术都是边干边学的，摄影到现在还是我的爱好之一。

2）每个人想做的事情很多，或者说喜欢做的事情很多，但是如果能集中精力在某一件事情上，那么达到自我实现的概率就会更大，其他的只能以爱好对待。比如：爱好唱歌的人很多，可是能以唱歌为职业的人很少；爱好踢球的人很多，可是能以踢球为职业的人很少。因为这些职业对身体的某些机能有特殊的要求。

3）职业兴趣是兴趣在职业方向选择时的表现，不同的人在职业兴趣上有很大差异，兴趣是产生工作动力的源泉之一。霍兰德职业兴趣测评的结果表明，我在社会型 / 企业型 / 现实型三个方向的表现比较平均，在大学期间的表现也符合自己的兴趣倾向，可惜那时我并不知道职业规划。

2. 思考题

1）你喜欢现在的专业吗？
2）你的专业符合你的职业兴趣吗？
3）你考虑过如何度过四年的大学生活吗？
4）你知道你的专业将在很大程度上决定你一生的职业方向吗？
5）你考虑过你的专业可以支撑你进入什么样的行业吗？
6）你考虑过你将进入的行业的发展前景吗？
7）你知道与你同专业的师哥师姐的就业情况如何吗？

二、职业经历之一

1986年，我毕业后被分配到一家国营的无线电厂，该厂的主产品是调制解调器，很显然，我的专业决定了我所在的科室是工厂的二线科室，一线科室里都是通信、电子专业的毕业生。我是党员，到工厂后的第一年要参加讲师团并到农村支教一年，回到工厂后，我能做的涉及专业的工作只有模具设计了。我花了一年的业余时间进修模具设计，可惜没有足够多的模具设计工作。后来我开始了工厂内的轮岗，采购科、销售科、生产科都干过，直到最后成为这家工厂的副厂长，那年我27岁。1993年我辞职离开工厂，进入一家合资企业任职主管生产和销售的副总经理。

1. 理念与解读

1）职场对专业能力的要求是恒久不变的，大学时的专业选择在很大程度上决定了你一生的职业方向。显然，我被分配的单位不适合我的专业发展。按照我的专业，我应该进入手表厂、机床厂等以精密机械为主要产品的企业。

2）职业规划由一系列近期、中期、长期目标组成，适当的目标是动力，过高的目标是负担。实现目标的过程就是个人自我实现的过程，也是享受生命的过程，你要接受自己的生活背景和现实（如出身家庭的贫富差别、身体的缺陷等），更要努力去改变。

3）工作是靠能力完成的，而不是学历。能力不仅指专业能力，还有可迁移能力和自我管理能力。虽然我的专业能力没有很好的发展机会，可是我的沟通、组织、协调适应等可迁移能力，以及自信、执着、乐观等自我管理能力还是给了我新的机会。

4）职业兴趣、性格、能力、价值观、重要他人、职场、工作经历、教育背景是进行职业规划时通常要考虑的八个重要因素。如果综合考虑了这些因素后，你依然不能做出最后的选择，请听从你内心的声音，你内心的希望是你生活的动力，也是你克服困难的动力。完全没有职业规划概念的我在无线电厂的那段时间已经放弃了专业，在老厂长的安排下，轮流在工厂的各个部门工作，那些工作也符合我职业兴趣中社会型和企业型的方向，所以没感觉到不适应，唯一遗憾的是丢了专业。如果那时知道职业规划，我会自己选择做哪些工作。

2. 思考题

1）你关注对你重要的人了吗？
2）你知道职业对能力的刚性要求吗？
3）你知道能力比学历更能帮助你实现职业梦想吗？
4）你清楚你要进入的行业的入门条件吗？

三、职业经历之二

离开工作了七年的无线电厂，我进入了一家生产通信设备的合资企业，技术是从美国引进的。作为副总经理，我全面负责生产和销售。在无线电厂的经历让我很容易适应新的工作。当生产稳定后，销售成为我的主要工作（这里的销售和我在无线电厂的不同，无线电厂是按计划由客户订货，现在我要去推销给电信部门），真正对销售感兴趣也是从这家企业开始的。两年后，因为国家产业政策调整，这家企业倒闭了，我失业了。我将销售作为自己今后的发展方向（这是我最早的职业规划意识，那时我已经30岁了），考虑了当时自己的条件，决定停职一年去学习销售知识。然后我去了一家销售IC卡电话机的合资企业应聘销售员，目的是要把学到的销售知识在实践中消化和吸收。

1. 理念与解读

1）找到合适的职业方向和执行计划的动力是一个完整的职业规划必须解决的两个问题。规划只是一个计划，执行才可能将理想变为现实，执行中还要适当地调整自己的规划。还好，自信和乐观使我没被失业打倒，而且开始了有目标的职业生涯。有了目标的行动是迅速而有成效的，而且动力充沛，没有挫折的感觉，就是在为实现目标努力着。

2）职业规划就是一个决策的过程，决策时必然要考虑各种因素，因素选择的多少决定了决策的结果。职业发展是分阶段的，在职业发展的不同阶段，要学会选择哪些是必须考虑的主要因素，哪些是可以暂缓考虑的次要因素。简单来说，就是把需要解决的问题按时间段加以区分，也就是把这些问题分配到职业规划的不同阶段去解决。

3）不要过分依赖测评的结果，那只是帮助你认识自我的方法之一，重要的不是测评的结果，而是如何理解和应用测评的结果。性格是一个人最难改变的个体特征，不要试图改变你的性格，知道发挥你性格的长处就可以了。我去应聘销售员的时候隐瞒了自己副厂长和副总经理的职业经历，因为我需要一个实践的机会。我选择社会型、企业型和现实型任意一个方向都是对的，但我只能朝一个方向走。现在看来，如果我去销售机械产品可能是更好的选择。

4）选择一种职业就是选择一种生活方式，先想清楚你希望的生活方式，再选择你的职业方向。职业是人生活中最重要的组成部分，所以花点时间探索自己的职业方向是值得的。后退是为了更好地前进。我当然清楚停职学习可能造成的收入损失，我非常喜欢独立、自由的生活方式，可我更清楚自己的生活责任，这是最难平衡的因素，现在看来，我当时做出了正确的选择。

2. 思考题

1）你知道"量化"生活愿景的意义吗？
2）你知道乐观、自信、激情、认真、执着的态度在职业发展中的重要性吗？
3）你相信职业规划是一个陪伴一生的过程吗？
4）你知道选择就意味着放弃吗？
5）你知道尽早选择职业方向的重要性吗？
6）你知道执行比计划更重要吗？
7）你找到执行的动力了吗？

四、职业经历之三

1998年，我加入一家刚刚起步的公司，先后任职部门经理、总经理销售助理。在这里，我实现了自己阶段性的职业梦想，成为职业经理人，完成了清华大学的MBA课程。由于工作的关系，招聘、解聘的事没少干，期间最难理解的是员工主动辞职。2007年5月，我开始关注人力资源和职业规划。2008年，我再次转行成为公司的人力资源高级经理，主要工作就是从职业规划的角度提高员工对组织的满意度，也同时开始了一个GCDF（全球职业规划师）的职业生涯。

1. 理念与解读

1）机会总是照顾有准备的人。职场中，人要未雨绸缪，阶段性地了解自己，了解职场，随时为了能在自己选定的职业方向走得更远而做些必要的准备，要清楚自己处在职业发展的哪个阶段，更要清楚自己该为下一个阶段做些什么准备。在我认为自己已经具备了一个销售人员应该具备的理论和实践经验之后，我需要一个更大的舞台，这是充分准备后的执行。我如愿加入这家刚起步的公司，在我的倡导下，公司完成了改造，完善了销售流程，设计并实施了新的销售策略、新的绩效考核政策，我也分享了公司快速发展的成果。后来转行成为职业规划师，与我多年的管理工作有直接的关系。

2）工作就是生意，要清楚自己的价值，学会经营自己的职业，在关键的时间节点要学会选择，能对自己负责的只有自己。如果没有当初自己的主动思考，如果没有做好充足的理论和实践经验的准备，我肯定没有机会进入这家公司，也就不会有今天的收获，这其中有点运气，但更主要的还是主动的准备。

2．思考题

1）如果我走专业发展的路，结果如何？
2）如果我结合专业走销售的路，结果如何？
3）如果我中途自己创业，结果如何？
4）如果我没有遇到老厂长那样的重要他人，结果如何？
5）如果我大学毕业的时候就知道职业规划，结果如何？
6）如果我没有做充足的准备，有机会进入那家初创公司吗？
7）职场经历在我的职业发展中起到了什么作用？

五、结束语

推广职业规划理念是职业规划师义不容辞的责任。职业规划咨询不是一个很快就能看到效果的工作，职业规划的主要目的是找到适合自己的职业方向和执行的动力，同时要懂得在执行过程中适当调整。看到我用职业规划理念对个人22年职业生涯的解读，你对职业规划有何感想？如果你理解了职业规划的理念，就会发现职业规划其实并不难，也不复杂。人总要在组织中工作，所以，无论你处在哪个职业发展阶段，个人规划一定要与组织的愿景相结合，双赢才是最好的规划。

（资料来源：李纲.解读自己22年职业生涯[J].中国大学生就业，2008（21）.）

第二节　职业生涯分析

个人职业生涯规划从职业生涯分析开始，也就是要分析个体和环境，帮助个体真正了解自己，并且进一步评估内外环境的优势和限制。只有认清自我、认清环境，才能建立切实可行的职业生涯目标，并制订实现目标的行动方案。只有把自身因素和社会条件做最大限度的契合，才能在现实中趋利避害，使职业生涯规划更具实际意义。

具体来说，职业生涯分析包括三个方面的内容：自我分析、环境分析和综合分析。

一、自我分析

（一）自我分析的定义及内容

管理职业生涯的关键是清楚地认识自我，即明确自己究竟是怎样的人。自我分析是指个人对自己的了解和认识，包括认识自己的长处与缺点，不仅要分析自己的气质、性格、兴趣、动机、能力等，还要分析个人的健康情况、自我是否充实以及自己的休闲情况，并对自己的行为进行反省等。自我分析的内容见表5-3。

表 5-3　自我分析的内容

维　　度	主　要　内　容
能力与能力倾向	我的智力特点是什么？我的职业能力如何？我的能力优势是什么？哪些方面的能力需要提高？
气质与性格	我属于哪种气质？我的性格有什么特点？我的气质与性格对于我的职业生涯有什么影响？
价值观	我支持怎样的价值观？当我不得不做出决定时，价值观是否在我的决策过程中起到很大的作用？当我为一天做打算时，是否能不断地寻找可以在我的行动中展现这个价值观的方法？
职业适应性	我的真正需要是什么？我适合哪种职业类型和职业环境？
健康情况	身体是否有疼痛？是否有不良的生活习惯？是否有影响健康的活动？生活是否正常？有无养生之道？
自我充实	是否有专长？经常收集和阅读资料吗？是否正在培养其他技能？
休闲管理	是否有固定的休闲活动？有助于身心和工作吗？是否有休闲计划？
生活方式	生活方式是指一个人和周围环境的一系列互动关系，如工作类型、工作时间、工作中打交道的人的类型、对传统和规范的认同程度等。
人生目标和个人愿景	当闭上眼睛憧憬自己的理想生活时将会是一幅怎样的场景？我会住在哪里？我会干着什么样的工作？我周围都有谁？

（二）自我分析的方法

虽然自我分析很重要，但是认识自己并不是一件简单的事情。我们对自己的认识常常是模棱两可、含糊不清的，有时候甚至是完全错误的。我们不知道自己希望从工作中获得什么，不知道自己真正适合做什么。有些人在做职业决策时，常常是为了取悦他人——父母、教授、配偶或老板，或者追逐社会上的热门职业。此外，还有很多人处在一种无意识的职业生涯状态中，不愿意承担职业生涯管理的个人职责，让外界因素左右自己的行动和选择。这些都和不认识自己、不了解自己有关。要全面客观地认识自己，就应该掌握自我分析的科学方法和工具。

自我分析的工具分为两类：正式的评估工具和非正式的分析工具。

1. 正式的评估工具

正式的评估工具是指使用一些结构化、标准化的评估技术进行自我分析。这类评估工具是基于统计技术并对大量人群施测后建立起来的，测评形式通常包括纸笔答卷和计算机测评。在职业生涯规划中，正式的评估工具主要是指那些具有一定信度和效度的心理测量问卷。

本书第三章详细阐述的针对判断自己的一般能力及职业能力倾向、了解自己的职业气质和人格、确定自己的职业性向的测量问卷都属于正式的评估工具。除此之外，常见的用于自我分析的正式评估工具还有奥尔波特－弗农－林德西价值观问卷。此问卷中列有多种相互矛盾的价值观，每个人需要对其做出 45 种选择，从而测定这些被试对多种不同的关于理论、经济、美学、社会、政治及宗教价值观接受和同意的相对强度。

2. 非正式的分析工具

相对于正式的评估工具，非正式的分析工具是以非结构化和非系统的方式来搜集有关个体的信息。非正式的分析工具大多采用行为分析技术（观察）和自我陈述分析技术（感觉、态度、兴趣、经历等）。在运用非正式的分析工具时，主试可以根据个人的经验和技能对评价结果进行分析和解释。非正式的分析工具包括：自我访谈记录、24小时活动日记、"重要人物"访谈记录、生活方式描述、分类卡、工作价值观清单、想象引导、生涯人物访谈、生涯传记、乔哈里视窗等。

（1）自我访谈记录　给每位被试者发一份提纲，其中有11个问及他们自己情况的问题，要他们提供有关自己的生活（有关的人、地点、事件）、经历过的转折以及未来的设想，并让他们在小组中互相讨论。这篇自传摘要体裁的文件将成为随后自我分析所依据的主要材料。

（2）24小时活动日记　被试者要把一个工作日及一个非工作日全天的活动如实而无遗漏地记录下来，用来对照从其他来源所获同类信息是否一致或相反。

（3）"重要人物"访谈记录　重要人物是指对自己有较重要意义的人。每位被试者要对自己的配偶、朋友、亲戚、同事或其他重要人物中的两个人，就自己的情况提出一些问题，看看这些旁观者对自己的看法。访谈过程需要录音。

（4）生活方式描述　每位被试者都要用文字、照片、图片或其他手段，描绘自己的生活方式。

（5）分类卡　它是由北森公司开发的一种有趣的彩色卡片游戏，通过对职业卡片的分类可以鉴别出个人的工作兴趣。在运用分类卡工具时可以将评估的结果与霍兰德职业兴趣测评相结合。

（6）工作价值观清单　它列出了15项工作价值观，请被试者写下5个最认可的价值观以及选择它们的原因，再将这些价值观按重要性排序，反思这些价值观如何在过去的生活中影响了个人的种种决策，以此来了解影响个人工作选择的重要因素。

（7）想象引导　它是指运用想象来了解个人的职业理想、兴趣、目标和发展方向的方法。这种方法可以让个体跳出现实情境，充分放松，关注内心的感受。常见的想象引导包括生涯幻游、我的蝴蝶大梦等方法。

（8）生涯人物访谈　它是指让个体花一定的时间去亲身经历感兴趣的职业类型的方法。个体可以通过对某行业中感兴趣的职业人物进行访谈，或通过亲身经历对不甚了解的职业目标进行澄清和证实。通过生涯人物访谈，个体可以获得最新的职业信息，扩大职业人际关系网，树立工作面试的信心，确定专业的实力和不足。

（9）生涯传记　它是通过分析传记资料帮助个体了解自我的一种方法，包括生涯彩虹图和成就故事等工具。生涯彩虹图直观地展现了个人在生命发展阶段所扮演的角色以及对角色的投入程度，通过生涯彩虹图可以评估个体在工作、学习、家庭、休闲和社会活动等各方面的投入程度和角色之间的互动，帮助个体平衡角色关系。成就故事工具则更注重挖掘个体在过去生活中的成功事件，通过对成功事件中个体所表现出来的优势和能力的正面引导，来帮助个人建立自信心，鼓舞个体克服困难。

（10）乔哈里视窗　乔哈里视窗（Johari Window）也称为橱窗分析法。这个方法最初是由乔瑟夫·勒夫（Joseph Luft）和哈里·英格拉姆（Harry Ingram）在 20 世纪 50 年代提出的，所以就以他们的名字合并为这个方法的名称，当时他们正从事组织动力学的研究。

乔哈里视窗是一种关于沟通的技巧和理论。根据这个理论，人的内心世界被分为四个区域：公开区、隐秘区、盲目区和未知区，如图 5-2 所示。

	自己知道	自己不知道
他人知道	公开区	盲目区
他人不知道	隐秘区	未知区

图 5-2　乔哈里视窗示意图

公开区，也称为"公开我"，是指自己知道、别人也知道的信息。例如，你的名字、发色，以及你有一只宠物狗的事实等。人与人之间交往的目的就是扩大公开区，实现这一目的的主要做法有提高个人信息的曝光率、主动征求反馈意见等。

盲目区，也称为"脊背我"，是指自己不知道、别人却知道的盲点。例如你的处事方式、别人对你的感受等。

隐秘区，也称为"隐私我"，是指自己知道、别人不知道的秘密。例如，你的秘密、希望、心愿以及你的好恶等。

未知区，也称为"潜在我"，是指自己和别人都不知道的资讯。未知区是尚待挖掘的黑洞，它对其他区域有潜在影响。

在自我分析中，要重点了解"潜在我"和"脊背我"这两个部分。针对"脊背我"这一部分，需要个体具备开阔的胸怀、以正确的态度来真诚地看待他人的意见和看法。上面介绍的正式的评估工具和非正式的分析工具也可以用来提高个体对于"潜在我"的认识。

除此之外，我们不妨常常问自己下列一些问题：
- 你现在是否待在你想待的地方？如果不是，你知道自己想要的是什么吗？
- 你知道怎样才能得到自己想要的东西吗？中间需要经过哪些步骤？
- 和你的职业生涯相关的真正重要的是什么？
- 你曾有过的最大成功是什么？
- 在你的职业生涯中你愿意在哪些方面与众不同？为什么？怎样才能做到？
- 哪些因素影响着你先前的职业决策？
- 你是怎样找到原来的工作的？
- 你是否曾经注意包装过你的技能或者你是否对自己的兴趣、价值观和个人偏好进行过评估？如果是，你是怎样确定这些因素的？

如果你能回答这些问题，你就可能会采取一种有意识的方式管理自己的职业生涯。否则，你就应该进一步加强自我分析，认真规划你的职业生涯。

二、环境分析

自我分析是职业生涯分析的重要因素，除此之外，环境分析也是必不可少的。工作环境存在很大的差异，只有环境与个人的兴趣、价值观和能力相匹配，才能有效地开展职业生涯规划。有研究证明，人们寻找的是能使自己和工作相融合的职位，因此只有积极地研究自己所处的环境，才能形成完整的、真实的自我意识。

在职业生涯管理中，较为重要的环境主要涉及四个方面：社会环境、组织环境、工作环境和家庭环境。

(一)社会环境

社会环境分析主要包括经济环境分析、社会文化环境分析、政治环境分析、价值观念分析和技术环境分析。

1. 经济环境分析

各地区社会经济结构和社会经济发展趋势对劳动力市场需求数量和特征影响显著。经济模式的变化对职业发展同样有很大的影响。知识经济的到来,使企业面临新的管理问题,也对人的能力和发展提出了新的要求。同时,国际化发展对人的素质的要求也在变化。政府部门、各研究机构每年都会对我国劳动力市场发展状况做出报告,通过这些报告我们能有效了解各地区、各职业的劳动力供求变化,为职业选择提供参考。

2. 社会文化环境分析

社会文化环境包括教育条件和水平、社会文化设施等。在良好的社会文化环境中,个人能受到良好的教育和文化熏陶,从而提高职业竞争力,为职业发展打下坚实的基础。

3. 政治环境分析

政治环境对个人的择业和就业有着重大的影响。政治决定国家的经济体制,影响着企业制度,从而影响个人的职业发展;政治稳定性决定着个人职业的稳定程度;政治环境会影响个人的职业价值观,从而影响个人对职业的选择。

4. 价值观念分析

个人生活在社会环境中,必然会受到社会价值观的影响。事实上,个人的价值观形成受社会主流价值观的影响很大。个人的职业生涯实际上是个人不断社会化、再社会化的过程。社会价值观就是通过影响个人价值观来对个人的职业生涯规划和管理产生影响的。

5. 技术环境分析

技术环境影响职业数量,社会的技术环境往往与经济环境相互促进。技术的快速发展意味着经济的增长,因此职业数量相对较多。技术环境影响职业类型,技术水平较高的地区对于人才的需要更多地呈现技术特征和专业特征。另外,技术环境也对个人的成长有着较大的作用,在具有技术优势的地区,个人的专业技能提升得更快,从而促进个人的职业生涯发展。

相 关 链 接

《2020中国劳动力市场发展报告》发布

2020年12月12日,《2020中国劳动力市场发展报告》(以下简称《报告》)发布,这是北京师范大学劳动力市场研究中心自2011年以来连续发布的第10份报告。《报告》聚焦的主题是"构建新发展格局背景下的劳动力市场空间演变",《报告》指出我国劳动力市场空间演变表现出八个方面的特征。

第一,劳动力市场极化现象逐渐明显。我国区域之间劳动力市场的稳定型就业、灵活型就业与高技能型就业都出现了一定的极化趋势,主要体现在东部地区和东北地区之间的两极分化，而中部地区和西部地区的极化趋势相对较弱；东部地区内部的高技能型就业和灵活型就业规模都明显增长。

第二，劳动力市场格局呈现南北差异。南方就业总量始终高于北方，且从 2015 年后差距逐渐拉大，南北方人口流入差距拉大，南方城市人口流入更加明显，南方就业质量高于北方。2019 年，全国人口净流入最多的省份为浙江和广东，同期东北三省净流出人口最多。全国就业质量总体呈稳步上升趋势，南方就业质量高于北方，且就业质量增速高于北方，东部沿海地区领跑全国，就业质量最高。

第三，劳动力市场就业岗位创造能力异质化显现。"三新"经济带来了直接和间接就业创造效应。分区域来看，不同经济圈高技术产业就业情况差异显著，粤港澳、长三角高技术产业吸纳就业能力较强，广东、江苏成为高技术产业就业吸纳高地，中西部地区正在通过发展高技术产业吸纳高技术人才。同时，国企民企"携手"促进高技术领域的就业创造与重塑。

第四，劳动力市场"时""空"边界不断变革。就业形态的空间变革主要体现在工作空间和工作模式两个层面。表现为：线下到线上的变化，传统的工作平台、工作空间萎缩，线上经济活动越来越多；工作弹性增强，一人一岗到多人一岗或一人多岗的变化趋势十分明显，弹性岗位模式与互联网平台结合，共同打造了各种灵活就业模式，工作更加多样化。就业形态时间转变主要表现为工作年限延长和工时缩短并存。

第五，劳动力市场地域空间逐渐重构。在未来城市发展中，都市区外围城市、都市区核心城市、区域性中心城市的效能将进一步释放，劳动力市场地域空间复杂性将会更加明显。长三角、珠三角、京津冀、成渝、长江中游五大城市群成为主要人才流入地。未来，世界级产业链集群建设、国家城市群现代化产业体系形成、世界级多中心网络型区域协调发展均会影响劳动力市场地域空间的重构。

第六，城乡劳动力市场融合度上升。城乡劳动力市场融合发展至少体现在三个方面，即人口在城乡之间自由流动加快、返乡入乡人数日益增多以及农民工就地就近就业比例逐渐提高。

第七，劳动力市场回旋空间增加。近年来，我国人力资本质量的稳步提升为产业升级和调整提供了回旋空间。同时，一系列改革有效破除了不利于劳动力流动的制度壁垒，为缓解劳动力市场的区域结构失衡提供了回旋空间，随着新技术的应用，劳动力市场线上回旋空间也不断拓展。

第八，劳动力市场国际空间不断拓展。我国劳动力参与国际经济合作的主要特征表现在三个方面：劳动力参与国际经济合作的对外输出规模持续扩大；雇佣海外当地人员数量和比例都在不断增加；中高端劳务合作是我国参与国际经济合作的重要发展趋势。在华外资企业雇用我国劳动力的主要特点包括两个方面：外资企业劳动力呈现平稳增长态势；当前制造业仍然是吸引外商直接投资的主要行业，制造业就业人员占比更大。

（资料来源：中工网.）

（二）组织环境

对于组织环境的分析涉及两个部分：组织内部环境分析和组织外部环境分析。对组织环境信息的解释见表 5-4。

职业生涯管理

表 5-4 对组织环境信息的解释

分析对象	解 释	分析对象	解 释
组织内部环境	组织的财务状况 经营战略 组织文化 职业生涯道路的灵活性 职业生涯管理的做法和政策 组织规模和结构 薪酬制度 招聘及培训制度	组织外部环境	行业前景 企业市场竞争情况 企业的行业地位及发展

(资料来源：格林豪斯，卡拉南，戈德谢克. 职业生涯管理：第3版 [M]. 北京：清华大学出版社，2006.)

所有的职业都无法摆脱与组织的联系，在做职业生涯规划时，必须对以上列出的组织环境进行认真的分析。

（三）工作环境

对于工作环境的认知包括多个方面。对工作环境信息的解释见表 5-5。

表 5-5 对工作环境信息的解释

分析对象	解 释	分析对象	解 释
工作环境	任务内容的丰富性 任务的重要性 必需的才能和培训 经济回报 安全性 社会关系 任职资格要求	工作环境	工作场所的物质条件 生活方式问题 工作时间 工作压力 独立自主的程度 与其他工作的关系

(资料来源：格林豪斯，卡拉南，戈德谢克. 职业生涯管理：第3版 [M]. 北京：清华大学出版社，2006.)

工作环境信息和后面提到的职业信息相似，需要注意的是，对于工作环境的考察是与特定的组织环境相联系的。在不同的组织中，甚至在同一组织的不同部门之间，工作环境的一些特征也是存在差异的。例如，两家公司的人力资源经理可能承担的工作任务和职责基本相同，但是在决策自由程度上，第一家公司比第二家公司授权范围更大，因此，第一家公司的人力资源经理的工作自主性更强。

（四）家庭环境

家庭是个人成长和生活的主要环境，其对于个人的职业生涯发展也具有很重要的影响。在现实的职业生涯规划中，个人的职业性向和职业发展路线往往受家庭影响很大，特别是在家庭观念浓厚的我国，这种影响更大于西方国家。

对于家庭环境的分析主要考虑的因素是：家人的健康状况；家人的关系；配偶的职业生涯志向；配偶的情感需要；子女的情感需要；其他家庭成员的需要；家庭的财务需要；家庭期望的生活方式与生活品质；家庭的发展阶段；本人和配偶在职业生涯上所处的阶段；

等等。

对于环境信息的收集可以通过多种渠道实现，包括行业简介、公司的年度报告、熟人、有关具体工作和职位的参考资料、中介公司等。近年来，互联网的发展有力地促进了外部环境考察的便捷性。

环境考察的结果可以形成个人的工作环境偏好，这个偏好总结应该涉及以下问题：你最感兴趣的任务和活动是什么？你最希望在工作中展现何种才能？你希望在工作中享有多大程度的自主权？你喜欢与他人结成何种类型的工作关系？你乐意身处哪种工作环境（如工厂、办公室、室外）？金钱和安全在你生活里起什么作用？工作在你整个生命里有多重要？在你的工作和生活的其他内容之间，你希望是一种什么关系？哪种职业和行业最适合你的兴趣、才能、价值观和所偏爱的生活方式？

三、综合分析

在自我分析和环境分析完成之后，要整合两个方面的分析结果，进行职业生涯综合分析。常见的综合分析有关键成就因素分析、关键问题分析和 SWOT 分析。

1. 关键成就因素分析

关键成就因素分析主要包括三个方面的内容，即人脉分析、金脉分析和知脉分析，见表 5-6。

表 5-6　关键成就因素分析

分析维度	具 体 内 容	提 升 措 施
人脉	家族关系、姻亲关系、同事（同学）关系、社会关系	沟通与自我推销
金脉	薪资所得、有价证券、基金、外币、定期存款、财产（动产、不动产）、信用（与为人和职位有关）	储蓄、理财有方、夫妻合作、努力工作提高自己的能力、条件及职位
知脉	知识力、技术力、资讯力、企划力、预测（洞察）力、敏锐力	做好时间管理、安排学习计划、上课、听讲座、进修、组织内轮岗、多做事、反复练习、经常做笔记、做模拟计划

2. 关键问题分析

关键问题分析针对影响职业生涯成功与否的关键性问题，包括问题发生的领域、问题的难度、自己与组织的相互配合情况等进行分析。

问题发生的领域：是家庭问题、自我问题还是工作问题？或是其中两者或三者的共同作用？

问题的难度：是否需要学习新技能？是否需要全神贯注？是否需要个人改变态度与价值观？

自己与组织的相互配合情况：自己是否做出贡献？是否学会在组织内部适合自己的职业领域中发挥专长？和组织其他成员的团结协作如何？组织对自己的职业生涯设计和自己制定的职业生涯规划是否冲突？

3. SWOT 分析

SWOT 分析分别指优势（Strength）、劣势（Weakness）、机会（Opportunity）和威胁（Threat）。其中，优势、劣势来源于自我分析的结果，属于内部因素；而机会与威胁是环境分析的结果，属于外部因素。

第一步，列出自己的优势和劣势。每个人都有自己独特的技能、天赋和能力。在当今分工非常细的环境里，每个人擅长某一领域，而不是样样精通。根据自我分析和环境分析的结果，将分析内容做个列表，列出自己喜欢做的事情和自己的优势所在，同样也可以找出自己不喜欢做的事情和自己的劣势。

第二步，找出职业机会和威胁。同样，也将环境分析的结果列表，划分出哪些是环境中的机会，哪些是环境中的挑战与威胁。

第三节　确定职业生涯目标

职业生涯目标的设定是职业生涯规划的核心。一个人事业的成败，在很大程度上取决于这个人有无正确适当的目标。没有目标的职业，就如同大海中的孤舟，没有方向，不知道自己应驶向何方。只有树立了目标，才能明确奋斗的方向，目标犹如海洋中的灯塔，引导人们走向成功。

一、职业生涯目标的基本概念

目标是指一个人行动的预期目的。职业生涯目标是指一个人希望从自己的职业生涯中获得的结果。

要深刻理解职业生涯目标的定义，就要考虑三个方面的构成要素：概念性目标与操作性目标、表现功能与手段功能、短期目标和长期目标。

1. 概念性目标与操作性目标

概念上的职业生涯目标是对人们想参与的工作经历的一种本质性的概括，是哲学意义上的目标，与具体的工作和职位无关，它反映了一个人的核心价值观、兴趣、才能和生活方式偏好。例如，一个人心目中的职业目标是成为一名教师，这种工作时间很灵活，与很多学生接触能带给自己年轻的活力与激情，也能让自己有充足的动力和时间去阅读喜欢的图书，但是不能有过重的升学压力；学校应该地处气候适宜的地区，学校规模不需要太大，但是应该是一个学习氛围浓厚、人文气息浓烈的地方。可以看出，概念性目标强调的是工作的性质、人际关系与物理条件以及整个生活方式的类型。

操作性目标是把概念性目标变成具体的工作或者岗位，也就是实现概念性目标的一种手段。我们以上述概念性目标为例，其操作性目标可能是成为某个高等院校的讲师，或者当他已经在这个职位上时，其目标就是保持目前的工作位置和工作状态。

2. 表现功能与手段功能

职业生涯目标的表现功能是指与目标相关的经历能够使人内心产生的乐趣。职业生涯目标可以在一定程度上表现出一个人的成就，使其感到快乐的程度、充实的程度、令人满意的工作行为的程度,以及在工作中运用他的才能和体验满意的生活方式的程度。

职业生涯目标的手段功能是指已经实现的目标可以导致(或引出)下一个目标。例如,实现了成为大学讲师的目标,他可以接着追求下一个目标,如成为副教授、教授。

表现功能和手段功能共同体现了职业生涯目标的价值。

3. 短期目标和长期目标

职业生涯目标可以用时间来衡量,通常职业生涯目标包括人生目标、长期目标、中期目标与短期目标,它们分别与人生规划、长期规划、中期规划和短期规划相对应。表5-7为某人力资源经理助理的短期目标与长期目标。

表 5-7 某人力资源经理助理的短期目标与长期目标

要素	短 期 目 标	长 期 目 标
概念性目标	具有更多的监管人力资源运作的职责与权力 更丰富的工作内容,广泛涉及人力资源开发的各个方面 与直线管理层进行更多互动	有广阔和多样的空间 更具长期战略导向 对公司政策产生更多影响
操作性目标	2~3年以内成为人力资源经理	6~8年内成为公司的人力资源部总经理

二、确定职业生涯目标的意义

职业生涯目标的确定对于个人及组织都具有很大的意义。

职业生涯目标对个人的意义体现在两个方面:①目标本身就具有激励作用,所以明确的目标能有效地引导个人努力的程度和努力的方向;②目标的确定过程可以促进个人对自己的了解,增加员工对环境的认识。总之,职业生涯目标是职业生涯成功的基础和保障。美国哈佛大学有一项关于目标对人生影响的跟踪调查,其调查对象为一群智力、学历、环境等条件大体相同的年轻人。调查结果显示:① 3%的人有清晰且长期的目标,25年中从未改变过目标,并总是朝着一个方向不懈地努力,他们在25年后几乎都成为社会各界的顶尖成功人士,其中不乏创业者、行业领袖和社会精英。② 10%的人有清晰的短期目标,这些人大都生活在社会的中上层,他们的共同特点是:不断完成预定的短期目标,生活状态步步上升,25年后他们成为各行各业不可或缺的专门人才。③ 60%的人目标模糊,他们能安稳地生活与工作,却没有什么特别的成就。④剩下的27%是那些25年来没有目标的人群,他们几乎都生活在社会的底层,常常失业,靠社会救济,生活很不如意,并且常常抱怨他人,抱怨社会,抱怨世界。可见,目标对人生有巨大的导向作用,有了目标,个人才会坚定、勤勉、不畏艰险,促使自己努力实践。

职业生涯目标对组织的意义也体现在两个方面:一是鼓励组织成员设定职业生涯目标,可以让他们学会对自己的职业生涯负责;二是当组织成员开始按照自己的职业生涯目标行动时,他们可能会着力提高其技能,有更高的激情和更强的责任心,也会带来更好的绩效表现。

三、确定职业生涯目标的原则

确定职业生涯目标要遵循SMART原则。所谓SMART原则,就是目标要具体化、可衡

量、可实现、具有相关性和有时限。

1. 具体化原则

"S"代表 Specific，意思是目标要具体。所谓具体，就是要用具体的语言清楚地说明要达成的目标，让人能够准确地理解目标。

具体的目标比笼统的目标更能有效地指导人们去努力，也能提供更多的反馈。例如，"我要做自己感兴趣的工作"就是一个笼统的概念性目标，如果能具体列出哪些活动是自己感兴趣的，目标就会更加具有意义和价值。将概念性目标具体化，可以避免因空洞而导致的无法理解，能有效帮助人们更加深刻地理解自身的追求。具体化原则也许对于操作性目标更具有意义，只有将操作性目标具体化，才能明确行动方式以及实现职业生涯目标的路径。

要判断一个目标是否足够具体，一个简单的方法是看它能否提供充分的信息来指导人的行为。

2. 可衡量原则

"M"代表 Measurable，意思是目标要量化，是指目标是数量化或者行为化的，验证这些指标的数据或者信息是可以获得的。

职业生涯目标只有具有可衡量性，才能在实现过程中根据来自各方的反馈信息对其进行评价，这对于目标调整、职业生涯实施方案的调整都具有重要的意义。

3. 可实现原则

"A"代表 Attainable，意思是目标通过努力可以实现。也就是说，目标不能过低和偏高，过低了无意义，偏高了实现不了。

目标过高，难度过大，目标实现的可能性就会很低。目标实现不了，会导致人产生失败感，会降低接下来为目标努力的程度。相反，目标过低，目标非常容易实现，目标就会失去挑战性和价值性，个人不太可能因为这样的目标而产生真正的成就感和自信心。目标在可实现的范围内，目标的激励程度与其实现的难度呈正比关系。

在设定目标时，要把握好难易的尺度，这就要求人们必须对自己的能力有一个客观深入的了解，要对环境中的机会和障碍有敏锐的观察力和评估力。

4. 相关性原则

"R"代表 Relevant，意思是目标的相关性。目标的相关性体现在三个方面：一是此目标与其他目标的相关性；二是此目标与当前工作的相关性；三是个人目标与组织目标的相关性。

想要订立的这个目标与职业生涯的其他目标（如人生目标、长期目标、中期目标等）紧密相关，此目标的实现应该有助于其他目标的实现。如果实现这个目标与其他目标的实现完全不相关或者相关度很低，那么这个目标即使实现了，意义也不是很大。

设定职业生涯目标不能不考虑当前的工作。任何具体的工作都是实现职业生涯目标路径上的一点，是满足人们基本需求的手段，所以设定职业生涯目标不能仅强调职业转换，而是要在理解概念性目标的前提下，充分考查并尽可能利用当前的工作。

在特定的组织环境下，个人目标与组织目标越相关，就越能得到组织内可支配可利用的资源。日本学者中松义郎曾就个人目标与组织目标的方向是否一致及其对于个人潜在能力的发挥问题提出过"目标一致理论",这个理论可以通过图 5-3 表示出来。图 5-3 中,F 表示一个人实际发挥的能力;F_{max} 表示一个人潜在的最大能力;$α$ 表示个人目标方向与组织目标方向之间的夹角。

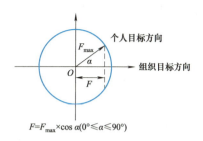

图 5-3　个人目标方向、组织目标方向及能力发挥之间的关系

显然,当个人目标方向与组织目标方向完全一致时,$α=0°$,$cosα=1$,$F=F_{max}$,个人的潜能得到充分发挥。当两者不一致时,$α>0°$,$cosα<1$,$F<F_{max}$,个人的潜能受到抑制。可见,将个人目标方向与组织目标方向之间的夹角 $α$ 调至最小,即可以使自己的潜能得到最大限度的发挥,职业生涯也有可能获得巨大的成功。如果这两个方向的相容性很差,夹角 $α$ 无法朝小的方向调整,那么这个员工在这个组织中的职业生涯就很难取得成功,应该考虑"另谋高就"了。

(资料来源:纪新华.员工个人在职业生涯中的自我管理 [J].武汉理工大学学报(社会科学版),2003(12).)

5. 有时限原则

"T"代表 Time Bound,意思是目标要有时限。目标的有时限是指目标是有时间限制的。例如,某人的短期职业生涯目标是在一年内找到工作,成为一位中型企业的人力资源专员,其中一年的时间就是一个明确的时间限制。没有时间限制的目标没有办法被评价,也会使目标失去激励意义。而且,从时间维度来看,时限越短,职业生涯目标应该越明确。

相 关 链 接

工作减速者的职业生涯目标

衡量成功的真正标准最终取决于一个人内心的满足感和心理健康程度,而不是在组织职业等级中的职位。尽管仍有人不认可这种衡量成功的方式,但那种由组织定义成功的观念如今已经被很多人摒弃。

向后退当然会有损失,最明显的损失是经济上的,然而这种纯金钱的损失与对生活方式的影响相比可能微不足道。大多数工作减速者最终都会达到生活方式的稳定期,而不是经济上的后退。

艾米·萨尔茨曼(Amy Saltzman)在她的著作《工作减速:在慢车道上重塑成功》中列举了很多引人关注的工作减速者,她为那些探寻不同职业道路的人提供了五种模板:

(1)后退者　那些自行选择减慢工作节奏以拥有更多时间和更少压力的人。

(2)保持现状者　那些有意通过拒绝升职而留在原位从而保持对自己生活掌控的人。

(3)职业转变者　那些把自己的职业技能转向较少压力领域的人。

(4)自雇者　那些独立创业以对自己的工作时间和地点获得更多掌控的人。

（5）城市逃离者　那些倾向于更友好、更少压力环境的人。

（资料来源：哈林顿. 职业生涯规划与管理[M]. 北京：机械工业出版社，2013.）

四、确定职业生涯目标的方法

确定职业生涯目标需要掌握目标递进分解法。目标分解是将目标清晰化、具体化的过程，是将概念性目标量化成可操作的实施方案的有效手段。目标的设定要以个人的最佳才能、最优性格、最大兴趣、最有利的环境等信息为依据。一般地，个人首先要根据自己的专业、性格、气质和价值观以及社会的发展趋势确定自己的人生目标，其次把人生目标分解为有时间限制的长期、中期、短期分目标，直至将目标分解为某确定日期的具体步骤。也就是说，按照时间维度，将目标层层递进，不断分解。个人职业生涯目标的制定见表 5-8。

表 5-8　个人职业生涯目标的制定

姓名		性别	
年龄		学历	
所学专业		职业类别	
目前所在部门		目前所任岗位	

人生目标

1. 岗位目标
2. 技术等级目标
3. 收入目标
4. 社会影响目标
5. 重大成果目标
6. 其他目标

人生观简要文字说明：
实现人生目标的战略要点：

长期目标

1. 岗位目标
2. 技术等级目标
3. 收入目标
4. 社会影响目标
5. 重大成果目标
6. 其他目标

人生观简要文字说明：
实现人生目标的战略要点：

中期目标

1. 岗位目标
2. 技术等级目标
3. 收入目标

实现人生目标的战略要点：

(续)

短 期 目 标
1. 岗位目标 2. 技术等级目标 3. 收入目标 短期的计划细节： 1. 短期内完成的主要任务 2. 重大成果目标有利条件 3. 主要障碍及其对策 4. 可能出现的意外和应急措施 年度目标及年度计划的细节通常另行安排，以保持生涯计划的相对稳定性和保存性
签字： 日期： 年 月 日

（资料来源：杜映梅. 职业生涯管理 [M]. 北京：中国发展出版社，2007.）

未来发展目标：今生今世你想做什么？想成为什么样的人？想取得什么成就？想成为哪一专业的佼佼者？

10年大计：20年计划太长，容易令人泄气，10年正合适，而且10年工夫足够成就一件大事。今后10年，你希望自己成为什么样子？有什么样的事业？将有多少收入？计划有多少固定资产？要过上什么样的生活？你的家庭与健康水平如何？把它们仔细想清楚，一条一条计划好，记录在案。

5年计划：制订出5年计划的目的，是将10年大计分阶段实施，并将计划具体化，将目标进一步分解。

3年计划：俗话说，5年计划看头3年。因此，3年计划要比5年计划更具体、更详细，因为计划是行动的准则。

明年计划：制订出明年的计划，以及实现计划的步骤、方法与时间表，务必具体、切实可行。如果从现在开始制定目标，则应单独制订出今年的计划。

下月计划：下月计划应包括下月计划做的工作，应完成的任务，质和量方面的要求，财务收支，计划学习的新知识和有关信息，计划结识的新朋友等。

下周计划：下周计划的内容与月计划相同。重点在于必须具体、详细、数字化，切实可行，而且每个周末提前制订好下周的计划。

明日计划：取最重要的3~5件事，根据事情的轻重缓急，按先后顺序排好队，按计划去做，这样做可以避免"捡了芝麻，丢了西瓜"。

五、确立职业生涯目标应该注意的事项

1. 不要为了取悦他人而选择目标

现实中，常有人为了取悦他人，如父母、配偶、老板等，而决定自己的职业生涯目标；也有年轻的大学生是在父母的安排下被动地选择了职业生涯目标。他们或者不看重自身的真实需要，或者无法实现这种需要。很容易预见的是，他们对职业基本不感兴趣，不会有满足感和成就感。

实际上，如果你的目标较不符合自己的需要和价值观，或者你对目标及工作本身不感兴趣，或者你的能力与工作要求不匹配，那么这样的职业目标即使得以实现，对你来说也不会有价值。每个人都应该积极主动地参与自己职业生涯目标的制定，因为自己才是自身人力资源的拥有者，是自己职业生涯的主人。

2. 不要仅为了工作而活

人生除了工作目标外，还有财富、婚姻、健康等诸多方面，这些方面都直接影响着一个人的职业生涯发展和生活质量。在人生的各个阶段，工作和其他方面始终是相互影响的，所以在制定职业生涯目标时也应该注意兼顾其他方面，如：希望在某一时点，财富收入达到多少？对个人生活有什么预期目标？达到什么标准？这些都应综合考虑，统筹兼顾，要给自己的整个生活留有空间。

相 关 链 接

比尔·盖茨的职业生涯目标

心理研究专家圣翰·菲利浦这样写道："从孩提时代，比尔·盖茨就下定决心要做些标新立异的事情。他希望他所从事的事业永远充满乐趣，充满激情，延续一辈子，成为个人的标志。"

17岁，比尔·盖茨成立了第一家软件公司，从一开始，盖茨的目标就是将这家小公司发展成为软件巨头。《择业的时机》的作者、职业咨询师安德里亚·凯说："从小，比尔·盖茨花大把大把的时间培养兴趣，寻找最能令自己着迷的东西：尝试寻找各类问题、不断验证自己的想法。"

批评者对比尔·盖茨的管理风格大加批判，甚至给他贴上了专横的标签。但在他看起来很糟糕的工作场所，却隐藏了另一个成功的秘密：他不愿危及目标。比尔·盖茨也有温柔的一面，他把办公室布置得如同大学校园一样悠闲，并鼓励员工自由思考，这为他赢得了员工的感激。

对比尔·盖茨而言，学校是个不适宜的地方，他自己也很清楚这一点。于是，他在20岁时毅然从哈佛大学辍学创立微软。但对一般人而言，在做任何职业决定的时候，都必须清楚地考虑后果。

比尔·盖茨的"微软军团"自微软创立之初就一直追随着他，盖茨一直善待他的"微软军团"，这种善待也获得了可观的回报。盖茨在13岁时认识了保罗·艾伦，艾伦后来成为他创建微软的合作伙伴。微软前首席执行官史蒂夫·鲍尔默也是比尔·盖茨在哈佛大学的好朋友。亲密的个人关系为彼此的合作提供了信任。

尽管38岁就成为亿万富翁，但比尔·盖茨从来没有停止过创造的步伐。他的目标不仅仅是金钱，他对他的事业非常着迷，对创造新事物保持着高昂的激情。选择了一个职业后，就应该一直对它保持兴趣。

在比尔·盖茨的职业生涯中，追随激情使他获得成功，从最初的编程工作到最后的慈善工作，他永远不做没有把握的事。比尔·盖茨之所以成功，是因为他永远把自己当作一个成熟而完整的、真正的人，而不仅仅是个商人。职业咨询师亚历山德拉·利瓦伊说道："你不得不承认,成功源于清晰的定义,不断徘徊只会让成功的机会越来越模糊。"

(资料来源:http://finance.zlcn.com/zhuanti/billgates/2008/06/25/4880114.shtml.)

3. 目标要有适当的灵活性

我们知道,个人自身情况和外界环境随着时间的推移不可避免地会发生变化,这种变化可能会使原先制定的职业生涯目标失去现实意义。所以,灵活的职业生涯目标对于有效的职业生涯管理是必要的。在变化频繁的今天,这种灵活性更加重要。我们发现,要设定具体的长期目标已经不现实了,相反设定和改变职业生涯目标时有一些灵活性,可能是更适当的行为。

4. 不要因犹豫不定而无法确定职业生涯目标

如果有人一直没能确立自己的职业生涯目标,或者对自己确定的职业生涯目标没有把握或感到不舒服,这类人就被认为是职业生涯决策犹豫不定者(G.A.Callanan et al., 1990)。

格林豪斯等人对大量成年员工进行了调查,认为造成职业生涯决策犹豫不定的原因主要有以下七个:

1)缺乏对自己的了解,反映出人们不了解自己的兴趣、长处、价值观和生活方式偏好。对自己了解的人可以说"我十分明白最需要从工作中得到什么"(如大量的金钱、充分的责任、旅行);相反,缺乏对自己了解的人则无法给出这个问题的答案。

2)缺乏对内部工作信息的了解,这反映出人们对本组织内部的职业机会和工作的可能性不够了解。"我十分清楚我们组织在未来 5~10 年将会往何处发展",这是了解内部工作信息的表现。

3)缺乏对外部工作环境的了解,反映出人们对本组织之外的工作机会缺乏足够的了解,包括别的职位、组织和行业的机会。"换个老板,我就能很好地抓住任何适合我的工作机会",这是掌握外部工作信息的一种表现。

4)缺乏做决策的信心,反映出人们在做有关职业生涯的决策时不具备足够的信心。例如,"我无法做出适合自己的职业生涯决策",就是典型的缺乏信心的表现。

5)害怕决策和对决策有忧虑,反映了人们在进行职业生涯决策时,由于害怕和忧虑而不敢做出决策。例如,他会说"让我做出与职业生涯相关的决策,这种念头让我害怕"。

6)非工作的需要,反映出人们的职业生涯愿望与来自非工作(如家庭)的压力之间的冲突。例如,人们会抱怨"家庭的压力与我期望的职业生涯发展方向相互矛盾"。

7)客观因素的制约,反映出人们在做职业生涯决策时要受收入状况、年龄和在既定职业中工作年限的影响。"我在现在的职位上已经工作了这么多年,其他工作即使很吸引人,也不去想了",这种想法就是由于受到客观因素的制约而产生的。

第四节 制订职业生涯行动方案

制订职业生涯行动方案包括选择职业、确定职业发展路线、制定职业生涯战略。制定职业生涯行动方案应该遵循四个基本准则:择己所爱、择己所长、择世所需和择己所利。

相关链接

职业生涯设计的黄金准则

任何设计都是对未来事物的规划，都必须遵循一定的规律，符合特定的原则，否则，设计就会流于荒谬，理想只能成为空想。职业生涯规划作为人生的总体计划，更要遵循特定的准则，体现其本身的特点。人生之旅只发行单程车票。如果你闭门造车，很可能从此阴云密布，坎坎坷坷；相反，如果你遵循职业设计的基本规则，运筹帷幄，相信从此便会风和日丽，道路坦荡，你也将由此走向辉煌。

一、择己所爱准则

1978年8月4日，美国纽约市体育场，数万名来自全球各地的观众怀着复杂的心情参加了一位巨星的隐退仪式。一代球王贝利终于要退出绿茵场，举行告别赛了。球迷们带着遗憾的心情汇聚到纽约，欣赏这位天才的最后表演。场上的贝利百感交集，场下的球迷恋恋不舍。当贝利哽咽着宣布从此退出足坛时，场上场下涕泗滂沱。

是什么造就了贝利，造就了历史上伟大的球王？显然，数十年的刻苦训练、坚毅的品格、非凡的天赋都是贝利成为巨星的原因，但最不可或缺的却不是这些。贝利说："我热爱足球，足球是我的生命！"对足球的热爱是推动贝利踢球的原动力。在一种与生俱来的兴趣的引导下，贝利步入绿茵场，成为万众瞩目英雄。年轻时，贝利当运动员，退役后他做教练、当评论员。贝利以足球为生，足球事业是贝利终生的职业。足球给贝利的一生带来了无穷的乐趣、无上的荣誉和无尽的财富。从事一项你喜欢的工作，工作本身就能给你一种满足感，你的职业生涯也会从此变得妙趣横生。

兴趣是最好的老师，是最初的动力，是成功之母。调查结果表明：兴趣的强度与成功的概率显著正相关。著名高科技公司方正集团总裁张玉峰的创业史值得我们去思考。张玉峰原是北京大学物理系的一名普通讲师，改革开放之后，张玉峰发现自己原来对经商有着强烈的兴趣，于是他果断决策，下海创办了方正集团。兴趣与才能一经释放，便一发不可收拾。短短十年之内，方正集团发展迅猛，成为我国高科技企业的杰出典范。浓厚的职业兴趣是张玉峰事业腾飞的引擎，也正是这种对兴趣的无悔追求造就了一代杰出人物。

你在设计职业生涯时务必注意：考虑自己的特点，珍惜自己的兴趣，择己所爱，选择自己喜欢的职业。

二、择己所长准则

任何职业都要求从业者掌握一定的技能，具备一定的条件。难以想象让一名货车司机驾驶一架民航班机会出现怎样的后果，也没有人会让文盲去操纵计算机，因为他们不具备那些职业技能。职业不同，对技能的要求也不一样。任何一种技能都是经过一定时间的训练后才被个人所掌握的，而每个人的一生都很短暂，任何人都不可能在一生中掌握所有的技能。

马克·吐温作为职业作家和演说家可谓名扬四海，取得了极大的生涯成功。你也许不知道，马克·吐温在试图成为一名商人时却栽了跟头，吃尽了苦头。马克·吐温投资开发打字机，最后赔掉5万美元，一无所获；马克·吐温看见出版商因为发行他的作品赚了大钱，心里很不服气，也想发这笔财，于是就开办了一家出版公司。经商与写作毕竟风马牛不相及，马克·吐温很快陷入困境，这次短暂的商业经历以出版公司破产倒闭而告终，马克·吐温本人也陷入债务危机。遭受两次打击，马克·吐温终于认识到自己毫无商业才能，就断了经商的念头，开始在全国巡回演说。这回，风趣幽默、才思敏捷的马克·吐温完全没有了商场中的狼狈，重新找回了自信。1898年，马克·吐温还清了所有债务。

尺有所短，寸有所长。你也许兴趣广泛，掌握多种技能，但所有技能中，总有你的长项。有些人善于与人打交道，有些人则更适于管理机器物品。你在设计自己的职业生涯时，千万要注意：选择最有利于发挥自己优势的职业，即择己所长。

在国际贸易理论中，有一个著名的比较优势原理：在美国，每单位投入能生产25kg小麦或8.3m布，而在世界其他国家，每单位投入能生产10kg小麦或8m布。显然，美国在生产小麦的能力上超过其他国家，而布的生产成本与其他国家相似。那么，美国究竟应当生产哪种产品才能获得最大收益呢？相对来说，美国在小麦的生产方面优势更大。美国应当将资源用于小麦生产，从其他国家进口布匹。美国与其他国家通过小麦与布的交换，满足其自身需要，这样，社会总产品产量最大，各单位则通过分工，选择生产能力最强的产品获得最大收益。比较优势原理同样适用于职业生涯设计，当你长处较多时，不妨观察一下周围的人群，研究一下别人的长短，如果你的长处也正是别人的长处，不妨放弃这种选择，尽量寻找一个你非常拿手而别人却感到棘手的职业，这种选择往往让你平步青云。因为在这一领域内，很少有人能和你竞争，只有你一枝独秀。

三、择世所需准则

你是否还记得童年时代的许多往事？那时经常有人挑着担子，走街串巷，手中一串金属片铿锵作响，口中的吆喝声抑扬顿挫。大家一听就明白，修补破锅、破盆的工匠来了，于是纷纷拿出家中漏底的锅碗瓢盆让他修补。今天，在高高耸立的楼群中，你再也找不到他们的影子，手艺再出色的工匠也不能再靠此谋生了，社会不再需要他们了。

社会的需求不断演化，旧的需求不断消失，新的需求不断产生。昨天的抢手货今天会变得无人问津，生活处于不断的变化之中。几年前，社会上突然掀起了一阵呼啦圈热，市场上呼啦圈紧俏，商贩争相进货，厂家竭力生产。没想到呼啦圈热得快，冷得也快，几个月后，人们的新奇感消退了，商店里呼啦圈堆积如山，盲目跟风的厂商叫苦不迭。你在设计自己的职业生涯时，一定要分析社会需求，择世所需，否则，只会自食苦果。

四、择己所利准则

一个不得不承认的事实是：职业对你而言，依然是一种谋生手段，是谋取人生幸福的途径。你通过职业劳动，在谋取个人福利的同时，也为社会做出了贡献，创造了社会财富。但你谋取职业的第一动机却很简单，你的首要目标在于你个人生活的幸福。谁都期望职业生涯能带给自己幸福，利益倾向支配着你的职业选择。

你择业时，首先考虑的是自己的预期收益。这种预期收益要求你实现最大化的幸福，也就是使收益最大化。个人预期收益在于使人的基本需求得到最大满足，而衡量满足程度的指标表现为收入、社会地位、职业生涯稳定感与挑战性等。不同的人有不同的偏好，每个人都会尽可能地满足自己所有的需求。

每个人都渴望幸福，期望在自己的职业生涯中实现收益的最大化。你通过在职业领域内的奋斗造福社会，社会则赐给你由收入、地位、自我实现等调制而成，贴上幸福标签的美酒，只不过有人喜欢甘甜，有人偏爱干烈，众口不一罢了。明智的人大都会在迎合与蔑视间有效地协调，以收益最大化原则权衡利弊，从一个社会人的角度出发，在一个由收入、地位等变量组成的函数中找到一个最大值。这就是你在选择职业时的择己所利原则。

（资料来源：卜欣欣，陆爱平.个人职业生涯规划 [M].北京：中国时代经济出版社，2005.）

一、职业选择

（一）收集职业信息

1. 职业信息内容

收集相关职业信息是职业生涯规划的重要部分，因为收集到的信息常常决定着个人最终的职业选择。要完整、清晰地了解一个职业，个体需要了解职业多个方面的内容。对职业信息的解释见表 5-9。

表 5-9 对职业信息的解释

分析对象	分析内容	分析对象	分析内容
职业	任务内容 胜任要求 经济回报 雇用和晋升前景 他人评价 个人从工作中获得的满足感 安全性	职业	从业者的一致性人格特征 社会关系 工作场所的物质条件 生活方式问题 工作时间 工作压力

（资料来源：格林豪斯，卡拉南，戈德谢克.职业生涯管理：第 3 版 [M].北京：清华大学出版社，2006.）

首先，了解职业的任务是将自我评价和职业生涯决策联系起来的基础。因为不同职业的具体任务是不同的，这对个人的兴趣、能力和价值观具有不同的意义。例如，对研究活动感兴趣的人，喜欢创造和独立研究，擅长抽象思维，可能会选择有关理论研究的工作；而一个喜欢与他人合作、擅长交际的人，更愿意从事社会方面的工作。

其次，要了解职业胜任要求，包括对知识、技术和能力的要求，以及对教育、培训和工作经历的要求。这些要求制约着个体能获得职位的可能性，也为个体职业生涯发展提供改善建议。

再次，不同职业在环境和内容上体现出较大的差异。具体体现在经济回报、雇用与晋升、满意度、他人评价、安全性、社会关系和工作场所物质条件，甚至人际交往程度、着装等方面。

最后，正是由于存在以上所列出的差异，不同的职业也体现出不同的生活方式。这里主要考虑两个因素：时间和压力。如果一种工作要求长时间上班，或者工作环境充斥着极大的压力，就容易使人的工作角色和其他生活角色发生冲突。因此，对工作和休闲生活具有平等要求的人，不适合选择那些长时间上班和压力特别大的职业。

2. 信息收集方式

职业信息的来源渠道见表 5-10。

表 5-10　职业信息的来源渠道

静态信息	动态信息	静态信息	动态信息
图书	请教该行业的亲朋好友	音像资讯	实地参观和调查
报纸杂志	直接打工或见习	网上资讯	职业生涯访谈
企业简介	参加短期的研习或培训		参加学校各种与职业相关的活动

（二）确定职业选择

职业选择是指个体依据自己的职业兴趣与期望，凭借自身能力挑选职业，使自身能力素质及需要与职业特征相符合的过程。

职业选择以职业选择理论为指导，详细的理论内容参见第二章。除此之外，职业选择还要注意以下几点：

1）职业选择要以充分的职业生涯分析为前提，也就是必须要对自身性格、能力、需要等有深入的了解，要敏锐观察工作环境中的机遇与挑战。

2）职业选择必须有可持续发展性。某个特定职业的选择都应该为实现职业生涯目标服务。

3）职业选择要遵守匹配原则。一方面，个人的性格、兴趣、需要与工作岗位性质、工作报酬相匹配；另一方面，个人能力要与岗位要求相匹配。职业生涯能够成功发展的核心就在于所从事的工作正是个人所擅长的。如果一个人性格内向、不善于与人沟通，没有很好的交际意识，那么这个人就很难成为一名成功的管理人员。从事一项自己擅长并喜欢的工作会很愉快，也容易脱颖而出，这正是成功的职业规划的核心所在。

相 关 链 接

女性的职业选择

很多职业都有性别定式。一些职业被认为适合男性（如工程师），另一些则适合女性（如护士）。在孩子们还很小时（如两岁半）就知道这种职业上的性别定式了。一项对五六岁孩子的研究表明，孩子脑中的性别定式受到母亲所从事传统职业（以女性为主的职业）的强烈影响。但在大学生脑中，这种性别职业定式近些年来却有所减弱。

女性职业定式的特点往往是低薪、培训水平不高，而且带有女性化的特点（如呵护、温情），工作连贯性也较男性职业的低。

女性的职业选择范围往往窄于男性，但改换职业的次数却多于男性，不过，这种现象不止由职业定式一个原因造成。有些研究领域（如工程、物理、计算机、医学和法律等学科）以男性为主，据在这些领域中学习的女学生说，她们更愿意学医学和法律，因为在社会中这些职业很有用，社会接触层次也比技术领域中的工作高。这类研究得出的结论是女性会选择社会层次高的职业,而这一结论与其他发现(即女性希望建立更强大的社会关系)是一致的。

以往,女性追求的工作层次、职业声望和地位都低于男性。不过,有研究指出:"历史的变化,使一些年轻女性准备从事投入精力更大、更加非传统的工作。因为这些工作比传统的女性工作薪水高,晋升潜力也较大。"研究发现,追求非传统工作的女性所需承受的风险更大,对结婚更没有计划,更不想要孩子,其性别角色更像是"阴阳兼备"。从事非传统工作的女性也知道她们会受到一些负面影响,这包括更大的工作压力、更不利的工作条件、较低的工作满意度等。

最大的问题是,女性择业时所考虑的职业范围有限且受性别职业定式的影响,使她们无法在所选工作中充分发挥自己的才能和技巧。正因如此,才有所谓"女性的职业志向和职业选择层次远远低于同等水平男性"这种说法。

为什么许多女性只在很小的范围内考虑职业选择呢?为什么有如此多的女性仍然选择那些传统的、以女性为主且具有女性职业定式的工作呢?对此可能有三种解释,即工作和家庭生活的关系,对自我能力的感觉,社会支持。下面我们将一一进行解释。

(1)工作和家庭生活的关系 首先一个原因或许是最重要的一个原因,女性通常会考虑所选择的职业对现在或将来的家庭生活意味着什么。而一个年轻男性选择去做工程师时,他很少问自己:"假如我成为一名工程师,我还能结婚和养家吗?"男性选择职业时不用考虑家庭,经常被认为是理所当然的。

(2)对自我能力的感觉 女性在职业选择上受限制的第二个原因,也许是她们对自己能力的感觉。有证据表明,女性对自己的能力通常没有男性那么自信,而缺乏自信的人所追求的职业通常不如自视较高的人所追求的职业高。

(3)社会支持 大多数人在进入陌生领域时都需要他人的鼓励、表扬和支持。已进入非传统职业的女性也这样自述,她们的努力确实曾得到广泛的支持——既有男性的支持,也有女性的支持。父母、配偶、兄弟姐妹、朋友、导师都可能在女性从事不同职业角色时,给予女性支持或打击。早期研究表明,大学老师对女生的职业期望相对较低。女经理们也这么说,以前教授给她们的职业建议不如给男经理的多。还有人暗示,很多学校的求职顾问几乎没有帮助和鼓励女生考虑非传统职业,并对女生的求职提供错误机会信息,对想同时兼顾工作和家庭的女生持有偏见。我们建议,求职顾问应当留意不再向女生提供带有偏见的职业测试。

(资料来源:格林豪斯,卡拉南,戈德谢克.职业生涯管理:第3版[M].北京:清华大学出版社,2006.)

二、确定职业发展路线

职业发展路线是指个体在选定职业后从什么方向上实现自己的职业目标,是其自我认知、成长和晋升的管理方案。职业发展路线指明了个体可能的发展方向及发展机会,在职业选择确定后,从哪一路径发展,需要在此时做出决策。职业发展路线不同,对职业发展的要求也不同。因此,在职业生涯规划中,个体必须做出抉择,以便使自己的学习、工作以及各种行动措施沿着自己的职业生涯路线或朝着预定的方向前进。

在选择职业发展路线时,首先要对职业生涯要素进行系统的分析。可以考虑以下四个方

面的问题:

(1)希望向哪条路线发展　它主要是指个人根据自己的兴趣爱好、价值观、理想和成就动机等主观因素,计划出自己希望向哪条路线发展,以便确定自己的目标取向。例如,是向行政管理路线发展,还是向专业技术路线发展,是先走技术路线再转向行政管理路线等。

(2)适合往哪条路线发展　它是指个人分析适合向哪一条路线发展,主要考虑自己的性格、经历、特长、学历、家庭影响等一些客观条件对职业路线选择的影响,以便确定自己的能力取向。

(3)能够向哪条路线发展　个人能够向哪一条路线发展,主要考虑自身所处的社会环境、经济文化环境、政治环境和组织环境等,以便确定自己的机会取向。

(4)哪条路线可以取得发展　个人选择自己希望和适合的发展路线后,进一步综合分析各方面的因素,判断自己的这条职业路线是否可以取得发展。

通过系统地分析自身因素和环境因素,权衡利弊,选择路线,挑选出能最佳实现自己目标的路径。

职业发展路线包括组织内发展路线和组织外发展路线两种。

组织内发展路线有三个基本运动形式:向上运动、横向运动和中心运动(见图5-4)。

向上运动(见图5-4中A代表的运动方式)是指职业发展实现等级的跨越,职务等级由低级到高级的晋升。

横向运动(见图5-4中B代表的运动方式)是指横向调动,即在同一层次不同职务之间的调动。例如,由生产经理岗位调到平级的采购经理岗位。横向运动能够帮助个人积累相关方面的工作经验和职业能力,为以后的职位晋升或综合职业能力的提高创造有利的条件。

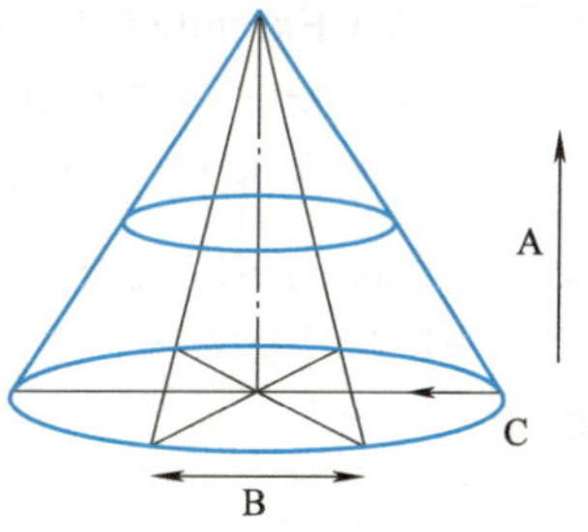

中心运动(见图5-4中C代表的运动方式)是指在既定等级上向权力中心的运动。在中心运动中,职位等级虽然没有晋升,但是会承担更多责任,或者有更多决策权和自主权,或者在部门或团队绩效中扮演更重要的角色。总之,个人会拥有更多的发展机会,也会更有助于职业生涯目标的实现。

图5-4　职业生涯运动形式

A—向上运动　B—横向运动　C—中心运动

(资料来源:马力.职业发展研究:构筑个人和组织双赢模式[D].厦门:厦门大学,2004.)

组织外发展路线重点在于把握组织外部的发展机会。当员工面临以下情况时,外部发展也许是更好的选择:如果在一家公司太早就晋升至高层,想要得到更高的晋升需要等待很久的时间时;由于最近的成功表现使身价大幅提高,但是公司没有给予重视时;觉得在现职上并未获得充分的重视时;如果公司在竞争中落后,而又无力促使公司迎头赶上时;如果公司的改组或变动使个人的职业发展计划受到阻碍时;如果有更高的眼界与新的理想,公司不能提供机会时;等等。

三、职业生涯战略

职业生涯战略就是为帮助人们实现职业生涯目标而设计的各种行动,涉及人们要有意识地进行哪些人力资本投资以及避免哪些人力资本投资。[一]

格林豪斯等人将职业生涯战略归纳为七类:胜任现职、延时工作、开发技能、拓展机会、建立支持性关系、树立形象和声誉、参与组织政治。

(一)胜任现职

胜任现职(Competence in the Present Job)是指通过提高现任岗位的竞争力,有效地胜任现在的工作。

职业生涯发展不可能脱离现任的工作。企业选拔人员(尤其是主管人员)的重要标准之一是该人员过去的管理业绩,这可能是对员工今后工作表现的最可靠的预测材料。良好的工作业绩是职业生涯成功的必备条件,而做好本职工作是获得工作业绩的根本途径。因此,如果甩开当前的工作绩效而去谋求其他职位是不明智的。所以,把心思集中到开发现有岗位的技能是最重要的,这样可以创造员工将来获得雇用的机会。

(二)延时工作

延时工作(Extended Work Involvement)也称为扩大工作参与,是指决定在自己的工作中投入大量的时间、精力和心思。延时工作有很多潜在的好处。首先,无论在家里还是在组织中,多工作几个小时可以提高本职工作绩效。其次,延时工作还能让组织知道你对工作很负责,又有能力承担更多的工作。但是,延时工作并不总是必要的或有用的。工作时间的延长势必会影响个体在家庭、生活等方面的时间支配,对于工作与生活的平衡可能会带来一定的影响。

(三)开发技能

开发技能(Skill Development)是指通过培训、教育或者其他实践性工作来获得(或提高)有助于当前职位的能力,或以后工作需要的能力。

能力开发是职业生涯发展的一个非常重要的战略。从事任何工作,或者想要实现职业生涯发展,必须以个人能力为基础去寻找匹配的职业,所以能力是职业生涯的基础。能力通常可以划分为两个方面:管理能力和专业能力。

1. 管理能力

管理能力具有层次结构(见表 5-11)。管理能力可以分成四个层次:第一层次是在执行管理工作时,直接需要的能力;第二层次是支持第一级的能力;第三层次是指要培养第一、第二级能力所必要的知识、技能;第四层次是管理人员必备的人格特性。

管理人员根据其岗位等级不同可以分为不同等级,一般分为基层管理人员、中层管理人员和高层管理人员三个层次,他们所要求具备的管理能力是不同的。不同管理层次的管理人员的能力要求见表 5-12。

[一] BARNEY J B, LAWRENCE B S. Pin Stripes,Power Ties and Personal Relationships:The Economics of Career Strategy[M].UK:Cambridge University Press,1989:417-436.

表 5-11 管理能力的层次结构

级　别	管理能力	具体能力要素	获得途径
第一级	在执行管理工作时，直接需要的能力	目标设定力 计划力／组织力 统治力	经由实践的过程中可以学习到的领域
第二级	支持第一级的能力	战略的思考力 创造力／洞察力 协调力 解决问题的能力	
第三级	要培养第一、第二级能力所必要的知识、技能	与管理有关的知识和方法，有关本公司、本部门的知识等	脱产培训所需要的领域
第四级	管理人员必备的人格特性	积极性；感情的安定性；自发性；责任感；等等	经由职场培训及脱产培训可能改变的领域
		行动性，持续性	很难改变的领域

（资料来源：http：//www.doc88.com/p-5681280429876.html.）

表 5-12 不同管理层次管理人员的能力要求

重要性顺序	基层管理人员	中层管理人员	高层管理人员
1	业务知识／技能	领导统御力	领导统御力
2	统御力	企划力	先见性
3	积极性（行动力）	业务知识／技能	谈判力
4	谈判力	谈判力	领导魅力
5	企划力	先见性	企划力
6	指导培训能力	判断力	决断力
7	创造力	创造力	创造力
8	理解力、判断力	积极性	管理知识、管理能力
9	管理实践能力	对外、调整力	组织革新力
10	分析、解决问题能力	领导魅力	判断力

（资料来源：徐笑君. 职业生涯规划与管理 [M]. 成都：四川人民出版社，2008：241.）

2．专业能力

专业能力具有两个分析维度：深度和广度。有些人专业知识、专业周边知识和其他知识都知道一点，但是样样不精通；有些人专业知识精通，但对专业周边的知识和其他知识知之甚少，这两种情况都不是理想的专业能力结构。理想的专业能力结构应该是既精通专业知识，又对专业周边的知识和其他知识了解很多。专业能力结构如图 5-5 所示。

（四）拓展机会

拓展机会（Opportunity Development）是指设计一些办法，把自己的兴趣和志向告知他人，以了解与自身志向相符的工作机会。

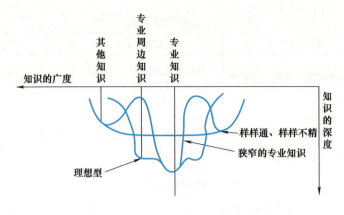

图 5-5 专业能力结构

(资料来源：徐笑君.职业生涯规划与管理[M].成都：四川人民出版社，2008.)

拓展机会战略包括一系列更具体的战略，设计这些战略只有一个目的，即增加人们对职业的选择机会。

1）毛遂自荐是一种随处可见的战略，是指个人自觉自愿地把自己的成就、志向和希望得到的工作告知主管。

2）"露脸"战略是把"能够见面"（能够见到组织首脑）和"展示自我"（让组织首脑了解自己）这两种战略合成一体的做法。

3）"暂时代理"战略是指接受临时或暂时的任命。通过暂时任命可以获得额外的技能，并为长远的工作先当一次"观众"。需要注意的是，人们应该在内部劳动力市场和外部劳动力市场上同时开拓自己的工作机会。

（五）建立支持性关系

建立支持性关系（Development of Mentor and Other Supportive Alliances）也称为"拜师结友"，是指设计用来寻找重要人士并与其建立良好关系的行为，其目的是为了得到或提供有关信息、指导、支持和各种机会。建立各种支持性关系，主要是为了得到更多的信息，但这种关系并不仅仅是简单的信息交流，还包括深厚的情感成分。

（六）树立形象和声誉

树立形象和声誉（Image and Reputation Building）战略是用来传递成功和胜任姿态的，要通过交流使别人了解自己突出的能力、成功或成功潜力，以使自己在组织内树立良好的声誉。例如，参加社区活动以及衣着得体，都可以展现一种积极健康的公众形象，从而带来职业生涯上的回报。

个人的形象是否与组织倡导的形象一致，常常是影响其职业生涯成功的重要因素。人们应当明确组织对自己的价值要求与期望，通过努力获得组织发展所需要的知识与技能，形成与组织文化相适应的管理风格，树立组织成员认可的人际形象，从而提高职业生涯成功的可能性。许多优秀的企业，如丰田公司，实行的是"以价值为基础的招聘与选拔战略"，即在招聘与选拔过程中，不仅考查一位应聘者工作方面的资格，如技能、能力、教育、经历等，而且关注他们的价值观和个人品质。因此，在面谈中努力寻找经历和价值观与本企业的企业文化相吻合的应聘者，企业也明确地告诉应聘者可以期待什么。实际上，日本的大企业早在20世纪80年代就开始在主管人员的筛选录用中注意应聘者具备什么样的价值观、有什么样的人生追求，并使用许多测量手段和方法来实现这一目标。到20世纪90年代，这一做法已经为欧美国家广泛采用，成为当代招聘和录用工作的主流做法。

（七）参与组织政治

组织政治（Organizational Politics）是指试图以服从、联盟以及有利的交易和影响等手段去获得预期的结果。例如，不抱怨组织的管理制度，与组织的其他成员建立合作或者联盟关系等，这些行为都能提高自己的地位。

并不是我们每个人都要参与组织政治，但是要知道组织政治行为是组织生活中普遍存在的事实，忽视它的人常常会面临一定的困境，甚至危险。

【关键词】

个人职业生涯规划　自我分析　环境分析　职业生涯目标　SMART原则　概念性目标与操作性目标　表现功能与手段功能　短期目标和长期目标　职业生涯战略

【思考题】

1．个人职业生涯规划的定义是什么？
2．个人职业生涯规划包括哪几个步骤？
3．如何进行自我分析？
4．环境分析要分析哪些要素？
5．如何理解职业生涯的概念性目标与操作性目标？
6．确定职业生涯目标的原则是什么？
7．如何确定职业生涯目标？尝试给自己确立职业生涯目标。
8．职业生涯战略主要有哪几种？请联系实际，谈谈如何运用。
9．组织内的职业发展方向有哪几种？

【案例分析讨论】

案例一　是去还是留？——规划好你的职业生涯

早在大学四年级，Y就到一家软件公司实习了，实习薪水为2000多元。临近毕业时，X公司的老总给他打了个电话，想请他帮忙建设企业网络，他们正在投资6000万元建设厂房和办公大楼，Y欣然应允。

随后，Y就帮忙负责设计网络、招标、采购设备。X公司的老总非常器重他，他也觉得非常充实、愉快。随后，Y就没去原来的软件公司实习，而是留在了X公司实习。尽管实习费不高，但工作比较充实，他负责弱电工程（网络、电话、监控）的具体实施。

当时，Y立志将来做一位首席信息官，要为这家公司的信息化建设做出贡献。后来，Y

满腔热情地报名参加了"助理企业信息管理师"考试,并拿到了证书。毕业后,很自然地就留在了这家公司。

经过两年的锻炼,Y 渐渐成了 IT 部门的骨干,相当于 IT 部门的主管。尽管部门的人不多,但工作比较充实。Y 的日常工作主要是弱电系统维护、网络维护、计算机维修、软件安装,以及有关信息化项目(是一个市级项目,主要用来验收公司的智能设备)的鉴定验收资料,偶尔还给老总做个演讲文件等。但是,至今没有实施过任何信息系统。

公司的一位副总曾对 Y 说,他很看重 Y,Y 很受领导器重。又过了两年,Y 慢慢就觉得心里有些不平衡了:现在公司的信息化一直没有新进展,缺乏锻炼机会;另外,自己身处传统企业的 IT 部门,虽然做了不少事,但薪酬不高,远没有一些软件公司的薪酬高。

Y 很困惑,目前,IT 部门的职能就是维护系统和网络,仅仅是"修理工"的角色。想提高技术,却缺少实践机会;想深入行业中涉足管理,使 IT 部门日后成为信息化实施的主导,又觉得没有能力,特别是信息化战略规划一般是只有专业咨询公司才能做的工作,IT 部门怎么能做得好呢?

当前,Y 还遇到了一个跳槽的机会,有一家软件公司要挖他,想让他做一些具体的软件开发工作,薪酬比现在要高。Y 很困惑,到底是去还是留?如果留下,是不是一辈子就要干"修理工"的活?如果跳槽,又背离了自己朝"企业信息化"发展的初衷。

IT 部门在企业中的地位,往往决定了该部门人员的职业发展走向。一些信息化做得好的企业,IT 部门的地位相对较高,IT 人员的发展前景比较好。相反,信息化起步比较晚的企业,IT 人员的职业前景相对黯淡。IT 人员该如何规划自己的职业发展方向呢?面对当前的困惑以及外界的诱惑,Y 是去还是留?

(资料来源:http∥www.clcjob.com/job/news/new-show.php?id=47.)

分析讨论题:

1. 你认为 Y 在职业发展中遇到的主要困惑是什么?为什么他会遇到"痛苦的抉择"?
2. 你认为 Y 应该如何规划自己的职业发展方向?
3. Y 遇到的困惑对你的职业发展规划有何借鉴意义?

案例二 个人职业生涯目标规划书

1. 基本情况

姓名:张旭。性别:男。血型:B 型。职业性向:常规兼社会性向。气质:黏液质兼抑郁质。兴趣:愿与物打交道。职业价值观:志愿型。出生地:河北。出生年月日:1997 年 8 月。学历:大学本科。专业:计算机科学与技术。

优势:①有比较扎实的计算机网络理论基础;②易与人相处,适应力较强;③观察力敏锐,易感觉到别人不易觉察的细节,分析问题冷静、理智。

劣势:①好幻想、反应有时比较慢;②计算机网络应用及维护操作暂时不够熟练。

机会与威胁:目前 IT 行业管理人才比较紧缺,但是计算机网络专业发展已经比较成熟,人才市场趋于饱和。

2. 规划目标

个人职业生涯发展路线:专业技术发展路线,初级网络管理员,中级网络工程师,高级网络工程师（注册网络工程师）。

总体目标：做一名高级计算机网络管理人才（高级网络工程师）。

阶段目标：① 22～27 岁，打好计算机网络专业基础，拿到初级计算机网络工程师证及中级计算机网络工程师证；② 28～33 岁，考取高级计算机网络工程师，并准备注册工程师考试；③ 34～39 岁，从事计算机网络方面高层管理工作，考取注册网络工程师。

健康目标：保持身体健康。

学习目标：① 23～24 岁考取计算机网络初级工程师；② 24～28 岁自学网络高层管理，考取中级工程师。

3. 近 5 年的规划

5 年内必须达到：①有更扎实的计算机网络管理专业知识；②计算机网络业务操作实践方面达到中级网络工程师水平；③不断进步，不断学习。

目标：①在任职的企业中完全胜任职位工作，熟练掌握计算机网络应用、搭建、维护方面的知识；②在企业工作、学习中掌握所有计算机网络知识和实际操作能力；③自学计算机网络管理方面的知识；④考取中级网络工程师职称。

4. 年度规划（2016 年 7 月—2016 年 12 月）

1 年内必须达到：①找到工作；②适应企业。

目标：①找到适合自己的工作；②顺利通过网络工程师资格考试，取得初级网络工程师证；③顺利通过网络工程师考试，取得所有相关证书。

（资料来源：根据网络资料整理编写．）

分析讨论题：

1. 根据所学知识，请评价这份个人职业生涯目标规划书。
2. 对于这份职业生涯规划，你有哪些建议？

【附录】

如何进行职业生涯人物访谈

第一部分　概述

职业生涯人物访谈，是通过与一定数量的职场人士（通常是自己感兴趣的职业的从业者）访谈而获取关于一个行业、职业和单位"内部"信息的一种职业探索活动。通过访谈，了解该职业岗位的实际工作情况，获取相关职业领域的信息，进而判断自己是否真的对该工作感兴趣，实际上是一次间接、快速的职业体验。

一、活动主题

了解社会、探索职业、促进规划、把握人生。

二、活动目的

生涯人物访谈是大学生职业选择和职业定向的一个自助平台，是在校期间职业生涯规划的一个环节，是一种获取职业信息的有效渠道，目的在于使学生了解和认识社会需求、职业需求、职业环境和基本状况，帮助求职者（尤其是在校大学生）检验和印证以前通过其他渠道获得的信息，并了解与未来工作有关的特殊问题或需要，如潜在的入职标准、核心素质要求、晋升路径和从业者的内心感受等（这些信息是通过大众传媒和一般出版物获取不到的）。通过生涯人物访谈，还能正确认识自己的优势和不足，从而制订更加合理的大学学习、生活计划。

三、操作流程

1．认识和了解自己

加强对自己的了解和认识，可以借助一定的工具，如霍兰德职业倾向测试、职业能力测量表、职业价值观自测量表或测评软件来分析自己的兴趣、性格、技能和工作价值观。（注意：可以使用各种测评工具或软件，但不能迷信测评结果。）

2．寻找生涯人物

结合自己的兴趣、技能、工作价值观、教育背景和已掌握的职业知识，列出未来可能从事的几个职业，然后在每个职业领域寻找三位以上的从业者作为生涯人物。生涯人物可以是自己的亲人、老师和朋友，也可以是他们推荐的其他人，还可以借助行业协会、同学录或某个具体组织的网页来寻找其他职场人士。

（注意：生涯人物的职业应是自己向往的。每个职业领域的生涯人物选取应结构合理，既有初入职场的人士，也有工作了一定年限的中高层人士；在正式访谈前，对生涯人物的信息掌握得越全面越好，姓名、职务和联系方式是必须知晓的，要尽可能收集和熟悉可以在生涯人物的讲话、文章或者大众传媒和单位网页上获得的信息。）

3．拟订访谈提纲

结合目标职业信息设计访谈问题，对生涯人物的访谈可以围绕行业、单位名称、职业（职位）、工作的性质类型、主要内容、地点、时间、任职资格、所需技能、市场前景、行业相关信息、工作环境、工作强度、福利薪酬、工作感受、员工满意度等要点进行。

4．预约并实地采访

预约方式有电话、QQ、电子邮件和普通信件等，其中电话最好。预约时首先介绍自己，然后说明找到他的途径、自己的采访目的、感兴趣的工作类型以及进行采访所需要的时间（通常30分钟左右），确认采访的日期、时间和地点。（注意：联系前的准备要充分，电话联系时还应备好纸和笔，以备临时电话采访；联系时一定要有礼貌，时间要短。）

访谈方式可以是面谈、电话访谈、QQ访谈，最好是面谈。面谈前，采访者一般可以用已经从其他渠道了解的生涯人物的好消息轻松打开话题，之后就可以按设计好的问题开始访谈了。遇到生涯人物谈兴正浓时，采访者要乐于倾听，给生涯人物留出提供其他信息的机会。在访谈结束时，请生涯人物再给自己推荐其他相关的生涯人物，这样就可以以"滚雪球"的方式拓展自己的职业认知领域。

注意：

1）采访前为自己准备个"30秒的广告"，因为在访谈过程中生涯人物可能会问采访者的职业兴趣和求职意向。

2）面谈前，应征求生涯人物的意见，视情况对谈话进行录音，或书面记录，或不记录。

3）面谈一定要守时、简洁，不浪费他人时间。
4）访谈结束后，对于不允许访谈现场记录的内容应迅速补记。
5）采访结束后一天之内，要通过合适的方式表示感谢。

5．访谈结果分析

在一个职业领域采访三个以上的生涯人物后，用职业信息加工的观点来分析，对照之前自己对该职业的认识进行比较，找出主观认识与现实之间的偏差，确定自己是否适合这一行业、职业和工作环境，是否具备所需能力、知识与品质，形成书面总结报告，进而详细制订大学期间的自我培养计划。如果访谈结果与自己之前的认识出现严重脱节，就有必要进入另一个职业领域开展新一轮生涯人物访谈。

四、注意事项

1）访谈前要做好充分准备。
2）访谈中要注意着装和仪表，态度和蔼、大方，要文明礼貌，措辞得体。
3）要时刻注意安全问题，增强安全意识，提高防范能力，确保万无一失。
4）尊重被访谈者，注意保护他们的信息安全和个人隐私。
5）认真对待，不走过场，真正通过访谈达到探索职业的目的，为个人的职业定向和职业选择做准备。

第二部分　生涯人物访谈提纲

1）您是如何找到这份工作的？
2）就您的工作而言，您最喜欢的是什么？最不喜欢的是什么？
3）您的职位是什么？您的主要职责是什么？
4）从事此行业的人做些什么？
5）工作地点一般在哪里？
6）在行业内，先从什么样的工作岗位做起能学到最多的知识，最有益于发展？
7）工作场所性质有哪些特征？
8）在工作方面，您每天都做些什么？
9）您在做这份工作时，日常面临的问题是什么？什么问题最有挑战性？
10）个人的主要成就是什么？最成功的是什么？
11）在这个职位上，如果想获得成功必须拥有并保持什么样的能力？
12）目前还缺乏的必须改进的能力有哪些？怎么改善它们？
13）在您的组织中，能够把在同样一个岗位上成功和不成功区别开来的行为是什么？
14）您认为做好这份工作应该具备哪些知识、技能和经验？
15）目前，行业内要求从事这份工作的人应该具备什么样的教育和培训背景？
16）您认为什么样的个人品质、性格和能力对做好这份工作是重要的？
17）这项工作需要的个人品质、性格和能力同别的工作有什么不同吗？
18）学校里的哪些课程对这个行业比较有帮助？
19）行业内，组织对刚进入该领域工作的员工一般会提供哪些培训？
20）在您的工作领域里初级职位和略高级别职位的薪水一般是什么水平？
21）这个行业是否有季节性或地理位置的限制？

22）这个行业存在哪些困难？这个行业的前景如何？

23）据您所知，有什么职业杂志、行业网站或其他渠道能帮助我深入了解这个领域？

24）您的熟人中有谁能够成为我下次采访的对象吗？可以说是您介绍的吗？

第三部分　生涯人物访谈例子

问：首先我对老师的个人经历还缺乏足够的了解，比如您的求学经历、工作经历，诸如您是如何得到这份工作的？在成为《视野》杂志主编之前从事过哪些相关职业，之前是否还有其他自己喜欢、渴望从事的行业？毕业后多久得到的这份工作，目前已经做了多久等。

答：我2001年从西北师范大学经济管理学院毕业，本科专业是信息管理。2002年我进入兰州大学新闻学院，开始攻读传播学专业的研究生学位。在此之前，我对期刊业一无所知。考虑到今后的专业学习，我觉得有必要进入相关媒体进行实践，只有这样才能更加熟悉新闻媒体的运作。于是我来到《视野》杂志社寻求实习的机会，很幸运，我在这里找到了更合适和广阔的空间，一直到现在。其间经历了从实习人员到编辑再到副主编的蜕变，每一步对我来说都是一种经历，一种成长。在此之前我曾经想过做一名优秀的记者，满怀职业精神地终日奔波，不过现在反倒觉得这种工作太紧迫了，可能会让我焦躁、紊乱。相对来说，我更喜欢平和安静地进行一些深入的考量，而期刊恰好可以提供一种深度介入的机会。

问：我们专业在大三的时候有一个实习，在实习之前我们需要在哪些方面做些准备？

答：首先梳理自己已有的专业知识能力，客观地评价自己的优势和劣势，尽可能做到扬长避短。其次有目的地提前锁定一些目标实习媒体或单位，有针对性地给予一些关注和做调研，做到有的放矢。最后可以阅读一些人际交往或社交礼仪的书籍，力求在细节方面做到位，也可以向往届师兄师姐讨教实习经验，有利于较快地适应角色和心态的转变。

问：就我们专业的毕业生而言，我听过这样一种说法：想工作轻松愉快的话就去广播电台；从经济效益角度考虑就去电视台；想真正学以致用，进一步在专业上有所造诣就在纸媒就业，尤其是报纸。您是怎样看待这种说法的？

答：我个人很难接受一种现成的某种说法，我认为这些说法就个人的经验而言可能是成立的，但是绝对不能以偏概全。我相信任何一份工作，如果它是你真心喜欢的，并且你一直尝试、不断创新，那么你其实可以拥有上面提到的所有的满足，无论声誉还是薪酬，但前提必须是你确实付出了精力、热情。对于你们而言，事先不加检验地接受某种只言片语，其实是非常危险的。

问：平常在工作方面，您每天都做些什么工作？您是否满意这样的工作状态？

答：因为教学，所以很多时间要花在看书、备课上面。除此之外，我会关注期刊动态，审稿也是我很重要的一部分工作。有时候感觉在两种相关的职业之间穿梭比较有趣，也很有收获。我很喜欢现在的工作，我觉得它目前可以承载我对职业的那些想象，也符合我当前的期望。

问：您做这份工作都收获了些什么？最喜欢或最不喜欢的是什么？哪些方面比较成功？哪些工作比较有挑战性？能得到怎样的成就感或满足感？您打算从事多久？

答：这份工作带给我最大的收获是一种视野和心态。通过这份杂志，我与这个世界有了某种微妙的关联，可以开阔地观察这个世界的变化，使自己与它保持同步。最喜欢的是杂志能通过文字的力量来影响一些人的思想，这种影响是向上的、积极的。最不喜欢的是杂志为市场所迫，一味迎合市场。这份工作培养了我对文字和思想的鉴赏力，也锻炼了我统观全局的能力，这也许是我比较满意的地方。说成功，我觉得自己远远不及。目前对我而言，最大的挑战来自市场，如何做一份有市场、有品位、有受众的杂志是我一直思量的。

问：您认为如何才能做好这份工作？应该具备哪些知识、技能或者经验之类的？

答：任何工作都需要一个人全心全意地投入，而且应该满怀热情，喜欢是做好的前提。我觉得很多知识、技能或者经验并不是先前就已经积累的，而是在进入工作之后，抱着一种开放、包容、谦虚、好奇的态度慢慢学得的。当然，现在你们可以提前阅读、观察一些期刊或者编辑学刊之类的内容，还要锻炼自己的文字能力。

问：您认为什么样的个人品质、性格和能力对做好这份工作是比较重要的？

答：杂志可以影响人的事业，所以不能有丝毫的轻视与疏忽。一名编辑应该有：一种挑剔和批判的眼光，可以最大限度地防止危险或错误，以免误导读者；一个开阔的眼界，可以进行最大限度的甄选；一份执着，可以保证杂志不会随波逐流；一种热情，可以让杂志生机盎然；一手过硬的文笔，可以让杂志独立地表达自己的声音。

问：行业内，企业对刚进入该领域工作的员工是否进行培训？如果有，是哪方面的培训？今后还要求个人在哪些素质方面有所提高？是否有继续深造的机会？

答：每一名新进入的员工都会获得一系列相关的培训，除了杂志社自己组织的培训以外，新闻出版局也会定期举行一些培训，内容主要是期刊编辑实务、期刊政策法规之类的。正式进入工作岗位后，一般杂志社都要求员工加强个人业务能力，以在编辑水平、文字水平、专题策划方面提升其能力，在圆满完成特定工作量的情况下，鼓励员工进行更加高层的学习。

问：在您的工作领域里，初级职位和略高级别职位分别有哪些？这些职位的工资一般是什么水平？以您为例，对目前的工资待遇是否满意？

答：有编辑、责任编辑、副主编、主编、副总编、总编等，每个杂志社的薪酬水平有所不同，很难有一个统一的标准。

问：据您所知，从事这份工作的人在单位或同行业内的发展前景如何？

答：目前期刊界现有的人员构成并不是非常合理，缺乏很多既能够编辑杂志，又能够灵活驾驭市场的优秀人才，所以，对于每一个想要在此行业有所发展的人来说，机遇和挑战是并存的。

（资料来源：http：// uzone.univs.cn/news2_2008_80915.html.）

第六章

个人职业生涯的周期管理

本章要点

1. 职业生涯早期的特征
2. 组织化的内容与阶段
3. 职业生涯早期的管理手段
4. 职业生涯中期的特征
5. 职业高原现象的内涵
6. 职业生涯中期的管理手段
7. 职业生涯晚期的特征
8. 职业生涯晚期的管理手段

导入案例

不同阶段的职业生涯困惑

赵先生是一位资深的职业生涯规划师,每天都会接受来自各种人员的职业生涯问题咨询。下面的例子就是其中较具代表性的问题。

A:壮志难酬的王大志

王大志生长在一个偏僻的小山村里,是全县为数不多的大学生之一。他喜欢独立思考、学习,不大善于与人交往,性格有些内向,但是渴望影响他人,他想成为一个管理者。临近毕业时,同学们都像热锅上的蚂蚁一样开始找工作。

一天,王大志在报纸上看到一则报道:某国有钢铁公司地处偏远,历年分配到那里的大学生中有很多人根本不去报到,那里急需人才,公司承诺一定为到那里工作的大学生提供更好的发展机会。王大志被这则报道打动了,立刻写了一封表达自己志向的信,很快他收到了该公司热情洋溢的回信。于是,王大志决定到那里工作。

坐了24个小时的火车,王大志终于在晚上7点钟到了站。他想象着一定会有人来接站,然而空无一人。他只好自己拖着行李找到了单位,此时员工都已经下班了。传达室的老大爷带他到宿舍,面积不大,陈设简单,一共住着三个新来的大学生。这与王大志的想象反差很大,他开始失望了。

更让他失望的是,第二天报到时,人事处分配他下车间锻炼,和工人一样三班倒。站在炼钢炉前,王大志身上冒汗,心里发冷。于是,他不顾车间纪律,去找人事处要求重新分配。人事处的回答是:"这是公司的决定,而且我们也认为大学生锻炼一下是有好处的。"王大志不同意,要找总裁。

王大志根据自己这几天的观感,又结合管理理论,写了一份人事改革建议转交给了总裁。总裁看后找他谈话,肯定了他的热情,也指出了他的一些想法不切实际,同时也表示大学生到基层锻炼是有好处的。王大志一下子火了,说道:"下车间、下车间,要我干到什么时候?浪费人才。"说完便气冲冲地走了。

后来,王大志不断地找车间主任、人事处领导、总裁谈想法、谈建议,但领导觉得那是空想,这极大地挫伤了王大志的自尊心,他痛苦极了。

B:刘先生的发展瓶颈

刘先生毕业于重庆市某高校,本科所读专业是会计学。大学毕业后,刘先生通过学校的招聘会应聘进入北京一家食品公司做行政助理。两年后,由于工资较低,而且感觉在公司没有发展前途而没有续约。随后,刘先生选择到杭州发展。抵达杭州后,刘先生在一家网络公司做总经理助理,但由于公司经营不善,一年后倒闭。之后,刘先生在一家电子科技公司做人事主管。其间,刘先生感觉公司内部人际关系复杂,有多个小团体存在,因此在事情的配合上没有默契感。三年后,身心疲惫的刘先生决定跳槽到另一家科技公司做人事经理。现在刘先生遇到了自己职业发展的瓶颈,人事经理的位子自己坐得很稳,但是要想再往上升,在本公司已经非常困难了,而且在薪水方面也没有了上升的可能。刘先生感觉现在的工资水平根本没有体现自身的价值,自身还有很多方面的能力没有被充分挖掘,心里感觉很失落。已过而立之年的刘先生认为这是自己职业生涯中的关键一步。在职业生涯发展遭遇瓶颈时,是寻求突破还是转行呢?如果选择突破,应该在哪方面着手呢?如果要转行,转到什么行业什么岗位上最有发展前景呢?找不到答案的刘先生找到了顾问寻求帮助。

C:即将退休的张女士

张女士在一家事业单位做行政工作,总体来说工作悠闲。明年就要退休了,退休后每月可以领取不错的退休金,足以满足她的生活需要,可是她现在非常烦恼。

由于老伴前几年去世了,又没有孩子,所以张女士现在是孤身一人。她一想到退休后每天没有熟悉的同事聊天,每天没有任何事情要做,心里便空荡荡的。

(资料来源:A 部分来自周文霞. 职业生涯管理[M]. 上海:复旦大学出版社,2008:31。B 部分来自http://www.chsi.com.cn/jyzd/zygh/200711/20071120/1582537.html。C 部分是自编案例。)

案例中的三位职场人士分别处于职业生涯阶段的不同时期,他们所面临的问题都是职业生涯阶段的典型问题。王大志面对的问题是如何适应企业,实现组织化,进而发挥自己的能力;刘先生的问题则是典型的职业中期的职业高原问题;面临退休的张女士处于职业生涯晚期,她要应付的事情是为退休做好全方位的准备。处于不同的职业生涯发展阶段,个体体现了不同的个性、能力及职业特征。面临不同的职业发展问题,要采取针对性的措施来尝试解决问题,这些就是本章所要讨论的内容。

第一节　职业生涯早期管理

职业生涯早期分为立业期和成就期两个阶段。立业期是指个人从进入组织到适应组织并确立自己在组织内的职业生涯战略的时期。个人在任何一个新工作中的首要任务都是立业，这个时期是立业期，这实际上是一个组织社会化的过程。成就期是个人职业生涯早期中另外一个重要时期，它紧随立业期。当个人处于职业生涯的成就期时，他在立业期所采取的行动已经告一段落，对工作环境和工作内容有了相当深入的认识，有了切实的期望并对自己的工作负责，对"认同"和"融入"问题的关注逐渐退居其次，取而代之的是为取得成就和上级的授权而奋斗了。早期职业的变化见表 6-1。

表 6-1　早期职业的变化

立业期的内容	成就期的内容	立业期的内容	成就期的内容
适应组织	升迁	测试能力	能力不断增加
依赖	独立	有不安全感	自信
学习	渴望有所贡献	寻求他人的承认	寻求威信

（资料来源：格林豪斯，卡拉南，戈德谢克. 职业生涯管理：第 3 版 [M]. 北京：清华大学出版社，2006：149.）

需要注意的是，确切指出立业期和成就期转换的具体时间是不太可能的，但是这种转换一定会发生。而且，并不是新员工在头一年里就不考虑成就，老员工也不在意学习、安全感及他人的评价。事实上，在早期职业阶段一直都存在立业和成就问题，只是两种主题在立业期和成就期内各自相对的比重不同而已。

一、职业生涯早期的特征

在职业生涯早期阶段，个人突出的心理特征主要体现在以下四个方面：

1）进取心强，具有积极向上、争强好胜的心态。进取心是一种积极的力量，能促使员工不断上进，力求发展。但由于年轻气盛，往往会出现浮躁和冲动的情绪，在职业发展中表现为缺少对自己不足与缺点的认识，对现状认识不清楚，争强好胜导致人际关系紧张。

2）职业竞争力不断增强，具有做出一番轰轰烈烈事业的心理准备。职业生涯早期的员工往往具有远大的职业理想和抱负，成功欲望强烈。随着工作经验的积累，他们逐步提高了自己的工作能力，学会将原有知识转化为实际能力，对职业的信心增强。

3）组建家庭，逐步掌握调试家庭关系的能力，承担家庭责任。职业生涯早期阶段，个人从单身到组建家庭再到生育子女，家庭结构和家庭角色发生变化，个人必须学会处理与配偶及子女的关系，要承担照顾家人的责任，家庭观念逐步增强。

4）处于"跃跃欲试"的状态，渴望实现目标、有所成就的愿望极其强烈。很多人都会遇到这些问题：在本职工作中要显示不断提高的工作能力；要求扩大本职工作责权；要确定能对自己、职业和组织做出贡献的最恰当的方式；要对组织内部和外部的机会做出评价；要制定符合个人职业生涯志向的长期目标和短期目标；制定能实现个人职业生涯目标的战略并

二、职业生涯早期的问题

(一) 员工组织化

员工组织化是指"个体获得成为一个组织成员所必须具有的社会知识和技能"（Van Maanen et al., 1979）的过程，它包括向所有员工灌输组织及其部门所期望的主要态度、规范、价值观和行为模式。组织化的结果是那些被组织成员认为是外来者的人转化为富有生产力且可以被组织接受的内部人员。员工组织化是一个连续的过程，对组织和成员都有重要作用。

在这一过程中，个人和组织都必须学会相互接纳。相互接纳是指组织与新员工个人之间的相互关系。相互接纳使新员工与组织之间的关系趋于清晰化、明确化、确定化，组织确认了新员工作为组织正式成员的资格，新员工则获得了组织正式成员的身份。相互接纳是一种心理契约，新员工与组织之间没有书面的接纳证明，只是在思想认识、情感上以及工作行为上互相承认、认同和接受。相互接纳可以用具体事物标明，尽管相互接纳是一种心理契约，但是仍有显著的标志。新员工努力工作以及安心于组织，便是他向组织发出的认同信号。组织给新员工增薪、晋升等，则象征组织对新员工的接受。个人在这个过程中要积极主动，表现出组织所期望的行为，促使组织尽早接纳自己。

1. 组织化的内容

1986年费希尔（Fisher）将组织化学习的内容分成如下五类：

1) 基础性学习，包括发现学习的必要性、学习什么、向谁学习。

2) 有关组织的学习，包括对组织目标、价值观和政策的学习。

3) 如何完成工作的学习，学习在工作团体中如何发挥作用，包括对其价值观、规范的学习。

4) 学习如何开展工作，包括对必要的技能和知识的学习。

5) 个人学习，即从自己的工作和组织经验中学习，包括确认身份、调整预期、设计自我形象和增加学习动力。

费尔德曼（Feldman, 1981）也提出了相似的观点，他认为组织化包括相互联系的三种学习过程，不同过程强调学习不同的内容，包括获得一套合适的角色行为、开发工作的技能和能力、适应工作团体的规范和价值观等。费尔德曼认为，承认社会化构成程序的多样性给组织化的研究和实践提供了一个有益的框架。

最近，佐治亚·T. 曹（Georgia T. Chao）和同事们在综合前人研究成果的基础上提出，组织化有以下六个内容：

1) 业务熟练。个人通过学习，对其所从事工作的熟练程度。

2) 人。个体和组织其他成员成功建立起人际关系的程度。

3) 政策。个体成功地了解正式和非正式工作的关系及组织内部权力结构的程度。

4) 语言。个体掌握本组织独有的专业术语及缩略语、行话的程度。

5) 组织的目标和价值观。个体对特定的组织目标和价值观的了解程度，包括本组织各级领导所信奉的非正式的目标和价值观。

6）历史。理解和赞成组织的传统、习惯、英雄故事、仪式，了解组织重要成员或有影响力的成员的个人背景和工作经历。

如果组织化设计得好，即使不能涵盖上述六个方面的全部，也能涉及大部分。不过大多数组织化的过程却是非正式的，即依靠个人对他人举动的观察，以及听到、看到的有关实际工作情况和各种传说。

2. 组织化的阶段

一般认为，组织化的过程包括以下三个阶段：

（1）原先的期望 组织化过程开始于员工正式进入组织之前。在应聘过程中，员工建立了一套对自己能力、价值观和兴趣取向的认识，同时对组织生活产生期望。期望无论现实与否，都会对员工的组织化过程产生影响。具有较为现实的期望的个体，容易在组织化过程中尽快实现自己的价值观，展现自己的才能。

（2）面对现实 员工从开始上班就进入了一个新的环境。事实上，这个环境除了新之外，在很多方面也与员工原有期望存在差异。应届毕业生对升职、有意义的工作、表现自己的才华、工作中的挑战与冒险、高薪酬和发挥创造力与想象力等方面都存在着不切实际的高期望。应届毕业生很容易在组织中感受到挫折，而组织对新员工的评价普遍较低。因此，在这个阶段个人应该从开始就做好接受这种情况的心理准备。

（3）改变自己和了解这种改变 这个阶段是组织化的一个重要阶段，新员工开始放弃不切实际的期望，转而开始关注自己的本职工作，认清自己的角色、环境和工作团队，开始接受组织的价值观。如果能做到这几点，应该说这个个体的组织化过程就比较成熟了。

相 关 链 接

从猴子摘香蕉看员工组织化

西方行为学家曾做过一个实验：在笼子里放进六只猴子，笼子上方挂有香蕉及一套自动喷淋装置。每当有猴子去摘，就会有强水流自动喷出，猴子们就会遭受被喷淋的痛苦。慢慢地，猴子们明白了：只要去摘就会被喷淋。于是都不去摘了，不管谁想去摘香蕉，其他猴子马上痛击此猴。当放出一只猴子再换进来一只新猴子进来时，新猴子去摘香蕉，马上就被打一顿。逐渐地它也明白了：谁去摘香蕉，就要打谁！当再换进一只新猴子时，不仅原来被喷淋过的猴子打它，而且没被喷淋过的也打它！慢慢将猴子一个一个全换了，每次新来的都会被打，但这时候猴子们都已经不知道为什么了。笼子中的猴子谁也没见过和遭受过喷淋，但也没有谁敢去摘香蕉。从此，不能试图去摘香蕉成为这个群体中的潜规则。

故事分析：第一批猴子自由而活泼，它们按照自己的喜好来办事，但是制度让它们不得不收敛自己的本性，并且不成文地形成了内部生存规则——不许任何成员去碰香蕉。当新的一员加入这个组织中，大家对它破坏这个生存规则感到异常愤怒，所以这只新猴子挨打；当来了第二只新猴子时，第一只新猴子下手打它，一方面是因为盲目地维持秩序，另一方面是为了发泄被打之恨。当笼子里全是新猴子的时候，大家依然墨守这个不成文的规则，当有猴子试图去改变的时候必然遭到报复和惩罚。可是后来的猴子群体都没有被淋湿过，大家也不知道为什么不能去碰香蕉,也不知道为什么要维持这个规则,如果没有力量强大、富有说服力的猴群新领导出现并改变规则,那么这个潜规则将永远保持下去。

从心理学的角度看,如果说第一群猴子打第一只新猴子时,诸多猴子是从众心理的缘故,那么第一只新猴子殴打第二只新猴子时就可能是报复和发泄心理了,这就如同现在工作环境中一些老员工明知新员工的行为会触犯制度或者规则,但却不愿意提前明示,许多工作技巧和方法要新员工自己去试过才能获得。老员工曾因为工作失误被惩罚过,也在失误中积累了经验和技巧,但他们可能并不情愿把这些经验和技巧顺利地传授给新来者。

许多新的员工,一进单位就会发现很多不合理的规定,他们或者在公开场合,或者在私下场合,抱怨或者抨击单位的规则和制度,他们不清楚为什么不合理就在面前,而那些老员工却不去改变它并让它存在到现在。他们就像那些新的猴子一样,不知道这些规则产生的历史,却因怕受到惩罚而墨守,慢慢地等他们成了老员工,对新员工的疑问也可能会嗤之以鼻。

猴子的故事给员工的组织化过程很多启发:

1)详细讲解组织文化的来历、规则形成的原因,是减少误解和员工消极抵制的有效方式。

2)向员工灌输他们帮助新来者时将获得的回报与奖励,而不是用保守经验的潜规则来影响他们,使其对新来者保持冷漠。

3)告诉员工,只要他们摘得"香蕉",公司就会即时给他以回报,如果他有合作者,合作者也会有回报和奖励。

4)告诉新员工,当他们成为老员工时,如果他们辅导的新员工在新的队伍里表现出色,那么他作为师傅将获得更大的回报与奖励。

(资料来源:https://news.mbalib.com/story/93736.)

(二)年龄问题

职业生涯早期始于立业期,而后进入更为关注成就和收获的成就期。一般而言,职业生涯早期的年龄定位于 25~40 岁,人们正是在这个时候步入社会、参加工作,追求自己梦想的实现。

但是,人在成年后,不管何时转换职业,都有可能引发立业和取得成就的种种问题。任何工作变化都可能使个人面对某些不熟悉的任务和人际关系的环境,因此可能促使再次社会化。以后要取得成就和创新,再次社会化可能是必要前提。改换职业领域或雇主,毫无疑问就要求更紧张的再次社会化和二次立业,因为人对新的环境更不熟悉。即使个人已进入成年的中期和晚期,都有可能需要重新考虑立业和取得成就的问题。因此,职业生涯早期的主要内容并不限于二三十岁的年龄阶段,也适用于年龄更广泛的人群。

三、职业生涯早期的个人管理

(一)考查职业生涯目标

个人在职业生涯早期阶段,最基本的目标是明确自己的发展需要。这是一个相互考查的过程,个人和组织都在估量彼此是否相互适应。如果对这个问题没有清晰的认识,个人很难获得有用的信息，也无法做出正确的决定。因此，在这一过程中，个人首先应该做好自己的本职工作，正确地对待业绩评价，认真观察并有效利用非正式关系，从而更多地了解自己和组织。在掌握了有关知识和信息之后，员工就愿意并且能够在必要的时候调整职业生涯目标，个人目标伴随着眼界的开阔和组织情况的清晰化而变化。

（二）确定主动的职业生涯战略

在立业期内，尽管个人会按照环境的要求对自身做出调整以适应环境，但是在不断变化和竞争激烈的环境中，应采取更为主动的态度，通过自身的行为影响组织。组织也希望个人能有积极的态度，希望尽早地了解员工的想法以做出相应的反应。因此，主动的态度对组织和个人都是有益的。

在这一过程中，员工需要制定坚定不移的职业生涯战略，该战略包括以下行动：

1）就本职工作与上司做一次初步讨论，请教提升工作挑战性、责任和多样性的办法。

2）与上司讨论自己最近的工作表现，寻求上司对自己的评价。如果上司的答复不够细致和确切，应礼貌地要求更为详细的解答。

3）分析上司的职业生涯需求并与其进行讨论，看看自己能以何种方式给予帮助与支持，使其更有效地工作。

4）从能够观察你的同事那里听取意见。

5）参加正式活动以尽可能地了解组织的情况。

6）阅读管理文献，寻找所需要的答案。

7）与组织中能给自己提供信息、帮自己开阔眼界并具有丰富组织经验的同事建立起非正式的关系。

8）准备与他人分享自己的感受和想法，相互分享信息比只听不说的交流更能维持关系。

9）试着了解组织的发展方向，学习可能需要的技能。

10）再次检查个人的价值观、兴趣、才能与组织的价值观、要求和机会是否相容。

（三）制定现实目标

制定现实目标的最佳方法是：个人设定职业生涯发展中的目标，并与组织就这些目标进行沟通。对于个人来说，最重要的是对自己的兴趣、动机和才能有充分的了解。职业生涯早期中的成就期是对职业选择进行考验的一个关键时期。

要制定现实目标，必须要承认传统的职位级别提升越来越难，但机会是无穷的。个人应该少考虑向上升迁的问题，而应该在职业生涯通道的多样化上下功夫。要实现职业生涯多样化就必须制定职业生涯目标，包括平级调动、降级调动以及在现有部门向更专业化的方向发展。可以有多种方式来满足个人的成就感、满足感和收获感，不一定非要得到升迁才算成功。

（四）了解当前工作的绩效和职责

个人应该积极了解自己当前工作的绩效标准和职责，以便于更好地完成工作，为自身职业生涯的开展和调整提供支持，同时与上司进行有效的交流，明白上司的处境和困难并给出力所能及的帮助。

上司的需要主要取决于他所处的职业生涯阶段，下属应当了解上司和自己的需求，清楚上司的工作受到什么条件的约束，并建立一个反馈和评价体系，以便对自己和上司的关系做出评价。

在责任要求较高的工作中,以往工作经历的类型和任职时间的长短也对职业生涯表现及职业生涯进程起着至关重要的作用。除了考虑对未来升迁有重要影响的工作任命外,还要注意某些工作会造成打断职业生涯进程的麻烦,因此应尽可能地避免从事此类工作。

(五)探索升迁之路

升迁往往成为个人职业发展的一个目标,但个人必须清楚升迁的机会是有限的,尤其是在越来越多的扁平化金字塔结构的组织中。在升迁的过程中要注意以下两点:

1. 把握升迁的通道和路径

研究指出,升迁的通道主要有两种:表面捷径和真正捷径。表面捷径包括快速升迁及增薪,反映出个人"雷厉风行"的个性特点,但实际上却阻碍了今后长期的、升到更高职务时才用得上的那些技能和人际关系的发展。走真正捷径的人,他们在职业生涯早期升迁较慢,那是因为他们把大量时间花在培养重要的能力和建立持久的人际关系上,他们所掌握的技能使其在以后的职业生涯中更具发展潜力。通往事业顶端的路径包括纵向之路(即提拔)和横向之路(即平调)两种。事实上,现在平调越来越多,而提拔的速度越来越慢。个人应该认识到平调是使自己长本事的道路,平调是提拔的必要一环,还可能带来加薪的机会。

2. 注意个性的影响

要想得到升迁,个人必须认识到人的个性对改变工作有着很重要的作用,个性会影响上司对自己的印象。所以,塑造良好的、适合工作和团队文化的个性,对于职业生涯的发展具有较重要的意义。

(六)获得保护

一般来说,要实现目标,上司和师傅的支持和保护是很重要的。要得到保护,首先要坦诚交流,不能遮遮掩掩;其次员工应该勤奋工作,对上司忠诚,以获得他的信赖。在个人的成就期内,发展人际关系、获取他人支持非常重要,师傅、上司、同事、下属、家庭和朋友都可以为你提供这种帮助。人们普遍认为,担任较高级助理职务的师傅给予的保护,更容易对自己职业发展产生积极影响。

相 关 链 接

警惕青少年职业生涯规划陷阱

近年来我国高等院校一直在开展职业生涯教育,并有专门的教师对学生施行辅导和制订职业规划,我觉得并无不可。可是有部分专家呼吁要在中学甚至是小学就要开展职业生涯规划,理由之一就是"仅两成大学生满意入学专业"。那么如果小学就规划好了,对入学专业的满意度会提升么?这就大可商榷了。

职业生涯规划的目的是什么?目的是提前进行准备,形成强大的职业竞争力?而我以为职业生涯规划的目的是追求一种职业幸福感。过早规划职业生涯,本质上是鼓励竞争,是对丛林法则的肯定和实践,也是成功学的一种异化,和"不要让孩子输在起跑线上"的理念并无区别。过早的职业定位存在高风险，后果具有极大的不确定性。

有调查显示，美国 18～42 岁的人每人平均从事过 10.8 份工作。日本的人才流动率之低是世界公认的，平均每人换工作的次数也达到了将近 4 次。而在我国，人们的流动频率只有 2.3 次，但是与老一辈人相比，国人更换工作的频率已经越来越快，尤其是白领，平均 5 年换一次工作；但专家认为快得还不够，流动加快是未来一个趋势。

青少年从小制订职业生涯规划，究竟是自己的选择还是秉承家长的旨意，答案是不言而喻的，因为一个儿童不可能对有关资讯都了如指掌并加以分析，也不可能积累丰富的经验。这就产生了一个悖论：这个规划如果不是出于孩子的本意，当孩子成年之后，到底是坚持自己的想法，还是顺从父母的旨意？职业生涯规划制订得越早，目标冲突的可能性就越大。

（资料来源：方奕. 警惕青少年职业生涯规划陷阱[J]. 中国青年研究，2014（9）：89-92.）

第二节　职业生涯中期管理

职业生涯中期是青年和中年之间的过渡，一般是指 40～50 岁这一阶段。职业生涯中期阶段富于变化，个人在生理和心理上都出现了很多改变，会遇到大量与工作相关的特殊问题。在这一阶段，个人既有可能获得职业生涯的进一步成功，也有可能出现危机。

一、职业生涯中期的特征

职业生涯中期是个人生命周期中最重要的一个阶段，也是个人职业生涯周期中最重要的一个时期。在这一时期，个人生命周期和个人心理特质都会发生明显变化，并呈现出明显的阶段性特征。

（一）个人的生命空间特征

1. 个人生命周期多重交错

人的生命空间存在三个生命周期：生物社会周期、个人职业生涯周期和家庭生命周期。职业生涯中期处于三个周期的多重交错时期，且时间较长。

2. 生命任务繁重

在职业生涯中期，个人的三个生命周期面临的任务都是一生中较为繁重的。在家庭生命周期方面，个人处于子女、父母、配偶的复杂关系之中，要承担相应的责任和义务，家庭任务和负担最沉重。在个人职业生涯周期方面，个人面对多元化和复杂化的职业发展，面对危机，要不断地迎接挑战。在生物社会周期方面，面对客观现实，个人需要重新审视自己、评估自己，也要处理来自家庭与工作的冲突。

3. 不同生命周期间的相互影响最为明显

人的三个生命周期既存在相互促进、推进的正向关系，也存在相互制约、矛盾冲突的负向作用。在职业生涯中期，三个生命周期的冲突最多，对时间和精力的分割矛盾也很严重。

（二）个人的心理特征

1. 职业认同感受到冲击

处于职业生涯中期的员工往往开始面临个人梦想和实际成就之间的不一致。如果职业认同和角色定位不明确，很容易让人在心底对自己昔日的职业选择产生怀疑、不满和焦虑。这种心理变化使一些人重新评估自己的职业，如果个人需要未得到满足，他就会去寻找新的职业或业余爱好。

2. 家庭角色结构变化

人到中年，孩子长大并逐渐离开家庭，照顾和抚育子女的任务消失；夫妻二人需要重新分配感情，学会处理彼此的关系；注意处理与父母的关系，他们长期压制的感情需要增强，希望得到满足；家庭经济负担减轻，可支配财力增强；饮食、娱乐和休闲等日常活动安排会有所改变。

3. 意识到职业机会有限而产生焦虑

职业生涯中期的个人随着年龄不断增大，将会逐渐意识到适合个人的职业岗位和职业机会越来越受到限制，要想重新选择一个好的职业和岗位将十分困难，因此会焦虑不安。

4. 承认时间有限和生命有限的事实

在职业生涯早期和职业生涯中期的初始阶段，人们往往尚未从心理上意识到时间和生命的有限性，认为自己拥有充裕的时间来实现梦想。步入中年后，子女的离去、亲友的离世使个人真正认识到生命的有限性，发现缺少时间去完成各种梦想，由此常会出现抑郁不安的心态。

（三）个人能力与职业生涯特征

在职业生涯中期，个人的职业发展情况和能力状况存在较大差异，但他们在能力和职业发展方面存在一些共同的特征。

1. 能力稳定并趋于成熟

人到中年，有了相当的生活阅历，具备了处理人际关系及与工作相关的专业技能；价值观和世界观已经形成，多数人的事业心和责任心增强，也较为沉稳和踏实；有较为稳定的长期贡献区。

2. 业绩突出

在职业生涯中期，员工一般都作为组织的骨干在发挥作用。个人的职业能力增强，积累了丰富的职业经验，正是个人创造力最强、工作绩效最突出的时期。

3. 职业生涯呈现"∩"形轨迹

职业生涯中期的职业轨迹呈现由低到高逐步上升的趋势，职业顶峰多出现在中间段，顶峰之后职业轨迹就会呈现下降的趋势，整个过程呈现了"∩"形轨迹。由于个人情况存在差异，所以生涯轨迹也存在差异。事业发展平平的人，曲线低而且平缓，没有明显的凸起；事业有过短暂辉煌的人，曲线形如山峰，峰高顶尖；事业成功、大有作为的人，其曲线峰高，且峰顶平而长。

二、职业生涯中期的问题

1. 职业高原现象

美国职业心理学家菲伦斯（Ference，1977）最早提出"职业高原"（Career Plateau）的概念，也可译为职业生涯高原。他认为：职业高原是指在个体职业生涯中的某个阶段，个体获得进一步晋升的可能性很小。维格（Veiga）将职业高原定义成：长期处于某一职位，使得个体未来的职业流动（包括垂直流动和水平流动）变得不太可能。费尔德曼和维兹（Weitz）则认为职业高原是：个体工作上接受进一步增加责任与挑战的可能性很小。

每个人或早或晚都会遇到职业高原，但是职业生涯中期发生的概率最高，因此职业高原常被认为是职业生涯中期的核心问题。

职业高原产生的原因是：①金字塔式组织结构中等级越高，可提供的职位就越少。因此，个人在组织中的职位越高，可晋升的空间就越小。②对于少数晋升职位的竞争越来越激烈。③在那些成长缓慢或毫无发展以及那些要缩减经营规模并裁员的企业中，这个现象尤为严重。④强制退休在实际中很难被有效地执行，从而阻塞了职业生涯的发展途径，使较为年轻的员工无法得到提拔。⑤对于那些毫无准备的员工来说，技术上的变化可能会终止某些职业生涯的发展途径，或者开辟出一些新的发展途径。⑥有些员工更容易达到职业高原，这是因为他们太看重现有的职位，或者是缺乏晋升所需的技术或管理能力，或者是缺乏制定灵活导向策略的职业生涯管理技能。⑦很多因素会引起员工从"快车道"上掉队，终止于其职业高原。这些因素包括人际关系不良、未达到经营目标、在建立和领导团队上失败、在人生的转变时期不能与时俱进或无法适应。⑧出于对更均衡的生活模式的需要，越来越多的雇员让组织意识到他们并不希望得到晋升，因为这会和家庭及闲暇生活发生冲突。

一般来说，职业高原给个人带来明显的消极影响。许多达到职业高原的男性有明显的失败感，因为他们将事业成功等同为男子汉气概；女性则可能会产生被出卖的感觉，因为她们甩开家庭和婚姻，集中精力去追求事业，最后却两手空空。达到职业高原的员工容易变得愈加愤怒、沮丧、烦躁、停滞不前、不专心工作，最后工作绩效下降，并导致所在部门和组织的绩效下降。但是，一项对美国国际电话电报公司管理者的调查显示：缺乏职业生涯晋升机会并不一定是个人的悲剧。该研究发现，处于职业高原的员工对于组织的责任感和认同感明显减少，但是取而代之的是他们对同事和顾客更有人情味。同时，研究者还发现，绝大多数管理者很容易就做出调整以适应职业高原，调整措施包括培养业余兴趣，或者是强调晋升带来的负面影响。

2. 落伍

落伍是指组织的专业人员缺乏胜任现在或将来的工作角色、保证有效绩效所必需的最新知识和技能。落伍在职业生涯的其他阶段也存在，但是在中期会更加突出。

落伍的根本原因是变化，有两种类型的变化会导致落伍：工作上的变化和人本身的变化。工作变化包括技术的改变、管理观念与方法的变化、工作内容和职责的变化、工作环境的变化、职业生涯要求和管理方法的改变，所有这些都要求专业技术及管理方法要及时更新，那些不能把本专业中的技术发展变化与本职工作结合起来的人很容易落伍。而且，人到中年，思想和阅历的转变使人本身发生变化，也会逐渐降低个人的成就标准和工作兴趣，反过来也影响人们留在当前岗位的愿望。

落伍的速度受到两方面因素的影响：组织的工作环境和个人因素。有些员工更容易接受新知识，或者出于自身发展的需要、职业生涯目标、能力水平以及对变化的较强适应性，会更积极地跟上时代，他们落伍的速度会较慢。在那些迅速发生变化，并且这种变化又不能迅速被有关专业课程所吸收的专业领域，员工可能迅速成为落伍者。当工作具有挑战性的时候，当定期轮换工作以保持刺激作用和避免专业过窄的时候，当充分赋予工作上的权力和责任的时候，当同事之间能自由地相互影响的时候，当组织通过提供具有挑战性的工作、升迁和加薪来奖励先进员工的时候，员工落伍的可能性很低。事实上，工作中产生的持续不断的学习和发展机会是解决落伍问题最有力的手段。

3. 转换工作

转换工作是指改行去做非本行工作的那种变化。尽管很多人在职业生涯中期确实转变了职业生涯方向，但是这种职业变动既不是职业中期不可避免的现象，也不仅限于职业中期。

迫使人们转换工作的原因很多，通常可归纳为以下三点：①个人方面的一些因素，包括个人对现有职业生涯或生活方式的不满、需要取得更大的成就，年龄、健康状况、兴趣爱好、价值标准和家庭关系的改变等。②一些环境因素，包括失业或面临失业、技术变化、经济压力、公司重组或规模缩减、薪酬制度的变化、工作要求提高等。③一份比当前职业更诱人的工作。

具体到职业生涯中期的员工，哈里·莱文森（Harry Levinson）提出了一些转换工作的要素，包括正常的理由和错误的原因两类。正常的理由包括：达到职业生涯高原、落伍、变得厌倦、觉得未被重用、不适合自己的职位和认识到最初的职业生涯选择不正确。错误的原因包括：对自己不满意、消沉、对死亡过度忧虑、高估自己的竞争力和价值、与朋友和熟人为地位激烈竞争。莱文森指出，职业生涯中期转换工作前必须搞清楚自己的动机、理想形象，以及如果决定转换职业方向将不得不承受的变化性质。转换工作要面临来自财务、时间和心理方面的障碍。

4. 工作－家庭的平衡

职业生涯中期处于个人总体生命空间中生物周期、家庭周期和职业周期三者相互重叠、作用最强烈的时期。工作被界定为个体为维持生计而提供商品和服务的工具性活动，而家庭被定义为通过生物性纽带、婚姻、社会习俗和收养方式联系在一起的人群。工作与家庭之间存在着平衡、冲突、扩张、迁就与融合、一致、溢出、补偿、区隔、资源提取、丰富化、一体化等关系。尤其是当前对家庭生活的重新关注和个人自由主义思潮的兴起，使得如何平衡组织与家庭、社区和国家的关系成为研究的焦点。

工作－家庭冲突会对工作满意度和生活满意度产生消极的影响，从而影响总体的健康和幸福状况。工作－家庭冲突还产生其他一些工作后果，比如工作衰竭、离职和缺勤等。此外，工作－家庭冲突还可能引起一些具体的身心疾病。

5. 职业中期危机

在职业生涯中期阶段，由于个人生命周期的交错运行，面对环境及个人自身的心理及身体等变化，有些员工出现职业问题，形成职业中期危机。职业中期危机产生的原因主要有以下几个方面：

（1）缺乏明确的组织认同和个人职业认同　一个人工作了10余年后，却发现还没找到自己的"职业锚"，尚没有明确的专长和"服务域"，业绩平平，往往就陷入既没有清晰可认同的工作，不被组织所赏识，也没有显赫的地位，处于默默无闻的境地，他就可能转向关注工作之外的自我发展和自己的家庭。对工作本身失去积极性，而对报酬和工作条件等问题比较关注。

（2）现实与职业理想不一致　许多人发现职业发展同其早期的职业目标、职业理想不相一致，虽然在组织中工作了10年或者20年，然而并未取得所期望的成就。工作不顺心、无成就感；工作不再富有挑战性，失去兴奋感；工作不再有进取心，得过且过，缺乏生机和活力，消沉抑郁。这时，人们或者戏剧性地转换职业，或者转向以家庭和个性发展为重心，注重个人业余爱好、兴趣、社交关系，以及出现冒险行为。

（3）职业环境的不适应　职业环境包括硬件和软件的环境。企业生产车间的照明与噪声程度，以及管理环境、企业文化等都会对个人的工作态度、精神面貌、工作效率造成影响。

（4）应对变化的能力不足　面对社会的转型，企业的重组、裁员，个人应注意社会的变迁、组织的变革，引进新的思考方式，丰富自己的思想资源，用新的科技成果来充实自己的工作内容，提高工作能力与生产效率，增强自身的可雇用性。否则，就容易思想僵化，加上长时间固定从事某些职业，角色也被局限，自己能力的成长受到限制，自然会陷入职业生涯的困境。

（5）人际关系欠佳　职业生涯成功在很大程度上取决于你拥有多大的权力和影响力，而与恰当的人建立稳固的人际关系对此至关重要。良好的人际关系能拓宽你生活的视野，让你了解周围发生的一切，并提高你的倾听和交流能力，是获得晋升的重要手段和途径；反之，则会影响职业生涯的发展。比如，个人在组织中如何与人相处，是被同事、同行与社会所接纳、喜欢，还是被排斥、讨厌，这些都会影响工作。人际关系不佳者通常会有较重的本位主义、不合群、对人冷漠甚至于喜欢占别人的便宜。

（6）工作压力太大　单调、重复地做某项工作会产生压力，被期望做超出能力范围的工作量会产生压力，职位的变化或新工作责任会产生压力，有时没有足够的工作也会产生压力。个人自我期望值越大，心理压力就越大。比如，员工因为觉得难以发挥所长、难以施展抱负、无法提升能力而感到困扰。年纪大的员工的压力可能与专业发展、婚姻、家庭生活、经济有关。年纪轻的员工的压力可能与工作环境适应性、专业能力、人际关系、个人成长、经济有关。

这一阶段的危机管理通常是最富有挑战性的，但是，有的人不愿面对现实，有的人没有给予足够的重视，这就可能给职业生涯进一步发展设置了障碍。这时，需要个人自我分析和知情者提供帮助，以便提出有针对性的解决方法。

三、职业生涯中期的个人管理

（一）自我评估

自我评估在职业生涯中期阶段是非常重要的。除了考察个人的价值、兴趣和才能之外，主要还应了解个人对中年期的真实感受，对工作、家庭以及自我发展之间优先次序改变的真实感受,特别是应该做出定期的自我评估和再评价,来确定自己的兴趣、价值标准、技能是否与建立的目标、计划相符合。个人应该主动参加正式的职业生涯发展座谈会,或者与同事、朋友、家庭成员或顾问讨论。

(二) 对待失业

无论如何,失业都是一种痛苦的经历,但对于处于职业生涯中期的员工来说,失业造成的困难和损伤可能更严重。

人们对于失业的反应各有不同,这主要取决于经济条件、社会关系和地位、工作对个人生活的意义以及个人的自信与自尊程度。大体来说,失业会打乱人们在生活各方面建立起来的平衡,会导致快乐减少,沮丧增加,身心疾患,焦虑增多,消极避世,甚至致使较高的死亡率、自杀率,自尊心降低以及家庭危机。但有些人把失业当成成长中的一种经历,借此为成功寻找新的道路。

(三) 危机管理

个人要想克服职业生涯中期危机,就必须采取适当的措施。

1. 保持积极乐观的心态和向上的精神

职业生涯中期的个人面对诸多问题和生命周期运行的变化,职业生涯中期是人生的一个关键时期。少数有信心和有把握获得晋升的员工,劲头十足,是职业中的稳定贡献者;相当数量的员工由于面临危机和各种家庭问题,减弱以至丧失了原有的工作热情、进取心,只求平稳安度后期职业生涯,不想对工作投入太多;少数员工,职业发展遇到的困难和问题较多,失望、沉沦。虽然职业生涯中期的诸多问题给个人造成较大的压力,但是它同时也给个人提供了一个发展的新机遇。如果个人能够正确地控制自己的情感,正视客观事实,保持积极乐观的心态,主动寻找解决矛盾的方案,那么职业生涯中期危机就可能成为一个实现职业发展新跨度的起点。

2. 明确目标与信念

员工应该了解并确立自己的职业目标,没有目标将会失去努力奋斗的方向,个人要为这些目标付出必要的努力,坚定自己的信念。心理学的研究证明,信念能够产生"皮格马利翁效应",对于成功具有重要作用。

3. 进行新的职业角色选择

在职业生涯中期,当员工陷入较大的矛盾或危机中时,往往也面临着新的职业角色选择。员工应该及时查找自身的生活目标和价值观,以便取得一种更稳定的生活结构,摆脱以往的角色模式。选择新的职业角色包括:继续留在原来的职业锚,成为骨干或专家;技能通用化,更多地充当项目带头人和良师角色;转换工作,进入行政管理领域。

4. 树立学习理念

在职业生涯中期,个人只有不断地学习新知识、新技能,才能在危机中实现突破,所以要制订合理的学习计划,利用各种途径和机会不断学习。

(1) 要勇于应对挑战 企业组织的变革、兼并,新技术的运用,新产品的开发,新员工的压力,同事的晋级、加薪,都会给自己带来很大的压力。因此,要与时俱进,不断学习,勇于不断地接受挑战。

（2）要善于接受和整合新信息　在现代社会，对每个组织或个人来说，信息都是重要的资源，对个人职业生涯发展有重要的影响。在信息时代，员工应具备接收、处理、储存与传递信息的能力，尤其是与自己的专业有关的信息应该吸收且融入自己的知识体系中。员工平时要多阅读专业书刊、多听专题演讲、多参加研讨会或培训来提升自己。

（3）要合理安排时间，有张有弛　时间是最稀缺的资源，时间价值在于自己对时间的控制。能充分利用时间，就能提高时间的边际效益。按照自己设定的计划，每日实行，控制自己，就一定会做出好的成绩，成为成功的员工。

（4）要学会有效的沟通　员工每天都有70%的时间花费在"听、说、读、写"的沟通上。管理者布置任务、激励是沟通，员工接受任务、完成工作是沟通，沟通无处不在。但并不是所有的沟通都是有效的，要实现有效的沟通就必须掌握一些沟通方式和沟通技巧，如沟通的双向性、明确性、积极倾听、善于提问和用非语言沟通。同时，要以诚恳的态度、明确的方式，有效地传递自己所要表达的信息，只有这样才能收到良好的效果。

5. 维护职业工作、家庭生活和个人发展的均衡

员工首先要重估自己的职业锚和贡献区，现实看待自己的职业才能和绩效，重新思考自己的成功标准和职业目标。其次，对今后的人生进行重新定位，确定职业工作、家庭生活和个人发展间的权重分配。最后，决策职业工作、家庭生活和个人发展之间的均衡的运作模式。

一般来说，员工的压力来自同事、同行、企业、工作任务、家长，以及自身的人格特质、职业角色与身体状况。适当的压力可以激发个人的潜能，提升工作的效果；但是压力过大会造成员工身心的不适与困顿，反而降低工作的成效。因此，成功的员工应了解压力的来源及其程度，并善于运用各种方式，如自我激励、自我放松、善待自己、管理时间、锻炼身体等方式调试自己，丰富自己的生活，进而减轻压力。

6. 要快速反应

危机一旦来临，个人就必须快速做出反应。速度是一个关键的因素，危机不等人。假如你站着不动，即便你在正确的道路上，也会被撞倒。因此，个人要迅速做出反应，提出解决的办法。

（四）职业生涯中后期发展新模式：学习周期

要想持续获得成功就必须不断学习，中年及以后的职业生涯发展的核心问题都是如何不断学习以适应新的变化。年纪大的人有能力自我反省，不断进行自我评估并加强自我学习，改变行为和态度，也可以在任何阶段进行成功的职业生涯转换，并很好地适应新的工作环境。

由于工作环境多样化和复杂性的日益增强，我们现在所看到的是个人整体工作和生活中一系列更短的学习周期，而不是一组职业生涯阶段。职业生涯将越来越多地受到个人工作领域的核心竞争力的驱动。伴随着科学技术生命周期和产品生命周期的缩短，人们的职业生涯也将逐渐成为探索、尝试、掌握和离开的一系列小阶段（或短周期的学习阶段的组合）。职业生涯的系列学习周期模型如图6-1所示。确定一个学习阶段的关键不是人的实际年龄，而

是其职业的长短，5年可能是某一特定专业领域的"中年"，因此一个职业生涯阶段的长度会受到职业经历半衰期的影响。

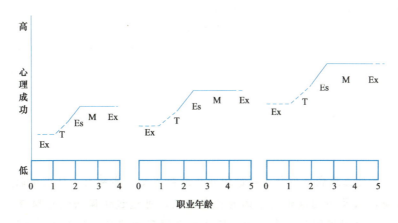

图6-1　职业生涯的系列学习周期模型

Ex—探索阶段　T—尝试阶段　Es—确立阶段　M—精通阶段

（资料来源：哈林顿. 职业生涯规划与管理[M]. 北京：机械工业出版社，2013.）

随着人们年龄的增长，这种短期职业生涯的学习模式为多变的职业发展提供了一个更加明确的方法。

相 关 链 接

职业生涯阻碍

一、职业生涯阻碍的含义

最早提出"职业生涯阻碍"（Career Barrier）这一术语的学者为J. 克莱茨（J. Crites）。在克莱茨（1969）的研究中，职业生涯阻碍是指在职业生涯发展的历程中，个体所遭遇到的内在冲突与外在挫折，如自我概念、成就动机、性别歧视等。研究职业阻碍颇负盛名的简·L. 斯旺森和玛丽（Jane L. Swanson和Mary，1997）则将职业生涯阻碍定义为在个体的内外环境中使职业生涯进程发生困难的事件或情境。而罗伯特（Robert）等学者（2000）从社会认知职业理论的角度，把职业生涯阻碍定义为对个体的职业发展有负面的、不利影响的因素。

二、具体的职业生涯阻碍因素类型和测量

不同性别、年龄、种族、行业、职业的员工遇到的具体的职业生涯阻碍会有所不同。例如，简·L. 斯旺森和戴维·M. 托卡（Dauid M. Tokar，1991）发现性别、年龄歧视和子女干扰等对于女性职业发展的影响大于男性，而身体状况不好、不确定结婚生子的计划、性别角色冲突这三个阻碍因素对男性的影响大于女性。理查德·比森（Richard Beason，1992）发现，男女校长在职业生涯发展过程中都面临人际与组织的问题，但女校长还要面对缺乏性别认同、缺乏角色楷模及专业支持这些阻碍因素。

曼纽尔·伦敦（Monuel London，1998）对职业生涯阻碍的定义为：对个体知觉到的职业进步或满意产生强烈潜在负面影响的事件。他把一般企业员工的职业生涯阻碍因素分成组织方面的和个体方面的两大类。组织方面的阻碍有：①一般环境的阻碍，如有限的就业机会、技术的变化、商业趋势的变化等；②特定情境的阻碍，如企业迁址、生意失败、工作需求、糟糕的管理者、组织的改变、对未来的不确定、多重角色的冲突、他人的反对、缺乏信息、电子监控等；③影响特定个人的组织行为，如工作压力、降级、未被晋升、工作调任、失业等。个体方面的阻碍有：①一般个人的阻碍，如低动机、追求非传统的生活形态、缺乏自信、优柔寡断、晚期转业等；②特定工作的个人阻碍，如工作表现差、身体残疾、对生活的不满意、经验或训练不足等；③与工作无关的个人阻碍，如差别待遇、移民者等。

那么如何测量员工到底遇到什么样的职业生涯阻碍呢？实际上，员工在职业发展中会遭遇什么样的阻碍，以及不同阻碍对个体的特定意义，可通过访谈法进行探查，而更简便的方法是使用职业生涯阻碍问卷。在国外，职业生涯阻碍的测量一般使用简·L.斯旺森和戴维·M.托卡（1991）编制的"职业生涯阻碍因素量表"（Career Barrier Inventory，CBI）。在国内，有陈丽如（1994）修订的"生涯发展阻碍因素量表"，以及田秀兰（1998）修订的"生涯阻碍因素量表"，不过这两个量表都是针对大学生的。具体职业群体，如女性工商管理硕士毕业生、推销员、餐饮业人员、教师等，其职业生涯阻碍因素量表的编制常参照简·L.斯旺森和戴维·M.托卡的职业阻碍分类和量表来进行。

三、职业生涯阻碍的应对策略

就组织和社会而言，应想方设法减少阻碍的数量和程度，并为员工克服职业阻碍提供支持。

就员工个体而言，要克服职业生涯阻碍可以从以下四个方面着手：了解和重视与自身职业紧密相关的职业阻碍状况；培养和提高自己的职业弹性；发展支持性的环境；采取积极的应对机制。

（资料来源：李霞，赵梅．略论企业员工的职业生涯阻碍及应对策略 [J]．华东经济管理，2008（11）．）

第三节 职业生涯晚期管理

从年龄上看，职业生涯晚期是指50岁至退休的年龄段。由于职业特征和个人特征的差异，个人职业生涯晚期的具体起始时间也存在差别。但在这一阶段，个人的职业、心理和生活都将发生变化，所以也呈现出与前两个阶段不同的一些特征和问题。

一、职业生涯晚期的特征

（一）个人家庭与心理特征

1. 对家庭的依赖加强

在职业生涯晚期，员工家庭出现空巢、夫妻相依为命的现象，家庭情感生活成为精神支柱，部分员工对家庭的依赖增强，安享天伦之乐成为职业生涯晚期阶段员工的主要需求。

2. 自我意识增强

自我意识增强、怀旧心重、思友强烈是这一阶段的另一个特征。主要表现为：追求自我发展，倾向于从事个人活动、实现个人兴趣；健康意识增强，重心转移到自我生命和健康；人近终老，思友之情产生，渴望与过去的社会关系交往以满足精神上的需求。

3. 进取心下降

在职业生涯晚期，个人的能力、精力和生理机能开始退化，学习能力下降，职业能力也明显衰退，进取心下降，开始安于现状。

（二）个人职业生涯特征

1. 职业能力和竞争力明显减弱

在现代社会，科学技术迅猛发展，知识老化与技术更新的速度惊人。职业生涯晚期的员工由于其体能和精力不可避免地衰退，所以学习能力和整体职业能力下降。面对知识与技能的老化，员工已经无力改善，职业能力和竞争力逐渐减弱甚至丧失。

2. 权力和中心地位下降

处于职业生涯晚期的员工，其在职业中期所形成的光环都会渐渐消失，其职务往往被新人取代，相应的权力也被收回，中心地位和重要作用逐渐丧失。

3. 优势尚存，仍可发挥余热

虽然职业生涯晚期的员工在体能和精力上已经明显下降，中心地位丧失，但是他们仍然存在优势。这些人对于组织文化、岗位技能、生产业务知识和人际关系能力有着深刻的认识和丰富的储备，他们可以通过担当良师的角色继续在工作中发挥自己的作用。

相 关 链 接

让老员工赚老顾客的钱

赫尔曼·克诺尔今年66岁，本应退休享清福，但由于他的老雇主——美国信诺（Cigna）保险公司十分看重他处理保险理赔案件的经验，所以请他继续帮忙，每周到位于费城市中心的办公楼上两天班。克诺尔曾在美国信诺保险公司工作了26年，从业务员升至保险经理，既然是干老本行，处理业务自然是轻车熟路。退休后还可以赚钱，何乐而不为呢？

一、失业率与老客户

在美国像赫尔曼·克诺尔这样的退休返聘个案可以说是司空见惯。德国《经济周刊》报道说：60～65岁的美国人每两人中就有一人还在工作，在70～79岁的人中也有1/6的人还在工作挣钱；这一数字大大高于欧盟国家，据统计，在55岁以上的欧洲人中，至少50%的人已放弃工作。

在失业率较高的德国，企业变相强迫老年员工提前退休的现象尤为普遍，只有不到1/4

的人在法定年龄退休。一些经理人相信，把老员工裁掉补进年轻人，既能降低企业的人员开支，又有助于降低整个社会的失业水平。殊不知，这样做非但没有把10%的失业率降下来，反而加重了企业支付养老金的负担，随着老员工的离退，一些企业甚至面临失去部分老客户的风险。

二、开明之士

《经济周刊》指出，在信息时代不能一味迷信年轻人的创造勇气，老年人的工作经验仍然不可或缺。如能将两者有机结合起来，企业在激烈的市场竞争中将处于比较有利的位置。

再说，数字世界并非深不可测，能否在数字世界里生存，跟一个人的年龄大小没有必然的逻辑关系。一个健康的、进取的70岁老人跟一个50岁的人并没有太大差别，同样能够应付信息时代的急剧变化。

西门子医疗技术公司软件开发部的员工，年纪最大的接近60岁，平均年龄为37.2岁，在IT行业可算是元老团队了。虽然部分软件开发人员仍使用卡片编程，但丝毫不影响该公司在医疗软件市场上独领风骚。据该公司开发部主管曼井雷德·万格勒透露，其成功秘诀是多年来对所有员工，不分老幼进行系统的培训，一旦有新的编程语言或方法问世，立即组织员工学习讨论。

三、老年人的钱袋

老年人既是工作者，也是消费者。在德国，50岁以上顾客的购买力约占整体购买力的1/2，他们是德国购买能力最强的一个消费者群体。做生意的商家自然不会不瞄准他们的钱袋。

德国某银行就拥有许多50岁以上的有钱客户，令整个德国经济界羡慕不已。争夺老年人钱袋的营销战早已在美国打响，在美国几乎所有的广告产品都启用老年人成熟的面庞。所有的行业重新发现了老年人：福特汽车公司推出福克斯轿车，其模拟试车人竟然是一位老年人，福特公司想借此证明，该车也适合老年人驾驶或乘坐。家电生产商博世公司多年来注意检测其产品的可操作性：微波炉的说明书字号放大一倍，以方便视力减退的老年人阅读。真正的企业家既要善用老年员工，更要善待老年顾客，让老年员工替自己赚老年顾客的钱，在信息时代也是一条值得借鉴的赚钱技巧。

（资料来源：肖健.让老员工赚老顾客的钱[J].经理人，2000（10）.有改动）

二、职业生涯晚期的问题

1. 不安全感增强

不安全感的来源有多个方面。不安全感很容易影响员工个人的健康发展和组织绩效的提升。

在职业生涯晚期，员工将面临退休后收入急剧减少的境遇，老年人面对各种风险的经济能力在减弱，而各种风险和不确定性因素却在不断增加。因此，带来了经济上的不安全感。

由于健康水平和身体机能衰退，个人的抵抗力降低，疾病显著增加，对医疗和保障的需求也随之增加，由此导致对健康的不安全感增加。

工作时，一些人将全部身心和精力都投入到组织的发展中，牺牲了家庭时间和休息时间，一心一意为了组织的发展，视工作为乐趣，视工作为休闲，然而当他们突然清闲下来，无事可做，必然会产生落寞和空虚的感觉，甚至会导致身体健康状况的恶化。工作时，他们是家庭里的经济支柱、主心骨，受到家人的爱戴和尊敬。退休后，他们的角色确定感容易受到影响，较易产生心理落差，再加上空巢现象以及亲人老友不断离世，容易产生孤独感，形成心理上的不安全感。

2. 保持生产率

对于处在职业生涯晚期的员工来说，保持竞争力和生产率是非常重要的，组织的发展必然会引进更多的新技术和新工艺，给教育和技能水平较低的员工带来挑战，他们可能会因生产效率低下而成为组织前进的包袱。老年人普遍被错误地认为在各方面都不行了，无论是在生产率、工作效率还是对工作的热情及进取心、适应能力等方面他们都遭到了怀疑。

保持生产率对于职业生涯晚期的员工非常重要，但这种保持也存在很多障碍：①技术和组织的快速变化引发了落伍的威胁，尤其对所有教育和技能都有限的老员工；②职业高原状态会给职业生涯晚期员工的工作绩效带来负面影响；③社会对于老员工的传统观念和偏见限制着职业生涯晚期员工的绩效提升和保持。个人和组织都必须认清并克服这些阻碍力量，得到组织尊重的员工完全可以成为具有冒险精神、高绩效和热情的老员工。

3. 为退休做准备

退休是一个重大的职业生涯转变，因为这意味着持续了 40～50 年的职业生涯的结束。随着近年来兼职工作的增多以及对较长工作年限态度的转变，有时很难准确界定退休年龄。但是退休人员存在普遍的特点：他们年龄较大，通常超过 50 岁，也不愿意再花很多时间为了报酬而工作；他们愿意得到退休收入，并且总是把自己视为退休者。为退休所做的准备包括：决定何时退休，为退休后能够过上充实、满意的生活制订计划。

T. 杰迪（T.Jerdee）分析了人在放弃工作时能体验到的精神和感情方面的反应，他称退休为"潜在的能力丧失时期"。他总结出：由于工作在人的生活中起着很重要的作用，因此离开工作会使人的生活进入一个令人烦躁、难以忍受的阶段。

个人退休决策模型如图 6-2 所示。个人退休决策模型强调，政府政策、组织政策、个人背景、家庭和社会环境都会影响一个人的退休决策。

该模型强调以下几点：

1）健康问题能促使个人做出退休的决定，尤其是对体力劳动者而言。

2）估计退休收入能使自己过上舒服日子的员工更容易产生退休的决策。

3）高职务的员工相较于较低职务的员工而言，不太乐意退休。

4）在激励程度高的岗位上工作的员工对工作有强烈的责任感，并且对工作相当的满意，不太愿意退休。

5）来自家庭成员的压力也能推动退休的决策，家庭压力的来源之一是不工作的配偶，因为两人能相伴度日。

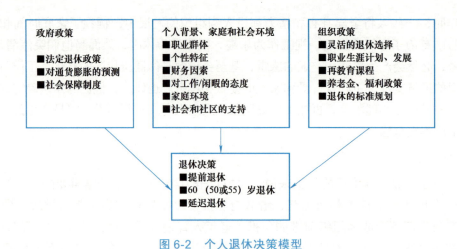

图 6-2　个人退休决策模型

（资料来源：ROSER B，JERDEE T.Older Employees：New Roles for Valued Resources[M].Reprinted with permission of Dow Jones-Irwin，Homewood，Illinois，1985：143.）

三、职业生涯晚期的个人管理

1. 学会接受，迎接变化

处于职业生涯晚期的员工，要勇敢地面对和接受心理机能衰退及其导致的职业能力和竞争力的下降；要从思想上认识和接受新人的成长及权力的提升；要正确看待个人中心地位的下降，以求得心理上的平衡。

因此，职业生涯晚期的员工要寻求自己在职业发展中的新角色，发挥个人余热。在现实生活中，可以当师傅、培育新人、充当教练、充当参谋和顾问角色或出谋划策、提供咨询、从事力所能及的事务性工作等。员工也可以适当地将重心转移到个人活动和家庭生活方面，善于在业余爱好、家庭、社交、社区活动和非全日制工作等方面寻求新的满足感。

2. 学会应付"空巢"问题

在职业生涯晚期，空巢是家庭生命周期的一大变化，也是人生的一大转折。应付好这一问题，对于员工职业生涯晚期的工作和个人发展都很重要。

员工应该将思想重心向家庭倾斜，多给配偶时间，利用多种方法密切同配偶的关系。发展个人业余爱好和兴趣，满足个人需求，充实和丰富个人的空巢生活。注重社会人际关系，增进亲情和友谊。积极参加社会活动，探索适宜的新职业。

3. 着手退休准备

在职业生涯结束之前，员工应当回忆自己的职业生涯道路，总结经验和教训，同时也要做好退休的准备工作：做好退休前的思想准备，培养个人兴趣，策划退休后的个人生活；抓紧退休前的时间，使自身的职业生涯能够有一个圆满的结束和交代，培养接班人；为退休做好财务准备。

无论组织是否提供一个正式的退休计划，退休计划都应该由个人来掌握。退休计划应该回答以下问题：你需要什么？你拥有什么？需要采取什么行动？实施什么计划？

4. 保持职业操守

在职业生涯后期，保持晚节具有重要意义。处于职业生涯晚期的员工，应该树立职业道德上的"高风亮节"，以人生和职业生涯的内在价值为重，遵从职业道德和敬业精神，一如既往地坚守岗位，给后来者留下美好的职业形象和职业精神财富。

相关链接

四代职场人如何不沦为悲剧

"60后""70后""80后""90后"，四代人有各自的时代故事。老一代总会认为新一代在坍塌，新一代总不认同老一代的观点，其实，每代人都有自己的问题。眼下在职场上，四代人"四世同堂"，各自处在不同的人生状态中，面对着不同的障碍和问题。

"90后"：求职迷茫，不知所措

刚刚走出校园的"90后"个性非常鲜明，职业价值观与前辈们有着明显的不同，他们更加注重工作的"性价比"，关注自身，追求生活与工作的平衡。不过，最终的职业定位依然要根据个人的能力特长、职业取向和现实机会这三方面来确定。个人只有做好适合自己的职业定位和职业规划，才不会轻易被外界环境的变动干扰，不会人云亦云，亦步亦趋，减少时间成本和精力成本的浪费。毕业之后，时间会变得尤其宝贵，竞争激烈的职场上没有时间等你去慢慢适应，少走弯路，请及早定位！

"80后"：发展不稳，何去何从

"80后"已集体走在"奔四"的路上，不少人已经历了十几年甚至更长时间的职场历练，个人的职业兴趣、能力和价值观问题大多已经有了一个较为清晰的答案。眼下如何使职业生涯发展进入稳定上升阶段就成了首要问题，制订科学、可行的职业发展通道方案是关键。对于处在事业上升期的"80后"来说，眼下职业发展的需求比较强烈，这就需要再次审视自己的职业定位，并且总结和梳理过往的职业经历，对得失进行详细的分析，围绕自己的目标和定位，对缺失和不足的部分做好"修补"计划，进一步明确接下来的发展通道，并快速制订有效的实施方案。

对于"80后"来说，如果尚未完成职业探索、尚未确立清晰的职业定位，就将会严重地影响个人的职业生涯发展。所谓"激流勇进，不进则退"，来势汹汹的新人会带来更激烈的竞争，如果找不准自己的位子，要站稳就会越来越难。如果长期难以解决职业定位和规划的问题，那么不妨抓紧时间请教专业的职业规划机构，切莫再蹉跎时间。

"70后"：心情焦虑，发展瓶颈

几乎绝大多数的招聘岗位都有应聘年龄限制。"70后"面对职场年龄要求，心情焦虑。

随着年龄的增长，遇到各种问题也属正常。职业规划师认为，要应对好这个时期：一方面，要理性地评估自身职业发展现状，对原有的职业目标和规划进行合理的修正，这不仅有助于理顺眼前的工作，也有助于平衡好事业和家庭的关系；另一方面，要注意积累外围的资源，以应对当前的发展平台出现变故，甚至可能找到新的发展机遇，实现"二次发展"。

"70后"对于职业发展中存在的问题（包括影响家庭和谐的因素），一定要格外重视；处理不好，很可能带来职业生涯和家庭生活的双重动荡。因此，及时做好职业生涯"二次规划"非常必要。

"60 后"：生存窒息，生涯高原期

中年危机是所有职场人都会经历的阶段。从职业生涯发展的角度来说，这时往往也会出现职业生涯高原期，即工作任务中出现新内容、挑战性内容的概率极小，职业变动相对缺失，职业发展到了一个峰点，工作内容、压力、挑战等相对静止甚至终止，职业生涯就此进入"停滞"阶段。不少人在这个阶段会有"窒息"的感觉，每天似乎只是为了工作而工作，没有希望而言，仿佛在混日子等退休。

（资料来源：向阳生涯职业规划公众号.）

【关键词】

职业生涯早期　立业期　成就期　组织化　职业生涯中期　职业高原　落伍　转换工作　职业危机　职业生涯晚期　退休

【思考题】

1. 职业生涯早期有什么特征？
2. 个人组织化的内容和过程是什么？
3. 立业期与成就期的联系与区别是什么？
4. 处于职业生涯早期的个人，如何管理自己的职业生涯？
5. 职业生涯中期有什么特征？
6. 如何理解职业高原现象？
7. 处于职业生涯中期的个人，如何管理自己的职业生涯？
8. 职业生涯晚期有什么特征？
9. 处于职业生涯晚期的个人，如何管理自己的职业生涯？

【案例分析讨论】

案例一　韩雪职业发展中的困境

在职业生涯发展的道路上，韩雪目前处在一个非常迷茫的阶段。韩雪 2001 年本科毕业于北京的一所普通院校人力资源管理专业，毕业后进入通信行业工作。由于所在企业是技术型企业，无论从职位上还是专业技能上，提升空间都很有限，于是 2005 年 10 月韩雪辞职，辞职时任人力资源主管。辞职后，韩雪开始备考研究生，第一年状态不好，没有考上北京大学。

考完试，韩雪进入了一家金融企业工作，工作 4 个月后发现，无论是从管理水平还是企业氛围上，她所在的企业都与平均水平相差甚远，于是狠下心来辞职。自 2008 年 7 月辞职后，韩雪先是放松休息，后于 11 月再次进入备考阶段。

韩雪对自己以后的职业生涯规划大致是这样的：希望可以进入知名外企，从最底层做起,学习外企的管理理念和工作模式,再用5~10年时间做到中高层。

可是2009年2月面试过几家外企后,韩雪发现合适的工作很难找到。理由有几个方面:原来职位不错,现在从最底层做起,别人不信任韩雪会有这份忍耐力;收入会下降不少;自己以前的工作经验,外企看不上;由于以往工作中接触面较窄,因此自身有一定欠缺。在受到打击后,韩雪就迷茫了,在之前的公司自己很受器重,为什么一定非要到看不上自己的外企去呢?可是她想做人力资源专家,如果在此前的同类企业做,过程会很漫长,并且希望渺茫。在不能实现职业目标的时候,韩雪就想到了做自己喜欢做的事情,自己开家小店,养活自己。

目前有这样两种选择摆在韩雪面前:第二家企业希望她可以回去;可以和别人合伙开家小规模的餐厅。

(资料来源:根据网络资料整理编写.)

分析讨论题:

1. 你认为案例中的韩雪在职业发展中遇到的主要问题是什么?
2. 你能为韩雪的职业生涯发展提供哪些建议?

案例二　传奇郎平:我出走美国八年的隐情

1986年,我正式退役了,先去北京师范大学学英语,半年后有一个机会,我决定公派自费去美国留学。当时的想法很简单,我只想出去一两年,学学语言、开开眼界。另一个原因是在中国女排这些年,得到很多荣誉,在国内女排队员几乎是家喻户晓。虽然退役了,可我不能像普通人一样自由自在地生活,老是被别人注意,身不由己,连上街买东西都很拘束。有一次我想去看电影,买了票,故意迟到几分钟,等黑灯了,开演了,我才找到位子坐下,没想到刚坐下,也许是我的个子太高,还是被几个观众发现了,他们"郎平,郎平"地叫起来,这一叫,整个剧场都不安宁了,我一看情况不妙,赶紧撤。可是,很多人不理解我的出国,他们总觉得"女排"是中国的象征,我是典型的"民族英雄",似乎不应该加入这股"出国潮"。也有人挽留我说:"你是世界冠军,你是有功之臣,国家不会亏待你的。"

我觉得自己似乎被误解了,我不是怕"亏待",我就是觉得国家和人民待我太好,我不能再躺在"世界冠军"的奖杯上吃一辈子老本,不能天天坐在荣誉上。"世界冠军"只说明我的过去,而一旦从女排的队伍中退下来,我什么都不是,我得重新学习本领,我得重新开始生活,必须把自己看成"一无所有"……也有人说,不是可以到体校、体委做领导工作吗?但是,我不愿意当官。所以,1987年4月我离开北京,到美国选学了体育管理。

到美国后,因为我拿的是公派自费的签证,所以不能工作,没有经济来源。一开始,我住在洛杉矶的华人朋友家,朋友看我穿的是奥运会代表团统一的制服,就要带我去买衣服。进商店一看,一套普通的衣服都要七八十美元,我下不了手,再说,花人家的钱,心里更不是滋味。

因为不能工作,我就只能把朋友家当作公家食堂,以前都是高高在上的,现在一下子落到最底层,还得靠人家借我汽车、给我买衣服,我所有的优势一时间都没有了,心里很难平衡。

后来我慢慢地想通了,我来美国学习,就是要掌握自己过去没有的东西,开始新的奋斗。于是,我决定离开华人比较集中的洛杉矶,去美国西南部的新墨西哥州,因为不想老生活在朋友的庇护之下。

移居新墨西哥州后,我在大学排球队做助教。学校给我的待遇是可以免费读书。但说是做助教,其实就是在哄着一些水平很差的队员。一开始,我心里很难接受:我是世界冠军队队员,跑到这儿来哄一群几乎不会打球的大学生,位置整个颠倒。但我不得不说服自己:不想颠倒,回中国去,你来美国,就是来找"颠倒"的。

为了独立自给,那年夏天,我在十个夏令营做教练,教孩子们打排球。来参加夏令营的孩子,纯粹是为了玩,从早到晚都得陪着他们、哄着他们,特别辛苦。当时,我语言还不过关,要表达点什么特别费劲。

那时的我特别穷,白天读书时的那顿午饭,不舍得去学校食堂或麦当劳吃,就自己做三明治带饭,去超市买点沙拉酱、甘蓝、西红柿、火腿,再买两片面包一夹,这样花五六美元,一顿快餐的钱,我可以吃一个星期。但吃到后来,见到三明治就想吐。

第一次回国,和女排老队员一起去哈尔滨市打一场表演赛,我的那些老队友大都是处长、主任级干部,可我还是个穷学生,我笑称自己是"国际农民",生活不独立,所以我必须勤工俭学给自己挣学费,更重要的是,这对我们中国运动员的价值是一种证明。

1989年,意大利甲A排球俱乐部老板聘用我,我太兴奋了,拿了人家的钱,我得好好干。我攒足了干劲,结果第一天训练,活动得太猛,把肌肉拉伤了。但轻伤不下火线,第二天比赛照打不误,3:0就把对方拿下了。很快,我成了队里的主力。但是,赛季打到一半时,我的右膝关节严重受伤,同时又崴了脚,不得不动手术,因此必须休息一个月。

我心里又着急又难过,这样我等于缺席四场球,结果四场球全输了。老板一见我,总是这句话:"你的膝关节怎么样了?"而他的表情是在说:"你的膝关节怎么还不好?"我当然理解老板的心情,俱乐部是靠赢球才生存的。我每天一看老板的脸色就知道是赢球了还是输球了,他的脸像天气预报。而且,一输球老板就不高兴了,工资拖着不发……

后来,我没等伤好利索,就咬牙上场,让朋友从美国给我寄来止疼片,先吞下四片再上场。有一阵,软骨碎了,小碎片就在关节里跑,又卡在了骨缝里,刺激骨膜出水,四周都是积液。比赛前,先让医生把积液抽出来,打完比赛再抽,没办法,多痛苦、多麻烦我也得坚持。这是一种全新的感受,是我生平第一次为钱打球。

一年后,我的签证因为这段工作经历变为工作签证,在美国可以办绿卡了。而更令人欣慰的是,我以不错的成绩通过了语言关,而且经过严格的考试成为新墨西哥大学体育管理专业的研究生。

大学毕业后,我留在美国生活,直到1995年应邀回国执教。而这段八年的海外生活经历,历练了我的心智。

如果我没有经历过出国后"一文不名、一无所有"的生活,没有这些起起落落、沉沉浮浮的经历,我的人生不会有第二次起航。

注:2016年8月21日,时隔12年,郎平带领的中国女排以3:1战胜塞尔维亚队,重回世界之巅。

(资料来源:郎平.激情岁月:郎平自传[M].北京:东方出版中心,1999.)

分析讨论题:

1. 你认为郎平的职业生涯经历了哪几个阶段?她为什么要"出走"美国?
2. 你认为郎平为什么能够带领中国女排重回世界之巅?
3. 你认为应该向郎平学习什么?

第七章

组织职业生涯管理概述

本章要点

1. 组织职业生涯管理的内涵与特征
2. 组织职业生涯管理的作用
3. 组织职业生涯管理的步骤与方法

导入案例

联想如何培养接班人

1. 接班人的"轧鞋垫"理论

联想在发展的过程中总结出了一个"轧鞋垫"的理论,即你要想当好裁缝,最后可以轧出成套的和国际接轨的好西服,就要从轧鞋垫开始,慢慢再轧衬衫,最后才是做西服。因此,即使联想引进了"空降兵",这个"空降兵"也绝对不会初到联想就成为领军人物。

联想有两位非常成功的管理者,一位是杨元庆,一位是郭为。两个人都是1988年进入联想的,当时联想在社会上没有什么知名度,要想招个研究生是非常不容易的,在这种情况下,他们还是看到了联想的发展前景。

郭为作为联想的第一位工商管理硕士,于1988年加入联想,其间做了12项不同的工作(岗位)。从1988年—2000年,郭为每年都会换一个新的工作岗位,这是因为联想不断发展,不断地出现新岗位。联想要让年轻人去做不同的岗位,从而识别出"一匹好马"。

"一匹好马"要10项能力:很强的适应能力,很强的学习能力,很强的总结能力,很强的沟通能力,很强的决策能力,正确认识自我的能力,顾全大局,实事求是,敢于承担风险和面对困难,勤奋和吃苦。联想认为以上10个能力中,首先是适应能力。一个年轻人要想发展,很多情况下不是由自己选择环境,而一定要适应环境,先被环境认可,再认可环境,这样才能发展。而这10项能力中,联想认为:首先正确认识自我的能力是最重要的能力。因为,人往往只有正确认识了自己,才能正确认识别人。其次是顾全大局的能力。当人做好本职工作的时候,肯定是屁股决定脑袋,否则,你怎么能够做好分配的工作?但做好一项工作肯定要有上下左右的界面,当你考虑界面的时候,就一定是脑袋决定屁股,这就是顾全大局。再次是实事求是的能力。实事求是就是要求把每天发现的问题当天解决,否则你就记下来，必须有时间限制地进行解决，把这些问题都解决了就是在"管理中创新"了。其中，我们还强调了领军人物要敢于承担风险，郭为在轮换到每个部门的时候都有风险，每个部门都有难的地方，顶着困难上是冒风险的，包括个人前途的风险。所以，在2000年联想分拆时，郭为能被任命为神州数码的CEO。

2. 重在管理技能的培训

记得我们第一次交财务报表的时候，人家说我们的财务报表还不如小商贩的流水账。1984年，这些高级管理人才从科研单位走到企业，财务、人才管理都不懂，感觉是小学毕业教高中。但随着公司的发展，我们开始有意识地对高级管理人员进行培训，虽然完全靠培训就能造出一个领军人物是很天真的想法，但是要想让他快速地发展，培养是非常必要的。

联想的培训内容包括：①业务知识，如行业规律、运作规律、技术发展、产品和市场信息等；②管理知识，如人才管理、财务管理等；③战略规划，如战略制定及战略制定流程；④运作管理，如流程化、信息化建设等。联想的培训频度为：每年至少两次，每次至少3~5天。联想的培训形式为：设定专题，分组，反复讨论，小组陈述，训练。

3. 让经营者成为老板

只有培训还不够，领军人物的成长需要一片沃土：一种体制和机制，保证他们有成长的根基，或称"没有天花板的舞台"。完善运行机制，联想整整做了10年时间。保证促进经营者的动力，对保持企业永续经营是非常重要的。联想集团在各级领导和各级政府的支持下，分四步实现了让经营者成为真正的"老板"。第一步，联想教育自己的管理层，既然选择了"国有民营"的管理机制，就一切照规矩办——创业骨干歃掌盟誓、制定规章，绝不做任何损公肥私的事情。第二步，1994年中科院和联想签订了协议。1992年—1994年是联想集团新老交替开始的阶段，一批老同志远远跟不上年轻人了。而像杨元庆这样的年轻人，从1988年进入联想，也经过了几年的锻炼，急需把他们这样的人推到领导岗位上。但要求老同志无声无息地退出舞台，对他们来说是很委屈的。我们跟科学院汇报，一定要给一个使新老交接没有后顾之忧的保证。在这个背景下，科学院给了我们35%的分红权作为奖励基金。创业元老把岗位让给了年轻人，但我们要保证这些创业者继续拥有在公司享受的各种福利，使他们的生活水平不仅不降低，而且有所提高，这种交接为公司的发展奠定了一个很好的基础。第三步，策划在我国香港上市。当时选择在香港上市的原因有三个：一是市场规范；二是有认股权证；三是法人股可以流通。但最核心的问题是解决了认股权证的问题。第四步，随着公司的发展，信用进一步增加，而且联想在业绩上逐步给国家创造了价值。

至此，联想一批新的老板诞生了，他们的个人价值观和公司的价值观用股权的形式得到了真正的融合。过去他们只是按劳分配，现在他们则是按资分配，尽管数还不大，但新生事物将来会有很强的生命力。

4. 提供更大的空间

企业给年轻人提供更大的空间，实际上就是需要不断地进行组织架构的调整。过去我们请过咨询公司给联想诊断，结果就两句话：一是有惊人的业绩；二是内部惊人的调整。实际上，我们每年的组织架构都在变，从而把年轻人提到合适的位置。联想历史上曾有过三次大的组织调整：① 1988 年，实行大船架构管理模式。大船架构管理模式总体上是集权管理体制。② 1994 年，事业部体制架构。事业部体制架构就是集权和分权度的把握，如能把这个度把握好，就可以调动下面的积极性，使你的资源得到充分的利用。③ 2000 年，母子公司体制。这种体制下的总公司只有在开股东会的时候才有发言的权力，把权力真正下放了。联想进行组织架构调整的最终目的是：为了给年轻的领军人物提供越来越大的舞台，适应业务发展和业务调整的需要，保证管理到位，集权放权有度。

5. "郭为们"的成长要求

联想在创业初期还谈不上对人的能力、素质进行深入的分析。当时你创立公司需要几个经理，只要和当时的投资者及所里的所长商量商量就能定下来了。当然我们也会考虑这个人过去是否做过管理组织工作、跟人的沟通能力怎么样，也有基本的几条想法，但都不成形，主要还是根据岗位找人，所以当时基本上都是"小马拉大车"。到了 20 世纪 80 年代末，我们开始将优秀人员分成"三个层次"：①好员工，有责任心，能独立完成本职工作的人；②骨干或经理，有责任心和上进心，能带领一班人完成工作的人；③领军人物，有责任心、上进心、事业心，能带领一个团队，能制定战略并将战略推向成功的人。

2000 年分拆、2001 年上市以后，根据企业发展的需要，根据对领军人物成长历程的总结，我们对神州数码领军人物的素质和能力有了更明确的认识。

CEO 对谁负责？第一，对公司的投资者负责，你要给投资者创造一个满意的投资回报率；第二，对公司的员工负责，你要给他们创造一个人均收入水平不断提高、发展空间不断扩大的环境；第三，对客户负责，你要体现出你的市场占有率高、客户满意度高，也就是你给客户创造的价值要比他对你付出的大；第四，对政府部门负责，公司要不断增强纳税意识，一定要按政府的规定依法纳税。

CEO 该做哪些工作？第一，必须要把各级班子建起来，更重要的是你能否对这个班子进行调整，这是 CEO 能力的重要体现；第二，必须把上个月的计划指标分解出来，逐步完成；第三，制定战略、执行战略，如果战略不能执行，制定战略无疑就是一种空话，所以包括神州数码在内的很多企业，都把执行能力作为一项重要的内容；第四，进行风险控制和基础管理，确保公司的持续发展。

CEO 应具备哪些能力？围绕这些重点工作，CEO 需要什么样的能力呢？我列出了 12 种能力，这是神州数码考核 CEO 时所用的：建班子，调整班子的能力；组织架构和设计能力；把握行业发展趋势，特别是主流行业发展趋势的能力；把握公司发展方向和目标的能力；正确选择和把握经营模式的能力；整合公司内外部资源的能力；推进公司及重点工作的能力；跟踪进度指标的完成能力；建立监督风险体系的能力；领导公司基础管理的能力；信息化建设的能力；人才培养的能力。

CEO 应具备哪些素质？没有以下素质，即使有能力也会受到限制：诚信；必须有事业心；正确认识自己；正确认识别人；能够正确考核、评价别人；沟通能力；科学决策；善于把握一个度；善于学习；执着；创新精神；善于进行时间管理。

（资料来源：李勤.联想如何培养接班人[J].人才资源开发，2003（7）：45-46.）

职业生涯管理是组织和个人为了满足各自和对方的需要而采取的对职业行为进行的管理行为，管理的结果建立在组织和个人的职业互动过程中。联想集团对员工进行组织职业生涯

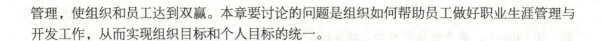

管理，使组织和员工达到双赢。本章要讨论的问题是组织如何帮助员工做好职业生涯管理与开发工作，从而实现组织目标和个人目标的统一。

第一节 组织职业生涯管理的内涵与特征

在20世纪60年代，随着员工受教育程度和收入水平的不断提高，他们的工作动机呈现出高层化和多样化的特征。员工工作的目的不再是仅仅为了生存，而是为了获得成就感、增加社会交往和实现个人理想。员工的这些新的高层次需要，对组织的管理活动提出了新的要求。美国的企业最早开始了组织职业生涯管理方面的有益探索，一些企业开始有意识地帮助其员工建立在本企业内部的发展目标，设计在企业内部的发展通道，并为员工提供实现目标过程中所需要的培训、轮岗和晋升。可见，组织的职业生涯管理是在实践的基础上对某些管理活动进行总结和制度化并加以适当的创新之后形成的。在过去的管理实践中，组织管理人员意识到不同的员工应该有不同的职业选择、不同的发展目标、不同的发展道路，因此应该提醒员工根据自己的情况和组织的需要正确地进行职业选择、人生目标的确立和发展道路的确定。随着时代的发展，人们意识到这种管理方式的必要性，对其加以系统化才逐步形成职业生涯的组织管理模式。

一、组织职业生涯管理的内涵

组织职业生涯管理是指从组织角度对员工从事的职业和职业发展过程所进行的一系列计划、组织、领导和控制活动，以实现组织目标和个人目标的有效结合。组织职业生涯管理是一种专门化的管理，个人的职业发展是依赖于组织而存在的，组织要帮助员工制订和实施其个人职业生涯发展计划，组织在个人的职业发展中起着重要的作用。

二、组织职业生涯管理的特征

组织职业生涯管理的目的是使员工得到更好的、更全面的发展，从而实现组织的目标。因此，组织职业生涯管理具有全局性和战略性、长期性的特征。

1. 全局性和战略性

组织职业生涯管理所具有的全局性和战略性特征表现为：一方面对员工一生的各个方面都会产生深刻的影响；另一方面，由于组织职业生涯管理涉及组织中各个层次和各类员工的发展，所以它必将对组织的各项工作产生直接或间接的影响，同时也会对组织的未来发展产生战略性的影响。

2. 长期性

组织职业生涯管理所具有的长期性特征表现为：对于员工而言，涉及其从进入组织工作开始到最后离开组织的全部职业历程，并且对其离开该组织后的职业生涯也会产生重要影响；对于组织而言，组织职业生涯管理在从组织创建到组织不断发展的全过程中都起到重要的作用。

第二节　组织职业生涯管理的作用

组织职业生涯管理的目的是将组织目标与个人目标紧密结合起来，它的有效实施是一个双赢的过程，因此其作用可以从组织和个人两个角度分析。

一、组织职业生涯管理对组织的作用

从组织的角度分析，组织职业生涯管理对组织能够起到以下三个方面的作用。

1. 使员工与组织同步发展，以适应组织发展和变革的需要

许多组织的实践证明，组织成功的根本原因是拥有高素质的人才，而组织中的人才除了依靠外部招聘外，更主要的是要靠组织内部培养。在当今组织外部环境不断变化的背景下，实施组织职业生涯管理能够不断更新员工的知识，提高员工的技能和创造能力，有效地实现员工与组织的共同发展，从而确保组织在激烈的竞争中立于不败之地。

2. 优化组织人力资源配置结构，提高组织人力资源配置效率

在实施职业生涯管理的组织中，一旦出现了人员空缺，就可以很容易在组织内部寻找到合适的人。这样，既减少了填补职位空缺所需要的时间，又为员工提供了更加适合自身发展的舞台。

3. 提高员工满意度，降低员工流失率

组织职业生涯管理的目的就是帮助员工提高在各个需要层次上的满意度，特别是获得尊重和实现自我价值等高层次需要上。组织职业生涯管理通过各种测评技术真正了解个人在发展上的需要，帮助员工实现职业生涯目标，这样有利于提高员工对组织的认同度和归属感，提高员工的满意度，降低员工的流失率。

二、组织职业生涯管理对个人的作用

从个人的角度分析，组织职业生涯管理对个人发展能够起到以下四个方面的作用：

1. 帮助员工更好地认识自己，为他们发挥自己的潜力奠定基础

目标是行动的指南，个人目标应该是建立在个人对自己的客观评价和认识的基础之上的。但在实际中，由于员工缺乏对自身和环境的正确认识，导致其对工作的期望过高。通过组织职业生涯管理，组织能够帮助员工了解自己的特点以及所在组织的目标和要求，为员工制定切实可行的发展目标，并使其不断地从工作中获得成就感。

2. 提高员工的专业技能和综合能力，从而提升他们自身的竞争力

组织对员工进行有效的职业生涯指导，能够通过提高员工职业生涯管理的能力，增强员工对工作环境的把握能力，帮助他们养成对环境和工作目标进行分析的习惯，使其合理计划、分配时间和精力，提高他们的外部竞争力。

3. 提高员工的生活质量，增加个人满意度

随着社会的发展，人们对工作意义的认识发生了变化，工作不再是生存的手段，而是生

活的一部分，人们越来越追求高质量的职业生活。职业生涯管理可以通过对职业目标的多次提炼，使职业目标超越财富和地位，让员工享受到实现自我价值所带来的成就感。

4. 有利于员工过好职业生活，处理好职业生活和其他部分生活的关系

有效的组织职业生涯管理能够帮助员工从更高层次看待职业生活中的各种问题和选择，将各分离的事件联系起来服务于职业目标，使职业生活更加充实和富有成效。同时，有效的组织职业生涯管理能够帮助员工保持职业生活与个人追求、家庭目标等其他部分生活的平衡，避免顾此失彼。

相 关 链 接

兴发集团的"内部跳槽"

1998年毕业后，到兴发集团工作的小夏赶上了好时候。这一年，兴发集团在创业10周年之际推出一项全新的系统工程，即面向每位员工的职业生涯规划，短短两年时间，小夏已愉快地在集团内部"跳槽"三次。

学财会的他先是"专业对口"分到集团驻大连分公司做财务工作。半年后，小夏申请去家乡的武汉分公司，一边做财务，一边兼做武汉市场营销调查，这个申请很快就被批准了。半年后的年终总结会上，大家都认为小夏素质比较全面、业绩优良，但比较欠缺沟通技巧。为了弥补缺憾，小夏申请下车间学管理，结果又被批准了。

在兴发集团，人们对职业生涯发展有"四个阶段"的共识，即起步期、成长期、成熟期和衰老期。在承认自然规律的前提下，职业生涯规划的最高目标是：缩短起步期，使人才快速成长，延长成熟期，防止过早进入衰老期。

兴发集团将起步期的规划视为核心。起步期的年轻人的最大困惑是难以找准自己的位置，在彷徨和徘徊中浪费了时间，这对个人和企业来说都是极大的浪费。打破企业内部人才流动壁垒的"内部跳槽"制度为职业生涯规划破解了这个难题。兴发集团规定：起步期的年轻员工通过一段时间直接感受后，对现有工作环境不满意，或感觉现有的岗位不能充分发挥其个人才能时，可以不经过主管领导直接向集团人事部提出相关要求，集团人事部负责在一个月内给予答复。

为了引导年轻员工用好这一全新的政策，在为期三个月的入厂教育中，兴发集团首先安排了5～7天的职业生涯规划，请中国人民大学等院校的专家讲解人生规划的重要性和规划的要点，包括职业生涯道路选择、个人成才与组织发展的关系、系统学习与终身学习的必要性，以及如何根据自己的特长和兴趣规划自己的人生等，使员工一进入企业就产生强烈的意识：把准方向、找准位置，尽快知道"我该在哪儿""我该怎样往前走"。

下基层锻炼、自我认识、他人评价、考核……集团安排的这一系列活动为"内部跳槽"孕育了前提：个人迅速完成从学生到员工的过渡，结合自身的特长和公司的需求，有一个较明确的自我评价和他人评价。像小夏一样，许多年轻员工在目的明确的"内部跳槽"中尝试着寻找自己的位置。

集团总经理助理、北京分公司经理闫鸿志原先在财务部工作，但他善于交际，希望发挥自己的特长，到市场上闯一番事业。经过协调，人事部在财务人员十分紧张的情况下，批准他到呼和浩特分公司担任业务员。得到公司的尊重，有了施展才华的机会，他积极努力地工作，在市场开拓中屡立战功。1997年，他被委任为北京市场开发总指挥。

集团宣传部的小赵，性格内向，难以改变，便从销售公司调到宣传部从事文案工作，这正是学中文的他所擅长的。在小赵和同事们的共同努力下，宣传部连续多年被兴发集团评为先进集体。

员工准确的个人定位，使兴发集团的系统培训更加有的放矢。负责宏观决策的"头脑型"人才，负责执行决策的"手臂型"人才，负责实际操作的"手指型"人才，分别对口接受相关的培训。

员工对培训的态度也大为改变。过去被送出去培训，有人不感兴趣，就偷偷往回溜；把专家请进来讲课，好不容易召集起来，可专心听讲的人却很少。现在，模糊的目的变成了清晰的追求，员工由"要我学"变成了"我要学"，积极参加培训成了风尚。所有这一切的变化都基于一个理念：每一个"兴发人"都是一笔宝贵的资源，兴发集团有责任和义务打破长期以来的计划经济程序，把资源配置好，使他们发挥最大的效益。

（资料来源：http://www.chinajob.gov.cn/EmploymentServices/content/2004-05/26/content_178564.htm.）

第三节 组织职业生涯管理的步骤与方法

组织职业生涯管理的步骤主要有：进行岗位分析、员工基本素质测评、建立与职业生涯管理相配套的员工培训与开发体系、制订人力资源规划、制定完整、有序的职业生涯管理制度与方法。

一、进行岗位分析

进行岗位分析是为了获得与岗位相关的信息，是为员工制定有效的职业发展规划的起点。这一步骤主要是运用"岗位分析问卷""任务调查表""岗位分析面谈""关键事件调查"等方法获得岗位分析的基础数据，具体包括：

（1）每个岗位的基本材料 它包括岗位编号、岗位名称、岗位类别、所属单位、直接上级、定员人数、管辖员工数、工资等级、工资水平、直接升迁的岗位、可相互转换的岗位、由什么岗位升迁至此和其他可担任的岗位。

（2）岗位描述 它是指将各岗位的工作细分成条目，输入每个条目的编号、工作内容、基本功能和工作基准。其中，工作基准的确定是一项至关重要的工作。

（3）岗位要求 它是指员工胜任某一工作的最低要求，如学历要求、职称要求、专业要求、经验要求、工作行为要求、气质要求、一般职业能力要求、特殊职业能力要求、领导类型要求、管理能力要求等。

二、员工基本素质测评

这个步骤的主要任务是：通过对员工的个性特点、智力水平、管理能力、职业兴趣、气质特征、领导类型、一般能力倾向等方面的测评，对员工的长处和短处有一个全面的了解，以便为他们安排合适的工作；针对员工存在的不足，拟订相应的培训方案；根据员工的特点，结合岗位分析的结果，对其进行具体的职业生涯规划。

三、建立与职业生涯管理相配套的员工培训与开发体系

培训是职业生涯管理的重要手段，可以改变员工的价值观、工作态度和工作行为，以便他们在自己现在或未来的工作岗位上的表现能够达到组织的要求。一般来说，培训方案的设计主要有以下两种：

（1）以素质测评为基础的培训方案设计　在组织原有的培训管理的基础上，根据员工基本素质测评和岗位分析的结果，找出员工在能力、技能、个性、领导类型等方面与本职工作的要求所存在的差距，以及今后职业发展可能面临的问题，有针对性地制订员工培训方案。

（2）以绩效考核为基础的培训方案设计　依照绩效考核的结果，发现员工在工作中出现的问题，有针对性地制订员工培训方案，以使其适应本职工作和今后职业发展的需要。通过培训，进一步发现员工的潜在能力与特长，为其职业生涯规划打下良好的基础。

四、制订人力资源规划

在组织原有的人力资源规划的基础上，制订以下规划。

（1）晋升规划　根据组织的人员分布状况和层级结构，拟订员工的提升政策和晋升路线，包括晋升比例、平均年薪、晋升时间、晋升人数等指标。在实施中，根据人事测评、员工培训和绩效考核的结果，并根据组织的实际需要对各个结果赋予相应的权重系数，得出各个职位的晋升人员和次序。

（2）补充规划　它使组织能合理地、有目标地把所需数量、质量、结构的人员填补到可能产生的职位空缺上。

（3）配备规划　在制订配备规划时，应注意解决两个问题：①当上层职位较少而待晋升人员较多时，通过配备规划增强流动。这样，不仅可以减少员工对单调、枯燥乏味工作的不满，而且可以等待上层职位出现空缺；②在超员的情况下，通过配备规划可以改变工作的分配方式，从而减少负担过重的职位数量，解决工作负荷不均的问题。

五、制定完整、有序的职业生涯管理制度与方法

制定职业生涯管理制度：首先，要让员工充分了解组织的文化、经营理念和管理制度。其次，要为员工提供内部劳动力市场信息。

在提供职业信息方面，主要采取的方法是：①公布职业空缺信息；②介绍职业阶梯或职业通道，包括垂直和水平方向发展的阶梯，为了使职业通道不断满足组织变化的需要，对职业通道要经常做修订，另外还要适当考虑跨职能部门的安排；③建立职业资源中心，内容涉及组织情况、政策、职业规划、自我学习指南和自我学习资料等。为了主动地获取组织人力资源信息，组织还应该设立技能档案，档案中主要记录员工的教育、工作史、任职资格、取得的成就，有时还包括职业目标的信息。

帮助员工分阶段制定自己的职业生涯目标，具体包括：①短期目标（3年以内），要确定具体做好哪些工作、在能力上有什么提高、准备升迁到什么职位，以什么样的业绩来具体

表现；②中期目标（3～5年），要确定在能力上有什么提高，准备升迁到什么职位，在知识、技能方面要接受哪些具体的培训，是否需要进修或出国学习；③长期目标（5～10年），要确定准备升迁到什么职位，在知识、技能方面要接受哪些具体的培训，是否需要进修或出国学习，为组织做出了哪些较突出的贡献，个人在组织处于什么样的地位，个人的价值观与组织的文化、经营理念融合的程度如何。

组织要针对每个成员制订职业生涯规划表，包括职业志向、职业能力、职业需求、职业选择、职业路径、职业阶段等，见表7-1。

表 7-1 组织成员职业生涯规划表

姓名		性别		年龄	
现工作部门		工作职务		任职年限	
		现任职务		现任职称	
职业志向	价值观		我想干什么：		
	成就动机				
	兴趣				
职业能力	智商		我能干什么：		
	情商				
	特长				
职业需求	社会需要				
	家庭需要				
	组织需要				
职业选择	职业锚				
	目标职位				
职业路径	组织内职业发展基本方向： 职业通道设计（文字说明）： 职业通道设计（图示标注）：				
职业阶段	长期目标		方略		
	中期目标		对策		
	短期目标		措施		
工作日程安排					
所在部门审核意见					
人力资源审核意见					

第四节　组织职业生涯管理的参与者

一、职业生涯管理的主体

1. 员工个人

组织职业生涯管理是针对个人进行的，个人作为组织职业管理的对象，是一种主体性、自觉性的力量。组织把个人作为职业生涯管理的主体，要调动他们在职业生涯发展方面的积极性。同时，要共同做好这一重要工作，还应当树立"员工是组织的主人，员工的目标就是组织的目标"的信念。这就是说，员工不仅是组织职业生涯管理的手段，还是组织职业生涯管理的目的。

2. 人力资源管理部门

人力资源管理部门是组织职业生涯管理的核心部门。该部门的主要工作内容包括：①担负职业生涯规划的制订、组织实施、检查评价等多方面工作；②承担指导各个部门负责人开展职业生涯管理工作的"技术专家"任务；③直接帮助一些员工进行职业生涯管理；④组织有关的培训等工作；⑤进行员工职业生涯面谈，为他们解决职业发展中遇到的问题。

二、职业生涯管理的责任人

1. 部门主管

在组织职业生涯管理中，部门主管是第一责任人，承担大量的指导和监督工作，对本部门员工职业发展负有直接的责任。但是，由于部门主管工作头绪繁多，要处理大量的事务，而且他们往往以工作业绩为中心，容易忽视员工职业生涯管理工作，并且他们一般都缺乏进行员工职业生涯管理的方法和经验，使得工作难以开展。为此，人力资源管理部门应当对部门主管进行有效的培训，并通过组织程序和任务下达，使他们承担起这项责任，管理到位。

2. 精神导师

精神导师是员工职业发展的领航人。组织在执行职业生涯管理制度过程中，要充分发挥精神导师的作用，人力资源管理部门要多与精神导师和部门主管沟通，精神导师也要积极与人力资源管理部门和部门主管进行沟通，以便更好地指导和帮助自己的"弟子"成长和发展，只有多方面协调配合，才能使组织的职业生涯管理工作取得更好的效果。

三、职业生涯管理的相关者

1. 组织高层领导者

组织高层领导者在职业生涯管理中具有非常重要的作用。从某种意义上讲，没有高层领导者的支持，就没有职业生涯管理活动。高层领导者的用人价值观，直接影响着组织职业生涯管理活动。高层领导者如果把员工看作组织的第一资源，是形成组织核心竞争能力的源泉，而不是简单的劳动者，就会倍加重视员工的成长与发展，积极倡导和大力支持促进员工成长和发展的职业生涯管理工作。

2. 相关的其他员工

组织中的其他员工对于某个正在进行职业生涯管理的员工也有着多方面的影响，因为他们是该员工的工作联系者、生涯管理措施的相关者，同时他们还是员工职业生涯管理评价的参与者，甚至是竞争者。他们的行为和表现直接影响到职业生涯管理者的职业计划和实施，以及成长和发展。员工应注重成员之间合作的态度、和谐的气氛和团队精神。

四、职业生涯管理参与者的整合

职业生涯管理的参与者有多个，其中最主要的参与者是员工个人、部门主管和人力资源管理部门。我国学者马士斌对这三类主要参与者在职业生涯管理方面的整合做了比较全面的分析。员工个人、部门主管和人力资源管理部门的职能见表7-2。

表7-2　员工个人、部门主管和人力资源管理部门的职能

项目		目的	员工个人	部门主管	人力资源管理部门
生涯计划	评估活动	发展方向、发展高度与发展的可能性评估	回顾和评估自己 对组织目标与竞争者进行评估 对外部环境进行评估	为员工提供背景信息 与员工一起进行评估 解答员工的困惑	举办生涯讨论会 编写生涯手册 提供评估工具 提供背景信息
	制订生涯计划	确定职业方向、人生目标和阶段目标、生涯通道及生涯战略和计划细节	综合分析评估结果 寻找发展方向、发展高度，并评估实现的可能性 制订自己的职业生涯规划	协助员工完成计划制订过程 对计划提出改进意见	向员工和各部门提供咨询
	协调生涯计划	使每一位员工的生涯计划与他人的生涯计划、与组织目标相协调	与部门主管和人力资源管理部门保持联系	与员工保持联系 与人力资源管理部门保持联系	在组织内部进行协调 提出某些员工生涯计划的修改要求
	避免现实变动	减少新员工就业初期的心理冲突	在招聘中主动了解组织和未来岗位 在定位中进一步了解组织和岗位 自我调适，转换好角色	招聘中提供现实预演 提供挑战性的初始工作 提出希望 心理疏导	招聘中提供现实预演 加强定位活动 对管理人员进行培训 提供咨询
	绩效考评	及时发现生涯发展问题，并采取措施调整生涯计划	按照生涯计划努力工作 经常进行自我评估，分析原因，采取措施 认真听取部门主管的绩效反馈意见，改进绩效 调整职业生涯计划	定期对员工进行绩效考评 及时反馈考评结果 帮助员工改进绩效 帮助员工调整其职业生涯计划	统一制定绩效考评政策 对管理人员进行绩效考评培训

(续)

项目		目的	员工个人	部门主管	人力资源管理部门
生涯发展	培训	解决发展与员工能力不足的矛盾	系统制订一生的培训计划 不断发现自己的培训需求 积极参与组织培训 积极进行自我培训	在轮岗和绩效考评中分析员工的培训需求 为员工提供培训机会和条件 鼓励和引导员工自学	制定培训政策，并符合"发展性培训"要求 为员工培训准备必要的硬件条件，组织集体培训，安排个别培训 向不符合要求的员工提供咨询
	轮岗与晋升	解决员工的动态配置和发展机会问题	争取在每一岗位上干好 自我申报，提出轮岗或晋升要求 积极为下一岗位做准备，如培训	分析员工的转岗、晋升需要 与人力资源管理部门合作，为员工提供周期性的轮岗与晋升机会	制定轮岗与晋升政策 与各部门合作，为各员工提供轮岗与晋升机会
	调整职业生涯计划	解决由于职业生涯计划制订不合理或发生了某些重大未预见的改变，致使职业生涯计划无法实施，调整职业生涯计划	注意发现生涯计划与现实的冲突，评估冲突的性质与程度 提出调整职业生涯计划的请求 重新制订职业生涯计划	发现员工职业生涯计划与现实的冲突，评估冲突的性质与程度 建议或接受员工调整职业生涯计划 把新的职业生涯计划报送人力资源管理部门，与人力资源部门商讨员工职业生涯计划	根据全组织情况，向某些部门提出某些员工职业生涯计划的调整建议 接受各部门员工职业生涯计划的调整方案，进行协调 向部门反馈员工职业生涯计划调整结果或无法调整的理由

（资料来源：马士斌. 生涯管理[M]. 北京：人民日报出版社，2001：32-33.）

【关键词】

组织职业生涯管理　组织职业生涯管理的作用　晋升规划　组织职业生涯管理的步骤与方法　组织成员职业生涯规划表　组织职业生涯管理的参与者

【思考题】

1. 什么是组织职业生涯管理？为什么要进行组织职业生涯管理？
2. 组织职业生涯管理有哪些作用？
3. 组织职业生涯管理的步骤与方法有哪些？

【案例分析讨论】

零点研究咨询集团员工职业生涯规划

零点研究咨询集团成立于1992年,2000年进行了结构调整,投资建立了前进策略(策略咨询)和指标数据(共享信息),2002年建立了中外合资的远景投资(投资咨询),形成了"四位一体"的格局。该集团主要业务范围为市场调查、民意测验、政策性调查和内部管理调查,是目前国内提供专业的策略性研究咨询服务的集团公司之一,侧重于为根植于中国市场的杰出本土企业和国际化企业提供专业调查咨询服务。"HORIZON"(零点)是受中国法律与《商标国际注册马德里协定》保护的国际注册服务商标。零点研究咨询集团在全球超过45个国家拥有业务合作伙伴。

零点研究咨询集团快速发展的背后,是一支学科配置整齐、专业人员年轻、高度自觉的学习型研究队伍在支撑着。因此,如何让集团内部员工充分发挥潜能、保持高敬业度,一直是零点研究咨询集团的领导们密切关注的问题。咨询研究行业工作压力大、人员流动率高已成为普遍现象,而优秀的从业人员需要长期的实践经验积累和不断地钻研才能培养出来。同时,核心的咨询研究人员也是直接与客户建立、维持关系的基础,他们的流失往往意味着集团要重新与客户建立联系,这将会直接影响到集团业务的发展。因此,集团充分认识到留住核心员工的重要性,认为员工的进步是集团保持长期竞争力的基础。零点研究咨询集团希望寻找一种有效的方法来关心员工的个人成长,帮助员工全面地了解自己的特点、能力水平、优势和劣势,从而确立未来的发展方向。零点研究咨询集团将配套实施内外部培训、业务轮岗、专家辅导等关键环节,提升员工的综合业务能力和职业胜任能力,作为实现组织和员工共同发展的重要举措。

为了给组织和员工的长期发展提供强有力的支撑,人力资源部门在高层管理者的支持下决定应用科学的人员测评技术,结合专家的咨询服务,建立适应组织发展和个人需要的职业生涯规划体系,期望通过细致入微的访谈和核心素质的评估来综合考察核心人员的适岗情况及后期的职业发展方向。经过多方比较和深入推敲,最终选择了国内人才测评解决方案提供商——北森测评公司,由其组合专业的测评工具和资深的职业咨询专家,提供整套的测评及服务的解决方案,以实现零点研究咨询集团自身人力资源需求和员工职业发展需求之间的双向满足。

组织内部的职业规划和个人自发的职业规划在实施过程中没有本质的差别,但前者不仅让员工自身受益,而且还能够将员工个人发展意愿与组织需求相结合,通过满足员工的职业生涯发展愿望来推动组织的发展。因此,在组织中实施职业规划,首先需要考虑自身的组织环境、发展战略和岗位需求等因素,其次根据被评估员工的特点,帮助其在组织内部找到适合自己的发展路线和方向,最后根据员工目前的状况与未来发展目标之间的差距,制订员工培养计划和行动措施。这样,一方面员工看到了自己在组织内部的成长空间,认识到自己的潜力有发挥的舞台,可以从职业发展中获得工作满足感;另一方面组织可以更全面地了解员工的个性特点、兴趣、理想等,为合理安置和调配人员提供基础,并为组织战略人力资源规划积累了丰富的信息资料。

零点研究咨询集团进行职业生涯规划的步骤主要有：知己、知彼、定位和行动。

步骤一：知己——背景调研+理念分享。

组织一般会出于对员工的关怀和培养为其实施职业规划，但也不能抛开组织的发展空谈员工个人的职业发展，由组织发起的内部员工培养发展计划最终必然要满足组织内部的需求。而员工自身的需求往往是很具个性化的，为了避免将精力分散到组织暂时无法满足的特异性需求上，组织内部员工的职业规划应以组织自身所能提供的资源和环境为起点。

为了解零点研究咨询集团的发展和管理人员的现状，北森测评公司项目人员通过访谈、背景调研等方式收集了组织、员工的基本信息和相关岗位的基础资料，这些信息的获取成为实施符合零点研究咨询集团发展要求的人才测评服务方案的立足点。这一阶段收集的信息主要包括：组织现状和发展战略，研究经理、项目经理、资深咨询顾问等目标岗位的基础信息，高层管理人员、人力资源管理部门的要求和期望。作为推动本次职业规划项目的重要步骤，北森测评公司首先邀请目标员工参与项目启动会，通过启动会阐明此次项目的目的、价值，让大家更积极、真实地参与其中；其次以培训的方式与大家分享职业规划的基本理念，引导员工形成正确的职业规划认识，了解员工对本次职业规划的态度和期待，为后期的一对一沟通做好铺垫。

步骤二：知彼——信息收集+测评实施。

对目标员工进行背景信息收集和实施专业的测评，是组织中员工职业规划非常关键的一个步骤。在这一步骤中要遵循的原则是实事求是。因为正确的自我认知和评价是做好职业规划的前提，后面所做的职业发展设计和培养计划都将依据本步骤采集的结果进行。

在这个步骤中，北森测评公司采用了他人评价、背景信息收集表和标准化测评相结合的方式来获取参与人员的详细资料，让员工能够借助测评工具发现自身的特点，同时也引导其对自身经历和所处的状况进行回顾和总结。他人评价是指组织高层管理人员和人力资源管理部门对参与职业规划的人员当前的工作表现、优缺点及未来的期望进行描述，作为基础信息的一部分，为后期的详细剖析提供支撑。

个人背景信息表由员工自行填写，除了了解员工的人口学因素之外，还包括以下几个方面：过往的教育及工作经历，喜欢的工作内容及原因，目前的工作状况和相关评价，对未来生活的期望及最近几年的职业发展目标，自我优劣势的描述。

实施标准化测评时要注意根据参与员工的实际情况选取恰当的测评工具。鉴于零点研究咨询集团本次参与的核心员工都属于中层管理人员，所以除了采用北森朗途职业规划系统考察其性格和动力之外，还使用了锐途管理人员测评系统综合考察其管理素质、管理技能、职业价值观、管理风格和基本能力倾向。对于中层管理人员来说，性格、动力、管理素质、管理技能和职业价值观都是其职业发展的重要影响因素，管理风格和基本能力倾向则可作为补充参考信息。

步骤三：定位——一对一咨询+深度剖析。

在了解了组织的基本信息和员工的详细特点的基础上，根据双方的现状和需求帮助员工在组织中规划职业发展路线和方向。这个步骤中尤其要注意的是规划和建议的切实可行，这里切实可行包含两个方面的含义：首先，个人的职业发展目标一定要与个人的特质、能力相匹配，如果个人的特质和能力不适应管理岗位也没有管理潜质，还强行要求自己往管理方向发展，就要付出更大的代价，并且组织和个人都得不到相应的回报；其次，个人的职业目标和方向要结合组织的现实环境和发展战略，组织所关注的是员工在为组织目标奋斗的过程中实现的个人成长和职业发展，离开了组织的发展，个人的职业规划将成为空中楼阁。

北森测评公司以对零点研究咨询集团的战略发展需要和内部人力资源现状进行充分了解为基础，通过一对一访谈的方式，深入了解目前项目参与人员对组织、部门等方面的真实意见，帮助员工走出一些问题上的误区。这种第三方专家咨询的模式，以更客观的立场获得相对实际可靠的信息。在此基础上，结合测评结果，深度剖析个人的状况，形成专家评议后的个人详细分析报告。

除了对参与的员工个人予以关注外，专家还从整体的角度出发，分析整个团队的状况，指出目前团队中人员构成方面的优势和劣势，以期给组织的人才战略规划提供参考。

步骤四：行动——结果反馈＋计划实施。

找准了定位，明确了方向，职业规划并没有到此结束，对个人和组织的发展建议最终要落地实施才能生效。而这些建议能否被贯彻执行取决于两方面的因素：一是，阶段性目标设置的合理性，个人和组织的发展是一个长期的规划，但如果仅仅用长期目标激励和指引自己，在得不到及时反馈的情况下很容易半途而废，所以合理的方式是将长期目标进行分解，在着眼于长远发展的情况下制订一步步在短期能实现的行动计划；二是，行动的过程需要有指导和监督，组织对个人实施有针对性的培养，并定期给予反馈和激励，有利于员工的不断实践和提高。

零点研究咨询集团在明确了员工的定位之后，对结果的反馈和发展计划的实施也给予了高度的重视。人力资源部门组织并参与员工的直接领导对其进行一对一的结果反馈，帮助员工理解个人和组织目前的状况，指导其制订合理的发展计划，结合个人的实际情况和企业的人员需求提供合适的发展空间。此外，零点研究咨询集团还从组织层面出发：将组织目标更加清晰化，并考虑与个人发展之间的关系，调整对人员的要求和挑战；有计划、有针对性地补充具有某一特长的人才，增加组织的稳定性；同时，加强组织的管理力度，增加对管理人员的培训和指导。

（资料来源：根据北森测评技术有限公司的相关资料整理.）

分析讨论题：

1. 零点研究咨询集团为什么要开展职业生涯规划项目？

2. 零点研究咨询集团在进行职业生涯规划时采用了哪几个步骤？每个步骤主要解决什么问题？

第八章

组织职业生涯阶梯管理

本章要点

1. 职业生涯阶梯的概念
2. 职业生涯阶梯的模式
3. 组织职业生涯阶梯的设置

导入案例

西部电子公司的职业生涯阶梯模式

西部电子公司为拓展专业技术人员的发展空间，为员工设计了三类职业生涯发展阶梯：技术人员阶梯、技术带头人阶梯与技术管理人员阶梯。这是一种典型的职业生涯多阶梯模式。

在西部电子公司的职业生涯阶梯模式中，技术带头人是指具有较强的技术基础并能够管理项目的员工。他们进行项目资源的计划、协调与控制，并具有预算能力，能够制定技术开发策略、明确产品的开发方向。他们主要对技术人员的技术要求进行把关，而无直接管理技术人员的权力。技术管理人员主要对项目的预算以及人员的调动、升迁、考评负责。在技术三轨制中，技术人员分为五个等级（技术一级、技术二级、技术三级、高级技术一级、高级技术二级），技术带头人分为四个等级（一般技术带头人、高级技术带头人、技术主任、技术执行主管），技术管理人员也分为四个等级（一般管理人员、高级管理人员、管理主任、管理执行主管）。

从西部电子公司的职业生涯阶梯安排来看，技术带头人等级与技术管理人员等级要高于技术人员等级，技术人员一般要到四级（高级技术一级）才有可能进入技术带头人和技术管理人员等级，而且这种职业的迁移还取决于公司的内在需要和该员工所拥有的才能。

组织为员工设计职业生涯阶梯，是组织职业生涯管理的重要环节，对员工的职业生涯发展具有重要的作用。西部电子公司为专业技术人员设计的职业生涯多阶梯模式，拓展了专业技术人员的发展空间。本章将探讨组织应该如何为员工设计职业生涯发展阶梯，使员工得到更好的职业生涯发展。

第一节　职业生涯阶梯概述

一、职业生涯阶梯的概念

职业生涯阶梯是组织为内部员工设计的自我认知、成长和晋升的管理方案。职业生涯阶梯是决定组织内部员工晋升的不同条件、方式和程序的政策组合，它明确了组织中员工的晋升方式、晋升机会的多少以及如何争取晋升等，从而为那些渴望获得内部晋升的员工指明努力的方向，提供平等的内部竞争平台。

职业生涯阶梯，一方面，能够帮助员工了解自我，同时，使组织掌握员工的职业需要，以便排除障碍，帮助员工满足需要；另一方面，职业生涯阶梯通过帮助员工胜任工作，确立组织内部晋升的程序，对员工职业生涯发展施加影响，使员工的职业生涯发展目标和规划有利于满足组织的需要。

职业生涯阶梯包括的具体内容有：职业生涯阶梯模式、职业生涯阶梯设置以及职业策划与工作进展辅助活动等。其中，职业生涯阶梯模式和职业生涯阶梯设置是职业生涯阶梯设计的核心内容，也是职业生涯管理研究的一个重点问题。

二、职业策划

职业策划就是组织在员工进行个人评估和确定未来职业发展策略时给予他们有效的援助，帮助员工确认自身的能力、价值、目标以及优势和劣势，并帮助员工制定相应的职业生涯开发策略和职业发展路线的过程。职业策划一般由组织中具有专业知识的人力资源部门提供正规的指导和服务，以确保个人评估在形式、时间、内容范围上的一致性和准确性。组织可以利用收集到的职业策划结果，有针对性地安排员工的职业生涯活动，通过职业策划满足员工和组织的双重需要。组织职业策划安排指导见表 8-1。

表 8-1　组织职业策划安排指导

1. 我对现职工作的满意程度：很低　较低　中等　较高　很高
2. 我想在工作中通过（　　）取得进一步的提高（可选择多项） 　A. 在现任工作岗位上争取进一步的业绩和成果 　B. 努力争取达到胜任比现任工作岗位更高一级工作的资格和能力 　C. 努力达到胜任组织内另一部门其他类型工作的资格和能力 　D. 争取能够胜任高于现任工作的若干职务
3. 我认为自己最合适于做（　　）（可选择多项） 　A. 监督管理工作 　B. 生产操作管理工作 　C. 技术与产品开发工作 　D. 其他_____（请写明）
4. 职业生涯目标 对我而言，一个切实可行的工作目标是_____

（续）

5. 限制条件（任职资格、条件）
立足于现有的工作，评价自身的限制条件和要达到的工作目标需要：_____

6. 我的全面平衡发展规划
A. 我的优势在于：_____
B. 我喜欢做的工作类型，如：_____
C. 我的局限因素在于：_____
D. 我不喜欢做的工作类型，如：_____

7. 职业生涯发展
如果我想在现有的工作或别的工作方面取得发展，我需要：
A. 在_____方面吸取更多的工作知识
B. 我想从事_____工作
C. 对_____持有更为完善的态度和更宽广的视野

8. 实现职业目标的行动计划
列出为了实现职业目标，你将会如何提高自己的知识水平、工作技能水平和个人能力：
A. 某专业的正规学习（列出是大学课程、研究生课程，公司培训计划还是其他函授课程）
B. 正规学习（列出校外或业余时间的学习计划和方案）
C. 能力培养方案（列出提高自己沟通与管理能力的开发设计和方案）

（资料来源：胡君辰，郑绍濂.人力资源开发与管理[M].2版.上海：复旦大学出版社，1999：174-175.）

三、工作进展辅助活动

工作进展辅助活动是组织为了帮助员工胜任现职工作、顺利完成各项工作任务而提供的各种旨在提高员工工作能力的辅助活动。工作进展辅助活动的方式灵活多样，具体可根据组织内部工作性质、个人条件的不同而采取不同的方式。工作进展辅助活动以帮助员工在工作中成功积累工作经验和提高工作能力为目的。

实施工作进展辅助活动的主要途径有以下三个：
1）满足员工特定的事业价值观或职业目标的需要。
2）激发员工某些潜在的能力和优势。
3）改善或弥补员工在职业策划中反映出来的弱点或不足。

第二节　职业生涯阶梯模式

组织是否能够建立一个科学合理的职业生涯阶梯模式，将直接影响员工的职业发展，对于调动员工的工作积极性和创造性，提高员工的忠诚度，从而促进组织的持续发展具有重要的实践意义。因此，组织的人力资源管理部门要善于有效地把组织的目标与员工的个人职业发展目标结合起来，努力为员工确立一条有所依循的、可感知的、充满成就感的职业生涯发展阶梯。

纵观国内外组织职业生涯管理实践，主要有四种职业生涯阶梯模式。

一、单阶梯模式

单阶梯模式也称传统职业通道,它是员工在组织中从一个特定的职位到下一个职位纵向向上发展的路径,只为员工设置一种职业发展途径。例如,政府行政管理部门的职业生涯阶梯为科员、副科长、科长、副处长、处长、副局长、局长等,又如在企业中销售部门的职业生涯阶梯是从下而上的,设计为销售组长、社区销售主管、地区销售主管、某一国家销售主管、某一国家销售总监。

单阶梯模式的优点是它一直向前延伸,清晰地为员工展现了未来职业发展的路径,员工清楚地知道自己向前发展的工作职位序列。但是,由于单阶梯模式是组织基于过去对员工的需要而设计的,因而缺少灵活性和适应性。组织的发展、外部环境的变化、企业战略的改变等都会影响组织的组织流程和组织结构,进而影响组织对人力资源的需求,使得原有的职业需求已经不再适应组织发展的需要。

二、双阶梯模式

双阶梯模式就是组织为员工提供两种职业生涯发展路径:一是管理职业生涯阶梯,沿着这条道路员工最终可以到达高级管理职位;二是专业技术职业生涯阶梯,沿着这条道路员工最终可以到达高级技术职位。员工可以自由选择是在专业技术阶梯上发展,还是在管理阶梯上发展。这两个阶梯同一等级的管理人员和技术人员在地位上是平等的。国内外许多大企业都采用这种模式,如海尔集团、联想集团、微软公司等。

双阶梯模式有利于激励在工程、技术、财务、营销等领域中有突出贡献的员工。实施双阶梯模式能够保证组织既聘请和留住高水平的管理者,又能够激发高技能技术人员的积极性和创造性,使专业技术人员不必一定要走管理晋升的道路,从而避免了从优秀的技术专家中选拔出不称职的管理者的现象。

三、横向阶梯模式

施恩把员工在组织中的发展道路划分为纵向的组织等级维度、横向的(即平行的)组织职能或技术(即专业分工)维度、水平的即向心(趋向组织轴心)维度三个方面,员工在组织中的工作变动、地位变动、角色变动即在这三维空间中的位移。施恩认为:职业不同的人经历这些阶段的速度不同,个人的因素还强烈影响到运动速度;每个人都会以各自不同的方式遇到一系列范围广泛的共同问题和任务。○

组织的职业生涯三维模型如图 8-1 所示。

基于组织内职业发展道路的三个维度,组织职业生涯规划可以从这三个维度对员工进行定位、规划和培训。从纵向维度看,组

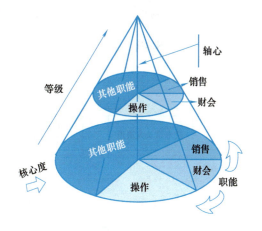

图 8-1 组织的职业生涯三维模型

○ 施恩. 职业的有效管理 [M]. 仇海清, 译. 北京:生活·读书·新知三联书店, 1992: 41.

织对员工要进行晋升方面的规划,并通过相应的选拔、培训和岗位锻炼等帮助员工实现晋升。

由于不同的部门和岗位在组织中的重要性不同,其核心地位也不同。员工水平的职业发展道路就是指由非核心部门或岗位向组织的核心部门或岗位发展。虽然员工的职务没有得到晋升,但是其承担的责任更大,得到的信任更多,对组织的影响力更大。

四、多阶梯模式

多阶梯模式就是将双阶梯模式中的专业技术职业生涯阶梯按照技术类别进一步分为多个技术轨道的职业生涯模式,这样,双阶梯模式就变成了多阶梯模式。例如,深圳某高科技公司将技术人员的职业发展轨道分为四种,即技术带头人通道、项目/型号管理通道、生产/制造综合管理通道和行政管理通道,而在不同的通道中又分成多种不同的岗位层级,并且每个层级又设置数个晋升阶梯,具体形式如图 8-2 所示。

图 8-2 多阶梯模式

晋升通道的设置为技术人员提供了职业发展的阶梯,组织可在对技术人员进行绩效评价和能力评估后,根据其达到的层次决定是否晋升,或者给予其他形式的激励。同时,技术带头人通道和项目/型号管理通道的阶梯设置,可以比相应同一层级岗位的行政管理通道的阶梯数量少一些。这样,既有利于技术人员的晋升,又能够加强对其指导,使技术通道晋升的速度更快些，以利于技术晋升通道对技术人员的引导。而对从事不同岗位的技术人员，组织应该给予明确的职业生涯发展方向和目标，使其有前进的动力。

相 关 链 接

员工职业发展管理三部曲

1. 关于梯子的比喻

业内人士在谈到职业发展管理时，都会说起这样一个比喻：一堵墙高高地矗立着，墙内是员工，墙外是企业对员工的期望，也是员工更好的发展机会。员工要获得更好的发展机会，就必须翻越那道墙。可是墙是高的，要翻越它谈何容易。这个时候，企业不能袖手旁观，也不该抱怨员工没有自己赤手翻上高墙，而应该递把结实的梯子给员工。这里，梯子代表着缩短自身条件与企业需求间差距的途径——让员工触摸到可以攀爬的阶梯，看到美好愿景与自身的关联。企业给员工制订职业发展规划，就是给了员工越过高墙、实现愿景的那把梯子，这把梯子把企业的发展目标与员工个人的职业目标紧紧地连接在一起。当然，这不过是个理想状态，现实中要搭建这样一把梯子，所遭遇的麻烦将多得不计其数。职业发展管理就是让搭建梯子的努力成为企业的制度。

2. 职业生涯发展管理三部曲

第一部：建立职业发展通道。职业发展通道管理是指根据企业的业务、人员的实际情况，建立若干员工职业发展的通道（即职系），包括管理、技术或营销等。这些通道的建立主要使具有不同能力素质、不同职业兴趣的员工都可以找到适合自己的上升路径。同时，企业应明确不同职系的晋升评估、管理办法以及职系中不同级别与收入的对应关系。

第二部：选择职业发展通道，针对每个员工进行职业生涯设计。在这个过程中，上层级之间的沟通显得相当重要，只有沟通有效，职业生涯设计才能真正符合多方面的利益。企业可以设立职业发展辅导人制度，上层的直接主管或资深员工可以成为职业辅导人。职业辅导人在新员工试用期结束后，应与该员工谈话，利用测评工具对员工进行个人特长、技能评估和职业倾向调查；同时，职业辅导人帮助新员工根据自身情况，如职业兴趣、资质、技能、个人背景等，明确职业发展意向，设立未来职业目标，制订发展计划表。

在欧美，职业辅导人的角色是由职业生涯委员会来承担的。该委员会既要完整、系统地了解企业的发展战略，又要了解员工的职业需求，然后找出相应的结合点。如果企业内有足够的资源，这样的方式就应该是最有效的，因为它避免了个人的盲目。

第三部：结合员工的职业发展目标，为员工提供能力开发的条件。能力开发的措施包括培训、工作实践和业务指导制度等。职业发展管理成功的关键在于及时的反馈与调整。一般来说，新员工刚进入企业时，企业都会对其有一个规划，但许多企业就此便以为万事大吉了，忽略了建立对被规划员工的实时反馈纠正系统。其实，投入资源进行反馈应该是职业发展管理成功的关键。

3. 一个真实的故事

潘勇进入企业后，测试结果表明他本人属于企业性向，同时具备管理能力型的职业锚，而且他本人也乐意向管理方面发展。于是，企业就给他制订了管理人员的发展规划，希望他在两年后成为经理。半年后，企业对他的各项表现进行了评估，尽管上级对其评价不错，但他唯一的下级却认为此人过于夸夸其谈，不能使人心服。于是企业人力资源部门与其重新面谈，并重点对其能力与性格进行重新评估，结果认为潘勇更适合做销售工作。于是，企业对潘勇的职业发展规划进行了修订。结果，一年之后，潘勇成为公司新的销售明星。

（资料来源：中国人力资源开发网，2009-04-22.）

第三节 组织职业生涯阶梯的设置

组织职业生涯阶梯的设置是职业生涯管理的一个重要内容，它设计得是否科学合理将直接影响到员工的发展，进而影响到组织的发展。

组织职业生涯阶梯的设置，一方面要设计职业生涯阶梯的宽度、速度和长度，另一方面要确定采用哪种职业生涯阶梯模式，即是选择单阶梯模式还是多阶梯模式或横向阶梯模式。

一、职业生涯阶梯的宽度

根据组织类型和工作需要的不同，职业生涯阶梯的设置可宽可窄。宽职业生涯阶梯是指组织要求员工在多个职能部门、多个工作环境轮换工作的职业生涯阶梯，它适用于要求员工有高度综合能力的情形。窄职业生涯阶梯是指组织要求员工在有限的职能部门和工作环境中工作的职业生涯阶梯，它适用于只要求员工具备有限的专业经验和能力的情形。

二、职业生涯阶梯的速度

根据员工的能力和业绩的不同，职业生涯阶梯的设置可以有快慢之分，即快速梯和慢速梯。但不论是正常晋升还是破格晋升，都应该做到有政策依据。设置快速梯的前提是组织不会长期地将素质高、能力强的员工安排在与其能力不相称的岗位上。

三、职业生涯阶梯的长度

根据组织规模和工作复杂程度的不同，职业生涯阶梯设置可长可短。职业生涯阶梯的等级在4级及其以下的可称为短阶梯，5～10级的可称为中等长度的职业生涯阶梯，10级以上的可称为长阶梯。不同行业的职业生涯阶梯的长度可结合行业的特点进行确定，在具有一定规模的高科技企业，一般应选择长阶梯，并建立多等级技术职称评定体系，等级越高，晋升越难，这样有利于激发员工的积极性和创造性，提高员工对组织的忠诚度，保持组织的核心竞争力。

组织在进行职业生涯阶梯模式的选择时，应该注意以下几个方面的问题：

1）组织是否一定要建立职业生涯阶梯。并非所有的组织都有必要或认为需要建立职业生涯阶梯。在决定建立职业生涯阶梯前，组织需要考虑两个方面的问题：一是组织是否需要一个从内部提拔人才的长久机制；二是组织是否有必要建立一套培训发展方案，以便提供更多的后备人才，用以提拔选用。只有对上述两个问题的回答都是"是"的情况下，组织才有必要建立职业生涯阶梯。如果组织可以随时自由地从外部招聘到所需要的各类人才，那么就没有必要建立复杂的职业生涯阶梯了。

2）职业生涯阶梯的设置应该与组织的考评和晋升制度紧密结合。组织应由高一层主管或技术委员会对员工进行 1~2 次全面考评，即不仅要考核技术水平，还要考查员工的沟通能力、合作精神以及对组织的忠诚度。员工的行政级别和技术级别都应能上能下，连续两次考评为中等以下者应降级使用。

3）选择有效的职业生涯阶梯模式。职业生涯阶梯模式各有利弊，单阶梯模式虽然路径清晰，但在一定程度上影响了专业技术人员的发展。而双阶梯模式为专业技术人员的发展提供了良好的途径，但是，在实践应用中也遇到了许多困难，如对于同一等级的高级管理人员与技术人员来说，管理人员在人们心目中的地位要比技术人员高。另外，技术人员的职业生涯阶梯往往成为某些失败的管理人员的隐退栖身之地。为了克服上述弊端，组织要对技术轨道上的晋升实行严格考核，同时，要在组织内部形成尊重知识、尊重人才的文化氛围。

【关键词】

职业生涯阶梯　职业生涯阶梯模式　组织职业生涯阶梯的设置　职业生涯阶梯的宽度　职业生涯阶梯的速度　职业生涯阶梯的长度

【思考题】

1．什么是职业生涯阶梯？
2．职业生涯阶梯有哪几种模式？各种模式的含义是什么？
3．组织在进行职业生涯阶梯模式的选择时应该注意哪些问题？
4．什么是职业生涯阶梯的宽度、职业生涯阶梯的长度和职业生涯阶梯的速度？

【案例分析讨论】

案例一　海底捞的员工发展

四川海底捞餐饮股份有限公司（以下简称海底捞）成立于 1994 年 3 月 20 日，是一家以经营火锅为主、融汇各地火锅特色于一体的大型直营连锁企业。海底捞始终秉承"服务至上、顾客至上"的理念，以创新为核心，改变传统的标准化、单一化的服务，提倡个性化的特色服务，致力于为顾客提供愉悦的用餐服务。在管理上，海底捞倡导双手改变命运的价值观，为员工创建公平、公正的工作环境，实施人性化和亲情化的管理模式，提升员工价值。

作为劳动密集型企业，海底捞不仅没有因为员工文化水平低而忽视对员工的培养，反而非常重视员工培养，努力为员工提供平等、良好的职业发展路径。海底捞为员工设计的职业发展路径主要是企业内部的职业晋升通道。每位员工入职时都会被这样告知:"海底捞的管理人员基本上都是从服务员、传菜员等基层岗位做起的;公司为每一位员工提供公平、公正的发展空间。如果你诚实与勤奋,相信用自己的双手可以改变命运,那么海底捞将成就你的未来!"

一、海底捞的骨干员工培养

海底捞有个制度,除了工程施工等特别具有专业性的人员外,所有管理人员都尽可能从公司内部培养和提拔。海底捞坚持用自己的人,从基层选拔人才,把机会留给内部培养出来的人。

人的问题本质是人心问题。对于海底捞这样的劳动密集型企业来说,工作技能虽然重要,但不是第一位的,最重要的是员工能否真的把心放在企业上。海底捞的员工之所以能长期稳定地保持对企业的忠诚,保持高昂的工作热情,就是因为把晋升机会留给内部人员的人才政策起到了关键作用。

海底捞的员工大多来自农村,开始工作时仅仅是为了解决生计问题。他们进入城市工作几年以后,随着生活的稳定、年龄的增长,一批员工成家、生子,生活逐渐安定下来。这时,员工的需求会发生改变,仅仅靠当前的经济收入已经不够了,他们开始为长期生活做思考和准备。能够稳定地在城市里生活和发展,是海底捞很多资深员工的愿望,也是他们内心深处的最大需求。这种需求如何实现呢?对这些员工来说,最直接的方式是获得职业发展平台,获得能力提升机会。海底捞的人才开发政策和内部晋升制度就是根据这种情况设计的。设计制度的目的在于留住并且用好愿意与企业共同发展的员工,把他们作为企业可持续发展的依托。这些内部员工的成功晋升,不仅大大地提高了企业的管理素质,提升了服务质量,而且为后面大批基层员工树立了学习的榜样。

很多人对海底捞人才制度有质疑:这样会不会造成公司人员的素质普遍偏低呢?答案是不会,其原因还是行业的特殊情况。大众餐饮服务的行业特点决定了对员工专业技能的要求比较一般,但对员工作为服务人员的心理素质和道德规范要求比较高。因此,在企业文化的认同和业务技能的掌握两个方面要求中,对于企业文化的认同更为重要,这也是从内部进行人员选拔和晋升的依据。与此相应,海底捞的用人标准强调德才兼备,如果不能兼得,坚持以德为先,任何时候都把道德的标准放在首位。

二、海底捞员工的"爬山图"

根据企业的发展需要和实际情况,海底捞为员工设计了管理晋升和功勋员工两条路径。具有管理潜能的员工可以通过考核升迁制度,沿着职位晋升的"爬山图"发展,攀登管理职位高层阶梯;没有管理能力的员工可以通过提高服务质量获得职业发展,同样能够分享企业发展带来的收益。

管理人员"爬山图"是海底捞人才培养的有效工具。"爬山图"的设计强调两点:一是明确刻画人才培养工作的重点,让被培养者和培养者都清晰地把握人才培养的目标;二是有效地促进人才培养工作的落实,根据企业的实际情况,对人才成长进行规范化评价,及时发现存在的问题,并采取相应的措施。以采购经理为例,其职位晋升的"爬山图"如图8-3所示。

图 8-3　采购经理职位晋升的"爬山图"

（资料来源：秦志华.人力资源管理[M].北京：中国人民大学出版社，2014：275-277.）

分析讨论题：

1. 为了促进员工发展，"海底捞"做了哪些努力？
2. "爬山图"的作用是什么？是否具有可行性？
3. "海底捞"员工晋升要经过哪些步骤？如果你是该公司的员工，你将怎样努力获得晋升？

案例二　微软为项目经理设立的职业生涯阶梯

微软的服务部是一个拥有约 15 000 名员工的部门，主要负责微软技术在全球的广泛应用和快速更新，此部门每年大约负责 11 000 个项目。

尽管微软的服务部一直都认为项目经理对于项目的成功是极其重要的，但是对于如何跟踪和发展项目经理技能却没有一个明确的机制。例如，一位帮助微软客户改进软件系统的顾问至多只能做到"团队领导"的职务，这似乎就是他项目管理职业生涯的尽头，唯一的选择就是继续走技术发展的道路。因此，许多人要么离开项目管理岗位，要么离开公司。可见，为项目经理制定具体的职业生涯阶梯就成为微软需要优先解决的问题。

2003 年，微软的服务部启动了项目管理评估和认证项目集（Project Management Assessment and Credentialing，PMAC），旨在为项目经理制定明确的职业生涯阶梯。此项目集由后来担任微软服务部项目管理办公室经理的克里斯汀•詹森（Christian Jensen）花了两年多时间来开发，并得到了微软人力资源部和 PMI（项目管理协会）的支持和合作。该项目集运作总共需要约 200 000 美元的预算，包括建立流程以具备实施条件以及编写说明项目集情况的白皮书。项目集实施成本约为 600 美元/人。

为了让项目经理感觉到被重视并获得公平薪资，同时也为了保留和增加微软在项目管理方面的投资，项目集团队需要设计体系，给项目经理一个清晰的、逐步上升的职业生涯阶梯，从长远角度来进行能力提升和职业发展。解决的一些具体需求包括：符合行业标准的项目管理职业生涯阶梯、项目管理技能发展的渐进模式、对验证的项目管理掌握程度进行衡量的工具、项目经理职业发展与公司战略的联系。这是一项重要的任务，要求识别和描述每个级别的角色和职责，设计恰当的工具和流程来评估技能和绩效，并进行认证，不仅是职业发展而且也是提升以客户服务质量为核心的项目管理文化的需要。PMI 和微软公司合作的重点是提供资源来使职业生涯阶梯、思维共享以及专业人士对话有成效，以确保微软的项目管理群体发出共同的声音。

项目集的根本目的是制定和详细说明四级项目经理职位。在职业生涯阶梯中每个工作说明需要设定一些要求，如工作经验、认证以及展现个人必须具备或超出的核心能力水平。在建立这些要求的过程中，微软的服务部对行业进行了研究，调查了全球的职位设置，并且观察了其他组织的模式。

在职业生涯阶梯中，认证和评估对安排和提升项目经理是必不可少的。微软的职业生涯阶梯要求所有项目经理必须获得职业认证，此外，还必须完成职业技能的评估。评估包括四部分：①业务水平，即与工作要求相关的项目管理技能测试；②技能水平，即项目管理技能的自我评估；③掌握程度，即业务水平和技能水平的偏差；④关于掌握程度的面谈，即验证这三种技能的水平。

在2006年PMI北美区全球年会上，詹森详细列举了此项目集的积极成效。在个人层面，他列出了下列内容：符合行业标准；全球认可的认证人士；明确规定的职业生涯阶梯；适当的薪资。在组织层面，他列出了下列内容：招聘和保留人才方面的改进；准确的技能规划；最佳状态的规划；可预见的服务交付；促进了服务收入的增长。

在微软职业发展活动中的调查结果以及在公司范围内的投票结果，都体现了人才管理指标的许多改进，包括员工之间的摩擦减少、员工工作满意度提高、组织和团队健康指数提高、客户和合作伙伴满意度提高。一些被调查的人士特别指出，他们愿意留在微软是因为明确规定的项目经理职业生涯阶梯与系统的职业发展活动一致。

（资料来源：http://doc.mbalib.com/view/1e0d2bec8b68a17802fe50e66fafe232.html。）

分析讨论题：

1．通过阅读案例，请说明微软服务部为什么要为项目经理设立职业生涯阶梯？

2．微软服务部为项目经理设立了怎样的职业生涯阶梯？

3．微软服务部为项目经理设立的职业生涯阶梯取得了哪些成果？为什么会取得这些成果？

第九章

组织职业生涯开发与管理活动

本章要点

1. 继任规划的含义、目标与功能
2. 导师制的内涵、类型和作用
3. 组织实施导师制的步骤
4. 组织职业生涯早期管理的任务
5. 组织职业生涯中期管理的主要措施
6. 组织职业生涯晚期管理的主要措施

导入案例

西门子公司的选才、造才方法

西门子公司之所以发展成为世界电气界的一颗璀璨明星,是因为西门子公司对人才的重视。一整套对人才的选拔、培养、造就的方法,成为该公司整体发展战略的重要组成部分。

一、员工是企业内部的企业家

为了让员工成为真正的企业内的企业家,西门子公司让员工有充分做决策、施展才华的机会,还让员工有增加薪酬的机会。"有名有利"才能让员工体会到企业家的感觉。这实际上是互利的,即员工的才能得到发挥,职位得到提升,增加了个人收入,企业也得到了人才,创造了利润。可以说,让员工成为企业内部的企业家是西门子公司领导风格的体现。

二、开发、造就优秀的领导人才

西门子公司人事部经理的日常工作之一是访问高等院校。在那里,他们首先寻找的是"企业家类型"的人物。西门子公司对未来的"企业家们"的基本要求是:良好的考试成绩、丰富的语言知识、实习好、工作好。此外,西门子公司还向他们提出一些更高的要求,诸如有广泛的兴趣、有好奇心、有改进工作的愿望以及在紧急情况下的冷静沉着和坚毅顽强。

西门子公司内部设有管理人员培训部,负责对员工进行观察,并且定期同他们及其上司谈话,最后提出对员工是否继续使用的建议。此外,西门子公司还特地设置了1个干部培训中心和13个基层管理培训中心。在培养管理人才方面,西门子公司针对三种能力(专业技术能力、激发和调动个人及团体力量的人事能力、将内部和外部利益协调统一为企业整体利益的能力）进行培训。前两种主要针对基层和中层管理人员，第三种则专门针对高层管理人员。这些培训内容和方法，极大地提高了管理人员的素质和能力。

三、CPD 流程：最大限度地沟通员工与公司发展

西门子公司的上述管理培训得以成功实施离不开其推行的交流沟通。西门子公司将其称为 CPD（Comprehensive Personnel Development），一个全年不断持续的交流过程。CPD 流程由 CPD 圆桌会议和 CPD 员工对话两部分组成。CPD 圆桌会议每年举行一次，参加的人员是公司的管理人员，即中高级经理和人力资源管理顾问。在 CPD 圆桌会议上，参会者对公司团队和重点员工的潜能进行预测；回顾过去一年的业绩；提出改进后的与业绩挂钩的薪酬体系；制定具体的将本地化和全球化有效融合的管理措施等。西门子公司利用 CPD 圆桌会议成果为员工提供发展渠道——可充分预测潜能的培育计划。计划包含青年管理项目、技术培训、管理培训以及与之相协调的工作轮调、项目任命、薪酬调整等。

CPD 的另外一项重要内容是 CPD 员工对话。CPD 员工对话在一年中随时、持续进行，由经理人员和员工直接开展，并在年终填写"CPD 员工对话表格"，这些表格经过汇总成为 CPD 圆桌会议的重要参考。CPD 员工对话的内容涉及：员工职能及责任范围；业绩回顾及未达到预期结果的原因分析；潜能预测；未来的任务及目标设定；员工完成目前职能要求及未来任务的能力评估；员工本人对职业发展的看法；双方共同商定的发展措施。在 CPD 圆桌会议上对有关员工发展的所有方面（潜能、薪酬、管理学习培训等）做出明确的决定和计划，要保持一致性，即不分国界、级别、部门地沟通。

西门子公司为每位优秀员工都提供了良好的发展通道。该公司要求招聘的人员的能力高于所聘岗位一级甚至两级，而不仅仅限于所聘岗位的要求，乍一听有些大材小用，实际上却是为员工的下一步发展创造条件，可谓用心良苦。西门子公司给工作勤奋、不断进取的员工提供了晋升机会，员工在工作一段时间后，如表现出色都会被提升，即使本部门没有职位可供提升，也会安排到别的部门，优秀员工可以根据自己的能力设定发展轨迹，逐级地向前发展。

在知识经济时代，人力资源已经成为组织的核心资源。因此，组织如何对员工进行职业生涯开发与管理活动，特别是对核心管理人员的开发与管理，关系到组织未来的生存与发展。许多组织已经从战略高度开展了一系列的员工职业生涯开发与管理活动，西门子公司就是其中之一。本章将要探讨组织如何做好继任规划，如何建立导师制，如何对员工进行不同阶段的职业生涯开发与管理活动等方面的问题。

第一节 继任规划

一、继任规划的含义

在战略性人力资源管理理论指导下，越来越多的组织开始从战略的高度来认识继任规划。一个健康发展的组织中不应该出现职位等人的现象，而应该事先建立继任规划，以确保

组织各岗位及时补充到所需要的人才，因此继任规划对于组织的长期健康发展具有重要的现实意义。

继任规划也称接班人计划，是指组织为了保障其内部重要岗位有一批优秀的人才能够继任而采取的相应的人力资源开发与培训、晋升与管理等方面的制度与措施。

二、继任规划的目标与功能

1. 继任规划的目标

组织建立继任规划主要有以下三个目标：
1）把高潜能的员工培训成为中层管理者或者执行总裁。
2）使组织在吸引和招聘高潜能员工上具有竞争优势。
3）帮助组织留住人才。

2. 继任规划的功能

组织建立继任规划的功能主要体现在以下五个方面：
1）能够确保组织内部有一批训练有素、经验丰富、善于自我激励的优秀人才接任组织未来重要岗位的工作。
2）能够有效地调整组织未来需要的人力资源和现有的人力资源。
3）能够为组织的关键员工设定更高的目标，使他们留在组织中，以确保组织中的重要岗位有称职的人员可以继任。
4）能够帮助员工设定有效的职业生涯发展道路，有利于组织吸引和保留优秀的人才。
5）能够改进组织内部程序、优化组织的产品与服务。

三、有效实施继任规划必须考虑的问题

组织在实施继任规划之前，必须充分考虑以下几个问题：
1）组织的长期发展方向是什么？
2）组织在哪些主要领域和环节需要不断补充和发展高素质的人力资源？
3）组织中的哪些人员需要重点培养，以备未来组织发展的需要？
4）重点培养的人员应该走怎样的职业生涯发展道路？
5）组织中现有的职业生涯发展道路是否适合这些人员的具体情况？

要使继任规划获得有效的结果，就不能机械地实施继任规划，而要针对每个继任者的具体情况去做。

四、组织在实施继任规划时需要注意的问题

组织在实施继任规划时需要注意以下几个方面的问题。

1. 要积极主动地实施继任规划

组织应当在需要填补重要职务之前就进行培训或轮岗，使继任者在继任前就获得更多的知识和经验，应该在继任规划实施的早期就选定好接班人和有潜力的候补人员。这样，不仅能够保证组织的良好运行，而且有利于接班人的成长，有利于留住组织中的

人才。

2. 要对不同的职位采取不同的继任方式和路线

组织在继任规划的实施过程中,要根据组织的具体情况对不同的职位采取不同的继任方式和路线。对于高潜能的候选人应该采取快速路径的开发计划,包括培训教育、行政指导和训练等。组织还可以采用岗位轮换的方法帮助候选人获取不同工作岗位的知识和经验,以促使他们尽快成长。

3. 要充分认识到继任规划的复杂性和长期性

组织的继任规划是一个长期的复杂工作,它关系到组织战略的实现。因此,组织高层管理者必须充分认识到这一点,从战略的高度去实施继任规划,要认真思考组织目前的人才需要和未来的人才需要,积极为组织中的关键岗位储备后续人才。组织要明确继任目标,建立一套科学的继任流程。

组织要想不断发展壮大,对其而言,继任规划将是一个永无止境的活动过程。它需要定期审视组织的资源,确定哪些职位需要接班人、需要哪些人员开始学习和培训、需要多长时间培养候选人、需要确定候选人为达到既定目标应该走的职业生涯路线。

相 关 链 接

"全球第一CEO"杰克·韦尔奇

1981年,杰克·韦尔奇(Jack Welch)成为通用电气(GE)公司CEO。在杰克·韦尔奇执掌GE期间,这家老牌的电气公司焕发了勃勃生机,一直执全球电气领域之牛耳。GE接连被《财富》《金融时报》等评为"全球最受尊敬的公司",并多次蝉联第一名;杰克·韦尔奇本人多次被评为全球"最佳首席执行官",成为全球企业追崇的CEO,赢得"全球第一CEO"的美誉。杰克·韦尔奇是个铁面无私的人,做事雷厉风行,为全球的CEO树立了永远的楷模,被奉为企业界的"神明"。

正是这位传奇人物,却早在他处于事业巅峰的1994年,即他59岁的那一年,就已经开始考虑GE接班人的问题,这正是杰克·韦尔奇的过人之处。在事业处于巅峰的时候能够急流勇退,并用6年的时间来选择一名CEO,这不仅需要宽广的胸怀和坚定的信念,更需要周密的谋划。为庞大的公司选择接班人,像为一个国家选总统一样,是一个巨大的挑战。而且,全球500强公司在选择接班人时栽过跟头的也不在少数。朗讯、可口可乐、吉利、英国航空公司、宝洁、施乐等公司都曾有过新上任的CEO连椅子还没坐热就下课的情况。

1994年6月,在GE董事会专责管理发展与后备人才的委员会上,杰克·韦尔奇第一次正式提出了选拔接班人的问题。他向委员会提交了一份手写的24名候选人名单,这份名单分为三组:第一组是GE 7家最大的分公司的负责人,他们在GE占有重要的地位,因此被考虑进了候选人行列;第二组包括4名地位仅次于第一组7人的高层管理人员;第三组共13人,有着不一样的职位与级别,他们的表现与潜质引起了杰克·韦尔奇的注意。实际上,第三组的13人是最令杰克·韦尔奇心动的未来之星,杰克·韦尔奇最终确定的3

名种子选手都出自这 13 人当中。从这时起，杰克·韦尔奇就有意对他们委以重任，重点栽培。

用杰克·韦尔奇自己的话说："我们像老鹰一样关注着这些家伙。"杰克·韦尔奇煞费苦心地安排各种活动让董事们与候选人接触，让董事们充分了解每一位候选人。每年 4 月之前，他都邀请董事们及所有候选人在高尔夫俱乐部进行比赛；7 月董事会例会前安排候选人到 GE 总部附近的俱乐部打高尔夫球，随后共进晚餐；12 月董事会例会前一天的晚上，杰克·韦尔奇安排他们在 GE 大厦 65 层参加晚宴与舞会……这些看似平常的聚会，杰克·韦尔奇都会亲自精心安排，从比赛的分组到宴会的座席排列都有他的用意，并且每年都记录下相关情况。每年的这些活动，保证了董事们能够与不同的候选人充分接触与交流。

杰克·韦尔奇期望董事们能够对候选人的个性等有深刻的认识。之后，杰克·韦尔奇与董事们在每年 12 月的董事会例会上，会对每位候选人的表现进行讨论。人力资源部门会首先将一份关于所有候选人工作经历及业绩的综合报告呈递给董事会。在每年 6—7 月的董事会例会之前，杰克·韦尔奇也会召集专门委员会委员对所有候选人的工作表现进行认真评议。

为了让董事会对候选人中的佼佼者有更进一步的了解，杰克·韦尔奇在 1996 年—1997 年组织董事会专门委员会成员实地考察了 GE 的几家公司。考察团以了解公司业务情况为名义，丝毫没有暴露出考察的真实目的。董事会通过实地参观和座谈，了解各候选人的管理特长；考察候选人的工作团队；看其与下属间的关系是否融洽；等等。

1997 年 12 月，董事会对各位候选人的表现进行了集中讨论，把候选人范围缩小到 8 人。半年之后，杰克·韦尔奇把表现最突出的几位候选人都放到了 GE 重要的岗位上，接受最后的考验。经过两年多的考察，杰克·韦尔奇最终把目光锁定在 3 位最出类拔萃的候选人身上，包括：GE 医疗全球 CEO 杰夫·R. 伊梅尔特（Jeffrey R. Immelt）、GE 飞机发动机业务负责人麦克纳尼（McNerny）、GE 透平及发电机业务负责人纳尔代利（Nardelli）。2000 年 6 月，杰克·韦尔奇正式宣布他们 3 人成为 GE 下任 CEO 的最后角逐者。

为全球称颂的这段企业领导人考察临近终点。2000 年，董事会的所有成员对 3 位候选人进行投票，结果杰夫·R. 伊梅尔特名列第一，董事会一致通过杰夫·R. 伊梅尔特为 GE 下一任 CEO。这既是董事会全体董事的选择，也是杰克·韦尔奇的选择。那么，其他两位候选人怎么办？尽管很难，但无论如何还是要让他们知道。杰克·韦尔奇赶在正式宣布结果前，马不停蹄地亲自去传达了投票结果。不久，麦克纳尼成为 3M 的 CEO，纳尔代利成为家得宝（HomeDepot）的 CEO，这两家公司都是全球 500 强公司。至此，被全球推崇的 GE 这段马拉松式的 CEO 交接圆满结束。

杰克·韦尔奇的使命完成了，近乎完美、圆满。在为他光荣退休举行的晚会上，10 多位全球 500 强公司的 CEO 都到场向他致意，他们曾是杰克·韦尔奇的下属，是韦尔奇带领他们迈向成功。

造就辉煌的 GE，带出众多成为全球 500 强公司 CEO 的徒弟，选出杰夫·R. 伊梅尔特以及 GE 全球业务的继续增长，是杰克·韦尔奇的成功，更是 GE 用人文化的成功！

（资料来源：http：//www.sina.com.cn.）

第二节 导师制

一、导师制的内涵

导师制（Mentoring Program）在西方企业的发展中已有相当长的历史。导师英文为"mentor"，即良师、杰出领导者、优秀顾问之义。具体而言，导师制是指在一定的组织环境中，为每一位新加入的员工以及具有一定发展潜力的员工指定一名或几名具有丰富工作经验和突出工作业绩的导师，以对其在适应新的环境、迅速融入组织文化、提升自我业务水平等方面提供帮助和指导。资料显示，有超过 1/3 的美国大公司已经正式实施导师制。国内的很多企业也建立了这种人才培养模式。

导师制作为组织培养自己所需人才、构筑人才梯队的方法，与中国传统的师傅带徒弟的方法有异曲同工之处，但是二者并不完全相同。传统的师傅带徒弟的方式更大程度上是对新员工（徒弟）技术及具体业务的传授和讲解，而导师制是一个概念及制度体系，是一种进行人才培养和开发的机制，涉及职业生涯的指导、人际关系的调节处理等诸多方面。在根植于西方文化土壤的西方企业中，职业导师还与职业心理指导专家紧密结合，使职业指导的意义和功能更加宽泛。

二、导师制的类型

1. 正式导师制和非正式导师制

根据指导关系的形成方式，导师制有正式与非正式之分。

正式导师制是组织根据导师和被指导者的兴趣、经历、个人背景的匹配度进行指派的一种指导关系。这种关系具有以下几个特征：①关系形成后将受组织的全程监控；②指导内容紧紧围绕特定的工作目标展开；③目标实现后指导关系也随之结束；④指导关系的持续周期较短。

非正式导师制是基于导师与被指导者之间的相互了解、认同和欣赏，自愿结成的一种指导关系。这种关系具有以下几个特征：①指导关系和指导过程不受组织的干涉；②关系形成初期的目标不是很明确；③目标随着关系的发展而逐步调整；④指导关系持续的周期较长。

2. 异辈指导关系和同辈指导关系

根据年龄、地位的差异性，指导关系有异辈与同辈之分。

异辈指导关系的导师通常年龄较大，在组织中的地位较高，拥有较多的组织资源和权力，通过给被指导者提供相关的资源、直接提拔或者能力训练等途径，促进其职业发展。同辈指导关系的双方年龄相仿、地位相似。国外学者的研究发现，同辈指导关系是一种重要的组织资源，导师与被指导者所处环境和所面临的工作任务的相似性使被指导者可以学到更加实用的知识、技能和组织的潜规则，更能促进被指导者的组织社会化过程和水平。

3. 一对一、一对多和多对多的指导关系

这种划分方式是根据指导关系双方的人数而定的。

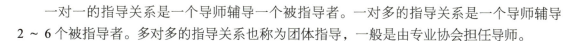

一对一的指导关系是一个导师辅导一个被指导者。一对多的指导关系是一个导师辅导 2～6 个被指导者。多对多的指导关系也称为团体指导，一般是由专业协会担任导师。

三、导师制的功能与双重作用

（一）导师制的功能

1. 职业支持功能

导师培养被指导者，导师有提升或平级调动被指导者的资格；导师通过提供信息、建议和反馈等方法指导被指导者分析和解决问题；导师能够保护被指导者免受负面因素的影响，远离组织的内部争斗；导师能够有效地传授完成工作任务所需的重要知识和技能，提高被指导者的工作业绩。

2. 心理支持功能

心理支持功能主要是人际关系的指导，比如角色规范、咨询顾问、友谊关系和接受认同等。导师给被指导者提供成功行为的模式，建立友谊关系；导师充当被指导者的人际关系咨询顾问，提高其自主决策的能力；导师通过积极肯定和准确理解被指导者的行为，实现接纳与激励功能，促进被指导者的职业自我效能感和职业胜任感的发展。研究表明，导师制的心理支持功能对女性员工和少数民族员工的职业发展尤为关键。

3. 组织文化功能

导师指导新员工逐步熟悉专业工作的流程，掌握高水平的专业技能，这些活动直接或间接地传递了组织的价值观和企业文化，使新员工能够尽快地融入组织中，为组织做出更大的贡献。

（二）导师制的双重作用

1. 导师制的积极作用

被指导者、导师和组织都能在很大程度上获益于导师制。

（1）被指导者层面　与没有导师指导的同事相比，被指导者能够拥有更多的提升机会、更高的收入、较高的工作满意度和职业成熟度、更大的组织内权利和影响力。

（2）导师层面　导师在指导过程中能够增强自身的管理能力，提高个人在组织中的声誉，增强了提升或提拔的可能性；导师的自我价值感得到提升，心理满足感增强；被指导者能够为导师搜集多方信息，甚至不同部门的被指导者还能替导师说话，有利于拓宽沟通渠道。

（3）组织层面　组织是实施导师制的最大受益者，具体表现在：①有利于强化新员工的组织认同感和归属感，降低流失率；②有利于提升导师的能力、责任感和使命感，降低核心员工的流失率；③有利于构建组织学习的机制，形成开放、学习、创新的团体氛围；④有利于缩短新员工的技能成熟期，快速提高其岗位胜任能力，使组织的整体绩效得到提高；⑤有利于组织培养一批技术管理综合型人才；⑥有利于降低组织人力资源培训成本。

2. 导师制的消极作用

国外学者莉莲（Lillian）等人探讨了指导关系中的被指导者的负性经历后发现，在156名被试者中，有84%的人表示职业生涯过程中至少有过一次负性的指导关系。他们发现了包含5个维度的15种负性指导经历，5个维度包括：①匹配差异（把价值观、工作风格、人格迥然不同的双方匹配成一对指导关系）；②距离行为（导师忽视被指导者、过分关注被指导者的事情、有意排斥被指导者）；③操纵行为（专断、不负责任地替被指导者做决定、蓄意破坏、欺骗、独享成果和荣誉）；④导师资格不够（不能胜任、缺乏沟通技巧）；⑤一般机能性失调（态度恶劣、个人不良习惯及生活问题）。

可见，导师制的消极作用也不容忽视，其负面效应表现在：

（1）容易形成组织内的非正式组织　如果非正式组织与组织发展战略目标有冲突且处理不当，则会导致角色冲突、谣言传播、拉帮结伙，从而阻碍组织的变革。

（2）容易产生依赖心理　一方面，被指导者可能过分依赖导师，弱化自我创新意识和能力的发展；另一方面，导师也会依赖被指导者，尤其是导师在获得被指导者的认可和信任之后，倾向于将本该自己尽职尽责的事交付给被指导者承担，这往往会影响组织整体的运作效率。

四、组织实施导师制的步骤

导师制作为一种人才培养机制，组织在实施中应遵循以下几个步骤。

1. 确定导师和被指导者的范围

该步骤由组织的人力资源部或人事部门负责具体实施。组织应制定相关的制度规范，确定相应的标准。例如，综合工作年限、工作业绩、工作经验、工作表现等因素确定不同级别的导师（如一级导师、二级导师和三级导师等，他们享有的责任津贴会有所区别）。被指导者的选拔范围可以适当拓宽，如新员工、作为后备力量培养的具有一定发展潜力的员工等。但是，无论二者的选拔范围如何宽泛，都应该以硬性的制度规范作为支撑，发挥民主机制，避免带来组织内部的不团结。

2. 确定管理制度、培训方式和方法

组织的人力资源管理部门应对导师的培训方式、培训内容以及时间安排予以规定。要掌握好度的问题，既不能因为规定得过细而影响了导师自主性和创造性的发挥，也不能因为缺乏必要的规定而导致个别导师不负责任现象的出现。组织可以结合实际情况确定若干个指导性内容供导师参考，在此基础上，导师可以适当发挥。在培训方式上弹性可以大一些，工作上的随时指导、课题实践、业务咨询及培训等方式均可采用。

3. 建立监督保障机制

如果没有完善的监督保障机制，设立导师制的初衷再好，也将难以实现。因此，在这一过程中组织的人力资源管理部门需要随时跟进，以便及时发现问题并予以解决。对于被指导的员工和导师的资料、员工学习的成效、导师指导的内容、时间及精力投入等信息，应及时备案。对于表现优秀的员工，要为其提供更高级别的导师，为其个人成长提供平台；对于积极奉献、指导业绩突出的导师，要给予奖励。这种评价要通过量化的方式进行。每年年终，

组织应该召开职业导师制工作交流表彰大会，互通有无，不断提高。

相 关 链 接

华为的"全员导师制"

华为的"全员导师制"是一种非常好的员工培养制度，它不仅可以有效地缩短员工进入新环境的"磨合期"，让员工尽快地适应新的工作岗位，而且能够密切员工之间、上下级之间的关系。

在华为内部，"全员导师制"这一做法最早来自中研部党支部设立的以党员为主的"思想导师"制度，后来被推广到了整个公司。华为的导师制是全员性、全方位的：不仅新员工有导师，所有员工都有导师；不仅生产系统实行这一做法，营销、客服、行政、后勤等部门也都实行这一做法。华为认为，所有员工都需要导师的具体指导，通过"全员导师制"实现"一帮一，一对红"。

华为对调整到新的工作岗位的"老员工"，不管其资格多老、级别多高，在其进入新的岗位后，公司都会给他安排导师。这个导师也许比他的工龄短，比他的资历浅，但在这个岗位上比他强。所以在华为，刚刚毕业进入华为一两年的员工，照样可以成为导师。

华为的导师职责比较宽泛，不仅在于业务上、技术上的传、帮、带，还有思想上的指引、生活细节上的引领等。为了保证"全员导师制"落实到位，华为对导师实行物质激励，以补助的形式，给导师每月300元的"导师费"，并且定期评选"优秀导师"，被评为"优秀导师"的员工将会得到公司500元的奖励。更为重要的是，华为把"全员导师制"上升到培养接班人的高度来认识，并且以制度的形式做出严格规定：没有担任过导师的员工，不得提拔为行政干部；不能继续担任导师的，不能再晋升。

华为实行"全员导师制"的意义有三点：一是可以增强员工的荣誉感，尤其是对于入职时间不长就成为导师的员工，他们在工作上会更加严格地要求自己，在新员工面前发挥模范带头作用；二是能够帮助新员工迅速地融入华为大家庭中，从思想上、感情上尽快地认同华为的制度和文化；三是通过全系统、全方位的"全员导师制"的推行，在华为内部形成良好的氛围，增强内部各层级的执行力。

（资料来源：曹志宏. 浅谈华为的"全员导师制"[J]. 江苏企业管理，2007（11）：83.）

第三节 职业生涯咨询管理

一、职业生涯咨询的主要内容

（一）提供与职业相关的信息

一般来说，组织职业生涯咨询中提供的信息主要包括两个方面：一是职位空缺信息，即这个岗位是做什么的，要求什么样的人，一旦出现职位空缺，就要补充人员，保证工作的正常运行；二是如何获得人力资源来填补这些空缺的信息，即组织的人力资源政策是什么，个人通过何种途径能够获得职业晋升与发展。

组织一般在公告栏或自己的网站上粘贴职位空缺的信息，以满足部分员工的职业生涯发展需求。职位需求方与职位供给方的信息应实现共享，这有助于组织职业生涯管理与员工职业生涯发展的相互匹配。

组织职业生涯咨询为员工职业生涯发展提供的信息主要包括以下五个方面：

1）职缺公告。公布组织内部空缺职位信息，优先考虑组织内部合适的人选。
2）职业路径规划。确定一系列的工作或岗位序列，以实现某种职业生涯目标。
3）提供职位说明书，帮助员工了解工作特点、内容及任职资格信息。
4）组织职业生涯管理手册，以帮助员工开展职业生涯管理。
5）建立职业生涯管理信息系统，建立员工档案系统，成立职业生涯管理资源中心。

（二）提供职业生涯咨询的相关服务

与以往由外部执业机构承担职业生涯咨询工作不同，在快速发展的今天，为员工提供职业生涯咨询服务日益成为现代组织中人力资源管理部门以及人力资源专业人员的重要职责之一。人力资源专业人员既要熟悉人力资源管理的基本理论和操作，也要熟悉职业生涯规划和管理的相关知识。在日常工作中，要时刻关注员工职业发展中出现的问题，并为员工提供职业生涯咨询服务。不难看出，为员工提供相应的职业生涯咨询服务是现代组织福利制度完善的标志之一。

组织开展的职业生涯咨询项目以组织为实施主体，以员工为实施对象，通过专业人员为员工提供诊断、评估、培训和专业指导，帮助其解决自身职业发展中出现的心理和行为问题，从而不断创造其在组织中的职业发展机会，提高工作绩效，同时改善组织氛围，留住员工。

根据为员工提供职业生涯咨询的侧重点不同，组织提供的职业生涯咨询服务主要包括以下几个方面。

1）上级对员工提供职业生涯管理方面的指导。在日常工作中，上级属于员工直接接触和交流的人员，不仅要关注下属的职业发展，也要对其职业生涯发展提供适当的咨询和服务。
2）人力资源部为员工提供职业生涯管理方面的指导。人力资源部是组织职业生涯咨询的主要参与者，应定期为员工提供职业生涯方面的培训和咨询服务，这不仅可以提升员工的可雇用能力。也实现了员工发展与组织发展的双赢。
3）为员工提供职业生涯管理相关的自评工具，帮助其了解自身兴趣、性格的职业特征。
4）与外部专业咨询机构合作，为员工提供职业发展问题的辅导。

二、职业生涯咨询管理的模式

根据组织进行职业咨询管理活动的已有情况，可将职业咨询管理模式分为四种，即内部模式、外部模式、混合模式和联合模式。

（一）内部模式

以职业管理为基础的职业生涯咨询管理的内部模式是指组织内部设置专门机构，由组织内部的专职人员负责员工职业问题的相关咨询与指导工作，这一模式通常在组织内部实施。

内部模式的主要优点表现在，由于提供职业生涯咨询服务的是组织内部的员工，因此，对组织内职业发展、职业轮换和职业晋升等潜在的问题，以及员工的个性有着更深的理解和把握。提供的咨询服务更加富有针对性，内部模式的采用也能使组织高管与决策者更多地关注员工职业发展，有助于相关活动的开展。

采用内部模式的职业生涯咨询管理存在一定的问题，主要体现在：由于从事咨询服务的专职人员长期身处同样的组织环境，因此在进行职业生涯咨询活动时就难免会带有主观性，按照自己的想法设定实施步骤，甚至给员工下定论，这不利于员工实际问题的解决。

（二）外部模式

外部模式是指组织将职业生涯咨询项目外包，由组织外部具有职业生涯咨询辅导等知识经验的专业人员或机构为员工提供服务。外部模式的主要优点在于：一方面，由于该模式是以契约为基础的，组织自身不需要消耗人力资源去规划和操作，只需要提供一定的财务支持就可以得到服务，这有利于节省组织的人力资源；另一方面，由于实施服务的工作人员完全是组织之外的第三方，员工在接受服务时更愿意分享自己真实的工作感受和职业发展困惑，这会提升员工对服务的信任度，从而收到更好的服务效果。

采用外部模式存在一些不足。一方面，由于该模式完全借助外力组织实施，对组织内部的情况了解有限，因此对员工提出的职业发展建议有可能脱离组织的实际，难以有针对性地解决组织存在的问题。另一方面，由于该模式实施的费用相对较高，会增加中小企业的财务负担，不利于服务在组织的长期实施。

（三）混合模式

混合模式是指组织内部服务实施部门与外部的专业机构联合，共同为员工提供职业生涯咨询服务。混合模式的主要优点在于有专业机构的参与，保障了该模式中咨询服务人员的专业性，提升了员工对职业生涯咨询的信任度。同时，由于该模式有组织内部的人员参加，组织内部的联系人较为了解员工职业发展和组织职业发展氛围，保证了服务的质量。而混合模式的主要缺点在于咨询服务团队内部存在着人员权限不易界定，人员调配不顺畅等问题。

（四）联合模式

联合模式是指若干组织联合成立一个专门为员工提供职业生涯咨询服务的机构，由该机构配备专职的从业人员为组织提供服务。联合模式的优点：一方面通过联合若干组织，成立专门的服务机构，最大限度地节省了经费，以最小的开销实现了服务的资源共享；另一方面，其联合形式有利于促进组织之间的沟通，为组织之间的合作提供了条件。

第四节　组织职业生涯分阶段管理

员工在不同职业生涯阶段会面临不同的问题，因此，为了使员工在职业生涯的各个阶段都获得良好的发展，组织应该针对员工所处的不同阶段为其提供职业生涯咨询服务。根据前人的研究，我们可以把员工职业生涯的过程划分为三个阶段：职业生涯早期阶段、职业生涯中期阶段和职业生涯晚期阶段。针对不同的发展阶段，组织应该采取不同的职业生涯管理措施。

一、组织职业生涯早期管理

在职业生涯早期阶段，组织承担着非常重要的职业生涯管理任务。组织需要对新员工进行有效的评估和培训，通过职业生涯规划和管理等，帮助员工顺利地适应工作。通过员工和组织的共同努力与合作，每个员工的职业生涯目标与组织的发展目标相一致，使员工与组织都获得发展。

组织在员工职业生涯早期的主要管理任务有以下五个。

1. 对新员工进行上岗引导和岗位配置

新员工上岗引导是指给新员工提供组织的基本背景，包括：工资如何发放和增加，怎样获得工作证，工作时间为每周多少小时，新员工将与谁一起工作，工作的环境和条件如何，如何获得晋升机会。这些信息对于员工做好本职工作是非常重要的。

在大多数组织中，新员工上岗引导活动的第一部分都是由人力资源专家来完成的。这些专家负责向新员工介绍组织的基本情况、发展历史与现状、组织发展的宗旨与任务目标等；对新员工进行遵守劳动纪律和遵纪守法的教育；明确组织对他们的要求；对新员工进行敬业和发扬组织优良传统的教育，培养他们对组织的归属意识等；将新员工分配到一定岗位并介绍给他们的主管，由这些主管来继续对他们进行上岗引导。主管进行的上岗培训具体包括：准确讲解新工作的性质，将新员工介绍给同事，让他们熟悉工作场所，给他们灌输组织文化，帮助他们接受正确的价值观。事实上，上岗引导是新员工组织化的一个重要组成部分，如果处理得当、引导有方，则有助于减少新员工上岗初期的紧张和不安，以及可能感受到的现实冲击。

2. 提供一份富有挑战性的最初工作

大多数专家认为，组织能够做的最重要的事情之一就是争取为新员工提供一份富有挑战性的最初工作。研究者们在一项以美国电报电话公司的年轻管理人员为对象的研究中发现，这些人在公司的第一年中所承担的工作越富有挑战性，他们的工作也就越有效率、越容易成功，而且即使到了五六年之后，这种情况依然存在。霍尔（Hall）根据自己的研究指出，提供富有挑战性的起步工作是帮助新员工取得职业发展的最佳却并不复杂的途径之一。但是在多数组织中，提供富有挑战性的工作似乎并不是一种普遍的现象，反倒更像是一种例外的情况。例如，在以研究开发性公司为对象的一项调查中发现，在22个公司中，只有一家公司有正式向新员工提供富有挑战性工作的政策。

3. 在招募时提供较为现实的未来工作展望

最大限度地降低现实冲击并提高新员工长期工作绩效的有效途径之一，是在招聘时就向被招聘者提供较为现实的、关于未来工作的描述，使他们明白如果自己到组织中来工作，可能得到哪些方面的利益。沙因（Schein，1992）指出，新员工在初进组织阶段所面临的一个最大问题，就是在一种"双向买卖关系"中获得关于对方的精确信息。在面试阶段，由于双方都急于将自己优秀的一面表现给对方，因此，当一方发出不真实信息的同时，另一方就会接收到对方所提供的不真实信息。其结果就是：面试主考人员对求职者的职业目标可能难以形成较真实的印象,而求职者对组织也形成了一种较好的但也许是不现实的印象。对未来的工作进行较为现实的展示所能起到的重要作用表现在,它能够显著地提高那些被聘用来从事相对较为复杂工作的员工长期留在组织中的比率。

4. 对新员工严格要求,并开展职业生涯规划活动

在新员工与其上级之间往往存在一种"皮格马利翁效应"。也就是说,上级对新员工的期望越高,对员工越信任、越支持,那么新员工干得就越好。因此,正如一些专家所说,"不要将一位新员工安排到一位陈腐的、要求不高的或不愿意提供支持的主管人员那里"。相反,在一位新员工开始探索性工作的第一年,应当为他找到一位受过特殊训练、具有较高工作绩效,并且能够通过建立较高工作标准而为自己的新员工提供必要支持的主管人员。

另外,组织还应当采取措施,加强新员工对他们自己的职业生涯规划和开发活动的参与。例如,有些组织尝试开展一些活动,使员工意识到对自己的职业加以规划,以及改善自己的职业决策的必要性。在这些活动中,员工可以学到职业生涯规划的基本知识,并有机会参与各种以明确自己的职业锚为目的的活动,从而形成较为现实的职业目标。

5. 开展以职业发展为导向的工作绩效评价,提供阶段性的工作轮换和畅通的职业通道

沙因认为,主管人员必须明白,从长期来看,向上级提供关于自己下属员工的工作绩效评价的有效信息是十分重要的,不能为了保护下属的短期利益而提供不真实的信息。因此他指出,主管人员需要将有关被评价者的潜在职业通道的信息具体化。换句话说,主管人员需要弄清楚自己正在依据何种未来工作性质对下属的工作绩效进行评价,以及下属员工的需要是什么。

新员工进行自我测试,并使自己的职业锚更加具体化的一个最好的办法就是去尝试各种具有挑战性的工作。通过在不同的专业领域中进行工作轮换(如从财务分析到生产管理再到人力资源管理等),员工们获得了一个评价自己的资质和偏好的良好机会;同时,组织也得到了一位对组织事务具有更宽阔的、多种职能视野的管理者。工作轮换的一种扩展情形被称为"职业生涯通道",它是指针对每一位员工制订他们的后续工作安排计划,进而促进员工的职业生涯发展。

二、组织职业生涯中期管理

(一) 组织职业生涯中期管理的基本原则

在职业生涯中期,组织进行职业生涯管理应遵循以下三个基本原则。

1. 以人为本的原则

人才,特别是处于关键管理技术岗位的人才是组织获得竞争力的宝贵资源,这已成为一个不争的事实。在组织中要建立以人为本的组织文化,尊重人、关心人,提倡"人人为组织、组织为人人"的理念。当员工处于职业高原、出现心理危机时,组织应该帮助员工克服心理危机,走出职业高原,实现组织和员工的"双赢"。

2. 提倡成功标准多样化的原则

社会上普遍认为,晋升是职业成功的最重要标志之一。然而,在组织中,能够得到晋升

的员工毕竟是少数，更多的员工将会在职业生涯中期或更早的阶段遇到职业高原。因此，组织应提倡职业生涯成功标准的多样化，让员工了解职业生涯的成功标准不仅仅是职务的晋升和增加物质报酬，还有工作本身所带来的乐趣、工作经历的多样性，以及不断地自我完善、获得他人的尊敬等。

3. 重点管理的原则

职业生涯中期处于职业高原状态的员工一般有三类：①明星员工，他们的工作绩效水平高，也拥有很大的晋升潜力；②静止员工，他们的工作绩效水平较高，但进一步获得晋升的机会很小；③枯萎员工，他们的绩效水平没有达到组织可接受的水平，获得进一步晋升的机会微乎其微。有晋升潜力的明星员工和绩效水平低的枯萎员工都很容易引起组织的注意，但是静止员工常常被视为正常状况而未受到应有的重视。组织"挽救"枯萎员工需要付出相当大的成本，而且不一定能得到预期回报；而明星员工虽然在员工人数中所占比例不大，但其绩效水平很高，如果他们处于职业高原状态时未能得到适当的管理，很有可能会离开组织，给组织带来巨大的损失；至于静止员工，其绩效水平较高，却没有得到应有的关注，很可能会因此而变成枯萎员工。所以，组织在进行管理时，应该把明星员工和静止员工作为主要的管理对象。

（二）组织管理的基本方法

组织进行职业生涯中期管理的基本方法主要有以下四种。

1. 工作重新设计

经验表明，组织成员如果长期从事某一项工作，就会感到枯燥乏味，工作满意度下降，最终陷入停滞状态。因此，需要对员工所从事的工作进行再设计。工作重新设计的方法有三种：工作轮换、工作丰富化和工作扩大化。

工作轮换是指使员工在同一水平的职位上轮换工作，通过多样化的职业活动提高他们的能力，避免职务专业化所产生的厌倦。适当的工作轮换能够使员工保持工作的敏感性和创造力，培养员工多方面的能力，提升员工的价值。工作轮换带来的这些好处是职务晋升和增加物质报酬所无法提供的。

工作丰富化是指工作的纵向扩张，它能够增强员工对计划、执行及工作评价的控制程度。丰富化后的工作允许员工以更大的自主权、独立性和责任感去从事一项完整的活动，能够缓解员工因晋升困难而产生的心理压力，减轻员工对工作的倦怠感，增强工作的吸引力。这样，不仅使组织获得更高的灵活性，而且可以达到不断丰富个人职业经验的目的。

工作扩大化是指工作的横向扩展，扩大工作的范围，从而为员工提供更多的工作种类。真正意义上的工作扩大化应该充实工作的内容，赋予员工更多的自主权，包括做决定和更多的自我控制。

2. 提供员工帮助计划

员工帮助计划（EAP）是由组织为其成员设立的一项系统的、长期的援助和福利计划。通过专业人员对组织的诊断、建议和对组织成员及其家属的专业指导、培训和咨询，帮助解决组织成员及其家属的心理和行为问题，以维护组织成员的心理健康，提高其工作效率，达到改善组织管理的目标。处于职业高原状态的员工经常受到负面情绪的干扰，因此，应通过

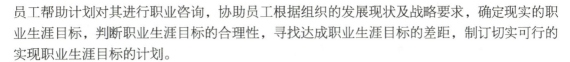

员工帮助计划对其进行职业咨询，协助员工根据组织的发展现状及战略要求，确定现实的职业生涯目标，判断职业生涯目标的合理性，寻找达成职业生涯目标的差距，制订切实可行的实现职业生涯目标的计划。

3. 完善培训体系

针对处于职业高原状态的员工，组织应该根据他们不同的状况和需求，采取不同的方式对其进行培训，使其掌握新岗位的工作技能。对于知识、技术老化，但仍有进取心的员工，应该实施定期培训以更新知识，帮助他们提高工作效率。组织所建立的完善的培训体系，一方面可以提高组织的工作绩效，增强组织的灵活性；另一方面也可以提高员工的工作技能，拓宽员工的工作范围，从而最终提高员工的自我认同感和工作满意度。

4. 制定公正的晋升机制

制定公正的晋升机制是有效防范员工出现职业高原的关键性因素。管理者通过制定客观公正、科学规范的晋升机制，使员工相信只要有技术、有能力就会在组织中获得良好的发展，让员工获得心理上的平衡，并适当降低处于职业高原状态的员工人数。

三、组织职业生涯晚期管理

职业生涯晚期管理值得关注。现在，许多管理者或人力资源部门的人注重未来的潜力开发，将工作的重心放在了年轻人身上，忽视了处于职业生涯晚期的员工，有些组织甚至将这些员工看成包袱，不闻不问。这种过河拆桥的不良组织文化，不但会极大地伤害老员工的感情，也会降低其他员工对组织的认同感，因为人终有变老的一天。如果希望将自己的企业办成百年企业，这种短视的做法就是不可取的。

组织的高层领导和管理人员要想管理好职业生涯晚期员工，就需要对员工在职业生涯晚期阶段的种种问题有清醒的认识和正确的态度，必须认识到不同年龄段员工的不同价值。

（一）组织职业生涯晚期管理的一般原则

对于处于职业生涯晚期的员工，如果管理得好，可以使这些人力资源变成宝贵的财富；如果管理得不好，就会增加许多矛盾，成为许多冲突的根源，影响组织的发展。

组织对处于职业生涯晚期员工的管理，主要应遵循以下几个原则。

1. 理解和尊重的原则

在计划经济向市场经济转轨的条件下，由于种种原因，许多曾经为集体、国家做出贡献的老人没有得到应有的回报。在论资排辈的年代，他们资历不够，不能得到回报；当他们终于获得了足够的资历时，社会分配又强调效率优先。过去为了组织的发展，他们全心全意地工作，甘当一颗螺丝钉，在奉献自己知识和技能的同时，忽视了自身的发展和建设；当尊重知识的时代到来时，他们人生获取知识的大好时光已经过去。可以说，他们目前的一些问题除了自身的因素外，也有组织和社会的因素。因此，组织应该给予充分的理解，尊重他们的愿望和要求，帮助他们顺利地度过职业生涯晚期。

2. 制度化与差别化管理相结合的原则

组织对于员工退休的问题，应该根据组织的实际情况制定相应的政策和措施。比如，技术人员什么时候退休，管理人员什么时候退休，哪些人员可以延聘，哪些人员可以提前退休，退休金如何发放，退休保险金如何安排，社会保险费如何落实，退休后的医疗费用如何支付，退休后的生活如何保障，如何丰富退休后的生活，等等。这些问题都应该有相应的、连续的制度，同时，组织所制定的制度不能违反国家的政策法规。一般情况下，组织应该严格地按照相关制度对待退休职工，但有时也要根据实际情况做一些符合市场变化的处理。

3. 真诚关心的原则

许多老员工在单位工作了一辈子，心里总是惦记着组织，特别是人总有一种惯性，工作习惯了，一下子离开总是有些不适应。因此，组织要给予他们真诚的关心，多采取一些有人情味的做法。比如，组织请要退休的员工外出疗养，对身体状况好的老员工延聘一年，但对他们的要求可以逐步降低，给他们更大的自主权。

4. 提前准备的原则

在老员工退休之前，首先，组织应该做好新老员工的接替工作，要有计划、分期分批地安排人员退休，及早进行岗位接替人的选拔和培养工作，帮助退休员工与其接替者做好交接工作，以确保工作的正常进行。其次，组织应该进行退休准备教育，主要是以应该怎样度过退休生活为主题，通过多种教育方式，启发即将退休的员工对退休后的生活进行自我设计和规划，缩短退休后的适应时间。

5. 发挥经验优势的原则

根据马斯洛的需求层次理论，每个人都有尊重的需要，特别是即将退休的老员工，他们对晚辈是否尊重自己会更加在意，因为这涉及他人对自己一生价值的评价。这些老员工在逐步从重要的岗位退下来之后，本身就有一些失落感，如果他们的贡献不能够被认可，他们心里就会感觉不平衡。另外，这些老员工工作了一辈子，积累了丰富的工作经验，这些都是宝贵的财富，如果将这些经验传授给年轻的员工，有利于青年员工更快成长，能够帮助组织培养优秀的员工。

（二）退休管理

退休是一个人停止自己工作的时间点。大量事实表明，退休很可能会伤害员工，对组织的工作也会产生一定的影响。对于大多数员工来说，退休是一个苦乐参半的经历。对于某些人来说，退休是他们职业生涯的终点，退休意味着他们能够放松下来，享受自己的劳动果实，同时，又不需要再为工作上的事情操心。然而，对于另外一些人来说，退休本身却是一种痛苦，忙碌了一生，突然之间不得不面对每天无所事事地待在家中的生活。事实上，对于许多退休者来说，在不从事全日制工作的情况下，维护一种归属感和自我价值感是他们需要面对的一个问题。因此，为了减少和避免可能的伤害与影响，组织要对员工的退休问题进行有效的管理。

退休计划是组织为处于职业生涯晚期的员工提供的，用于帮助他们准备结束职业生涯、适应退休生活的计划和活动。退休是组织保持活力、稳定员工职业生活的必然需要。良好的退休计划可以使员工尽快地适应退休生活，最终达到稳定组织员工的心理，保持组织员工年龄结构的正常新陈代谢，提供更多的工作和晋升机会的目的。

即将退休的员工会面临财务、住房、家庭等各方面的实际问题，同时，又要应付结束工作、开始休闲生活的角色转换和心理转换，因此，退休者需要同时面对社会和心理两方面的调节。通过适当的退休计划和管理措施，满足退休人员情绪和发展方面的需要，是组织应承担的一项重要工作。在退休计划中，组织可以采取以下方法和措施：

1. 帮助员工树立正确观念，坦然面对退休

长江后浪推前浪是自然规律，员工到了职业生涯晚期，结束职业生涯是不可避免的。组织有责任帮助员工认识并心悦诚服地接受这一客观现实。组织可以通过开展退休咨询，召开退休座谈会、退休研讨会等了解员工对于退休的认识和想法，讨论应如何认识和对待退休，交流退休生活的经验等。这样，可以使即将退休的员工有充分的思想准备，从而减轻退休后所产生的迷茫和失落感。

2. 开展退休咨询，着手退休行动

退休咨询就是向即将和已经退休的人提供财务、住房、搬迁、家庭、法律、再就业等方面的咨询和帮助。在西方国家，大约有30%的企业制订了正式的退休计划，以帮助员工顺利地完成退休过程。

3. 做好退休员工的职业工作衔接

员工即将退休，但组织的工作仍要正常运转，因此，组织要有计划地、分期分批地安排应该退休的人员退休，切不可因为员工退休而影响工作的正常进行。在退休计划中，选好退休员工工作的接替人，及早进行接替人的培养工作是非常重要的。组织可以采取多种形式对接替人进行岗位培训，如与即将退休的员工一起工作一段时间，进行实地学习，请老员工传、帮、带等，帮助退休员工与其接替人做好具体的交接工作，在新老员工更替之时衔接好，保证工作顺利进行。

4. 采取多种措施，做好员工退休后的生活安排

组织可以采取以下措施做好员工退休后的生活安排：

1）因人而异地帮助每一个即将退休者制订具体的退休计划，尽可能地把退休生活安排得丰富多彩又有意义。例如：鼓励退休员工进入老年大学，发展多种兴趣爱好，多参加社会公益活动和老年群体的集体活动等；组建余热团体，把退休员工组织起来，通过团队的内部交流，鼓励他们为组织和社区服务，从而满足他们的特殊情感需要和社会需要。

2）组织可以通过经常召开退休员工座谈会的方式，加强退休员工与组织的联系：向退休员工通报组织的发展情况，互通信息；征求退休员工对组织发展的意见和建议。同时，组织要以多种形式关心退休员工。例如：为退休员工办好养老保险和医疗保健保险；关心退休员工的疾苦，切实解决他们的实际困难；每逢节日、员工生日之际，慰问安抚退休员工；召开退休员工联谊会，进行多方面的信息交流，活跃退休生活等。

3）组织可以采取兼职、顾问或其他方式聘用可以继续工作的退休员工，使他们发挥余热。当前，一个新的趋势是允许应当退休的员工兼职工作，以此作为正式退休的一种变通做法。

（三）绩效标准和反馈

对老年员工应该制定清楚明了的绩效评价标准并使之知晓，这是组织进行职业生涯晚期管理的一个重要方面。当老年员工的生产率将要下降时，就应该用清楚的行为术语来表述绩效问题，并对持续无效绩效的后果进行确定，指出如何改善绩效的方法。准确、无偏见的绩效评估是保持高绩效所必需的。如果必须解雇一个老年员工，这也可能是一个方面的理由。

（四）建立弹性工作和退休制度

许多组织都希望能够把那些处于职业生涯晚期阶段，但是能力强、适应性好的员工留住，使他们在超过"正常"退休年龄后继续工作。同时，又能让其他不称职的员工提前退休。实践表明：建立一套弹性工作制度，能够同时达到这两个目的。

对于临近退休但能力强的优秀员工，如果能让他们有更多的选择，而不是必须全天上班，就能够吸引他们继续工作。这些选择包括：从事兼职工作或季度性的工作；安排特殊的咨询工作；工作分担或工作轮换；弹性的工作；等等。

退休问题的另一面是鼓励能力较差或适应能力不强的员工早退休。而一些创新的措施可以满足员工和组织双方的需要。这些创新措施包括：对没有拿到全额社会保障金就退休的员工，对其损失给予补贴；给予现金红利；将某些福利待遇延长到退休年龄；对退休金按照生活水平进行调整，对提前退休者给予全额退休金。

总之，对于职业生涯晚期的问题，特别是对于退休的问题，组织采取哪些举措，具有一种象征性意义，会对员工产生深远的影响。组织如何对待它的退休人员，是每一个员工都看得到的，没有什么事情能够比退休制度更能体现组织对员工所做的承诺。因此，组织要加强对员工职业生涯晚期的管理，这对于提高组织现有在职员工的绩效水平和对组织的忠诚度都将起到重要的作用。

第五节 职业生涯导向的员工培训

培训是提升员工素质、促进员工职业发展的有效方法，因此，组织要做好职业生涯管理，就要以员工职业生涯发展为导向，积极开展员工培训活动。

一、职业生涯导向培训的含义与特征

（一）职业生涯导向培训的含义

职业生涯导向培训是指培训不仅根据当前时期岗位对现任者的要求，还要依据下一时期岗位对未来任职者的要求，以及员工职业发展来进行。它强调根据员工的发展需要来进行培训体系构建和实施。对于不同职业发展阶段的员工，采用不同的培训方案，满足其发展需要，从而提高培训的有效性，促进员工的职业发展。

（二）职业生涯导向培训的特征

职业生涯导向培训一般有以下三个特征。

1. 职业生涯导向培训是发展性的培训

职业生涯导向培训在着眼于提高员工现有岗位适应能力的同时，也关注员工职业发展能力的储备与提高，使培训从单维向双维、从绩效向生涯、从适应向发展等转变。职业生涯导向培训将员工个人的发展目标与组织目标紧密结合，制订适合员工兴趣和优势的培训发展计划，有效地提高员工的岗位胜任能力和发展能力。

2. 职业生涯导向培训体现了"以人为本"的管理理念

"以人为本"的管理理念就是要尊重员工的发展需要，尊重员工的成长规律，把员工的个人发展看作是组织发展的前提。职业生涯导向培训以提高员工职业能力为核心，促进员工不断进步，超越自我，实现职业发展目标。

3. 职业生涯导向培训是实现双赢的有效途径

组织开展基于员工职业生涯发展为导向的培训，能够极大地激发员工参与培训的积极性，把个人的自我价值实现与组织目标的实现紧密结合起来，使员工努力学习，刻苦钻研，不断提高工作能力和工作绩效，从而实现个人与组织共同发展的双赢目标。

二、职业生涯导向培训对员工职业发展的作用

职业生涯导向培训对员工职业发展能够起到以下几方面的作用。

1. 有利于提高员工的职业能力

组织开展的员工培训活动，主要是根据岗位所要求的知识和技能而开展的，包括岗位基本知识、组织制度、工作流程、工作方法和工作技能等。这些培训能够提高员工做好岗位工作的知识水平和工作能力，纠正员工不良的工作习惯和工作方法，使其不断改进工作，提高工作绩效，从而提高自己的职业能力。

2. 有利于增进员工对组织的认同感和归属感

组织开展的培训活动，不仅能够提高员工的知识和技能，而且能够满足员工的心理需求，使员工感受到组织对他们的关心和重视，感受到组织对他们的培养和期望。特别是组织开展的组织文化和组织发展战略方面的培训，能够激发员工的使命感和责任感，让员工看到组织的美好未来。这些培训有利于增进他们对组织的认同感和归属感，使他们愿意积极努力地工作，为组织多做贡献。

三、职业生涯导向培训的内容

组织培训的目的是帮助员工在知识、技能和态度方面取得进步，因此，培训的内容也是围绕着知识、技能和态度三个方面展开的。

1. 知识培训

知识学习是员工培训的主要方面。通过这方面的培训，使员工具备完成本职工作所必需的知识，包括基本知识和专业知识，还可以让员工了解组织的基本情况，如组织的发展战略、发展目标、经营状况、规章制度、工作程序等，从而使员工能够较好地开展工作，完成工作任务。根据培训的对象不同，培训的内容也应不同，如对管理人员要进行管理学、心理

学、领导科学等方面的培训，以及经营环境（如社会、政治、文化、伦理等）方面的知识培训，提高管理人员的管理知识水平和管理素质。

2. 技能培训

完成岗位工作必须具备一定的技能，为此，培训应针对不同类别、不同层次的员工进行分类分层的岗位技能培训，使员工掌握完成本职工作所必须具备的技术能力、操作能力、人际沟通和协调能力。同时，还要开发员工的潜能，提高员工创新性开展工作的能力，从而提高工作绩效。

3. 态度培训

态度是影响员工士气和工作绩效的重要因素。通过这方面的培训，建立起组织与员工的相互信任关系，提高员工对组织的忠诚度，培养员工具备适应组织发展需要的团队合作意识和创新精神。通过培训改变员工的工作态度，提高员工的使命感和责任感，激发员工的工作积极性和创新性，促进员工努力工作，为组织做出更大的贡献。

四、职业生涯导向培训的实施

1. 以职业生涯发展为基础确定培训计划要求

霍尔认为，一个人的职业生涯可以分为早期生涯、中期生涯、晚期生涯三个阶段，每一个阶段都有不同的任务和不同的社会方面的需求。组织职业生涯管理的任务就是从员工个人的职业生涯发展需求出发，为员工的职业成长和发展提供机会，帮助员工实现职业生涯发展目标。培训是组织职业生涯管理的重要环节，而培训需求分析又是整个培训工作的基础。因此，从员工职业生涯发展需求入手进行培训需求分析，能使培训工作更好地为组织职业生涯管理服务，也是员工职业生涯规划中素质提升的依据。

一般的培训需求分析主要通过业绩评估来判定员工在知识、技能和态度方面的需求，而职业生涯导向的培训需求分析是在对组织分析、任务分析和人员分析的基础上，结合员工职业生涯发展而进行的需求分析。如在人员需求分析中，除了分析员工当前工作状态与应有工作状态的差距外，还应该将员工职业生涯发展作为培训需求分析的重要关注点，分析员工适应组织未来发展所需要的知识、技能和态度，在此基础上，确定培训的内容和方式。

2. 以职业生涯开发为核心设计培训方案

建立以员工职业生涯发展为核心的组织培训体系的目的，在于把组织的战略目标与不同职业生涯发展阶段员工的特点和培训需求相结合，有针对性地制订员工的培训与开发方案，包括培训内容、培训方法和培训师的选择。通过培训进一步发现员工的潜能和特长，为职业生涯规划和管理打下良好的基础，帮助员工尽快成长，实现员工与组织的双赢。

培训方法的选择必须与培训需求、培训目标相适应。培训方法的选择要考虑员工所处的职业生涯发展阶段，不同的发展阶段对培训的需求也不同。比如，在职业生涯早期，员工缺乏完成工作所需要的知识和技能，也缺乏对组织的文化、价值观和相关理念等方面的认同，还没有形成在特定集体中协作的工作态度和行为习惯，这就需要对他们进行基础性的职业培训。此时，可选择的培训方法有参观交流、启发式讲授、工作指导等。在职业生涯中期，员工对工作有了比较全面的认识，此时培训的目的是转变其观念，提高其工作绩效，为此要丰富员工的工作经验,帮助员工形成新的自我概念。因此,培训就要采用体验性培训方式,如案例讨论、模拟性练习、角色扮演、管理游戏等,以帮助员工提高工作绩效。

3. 以职业生涯目标为导向评估培训效果

培训评估就是要去衡量培训的效果。一般的培训评估指标有成本效益率、学员满意度、绩效改进程度等。职业生涯导向培训的评估要把员工职业生涯发展目标作为重要的评估因素。

国内外运用得最为广泛的培训评估方法之一是由唐纳德·L.柯克帕特里克(Donald L. Kirkpatrick)在1959年提出的,由四个递进的层次即反应层、知识层、行为层、效果层构成的培训效果评估模型。职业生涯导向培训的效果评估,应充分重视这四个层次的评估,把员工的素质提高、职业生涯发展目标能力的加强,以及员工工作绩效和竞争力的增强,作为培训效果的评价内容,全面客观地评价培训效果。

相 关 链 接

海尔集团的个人生涯培训

海尔集团自创立以来,一直将培训工作放在首位。上到集团高层领导,下至车间一线操作工人,集团根据他们每个人的职业生涯规划,为每个人制订了个性化的培训计划,搭建了个性化的发展空间,提供了充分的培训机会,并实行培训与上岗资格相结合的政策。

海尔集团的人力资源开发理念是:人人是人才、赛马不相马。在具体实施上,海尔集团给员工提供了三种职业生涯设计:第一种是针对管理人员的,第二种是针对专业人员的,第三种是针对工人的。每一种都有一个升迁方向,只要是符合升迁条件的员工,即可升迁进入后备人才库,参加下一轮竞争,跟随而来的是相应的个性化培训。

1. "海豚式升迁"是海尔集团培训的一大特色

海豚是海洋中最聪明、最有智慧的动物之一,它下潜得越深,则跳得越高。如果一个员工进厂以后的工作表现和业绩都比较好,并且是从班组长到分厂厂长这样干起来的,以前主要从事生产系统的工作,而现在让他当一个事业部的部长,那么,他在市场管理系统方面的经验可能就非常缺乏,就需要到市场部门去工作。到市场部门之后,他必须从最基层的工作做起,然后从这个最基层的岗位再一步步干上来。如果能干上来,则上岗;如果干不上来,则就地免职。

有的经理已经达到很高的职位,但缺乏某方面的经验,也要派他下去;有的管理人员各个方面的经验都有了,但综合协调的能力较低,也要派他到基层部门去锻炼。这样,对于一个干部来说压力可能较大,但对他的培养、锻炼则大有益处。

2. "届满要轮流"是海尔集团培训技能人才的一大措施

一个人长久地干一种工作,久而久之就形成了固化的思维方式及知识结构,这在海尔集团这样一个以"创新"为核心的企业来说是难以想象的。目前,海尔集团已经制定了明确的制度,规定了每个岗位最长的工作年限。

3. "实战方式"也是海尔集团培训的一大特点

海尔集团重视通过实战培养干部。比如海尔集团常务副总裁柴永林,是20世纪80年代中期在企业发展急需人才的时候进厂的。一进厂,企业没有给他适应机会,因为时间不允许。一上岗,在他稚嫩的肩上就压上了重担,领导们看得出来他很累,甚至被压得喘不过气来。有一个阶段,他的工作成绩不太好,但领导发现,他的潜力还很大,只是缺少了一些知识,需要补课。为此,海尔集团就安排他去补质量管理和生产管理的课,到一线去锻炼(检验处长、分厂厂长岗位),边工作边学习,拓宽知识面,积累工作经验。在较短的时间内他成熟了,担起了一个大型企业副总经理的重任。由于业绩突出,1995年他又被委以重任,接受了一个被兼并的大企业。这个企业的主要问题是:亏损、困难较大、离市场差距较远。他不畏困难,一年后就使这个企业扭亏为盈,该企业用两年的时间走过了同行业其他企业20年的发展路程,成为同行业的"领头雁",也因此成为海尔集团吃"休克鱼"的典型,被美国哈佛大学收入其工商管理案例库。此后,他不停地创造奇迹,被海尔人誉为"你给他一块沙漠,他还给你一座花园"的优秀干部。

(资料来源:http://www.ahsrst.cn/a/201511/85457.html.)

第六节 未来组织职业生涯管理的发展策略

面对未来的挑战与机遇,组织应采用多种职业生涯开发策略与方法来推动员工的职业生涯发展,具体策略主要有以下八个方面。

一、将职业发展规划与组织业务战略规划融为一体

在组织的各个级别上建立职业发展规划与组织业务战略规划的联系,让管理人员和员工参加到对业务发展方向的分析过程中来,让他们对发展需求与战略的意义进行评估。如果根据组织的需求来进行设计,员工职业生涯开发体系的时效性就会大幅度提高。越来越多的人认识到,员工职业生涯开发是一项业务需求而不是一项"善事",其原因在于他们看到职业生涯发展与竞争优势和基本实力有着直接的关系。许多企业将人员接替规划工作当作企业实现核心业务目标的实力手段来开发。柯达公司的业务重点是对员工进行开发,使他们可以跟上新技术的发展;海外通信则希望增强其销售人员的国际市场营销能力。这些组织都有一个明确的组织需求,组织需求驱动着员工职业生涯的发展,协助员工职业生涯开发系统的设计者始终将眼光落在实质问题上——通过培训出训练有素而主动的员工,满足组织目前及未来的需求。

二、加强职业生涯开发与其他人力资源管理系统之间的联系

把各项员工职业生涯开发工作综合在一起,并使它们与其他人力资源管理系统和活动相互作用,是做好组织职业生涯开发工作的重要思路。随着员工职业生涯开发系统复杂程度的提高,人们发现了一些可以与人力资源工作相配合的途径。例如,岗位需求信息发布、绩效评估、薪酬和人员接替规划,都受到职业生涯开发工作的影响。全面的人力资源规划工作应该与其他人力资源管理职能相互衔接、相辅相成。这种系统化的思维能够最大限度地发挥出

所有人力资源的作用。

许多组织都将现在员工职业生涯开发工具与活动结合在一起，以实现最大的效益。康宁公司和波音公司都将自己的员工职业生涯开发项目与其他人力资源创意整合起来，如绩效管理与全面质量管理。康宁公司发现，在员工职业生涯规划活动中采用质量管理的语言，可以在这两个方面产生一箭双雕的效果。巴克斯特保健公司的员工职业生涯开发项目则始于对自己绩效评估系统的修订。

三、通过技能培养和责任制加强管理人员在职业生涯开发中的作用

在员工职业生涯开发系统中，管理人员起着关键性的联系和纽带作用，他们的及早认可与参与是至关重要的，因此，必须保证管理人员对员工开发工作负责。但是，单凭这一点还远远不够，他们还必须得到充分的授权和支持，即必须建立责任机制，保证一线经理参加，让一线经理担负责任，如把"人才开发"作为管理人员绩效评估的一项重要内容，从而使员工职业生涯开发系统长期发挥作用。同时，要发挥有效的辅导作用，管理人员还必须接受这方面的技巧培训，并在实际运用这些技巧时获得不懈的支持和追踪。从根本上讲，他们担当辅导员角色时也需要别人的辅导。此外，在为发挥辅导作用而对管理人员进行培训的过程中，需要澄清人才开发的标准或范围，树立作为一个合格人才开发者的榜样。

四、提供各种工具和方法，让职业生涯开发系统更具开放性

现代职业生涯开发不能是控制和信息方面的自我封闭。一方面，管理人员必须支持员工职业生涯开发工作，而不是"越俎代庖"；另一方面，员工要对个人的职业生涯开发承担主要责任。同理，要保证员工职业生涯开发系统的每一位参加者都调用必不可少的资源、反馈和有关新机会的信息。由于成年人的学习风格和爱好千差万别，而且不同的工作场所要求用不同的方法，因此，优秀的员工职业生涯开发系统必须考虑到这一点，并提供成套的工具与活动。如：设计和实施多种方法，包括自学课程、工作手册、录音带、开发课程和实际咨询；开办内部的员工职业生涯中心，有专业的职业生涯顾问、资料库、软件、工作手册和公开研讨班、业绩与员工评审系统，以及员工职业生涯自我评估系统等一整套相互关联而灵活的工具，促进职业生涯开发工作的开展。

组织应采用多种职业生涯开发方法，以适应不同学习风格和多样化员工构成的需要。同时，还要注重开发和推广互教互学方法及其他集体性发展方法。随着职业生涯开发与管理中给员工放权及其参与程度的提升，管理人员所扮演的传统角色逐渐削弱，人才开发工作的动力和责任将越来越落在自我管理的团队手中。因此，应积极探索和开发互教互学方法。随着工作团队更加充分地将发展需求与业务现实联系起来，团队发展的需求将越来越明显，组织应该推广满足这些需求的方法。

五、重视工作内容的丰富化及平级调动，不断发现和开发可转移的能力

应将成功的定义与传统的升迁及升职区分开来，这是因为晋升的机会将越来越少。所以，职业生涯开发工作应该大力强调员工在当前的岗位上发展和学习的观念，同时，通过探索组织内部其他领域来保持工作的挑战性。

组织结构的重组必然会增加岗位的转换,无论是在组织内部还是在组织外部,职业生涯开发都应该包括胜任能力的开发。胜任能力是指要在当前的工作中获得成功所必需的技能、态度和学识,而且这一能力还应用于从招聘到岗位描述、发展和绩效管理等一系列过程之中。这里应该重点强调的能力之一是对变革的适应能力。

六、对职业生涯开发工作进行评估、改进和推广

持续的评估、修改和完善适用于多数最先进的系统。在实施职业生涯开发系统的各个阶段,也应该坚持持续评估与改进。此外,组织应该进行"宏观"评价,以评估人才开发对总体业务绩效的作用。这种做法超出了当前大部分员工职业生涯开发评价方法的范围,因为后者分析的不仅是职业生涯开发的结果,还有它对大型企业的影响。

康宁公司和波音公司通过事前和事后的调查来衡量员工职业生涯开发措施的影响。康宁公司还规定了成功的条件,根据这些条件子分公司可以为自己的活动制定基准。同样,阿莫科公司在规划与实施过程中,甚至在大量的系统尚处于开发阶段就采用了持续改进的方法。而美国电话电报公司则进行了大量的员工调查和公开研讨班听课活动,以便对员工职业生涯开发系统的进展情况及效果进行追踪。

七、在组织职业生涯开发活动中纳入对价值观和生活方式的分析

员工所做出的离开或留在本组织的决定以及他们是否敬业,均与其价值观和本组织价值观的匹配程度有关。重要的是,要将这些价值观解释出来,以便对它们进行充分的分析并留住优秀的员工。由于工作与生活之间存在许多突出且相关的问题,所以员工的职业生涯开发活动应该成为一个讨论这些问题的地方。

在职业生涯开发中还要注意将员工的需求与组织的需求相结合,当员工结合总体业务战略和发展方向来规划自己的职业生涯时,双赢的结果可以为双方带来巨大的收益。阿莫科公司创立的员工职业生涯开发系统,既提高了公司的利润和竞争实力,又帮助员工明确和寻找到了获得个人职业生涯成功的途径。同样,3M公司发现自己的岗位信息系统是一种内部提供可用人才的有效途径,同时,它还培养了员工关注公司内部发展的意识。BP勘探公司利用员工职业生涯开发工作,对员工的浓厚兴趣做出回应,同时为公司的战略规划提供支持。

八、坚持研究全球最佳的实践和员工职业生涯开发工作

无论是组织自己进行探索还是通过独立的研究机构进行研究,重要的都是要从全球范围的传统基准出发。实践者应该学习成功的经验,研究的对象不应该仅局限于少数几个国家。这种研究可以充分将改革的创意推向全世界。实践充分证明,大家都在互相学习,这一点非常重要。

【关键词】

继任规划　导师制　职业生涯咨询管理　组织职业生涯早期管理　组织职业生涯中期管理　组织职业生涯晚期管理　职业支持功能　心理支持功能　职业生涯导向培训

【思考题】

1. 什么是继任规划？继任规划的目标是什么？它有哪些功能？
2. 什么是导师制？它有哪些类型？
3. 组织实施导师制有哪些作用？
4. 组织企业实施导师制的步骤有哪些？
5. 职业生涯咨询管理有哪几种模式？
6. 组织职业生涯早期管理的任务有哪些？
7. 组织职业生涯中期管理的主要措施有哪些？
8. 组织职业生涯晚期管理的主要措施有哪些？

【案例分析讨论】

案例一 华为如何培养新员工？

在企业内部，对刚入职新员工的前6个月的培养周期，往往体现出企业对于人才培养的重视程度。但是，许多企业往往只将重点放在前15天，导致新员工的离职率高峰出现在入职第6个月到1年之中，让企业损失大量成本。华为则认为，快速提升新员工的能力，取决于新员工入职前180天中管理者做了什么。华为对新员工的培训分为八个阶段，可谓周密到无懈可击。

第一阶段：新员工入职，让他知道做什么（3～7天）

为了让员工在7天内快速融入华为，管理者需要做到以下几点：

1) 给新员工安排好座位及办公桌，使其拥有自己的位置，并介绍位置周围的同事相互认识（每人介绍的时间不少于1分钟）。

2) 开一个欢迎会或通过聚餐介绍部门里的每一个人，使他们相互认识。

3) 直接上司与新员工单独沟通：让新员工了解公司文化、发展战略等，并了解新员工的专业能力、家庭背景、职业规划与兴趣爱好等。

4) 人力资源主管告诉新员工其工作职责，以及其自身的职业发展空间和价值。

5) 直接上司明确安排新员工第一周的工作任务，包括每天要做什么、怎么做以及与任务相关的同事、部门负责人是谁。

6) 直接上司及时发现新员工日常工作中出现的问题，并及时纠正（不做批评）。同时，直接上司要对新员工的成绩给予及时的肯定和表扬（反馈原则），检查新员工每天的工作量及工作难点。

7) 让老员工（工作1年以上）尽可能多地与新员工接触，消除新员工的陌生感，使其尽快融入团队。关键点是一起吃午饭，多聊天，不要在第一周谈论过多的工作目标以免造成压力。

第二阶段：新人过渡，让他知道如何能做好（8～30天）

转变往往是痛苦的，但又是必需的，管理者需要用较短的时间帮助新员工完成角色转

变,有以下五个关键方法:

1) 带领新员工熟悉公司环境和各部门人员,让他知道怎么写规范的公司邮件;怎样发传真;计算机出现问题找谁;如何接内部电话;等等。

2) 最好将新员工安排在老员工附近,以方便观察和指导。

3) 及时观察新员工的情绪和状态,及时调整好,通过询问发现新员工是否存在工作压力。

4) 适时把自己的经验教给新员工,让其在实战中学习,学中干、干中学对新员工十分重要。

5) 对新员工的成长和进步及时给予肯定和表扬,并提出更高的期望,注意反馈技巧。

第三阶段:让新员工接受挑战性任务(31~60天)

在适当的时候给予适当的压力往往能促进新员工的成长,管理者不要采取错误的方式施压。管理者需要做到下面四点:

1) 知道新员工的长处及掌握的技能,对其讲清楚工作的要求及考核的指标要求。

2) 部门要多开展团队活动,观察新员工的优点和能力,扬长避短。

3) 当新员工犯了错误时,要给其改正的机会,观察其在逆境时的心态,判断其培养价值。

4) 如果认为新员工实在无法胜任当前岗位,则应该考虑其是否适合其他部门,多给其机会。

第四阶段:表扬与鼓励,建立互信关系(61~90天)

管理者不要吝啬自己的赞美,表扬一般应遵循三个原则:及时性、多样性和开放性。

1) 当新员工完成挑战性任务或者工作有进步时,要及时给予表扬和奖励。

2) 采取多种形式的表扬和鼓励,要多给新员工惊喜。

3) 向公司同事展示新员工的成绩,并让其分享成功的经验。

第五阶段:让新员工融入团队,主动完成工作(91~120天)

新员工不缺乏创造性,但是个性较强,更多地需要管理者耐心指导他们如何进行团队合作,如何融入团队。管理者需要做到以下四点:

1) 鼓励新员工积极参与团队的会议,并在会议中发言,在他们发言之后给予表扬和鼓励。

2) 对于激励机制、团队建设、任务流程、员工成长、好的经验要多进行会议商讨、分享。

3) 与新员工探讨任务处理的方法与建议,在新员工提出好的建议时要及时给予肯定。

4) 在新员工与老员工出现矛盾时,要及时处理。

第六阶段:赋予员工使命,适度授权(121~179天)

度过了前3个月后,一般新员工会转为正式员工,随之而来的是新的挑战。当新员工真正成为公司的一分子时,管理者的任务中心也要随之转入以下五点:

1) 帮助新员工重新定位,让其重新认识工作的价值、工作的意义、工作的责任、工作的使命、工作的高度,找到自己的目标和方向。

2) 时刻关注新员工,当新员工有负面情绪时,要帮助其及时调整,要对新员工的各个方面有敏感性;当新员工问到一个负面的、幼稚的问题时,管理者要进行思维转换,从积极的一面去解决他的问题。

3）让新员工感受到企业的使命，放大企业的愿景和文化价值，放大战略决策和领导意图等；聚焦凝聚人心和文化落地，聚焦正确方向和高效沟通，聚焦绩效提升和职业素质。

4）当企业有什么重大事情或者振奋人心的消息时，要与新员工分享；要随时随地激励新员工。

5）开始适度放权，让新员工自行完成工作，让其发现工作的价值与享受成果带来的喜悦，但放权不宜一步到位。

第七阶段：总结，制订发展计划（180天）

6个月过去了，要对新员工做一次正式的绩效评估与发展计划。一次完整的绩效面谈一般包括下面六个步骤：

1）每个季度保证至少1~2次与新员工进行1个小时以上的正式绩效面谈，面谈之前做好充分的调查，谈话做到有理、有据、有法。

2）绩效面谈要做到明确目的，让员工自评（做了哪些事情、取得了哪些成果、为成果做了哪些努力、哪些方面做得不足、哪些方面和其他同事有差距）。

3）领导对新员工的评价包括成果、能力、日常表现，要做到先肯定成果再说不足，在谈不足的时候，要有真实的例子做支撑。

4）协助新员工制定目标和措施，让新员工做出承诺，监督、检查目标的进度，协助新员工达成既定的目标。

5）为新员工争取发展和提升的机会，多与他探讨未来的发展，至少每3~6个月为其评估一次。

6）给予新员工参加培训的机会，鼓励他平时多学习、多看书，为每位新员工制订成长计划并分阶段去检查。

第八阶段：全方位关注新员工成长（每一天）

度过了前90天，一般新员工会转正成为正式员工，随之而来的是新的挑战，当然也可以说新员工真正成为公司的一分子。管理者需要做到下面三点：

1）关注新员工的生活，当他受打击、生病、失恋、遭遇生活变故、心理产生迷茫时，多支持、多沟通、多关心、多帮助。

2）记住部门每个同事的生日，并在生日当天部门集体庆祝；记录部门大事记和同事的每次突破，对每次进步给予表扬、奖励。

3）每月举办一次团队集体活动，增加团队的凝聚力，关键是要坦诚、赏识、诚信。

（资料来源：http://learning.sohu.com/20160824/n465823430.shtml.）

分析讨论题：

1. 华为为什么要分八个阶段培训新员工？这八个阶段培训的重点是什么？
2. 华为新员工培训的主体有哪些？它们承担什么样的培训职责？
3. 从对新员工的培训工作来看，你认为部门主管应该具备哪些能力？

案例二　构建员工职业生涯管理体系，实现个人与组织双赢

东风汽车有限公司是由东风汽车集团股份有限公司和日产汽车公司投资组成的中外合资公司，现有员工60 000多人，是迄今为止中国汽车行业合作规模最大、人员最多、合作层

次最深、领域最广的合资企业之一,产品涵盖了乘用车、轻型商用车、零部件和汽车装备。东风汽车有限公司的人力资源管理工作始终围绕公司的战略中心,融合两家母公司的优良基因并学习创新,实现了从传统人事管理向现代人力资源管理的转型,形成了一套符合现代企业要求的人力资源管理体系,支撑了公司事业计划的顺利实现。2012年,东风汽车有限公司就开始建设员工职业生涯管理体系,目的是提升员工满意度,形成与能力评估体系、岗位体系、薪酬管理体系、绩效管理体系四大体系紧密联系并有机结合的第五大人力资源管理体系,体现公司备受信赖的企业文化,以及员工与企业共同发展的最终目标。

一、员工职业生涯管理流程

职业生涯规划是员工职业生涯管理的核心,通过职业生涯规划流程,引导员工的职业发展方向,有计划地提升员工的能力,从而为晋升做好准备。职业生涯规划与绩效管理周期同步,通过职业发展规划流程的戴明环(PDCA循环),对员工的职业发展进行持续的过程管理。

员工职业生涯管理流程的具体环节包括:①成立员工职业生涯管理项目组;②职位梳理;③选定覆盖群体,确定目标职位;④针对目标职位进行能力评估,确定员工能力短板;⑤制订员工个人发展计划;⑥员工个人发展计划的实施。

二、员工职业生涯管理的主要做法

为了保证员工职业生涯管理体系建设项目能够积极稳妥、有序地开展,东风汽车有限公司采用先论证、再试点、总结推广的方式全面建设职业生涯管理体系。从2011年到2013年共启动了两期职业生涯体系建设试点项目。通过一期、二期试点工作,验证了职业生涯管理体系的有效性,取得了丰硕的成果,为职业生涯管理的全面推广奠定了坚实的基础。

2014年,东风汽车有限公司采取了由总部项目组提供指导服务,以事业部为主导的方式,全面推广员工职业生涯管理体系,实现职业生涯管理的全覆盖和常态化。

(一)员工职业生涯管理的原则

1)职业生涯管理从业务和组织的需求出发,结合员工的职业志向、职业锚、敬业度,优先关注高绩效与能力突出的员工。

2)以建立客观、公正、透明的职业发展和晋升机制作为职业生涯管理体系运行的保障。

3)鼓励员工在本职位内发展以及员工根据自身的兴趣和特长进行横向交流,增加经验,拓宽视野,提升胜任能力。

4)鼓励培养本职位的继任人选,为组织的发展创造条件,同时,降低因人员流动带来的成本和风险。

(二)员工职业生涯管理体系的基本内容

东风汽车有限公司的职业生涯管理体系包括以下五个方面的内容,如图9-1所示。

1. 职位管理体系

职位体系是员工职业生涯管理的基础,东风汽车有限公司以职位作为员工职业生涯管理的小单位,绘制出职业发展路径图,通过明确发展空间帮助员工进行职业生涯规划。

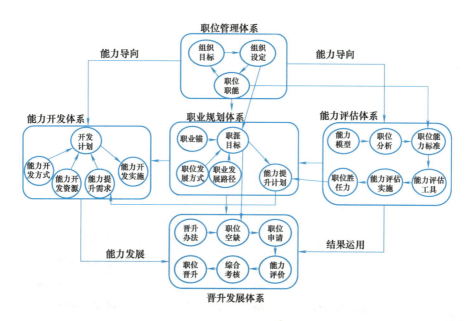

图 9-1　东风汽车有限公司的职业生涯管理体系框图

1）建立职业发展通道。东风汽车有限公司根据组织发展的需要，建立管理、职能、技术、技能四条纵向职业发展通道，根据员工所在岗位的角色定位、工作职责与权限、影响范围、能力要求等方面的差异，在每条职业发展通道中，纵向划分职业层级，即专业领域（职类）、专业子领域（职种）、岗位序列、标准岗位，具体内容见图 9-2 所示。

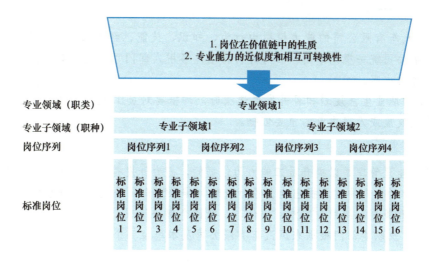

图 9-2　东风汽车有限公司的职业通道框图

2）根据不同岗位之间的近似程度和转换难易程度，将岗位进行归纳划分，形成涵盖范围从大到小的专业领域、专业子领域、岗位序列及标准岗位，具体内容见表 9-1 所示。

3）东风汽车有限公司通过纵向明确职业生涯层级，横向明确岗位序列，从而确定具体标准岗位在组织内部的归属与定位，即职位。

表 9-1　东风汽车有限公司的职业通道划分

专业领域（职类）	专业子领域（职种）	岗位序列		
		序　号	类　别	名　　称
营销	商品规划	58	间接	商品规划
		59	间接	品牌规划与管理
		60	间接	市场调查与信息管理
		61	间接	商品收益管理
	市场营销	62	间接	开拓营销
		63	间接	销售运营
		64	间接	售后服务
		65	间接	水平事业营销
信息	信息系统技术与管理	66	间接	信息系统规划
		67	间接	信息系统资源管理
		68	间接	信息系统开发
		69	间接	信息系统运营维护
		70	间接	信息技术
		71	间接	信息技术管理
后勤服务	后勤	97	间接	教育卫生
		98	间接	其他服务

2. 能力评估体系

1）东风汽车有限公司的能力模型由行为、知识、技能、经验四要素组成。具体而言，东风汽车有限公司统一规范通用项目与评价标准，各用人部门可设定针对职位的特定项目以及具体细化评价内容。

2）员工的职业生涯规划和晋升发展选拔时，均需要对员工进行能力评估，能力评估结果将作为个人发展或人事决策的重要依据。

3. 能力开发体系

员工职业生涯管理是以提升员工能力为依据的，能力开发是提升员工能力的重要手段。

1）员工针对个人的发展提出生涯设计及培训需求意向，公司培训管理体系由培训的需求计划、设计和策划、组织与实施、评估与反馈四个部分组成。

2）各单位及职能部门根据东风汽车有限公司及本单位一个时期内的发展目标，结合员工提出的培训意向制订本单位的培训规划交给人事部。

3）人事部对各单位的培训规划进行综合平衡，并据此制订员工培训规划，下达执行。

4）具体培训项目包括：①学徒培训，即每一位新进入本公司的员工都要经过半年以上、一年以内的学徒培训，签订培训合同，确立师徒关系，以师傅带徒弟的方式进行培训。②脱产培训，员工每年至少接受一周、累计 40 个学时的培训或轮训，以岗位培训和新知识讲座为主。③转岗培训，对因体制、机制转换而下岗的员工，进行有针对性的转岗培训，以新的岗位技术技能培训为主。④外出培训管理。业务部门收到上级业务部门及社会组织的培训通知，应到人事部备案，一个月以上的经人事部审核、批准，培训费用一律由个人承担。

4. 职业规划体系

1）职业发展方式。基于东风汽车有限公司的职业发展理念，提供三种职业发展方式：①本职位发展；②横向发展；③纵向提升。

2）职业发展路径。东风汽车有限公司针对不同的培养目标，设定三类职业发展路径：①"I"字形发展，通常适用于初阶专业人员和精深技术型人员；②"T"字形发展，通常适用于职能人员、通识技术型人员、技能人员和初阶管理人员；③"Z"字形发展，通常适用于中高阶管理人员。

各用人单位根据组织与业务发展的需要，明确本单位的职位设置，并根据职位特点和培养目标，确定相应的职业发展路径，从而形成具体的职业生涯发展路径图，给予员工明确的职业指引。员工根据职业生涯发展路径图，结合当前自身情况，选择合适的职业发展方式。

5. 晋升发展体系

东风汽车有限公司遵循晋升发展原则，按照晋升发展标准，挑选有效的评估手段，组织开展晋升发展选拔工作，确保晋升发展机制的客观、公正、透明。

1）晋升发展原则：编制控制原则、逐级有序原则、业绩能力兼顾原则、择优录取原则。

2）晋升发展标准：任职年限、业绩/奖励、新职位能力要求、相关经验、继任者培养。

三、职业生涯管理体系实施的效果

东风汽车有限公司员工职业生涯管理体系的建设，建立了员工成长成才通道，为公司的发展提供了强有力的人力资源保障。

从公司视角出发，完善人力资源管理体系。对现有体系加以完善和整合，使得各个部分都能发挥好的作用。

从员工视角出发，有效地调动了员工工作的积极性。帮助员工了解个人的职业倾向、能力素质以及组织的职业发展通道和职业发展路径，使员工明晰自己现在所处的位置；帮助员工结合组织需求和个人的职业志向、自身能力状况，定位自己下一步的职业发展目标；帮助员工在组织框架以及相应的资源支持下，展开学习和训练，获取知识，提升能力，改善业绩，达到目标职位所要求的标准要求，通过人岗匹配办法实现职业发展目标。员工积极主动参与职业生涯规划，对未来的职业生涯发展路径充满期待。员工的职业能力得到有效提升，加快实现职业生涯中的规划目标。

（资料来源：根据北森客户案例资整 .https://www.beisen.com/customer/45.html.）

分析讨论题：

1. 你认为东风汽车有限公司的员工职业生涯管理流程包括哪些具体环节？
2. 你认为东风汽车有限公司的职业生涯管理体系包括哪些内容？
3. 你认为东风汽车有限公司的职业生涯管理体系有哪些需要完善的内容？

第十章

职业生涯管理的问题

本章要点

1. 工作压力的内涵
2. 工作压力的经典理论
3. 工作压力的来源
4. 工作倦怠的概念与特征
5. 工作倦怠的影响因素
6. 工作－家庭冲突的含义及维度
7. 工作－家庭冲突的影响
8. 工作－家庭冲突研究的基础理论
9. 职业生涯高原的概念与类型
10. 职业生涯高原的影响因素

导入案例

她为什么会情绪失控

某手机研发 A 公司为了提高企业的运作效率，决定实施 ERP（企业资源计划）项目，并决定由在公司工作多年的李女士负责该项目，限期三个月完成。如果李女士能顺利完成这项任务，她将被晋升到更高的职位。A 公司对 ERP 项目寄予了厚望，并且投入了大量的资金和人力。但是两个月过去了，ERP 项目开展得很不顺利，按期完成已几乎不可能。李女士对此十分着急和自责，感到压力越来越大。在此期间，李女士的家庭生活也出现了一些问题。由于行业不景气，她的丈夫失业了，生活的重担全部落在了李女士一个人身上。在工作和家庭的双重压力下，李女士的脾气变得越来越暴躁，时常会因为一些小事而在公共场合训斥下属；在日常工作中她也经常与其他部门的员工发生冲突。她经常自言自语，人也变得十分敏感，总是觉得别人在背后批评她。

（资料来源：郑美群.企业发展莫忘职场压力[J].中国人力资源开发，2004（12）.）

随着世界经济全球化进程的加速，以及新技术革命的日新月异，组织间竞争日益激烈。在这样的环境背景下，作为组织中的一员，每个人都会面对一些新的问题，生存与发展的各种压力纷至沓来，如何面对这些压力就成为人们普遍关注的一个热点问题。本章将针对这些问题进行探讨。

第一节 工作压力

20世纪初以来，由于西方工业化、城市化进程的加快，以及第三次科技革命带来的信息化浪潮，西方社会的生活节奏加快，伴随而来的工作压力问题日益显著，逐渐成为心理学、生物医学、管理学和社会学等学科的重要研究课题。关于工作压力的研究在西方已经进行了几十年，积累了丰富的经验并得出了很多有意义的理论成果。我国在这方面的研究起步较晚，不过随着我国改革开放步伐的加快，工作压力问题也逐渐成为社会关注的焦点。

一、工作压力的内涵

为了深入理解工作压力的含义，我们首先应该明确压力的含义。

1. 压力的概念

在物理学中，压力是指当物体受到试图扭曲它的外力作用时，在其内部产生的相应的力。紧张是指压力超过物体承受能力时造成扭曲的结果或状态。20世纪中期，加拿大内分泌学家汉斯·薛利（Hans Selye）认为："压力是身体对任何作用于它的需求的非特殊反应。"他提出了压力可导致生理反应的观点，并对压力源和压力反应做出了区分。他认为，不论是正面的还是负面的压力，都有可能产生有益或有害的反应。

关于压力的概念主要有三种观点：刺激式、反应式和交互式。

（1）刺激式 它将压力看作环境的刺激，强调社会与外在环境变化对个人的影响。

（2）反应式 它认为压力是个体对环境要求的一种反应，而不是外界环境对个体的一种压力。这种观点把压力看作人的主观感受，它着眼于人们对待压力的体验和认知。

（3）交互式 它主张压力是人与外界环境动态交流系统中的一部分，强调人与环境的互动关系。在外界环境事件的影响下，人是居于统治地位的主角，整个互动的过程是连续而非独立的，当个体认为该事件非自己能力所及或危及自己的健康时，压力就会产生。所以，压力是"压力源"与"压力反应方式"的互动结合。

一个完整的压力概念包含以下五个因素：

1）压力源：引起压力的事件。
2）压力应对：个体在面对压力情境时所采取的应对策略。
3）应对资源影响：个体应对压力的个人资源、环境资源。
4）压力反应：个体在面对压力情境时所产生的生理、心理和行为变化。
5）压力结果：压力对个体产生的持久性影响。

根据以上分析，压力是一个各变量动态联系的过程。在这个过程中，个体通过对个人资源和潜在压力情境进行比较，来评估压力情境对自己的影响。当个体认为情境会对自己造成压力时，其心理、生理和行为会发生变化，随之会采取某种策略来应对这一压力情境。应对可能是成功的，也可能是失败的，成功应对或失败应对的结果会对自己的身心健康造成影响。压力应对的结果可能会成为下次评估情境影响、选择应对策略的基础。

2. 工作压力的含义

随着经济的发展，工作节奏的加快，工作压力已经严重威胁到了员工的职业健康，而关于工作压力的研究也越来越多。工作压力的来源和定义十分复杂。开始人们对于压力的研究更多的是关注生活压力，直到 1962 年，西方学者才将压力的概念引入企业管理中。

工作压力的英文名称通常有"Work Stress""Job Stress""Occupational Stress"等。在管理学和组织行为学研究领域，通常用"工作压力"，而在心理学和职业卫生学中常称为"职业紧张""工作应激"。尽管对于工作压力的研究已经进行了很久，但迄今为止学术界对于工作压力的定义并没有统一的界定。由于工作压力是从压力的定义衍生而来的，因此我们可以将工作压力定义为：在工作情景中，与工作相关的因素使个人感到需要未获满足或受到威胁而产生的生理和心理反应。

二、工作压力的经典理论

有关工作压力的经典理论可以分为传统理论和交互理论两种。这两种理论的区别主要表现为：首先，传统理论注重对工作压力或个体压力感的评价，而交互理论认为对工作压力的测量应该包括压力源评价、应对资源以及压力症状；其次，传统理论以静态、独立的视角考察工作压力，希望找到大多数人都能感受到的压力的特点，而交互理论则注重个体与环境之间的相互影响作用，将压力和应对看作一个变化的过程。因此，个体对工作压力的感受会存在个体差异。而同一个体也会随着时间、经历的变化而产生对同一工作压力的感受的变化。目前，更多的研究都以交互理论为基础，认为压力过程是个体与环境之间的一种交互影响。总之，基于不同的工作压力理论，学者们提出了不同的工作压力研究模型。

1. 个人-环境匹配模型

个人-环境匹配模型源于社会心理学家库尔特·勒温（Kurt Lewin）的心理互动概念，行为是人和环境互动的方程式，紧张的来源是个体与组织价值观的差异，当个体有着和组织不同的价值观时，工作压力就会产生。在组织场景中，个人-环境匹配常被细分为三种类型：个人-工作匹配、个人-团队匹配、个人-组织匹配等。这些类型分别对应着从个体、群体到组织的不同环境水平。其中，个人-工作匹配反映个体与其工作要求相适应的水平，强调个体的知识、技能和能力对执行工作任务是否足够；个人-团队匹配反映个体和所在工作团队的人际兼容性，强调个体和其他团队成员共享一定的信念与价值观，或具有能相互补充或支持的显著特征和属性；个人-组织匹配则主要关注人和其所要服务的整个组织的相容性，强调二者共享相似的基础性特征，如人格-组织氛围的一致、价值观-组织文化的相容等。迄今为止，高水平的个人-环境匹配带来高绩效和高满意度的假设已经得到很多研究的一致证明，并且不同的匹配类型与不同后果变量的相关关系在程度上存在显著不同。研究结果表明，组织应以达到个人特征与组织环境特征的全面匹配为目标，而不应忽视其中任何一个方面。

2. 认知交互作用模型

1984 年，理查德·斯坦利·拉扎勒斯（Richard Stanley Lazarus）和福克曼（Folkman）

提出的认知交互模型是一个以认知评价过程为基础的压力模型。他们把压力当作一个过程，认为工作压力是人和环境之间的一种特殊关系，个体和环境的关系无论在时间上、工作任务或活动上，都是动态关联的，它们的关系总是在变化的，而不像传统的工作压力理论那样，将两者看作是分离的和静态不变的。

拉扎勒斯认为，认知评价过程包括初级评价和次级评价。初级评价是感知环境重要性、环境要求以及评估刺激事件积极性、消极性的过程，用来回答"我现在是否遇到了或将来是否会遇到麻烦？我是否会有所受益？会有怎样的麻烦或受益？"等问题。初级评价分为三种，即无关的、良性的和有压力的。当情境中的事件对个体没有影响时，它就会被评价为"无关的"；当事件的结果被认为是积极的时，良性评价就会产生；而当个体认为事件会对自己构成伤害、威胁或挑战时，就会将事件评价为有压力的。次级评价是对选择不同类型行为可能性的觉察，它包括对现有社会（如社会支持）、物质（如经济资源）或个人已有资源（如努力）的评价，用来回答"如果可以的话，能对它做些什么？"的问题。次级评价用来评估可能并且可以做什么。次级评价是一个复杂的评估过程，个体在该过程中将考虑哪种应对选择是可用的，这种应对选择可以实现预期结果的可能性有多大，以及个体能够有效地应用某个或某套特定应对策略的可能性。次级评价在每个事件中都有重要的作用，因为压力结果不仅取决于什么受到了威胁，而且还取决于可以做什么。

在认知交互作用模型中，控制评价被认为是一个重要的次级评价变量。除了初级评价和次级评价之外，拉扎勒斯还谈到了再评价。初级评价和次级评价是对压力源的评价，而再评价是以新环境信息为基础的变化性评价。再评价可能会降低、增强或改变个体感受到的工作压力及压力反应。在有关认知评价的研究中，研究者的关注点基本上集中在初级评价和次级评价上，而对再评价则缺乏研究，究其原因，可能是再评价本身是一个不断变化的过程，很难进行测量所致。

3. ISR 模型

ISR 模型（Model of Institute of Social Research）源于弗兰奇（Franch）、卡恩（Kahn）和卡茨（Katz）于 1962 年至 1978 年在美国密歇根大学社会研究中心进行的一系列研究。此模型为工作压力对健康影响的研究提供了一个理论框架，同时，也为今后的工作压力管理研究提供了理论基础。ISR 模型示意图如图 10-1 所示。

从 ISR 模型中我们可以看出：

1）模型开始于客观环境或客观压力源，这包括在工作环境中可能会被个体感知到的任何事物。物理因素包括噪声、光线、振动和工作台的布置等，而心理社会因素包括人际冲突、角色模糊和角色冲突等。这些环境因素会被个体感知到，而且个体会对这些环境因素进行评估。由于个体的特质及个人经验的差异，不同的个体可能会对同样的环境做出不同的评价。

2）对于客观环境评价的下一步是心理环境，它表示的是对客观环境的心理反应。举例来说，不同的个体对相同的工作量会有不同的感知，而个体感知到的心理工作量就是所谓的心理压力源。

3）心理压力源可能会立即引起个体的情感反应、生理反应和行为反应。情感反应或心理反应主要是指愤怒、焦虑或抑郁等一系列的负面情绪。生理反应主要是指头痛、心率加快或疲倦等生理状态。个体也可能表现出行为上的反应，如迟到、缺席或辞职。

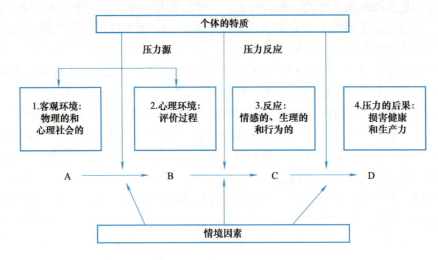

图 10-1　ISR 模型示意图

（资料来源：时雨，刘聪，等. 工作压力的研究概况[J]. 经济与管理研究，2009（4）.）

4）这些心理反应、生理反应和行为反应对个体的健康和生产力可能会带来不利的影响。长期的工作压力反应可能会导致高血压、心脏病或骨骼肌肉系统疾病。

该模型对应不同的个体时可能会有所不同。例如，人们可能会有不同的遗传天性（如消极情感等）、人口特征（如性别等）以及人格特质（如内外向等），人们在组织中与他人的人际关系也会有所不同，这些差异都可能会影响他们对工作环境的感知以及这些感知所带来的反应。

三、工作压力源

（一）工作压力源的概念

工作压力的来源简称工作压力源（Stressors）。概括地说，它是指导致工作压力的刺激、事件或环境。具体地说，它是指那些会迫使个体偏离其正常心理或生理功能的工作相关因素，主要关注的是工作条件对个体健康的负面影响。主要的压力来源包括角色压力（如角色模糊、角色冲突、角色超载等）、工作量过大、缺乏控制感、人际冲突和组织限制性。

（二）工作压力源的分类

从理论研究的角度出发，工作压力源可以分为：客观压力源和感知压力源，任务压力源和社会压力源，挑战性压力源和阻碍性压力源。

1. 客观压力源和感知压力源

客观压力源是指使个体感到压力的环境因素，如定量的工作量。研究表明，客观压力源对个体的健康有直接影响。感知压力源是指个体对客观压力源的评价，如感知到的工作量。由于个体存在差异，因此不同个体可能会对类似的工作环境有不同的感知。

2. 任务压力源和社会压力源

任务压力源是指与工作内容和工作任务有关的压力来源，如工作项目的截止日期或时间压力。社会压力源是指工作场所中的人际关系所产生的压力，如与上司的冲突等。

3. 挑战性压力源和阻碍性压力源

挑战性压力源是指工作中个体为了达到其工作目标和实现自身能力而必须完成的工作要求，如超负荷工作量、时间压力、高风险责任以及工作的复杂性等。阻碍性压力源是指工作场所中被个体视为不必要的阻止组织目标的达成和个人成长的障碍因素，这些不必要的障碍因素包括角色冲突、角色模糊、组织派别之争和缺乏职业保障等。

（三）导致工作压力的因素

尽管不同的人对工作压力有不同的感受，但潜在的工作压力还是有规律可循的，这就需要我们探索影响工作压力的因素是什么。罗宾斯（Robbins，1997）确认了三种类型的潜在压力因素，即环境、组织和个人压力，并认为这三种压力因素是否会导致现实压力感的形成取决于个体差异（如工作经验、个人认知等）。

下面根据罗宾斯的观点，从环境因素、组织因素和个人因素三个方面加以介绍：

1. 环境因素

环境因素主要强调环境的不确定性，这不仅会影响组织结构的设计，也会影响组织中人员的压力水平。它包括经济、政策和技术的不确定性，比如商业周期会造成经济的不确定性，经济萧条总会伴随劳动力减少、解雇人数增多、薪酬下调等后果，人们会为自己的安全保障而备感压力。

2. 组织因素

组织因素是指来源于组织层面的工作压力，它包括与工作本身有关的因素（如工作量、新技术的使用、过长的工作时间等）、组织变化（如对组织将来很可能发生的变化的担心）以及组织文化（如沟通中遇到了障碍、缺乏上司的理解和支持等）。

3. 个人因素

导致压力的个人因素比较复杂，主要包括如下因素：

（1）角色压力源　角色是指一个人在特定位置时被预期的所应做的一系列行为。在组织设置中，角色对于协调个体成员的行为具有重要的作用。个体在组织中可以通过多种正式或非正式的渠道得到与角色相关的信息。角色压力源大致分为三类，即角色模糊、角色冲突、角色超载。

（2）工作－家庭冲突　个体在社会上扮演着不同的角色。人们可以将家庭和工作领域进行大致的区分。在家庭领域，个体角色包括子女、配偶或父母等；在工作领域，个体角色包括雇员、经理、实习生或工会代表等。工作和家庭间的互动、交叉、重叠关系是非常复杂的。工作－家庭冲突是某种形式的角色间冲突，在其中所起作用的压力源主要是工作和家庭领域互不相容的部分。工作－家庭冲突是双向的，即工作干扰到家庭、家庭干扰到工作。

（3）人际冲突　人际冲突是指一方感觉到另一方已做出或将要做出不符合自身利益行为的一个过程。人际冲突的强度范围可以从轻微的分歧到激烈的争论。在极端的情况下，人际冲突甚至可能导致身体的暴力行为。

（4）缺乏工作自主性　缺乏工作自主性是指个体在安排工作，并确定用何种程序执行工作时的自由、独立和决断的程度，它已被确定为个体心理和生理压力的潜在来源。理论上已经有充分的依据证明，低工作自主性与苦恼之间具有相关性。众多的实证研究表明，低自主性与压力反应显著相关，既包括心理的症状（如抑郁症），也包括生理的症状（如头痛）。

（5）情绪劳动者　情绪劳动者随时担心做错事情，引起服务对象的不满，这种担心会带来巨大的压力，要求流露具体情绪的工作包括顾客服务、医护服务、防卫性服务及辅导职业。

四、压力反应

压力反应是指个体对于压力的消极反应，给个体造成压力的工作条件（压力源）与生理压力反应（体现为病休、看医生和生理症状）、心理压力反应（如低工作满意度、愤怒、压力和沮丧情绪）以及行为压力反应（如迟到、缺勤和离职等）都存在着一定的关系。

1. 生理压力反应

在压力情境下，生理反应主要由自主神经系统控制。当处于放松状态时，副交感神经系统比较活跃，人们将会镇静下来，心率和血压也会降下来，消化系统比较活跃，此时身体会保存能量。当人们处于压力情景中时，交感神经系统会比较活跃，这时就会心率加快，血压升高，身体的机警性提高。心率加快、血压升高，以及诸如葡萄糖、游离脂肪酸等能源的迅速动用，在频繁重复的情况下，会导致一些疾病，如心脏病、糖尿病、自身免疫性疾病等。因此，保持神经系统中交感神经和副交感神经的平衡以及危机与日常机能的平衡是非常关键的。工作压力的生理应激反应可能包括急性的反应指标，如暂时性疲乏、心率加快、呼吸短促、疼痛加剧（尤其是头疼）以及肌肉紧张，也包括慢性健康疾病，如高血压、心血管疾病、与免疫力相关的疾病、睡眠障碍以及肌骨病等。

2. 心理压力反应

心理压力反应包括工作满意度的下降和抑郁症状的增加。研究表明，工作压力源如角色压力源、组织限制、人际冲突、工作量超载、工作自主性的缺乏和工作-家庭冲突，与沮丧、焦虑、悲伤、愤怒、工作满意度下降、离职意愿高等相关。

3. 行为压力反应

行为压力反应普遍存在一些症状，如酗酒、抽烟、暴食、使用药物、睡眠问题和沟通问题等。在沟通行为方面，通常表现为不良的倾听行为、人际疏远，或者伴随压力水平上升而在沟通中变得富有攻击性。在人们处于高度压力情境中时，习惯性行为如紧张习惯（如手指敲击、颠腿、搔头皮、咬笔头、坐立不安等）就会增多；在压力情境下，习惯性行为越倾向于增多，新的、有益的行为就会越倾向于减少。这种效应同样适用于与健康相关的行为：在压力大的情况下，长期锻炼的人会更爱去体育馆，而刚开始锻炼的人则很难将这个新行为坚持下去。此外，行为压力反应还包括工作努力程度的下降和对工作场所的躲避，如迟到、缺勤或者跳槽。

五、压力应对模式

1. 压力应对理论

压力应对理论可以分为特质论和情境论两种理论。早期对应对的看法比较倾向于特质论，即把应对看作个人的一种特质或相对稳定的风格，认为个体对外在事件的应对方式具有一定的倾向性，研究者常称应对为"应对方式"或"应对风格"。后来应对研究的重点则转入应对过程与应对处理上，认为情境是影响应对的重要因素，环境中存在的应对资源、个体对事件的认知评估也会影响个体的应对行为与结果，这样的看法就是所谓的情境论观点。由于不将应对视为不变的特质，有该倾向的研究者常称应对为"应对策略"。也有一些研究者认为，可以从两种途径共同定义应对，应对风格能够预测不同情境下的应对策略，而根据个体不同情境下的应对策略，也可以将个体的应对风格进行归类。

2. 应对资源

应对资源是指个体、群体、组织和环境的某些稳定特征，这些特征不能被直接或全面控制，它们以一种静止的状态存在。应对资源可以分为个体资源和社会资源。个体资源主要是指来自个体内部的稳定特征，研究较多的个体资源主要有负性情绪、控制点、自我效能和信念等。社会资源是指社会情境中会对压力产生影响的较为稳定的特征。有研究证明，环境的限制和资源与心理紧张和工作满意度有关，目前对于社会资源的研究主要集中在社会支持的作用上。虽然对社会支持有相当多的研究，但目前还没有一个统一的定义。一般来说，社会支持可以看作是个体所经历的各种社会关系对个体的心理支持和物理支持。

3. 压力管理模式

压力不仅影响个体的身心健康，而且对个体和组织的工作绩效也有很大的影响。因此，对压力的有效管理是组织领导者们应该注意的问题，它包括：

（1）预防　奎科（Quick，2004）提出，预防工作压力可分为初级预防、次级预防和高级预防三个步骤。初级预防是指用行动减少或消除压力来源，以及正面提供一个有支持性并且健康的环境。例如，改变人事政策、利用诊断压力工具、发展有支持性的组织气氛、多渠道沟通、让个体多参与组织决策、减压、开展健康生活活动或课程。次级预防主要是指通过增加个体关注及改变减压技巧，测试和管理抑郁及焦虑感。例如，压力教育及管理压力课程、简单松弛方法（渐进式肌肉松弛法）、健康生活方式、时间管理训练（定下目标、优先次序）、解决问题的技巧。高级预防关注的是压力导致心身疾病的康复及痊愈。一般提供的是外包的临床咨询服务；面对社会紧急情况，提供的是保密的专业辅导服务、24小时热线服务。

（2）评估　评估同样可以分为初级评估、次级评估和应对策略三个步骤。初级评估关注的是诸如"这个因素是否与你有关？有没有威胁性？"这类问题。次级评估关注的是诸如"个体对威胁或挑战的压力是否有充足的评估？可以应付吗？"这类问题。应对策略是指在进行充分评估之后，可以决定采用集中处理情绪的应对策略或者集中解决困难的应对策略。比如，松弛及寻求消遣、社会支持、用正面的方法来面对消极行为。

（3）调节　调节压力的方法包括生理保健、培养自信心、保持乐观性格、不发怒、保持主动性格、多与家人沟通、与他人建立真诚的友谊、经常运动等，旨在培养身、心、灵三个方面的健康。"身"是指健康的生活方式，如均衡的饮食、适量的运动；"心"是指培养良好的心理素质，避免自尊心过低以及惯性的负面想法；"灵"涉及的层面比"心"更高，包括处世的价值观及对人生的看法，懂得面对成败，以及要避免过分侧重对物质的追求。

相关链接

压力管理的五大原则

有一个压力管理的小故事。培训师在课堂上拿起一杯水，然后问台下的学员："各位认为这杯水有多重？"有人说是半斤，有人说是一斤，培训师则说："这杯水的重量并不重要，重要的是你能拿多久。拿一分钟，谁都能做到；拿一个小时，可能觉得手酸；拿一天，可能就得进医院了。其实这杯水的重量是一样的，但是你拿得越久，就越觉得沉重。这就像我们承担的压力一样，如果我们一直把压力放在身上，不管时间长短，到最后就觉得压力越来越沉重而无法承担。我们必须做的是放下这杯水，休息一下后再拿起这杯水，如此我们才能拿得更久。"

从企业的角度来看，如何正确对待员工的压力是考查企业落实"人本管理"理念的一个主要指标。只有开展有效的压力管理，企业才能真正建立"以人为本"的管理机制。压力产生的原因是多方面的，企业在进行压力管理时应该遵循以下五个原则：

（1）适度原则　进行压力管理并不是不顾企业的经济效益而一味减轻员工压力、最大化员工满意度，而是要适度。

（2）具体原则　由于压力在很大程度上是一个主观感觉，因此在进行压力管理时要区别不同的对象，采取不同的策略，根据对象的不同特点做到具体问题具体分析。

（3）岗位原则　企业中不同部门、不同岗位的员工面临的工作压力不同。一般情况下，岗位级别越高，创新性越强，独立性越高的员工承受的压力也就越大。比如，销售人员的压力一般比生产人员要大，因为生产人员面对的更多是可控因素，而销售人员就不一样，销售业绩的好坏不仅取决于自己努力的程度，还与客户、市场大环境、竞争对手有关。

（4）引导原则　由于压力的产生是不可避免的，所以引导压力向积极的一面发展就显得很重要。对员工来说，有些外部因素是不可控的，比如面对强大的竞争对手，这时可以灵活地将压力变为动力，激发更多的工作热情。

（5）区别原则　在消除压力前，首先要找出压力的来源并区别对待。有些压力是可以避免的，比如，员工之间不团结、人际关系复杂所造成的工作压力；岗位职责不清、分工不合理造成的压力；而有些压力，如来自工作本身的压力是不可避免的，只能通过提高员工自身的工作能力和心理承受能力来解决。

（资料来源：姜文泽.压力管理的五大原则[J].北京石油管理干部学院学报，2008（3）.）

第二节　工作倦怠

在社会竞争日益激烈的今天，工作倦怠（Job Burnout）已经成为世界范围内的普遍现象。工作倦怠的员工感觉压力很大，身心俱疲，缺乏动力，每天被动地工作，怀疑自己工作

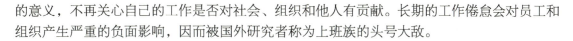

的意义,不再关心自己的工作是否对社会、组织和他人有贡献。长期的工作倦怠会对员工和组织产生严重的负面影响,因而被国外研究者称为上班族的头号大敌。

一、工作倦怠的概念

工作倦怠又称职业倦怠。这一概念是由美国临床心理学家弗鲁顿伯格(Freudenberger)于1974年首先提出来的,它是在对护理行业从业人员的情感和人际问题的研究过程中,用以描述个体生理、情绪与精神方面因持续的工作压力所导致的症状。工作倦怠的定义主要分为状态性和过程性两种。状态性强调工作倦怠的结果,过程性强调工作倦怠的发生过程。萧费利和恩茨曼(Schaufeli 和 Enzmann,1998)结合倦怠的状态和过程特征给出了综合性的定义:工作倦怠是一种出现在正常人身上的持续的、负性的、与工作相关的状态,主要特征为衰竭、伴有自我效能感和动机降低、痛苦感以及逐渐出现于工作中的非建设性的态度和行为。克里斯蒂娜·马斯勒(Christina Maslach,1981)等将工作倦怠定义为:在以人为服务对象的职业领域中,个体的一种情感衰竭(Emotional Exhaustion)、人格解体(Depersonalization)和个人成就感降低(Reduced Personal Accomplishment)的综合症状。派恩斯(Pines,1989)等人认为,工作倦怠体现在生理衰竭(Physical Exhaustion)、情绪衰竭(Emotional Exhaustion)、心理衰竭(Mental Exhaustion)等方面,他从衰竭方面分析工作倦怠,提出了工作倦怠的单维度理论。肯密斯(Chemiss)认为,作为工作疲劳的反应,工作倦怠是指个体的职业态度和职业行为以负性的形式发生改变的过程。具体地说,包括三个阶段:第一阶段是应激过程,即个体资源与工作要求之间的不平衡;第二阶段为疲劳过程,即及时的、短期的情绪紧张、疲劳和衰竭;第三阶段为个体防御性应对,包括一系列行为和态度的改变,如以疏远的和机械的方式对待服务对象、优先考虑自身的需要、对待职业的玩世不恭的态度。

虽然人们对工作倦怠的理解各不相同,但不同的理解有以下共同点:
1)工作倦怠与工作紧密相连。
2)工作倦怠是由于工作负荷过度或应激的持续进行而出现的一种身心状态。
3)工作倦怠的典型症状是莫名的疲劳、工作兴趣的缺失、负性情感的增加、工作动力的不足等。
4)工作倦怠可能会出现各种各样的非典型性身体症状,但其产生没有精神病理学基础。
5)工作倦怠所产生的负性态度会带来对工作对象的冷漠、工作效能感的降低以及对自己消极评价的增长。

相 关 链 接

她为什么对教师工作产生厌倦?

赵老师毕业于浙江某师范大学,在张家港一所城郊中学担任初中三年级化学老师已经10年了。赵老师在学生时代就是一个完美主义者,做事总是追求完美无缺、做到最好。从小学、中学乃至大学,她都是班干部,一直被师生认为是班级里的好学生。

参加工作后,她也把对自己的要求转移到学生身上,要求学生与她做得同样完美。但由于分配到的学校是一所城乡接合部的学校，学生素质差别很大，有一部分学生常有逃学、打架等不良行为。家长对子女的要求也不尽相同，有些家长迫于生活的压力整天忙于工作，没时间管教子女，有些家长一有空闲时间就在棋牌室打牌，这些家长认同"读书无用论"。这让赵老师感到无所适从。

为了追求工作的完美，她付出了自己大部分的时间和心血。这些付出也有了一定的收获，她课讲得好，她教的学生成绩也好，获得的各种教学荣誉很多，但她认为与她的付出不成比例。如果她教的学生的成绩偶尔不是平行班级里最好的成绩，她就会很焦虑，夜不能寐，甚至感到极度疲乏和虚弱，常常出现失眠、头痛、腰酸、肠胃不适等症状。

除了工作上的压力，职业认同感的缺失也给赵老师带来了一定的困扰。赵老师说："当年我报考师范学校，是因为我认为教师是个光荣的职业，但现在我却骄傲不起来。教师队伍中可能有个别人不负责任，但是，现在的社会舆论导向似乎认为整个教师队伍都有问题。"这让她很气愤，也感到很委屈。职业认同感缺失的顶峰发生在一次中学同学聚会之后。赵老师认为，与同学相比自己能力不差、素质也不低，可是工资却比人家少，生活质量更谈不上，只是维持生计而已。面对自己的孩子，她常会因没有给孩子提供人家孩子那样的充裕物质条件而愧疚。每当想到自己工作付出多、收入却比较少的时候，她心中就充满了委屈和愤愤不平，对工作的抱怨常困扰着她。更让她感到厌倦的是同事间的关系——合作和竞争关系。随着自己在教学上的日益成熟，她感到同事间的合作越来越少，小动作却层出不穷。备课组活动评课时，赵老师听到的都是优点和闪光点，根本不提或仅提无关痛痒的建议，使她辛辛苦苦准备的公开课效果大打折扣，使备课组的教学活动流于形式。当她取得一些成绩，同事向她祝贺时，她总觉得不是那么真诚，这让她感到委屈，同时也很无奈。她对教学工作产生了厌倦感，总希望有一天离开教师这个岗位。

二、工作倦怠的特性

1. 社会性

工作倦怠的产生与一定的社会背景环境有关。随着社会的发展，人们的工作环境发生了巨大的变化，许多发达国家都先后进入了倦怠社会，如美国、日本。工作倦怠问题根源于经济趋势的剧烈变化、新兴科技的高速发展以及管理哲学的转变，可以说这种不可逆转的社会环境变革是工作倦怠产生的根源。

2. 行业性

工作倦怠多发生在助人行业，而且这些行业的员工表现出的倦怠程度也相对严重。助人行业的特点是以人为服务对象，如服务行业、医疗卫生行业和教育界等人力资源密集型行业。这类行业的工作人员与人的接触频率较高，高密度的人与人之间、面对面交流，工作人员需要不停地应对与客户、病人、学生、同事的各种关系。他们更需要投入极大的敬业精神、更长的工作时间以及更大的工作量来完成复杂的工作。

3. 累积性

工作倦怠并不是个体对某一特定事件的即时反应，而是在较长一段时间内对工作中所遇到的问题在情绪上产生的一种低强度递进的反应过程。工作倦怠最初以应激的形式出现，在很长一段时间内,个体可能察觉到这种应激,也可能察觉不到;逐渐地,个体感到情绪上的疲惫,对待他人和工作的态度也开始改变,这个过程最终导致工作倦怠。

4. 失衡性

工作倦怠是一种与感觉、态度、动机和期待有关的内在心理现象。当个体对付出和获得感到严重失衡,或期望目标和现实结果长期失衡时,就会产生倦怠。努力是无效的,工作是无穷的,幻想慢慢破灭的过程开始,直到个体没有剩下什么可以付出,就会产生倦怠感。工作倦怠是一种与工作密切相关的综合征。

5. 枯竭性

个体一旦产生工作倦怠,其自身就表现出身心两方面负向的改变:一是情绪的枯竭,与工作有关的正面情绪(如热情、敬业、安全感和快乐等)逐渐被愤怒、焦虑和沮丧所代替;二是身体的枯竭,离健康越来越远,长期处于亚健康的状态,甚至导致过劳死。

6. 低效性

工作倦怠使人们感觉以往十分重要而有意义的工作逐渐变得枯燥乏味而失去意义;人们对工作的责任感也逐渐消退,不再为探寻改进效率进行工作创新,而仅仅是应付工作。他们感觉自己为了工作而筋疲力尽,换来的却是工作效率的低下、服务对象的不满,这导致其易迁怒于他人,情绪波动大;他们遇到不顺心的事就容易发脾气、沮丧、抑郁、苦闷,嫉妒心强,缺乏热情和活力,精神不振。

三、工作倦怠的影响因素

国内外学者在工作倦怠的影响因素上进行了大量的研究,大致可归纳为四个方面:个体特征因素、工作特征因素、组织特征因素和社会支持因素。

1. 个体特征因素

个体特征因素是工作倦怠的内在因素。大量研究证明,个体特征因素与工作倦怠之间具有不同程度的相关性。个体特征又可以分为人口统计学特征和人格特征。

(1)人口统计学特征　几乎所有的研究都会涉及人口统计学变量,包括性别、年龄、婚姻状况、文化程度、工作年限、职务职称及抚养子女等。尽管研究结论不完全一致,但都表明对于不同的职业群体,人口统计学变量中的部分因素与工作倦怠具有相关性。在性别上,男性员工比女性员工有更高的消极怠慢;在年龄上,研究结果基本一致,即年轻员工的倦怠水平高于年长的员工;在婚姻状况上,研究表明未婚者的倦怠水平高于已婚者;在文化程度上,研究发现文化程度越高,越有可能消极怠慢。

(2)人格特征　研究表明,人格特征是工作倦怠的重要影响因素,包括个体的自我概念、自尊、控制点、A型人格、自我效能感、压力应对策略以及个体的成就动机等。米尔斯(Mills)等人曾采用大五人格模型来对人格与倦怠之间的关系加以考察,相关分析的结果表明,神经质和外向性与情感耗竭显著相关。

2. 工作特征因素

工作特征因素对倦怠的影响研究是比较充分的,包括工作量、角色冲突和角色模糊、信息和控制感(自主性、完整性、反馈性、参与程度)、工作类别、工作资源等。

（1）工作量　几乎所有的研究结果都显示，工作超负荷会导致个体产生工作倦怠感，尤其是对情绪衰竭和人格解体（玩世不恭）的个人影响最为显著。

（2）角色冲突和角色模糊　许多研究表明，工作中的角色冲突和角色模糊与工作倦怠存在着中等或高程度的相关。莫尔（Moore）和哈登（Harden）的研究都将角色冲突和角色模糊作为工作衰竭或工作压力的重要预测变量。

（3）信息和控制感　国外的研究表明，在工作中，缺少信息方面的反馈与倦怠的三个维度都相关，而在控制感上参与决策以及自主权的多少也与工作倦怠相关。那些对其工作参与度高、更有控制感的员工比参与度低、缺乏控制感的员工倦怠程度低。国内学者也发现，在工作的核心特征中，工作自主性和工作完整性对工作倦怠三个维度均呈负相关。此外，工作技术性、工作反馈性和工作重要性与成就感也存在着相关，同时它们与个体层面的某些变量存在着显著交互作用。

（4）工作类别　研究表明，不同性质的工作也会对倦怠产生影响。斯古特（Schutte）等人的研究发现，蓝领比白领群体体验到更多的个人无效感和消极怠慢，与人打交道的工作更易产生倦怠。

（5）工作资源　国外学者理（Lee）等人分析了工作倦怠的各个归因变量和三个维度间的相关性，最后将工作倦怠的相关归因变量研究分为两类：需求和资源。其中，工作需求是威胁资源丧失的影响因素，而工作资源又是个人希望额外获取的资源。同时，他们还指出需求和资源两个变量与情绪衰竭的相关程度要强于人格解体（玩世不恭）和成就感低落两个维度，需求相关因素是造成情绪衰竭和人格解体的主要原因，而资源相关因素能有效减缓情绪衰竭、人格解体和成就感低落的扩张。可见，工作倦怠是由工作需求与工作资源的失衡造成的。

3. 组织特征因素

除了工作本身的特征外，研究证实组织特征也是导致工作倦怠的主要因素。组织特征包括组织结构、组织制度、组织公平、组织期望、组织氛围等。国外学者对政府部门员工的研究表明，对于专业人士，程序公平性和分配公平性与工作倦怠呈中等程度的相关。我国学者李超平（2003）等人的研究表明，组织公平对工作倦怠具有较强的预测作用，其中分配公平和参与工作会影响员工的情绪衰竭，分配工作、参与工作和投诉机制会影响员工的人格解体。

4. 社会支持因素

对不同来源和类型的社会支持与工作倦怠的关系研究发现，来自领导、同事、朋友或家庭的社会支持，对降低情绪衰竭、人格解体和提升个人成就感都有积极的意义。在支持的类型上，情感支持的积极意义更显著。研究表明，社会支持中组织内的支持非常关键，感受到组织支持的人与未感受到组织支持的人相比，生病的概率降低1/2。在组织支持中，缺乏上级的支持比缺乏同事的支持更明显地影响工作倦怠。除了组织支持外，家庭因素也是工作倦怠发生的因素，二者相互影响。李超平（2003）等人对家庭-工作冲突的子成分和工作倦怠子成分之间的关系进行了探究。结果表明，基于时间压力的家庭-工作冲突均对情绪衰竭、人格解体有正向的预测作用，基于压力的家庭-工作冲突对成就感有负向预测作用。基于压力的工作-家庭冲突对情绪衰竭有正向预测作用，基于时间的工作-家庭冲突对人格解体和成就感低落具有正向的预测作用。

四、工作倦怠的后果

工作倦怠会对个体、家庭、组织产生消极的影响，主要表现在以下几个方面：

1. 身心健康

工作倦怠感会严重影响个体的身心健康，主要表现有：非确定性的生理紧张，如头痛、失眠、恶心、肌肉酸痛、精神萎靡、食欲不振、记忆力下降等；溃疡、腹肠疾病和心律失常等；心率和脉搏加快，血压和胆固醇水平升高等。

2. 人际关系

工作倦怠感高的个体，会降低与人交往的频率，减少与人交往的时间，而且容易急躁，令人际关系恶化。恶化的人际关系会进一步令其孤立自己，从而更加难以从组织中获得支持，导致恶性循环，使工作倦怠问题更为严重。

3. 工作态度

研究发现，工作倦怠感高的个体工作满意度、工作承诺及组织承诺均低，表现出：对职业前景茫然，没有工作热情和动力，逃避竞争，失去工作乐趣，对办公场所有强烈排斥感甚至恐惧感；情绪低落，常常焦虑、烦躁。

4. 工作绩效或行为

研究发现，工作倦怠感高的个体会表现出：对工作任务产生本能的厌倦，对业务指标缺乏热情；工作过程中极易产生疲惫感，对新异事物敏感度降低，工作绩效差，离职意愿高，缺勤率高；还常常滥用药物、酗酒、增加吸烟量、过量地饮用咖啡和药物等。

五、工作倦怠的干预

工作倦怠的种种不良后果和日益蔓延的趋势，使得对工作倦怠干预的研究成为当前的一个热点，不仅有学者从理论的角度进行研究，很多企业管理者和医务工作者也从实践的角度进行思考和探索。工作倦怠干预的方法很多，并且层出不穷，根据工作倦怠的影响因素，相应地可以把工作倦怠的干预策略分为内部干预和外部干预两类。

1. 工作倦怠的内部干预

工作倦怠的内部干预主要是对个体进行干预，它是针对工作倦怠的个体的影响因素进行的干预，其策略主要包括提高个体的自我效能感和自尊、改变个体的归因方式、提高个体应对压力的能力和技巧等。派恩斯和阿伦森（Pines 和 Aronson，1988）提出个体干预可以使用放松训练、认知压力管理、时间管理、社交训练、心理暗示等方法。这些训练的目的是提高个体对工作和工作环境的应对能力。对这些干预训练的有效性的检验表明，职业倦怠的核心（情感衰竭）被证实的确减少了，尤其是通过应对技巧，如放松技巧、认知重建和社交技巧的使用。相对于外部干预方法，内部干预的方法虽然更容易，而且成本也更低，但其影响力却远比不上外部干预。

2. 工作倦怠的外部干预

马斯勒和雷特（Maslach 和 Leiter，1997）很早就认为，工作倦怠从一开始就不是一种个体现象，而是一种与工作情境有关的社会现象，因而必然会受到各种情境因素（如工作特征和组织特征等）的影响。与内部因素相比，外部因素对工作倦怠的影响更明显。

工作倦怠的外部干预着重强调对个体以外的工作情境的改造和改善。也就是说，这一干预手段的目的主要是从工作倦怠的情境影响因素出发，采取一些有利于减轻个体工作倦怠的措施，如减轻个体的工作量、提供更多的工作支持、提高个体工作的自主性、改变不利的组织结构和工作流程等。早期有关组织干预的研究主要侧重于对工作量改变的研究。马斯勒和雷特（1997）提出的工作匹配理论提倡对工作倦怠的干预训练应该放在对工作不匹配的转变上，这不仅需要对个体进行内部干预，而且需要进行外部干预。他们认为工作倦怠是个人与工作之间的一种非建设性关系，并非工作或个人本身单方面原因产生的工作倦怠，而是它们之间的匹配程度，即匹配程度的差距越大，员工越容易产生工作倦怠。

马斯勒等人的研究进一步指出，个人和组织在以下六个因素上的不匹配可能引起工作倦怠：工作量、控制感、报酬、一致性、公平性、价值。由此，他们建议组织可以从以下五个方面加以改善：①建立信息流，为个人提供足够的信息；②给员工足够的参与感；③经常沟通；④充分利用团队解决问题的能力；⑤进行过程追踪。这就不仅需要对员工个体进行训练，还需要组织做出某些变化。只有员工个体干预和组织干预双管齐下，才有可能收到满意的效果。

工作倦怠的外部干预潜力虽然很大，但是实行起来却很困难，需要组织和员工等多方的合作以及大量的时间、金钱和精力投入。

第三节　工作－家庭冲突

工作和家庭是人们生活中的两个重要组成部分。随着社会的发展，人们的家庭结构和工作环境都发生了巨大的变化。双职工家庭及单亲家庭的增多和传统的一个人挣钱养家情况的减少意味着工作责任、家务劳动、孩子照看等将不再局限于传统的性别角色。特别是在双职工家庭中，男性和女性在劳动分工上进行了调整，女性对与工作相关的需要增多，限制了她们对家庭角色的参与和贡献，而男性也比以往更多地卷入了家庭角色。这些情况将员工置于工作需要和家庭需要的冲突之中，由此促进了对个体工作与家庭生活的交互作用的研究和理论萌芽的产生。

一、工作－家庭冲突的概念及维度

1. 工作－家庭冲突的概念

国外关于工作－家庭冲突的研究始于20世纪70年代后期，尼尔（Near）等学者于1980年首次较为系统地论述了工作与家庭的关系，他们的研究受到了相关学者的密切关注，在随后的几十年里，越来越多的学者开始涉足这一领域，研究的主题集中于工作－家庭的冲突问题。卡恩（Kahn，1964）认为，工作－家庭冲突是指来自工作和家庭两方面的压力在某些方面不可调和时产生的一种角色交互冲突。伦肖（Renshaw，1976）将工作－家庭冲突定义为工作和家庭两维度之间压力相互作用的结果。格林豪斯（Greenhaus，1985）认为，工作－家庭冲突是一种角色间的冲突，该冲突产生于工作和家庭领域内的压力之间，在某些方面是不可调和的。也就是说，参与工作（家庭）角色就会使得参与家庭（工作）角色变得更加困难。弗欧恩（Frone，1992）认为，工作－家庭冲突是一种双向的概念，可分为工作干扰家庭与家庭干扰工作两种情况。如果个人工作上的问题和不信任干扰到其家庭任务的履行时，那些未完成的家庭任务便会反过来干扰其工作情况；同样，当个人家庭上的问题和不信任干扰到工作任务的完成时，那些未完成的工作任务也会反过来干扰其家庭生活。从以上定义我们可以看出，多数学者倾向于从角色冲突的角度去阐释这一问题，格林豪斯的观点较为客观、全面，成为如今被广泛引用的定义。综合现有学者的定义，本书将工作－家庭冲突定义为：当工作角色和家庭角色的要求在某些方面不可调和时，会使个人产生角色间的压力并影响到其工作和家庭职责的履行，从而产生工作和家庭之间的冲突。

2. 工作－家庭冲突的维度

1985 年，格林豪斯和比泰（Beutell）在总结前人研究的基础上，将工作－家庭冲突划分为以下三种类型：

（1）基于时间的工作－家庭冲突（Time-based Conflict） 基于时间的工作－家庭冲突是指对一种角色的时间投入妨碍了个人满足其他角色的要求而产生的冲突。例如，晚上因要出席项目团队的重要会议，不能出席家庭成员的生日宴会而产生的冲突。

（2）基于压力的工作－家庭冲突（Strain-based Conflict） 基于压力的工作－家庭冲突是指承担一种角色而产生的压力会逐渐损害一个人投入其他角色的注意力和精力。例如，因承担工作领域的角色而产生的紧张、焦虑、疲劳、郁闷、易怒、冷漠等精神状态，使得个体难以顺利履行家庭角色的职责。实际上，时间冲突和紧张冲突之间存在高度的相关性。

（3）基于行为的工作－家庭冲突（Behavior-based Conflict） 基于行为的工作－家庭冲突是指工作和家庭两种角色对个人的行为模式有不同的要求，当个人不能依据不同角色的期望去调整自己的行为模式时而产生的冲突。例如，工作要求比较客观、情绪化程度较低的行为，而家庭则要求温柔、情感反应丰富的行为。

在上述分类的基础上，格林豪斯进一步指出，工作－家庭冲突是双向性的。工作的时间、压力等对家庭相关责任的干扰是工作－家庭冲突，而因家庭方面的需求而产生的对工作职责的干扰则是家庭－工作冲突。一些学者的研究表明，工作－家庭冲突和家庭-工作冲突之间是一种正向交互作用关系，这两种冲突是相关但不相同的概念，它们有着不同的前因和后果，需要不同的干预和解决方案来预防或是降低其发生的概率。在实际的研究中，人们较多涉及的是工作-家庭冲突，这是由于人们实际体验到的工作-家庭冲突往往高于家庭-工作冲突。许多研究表明，工作－家庭冲突是家庭－工作冲突水平的三倍（Frone et al.，1992）。

古特克（Gutek）在工作－家庭冲突被划分为三种类型和两个方向的基础上，提出了自己的观点。他认为工作－家庭冲突的每一种形式都有两个方向，并由此构成了工作－家庭冲突的六个维度。工作－家庭冲突的维度见表 10-1。

表 10-1 工作－家庭冲突的维度

维　　度	时　　间	压　　力	行　　为
工作干扰家庭	基于时间的工作干扰家庭	基于压力的工作干扰家庭	基于行为的工作干扰家庭
家庭干扰工作	基于时间的家庭干扰工作	基于压力的家庭干扰工作	基于行为的家庭干扰工作

二、工作-家庭冲突研究的基础理论

自20世纪50年代以来，国外许多学者对工作-家庭冲突展开了深入的探讨。工作与家庭关系的核心是两者之间的竞争性关系（即冲突），它源于个体在两个领域中的时间分配、情绪传递、空间划分、行为模式和性别角色预期的不相容性，其基础理论包括：分割理论、溢出理论与补偿理论、角色冲突理论和工作-家庭边界理论。

1. 分割理论

早期研究者将工作和家庭系统分别看待（Parsons Bales，1955），认为男主外女主内，两个系统各自运转。分割理论认为，工作和家庭是两个独立分割的维度，个体可以清楚地将工作部分的感情、态度和行为与家庭部分分割开来。进一步来说，就是两个维度不会相互影响，也不会相互冲突。然而，到了20世纪70年代，研究人员开始用开放系统的方法进行研究，认为工作和家庭行为相互影响，工作和家庭系统虽然不同，但是却互相作用，感情充溢于两个系统之间，一个人在一个系统中经受失望，就容易在另一个系统中做出权力的行为。

2. 溢出理论与补偿理论

溢出理论认为，尽管存在工作和家庭之间身体上的暂时分界，但一个领域的感情和行为会被带到另一个领域中。比如，经过一天糟糕工作的员工可能在回家时带着坏心情而迁怒于家人。溢出可以是积极的，也可以是消极的。积极的溢出包括满意和激励，它可以扩展到家庭中，带来高水平的能量和满意。而消极的溢出是：工作中的问题和冲突消耗了个体的时间和精力，并使个体全力投入到工作中，使他们很难充分地参与到家庭生活中来。

补偿理论是对溢出理论的补充，认为假定在工作和家庭之间存在相反的关系，在一个领域中有所丧失的就会在另一领域中投入更多以企图弥补。例如：对家庭生活不满意的人，就会在工作中追求工作上的满足；反之亦然。

尽管溢出理论和补偿理论都指出了情感上的联系（如满意和挫折），但是都没有给出工作和家庭之间在空间性、暂时性、社会性和行为上的联系。另外，这些理论把个体看作是反应性的，而非能动性的、可以塑造环境的。

3. 角色冲突理论

角色冲突理论认为，每一个人在社会中并非只有一种角色，而是要根据情境以及互动对象的不同扮演多种不同的角色。例如，一个人在家庭中可以是和蔼的父亲、温柔的丈夫、孝顺的儿子，在工作单位中则可以是有威望的领导、会办事的得力下属，与朋友在一起的时候又是一个可以让人信赖的好友。这些角色彼此之间不能混淆，否则就会增添他人的困扰。如果用领导的角色和自己的家人打交道，时时要求家人听从自己的要求，对家人的一切指手画脚，无疑会引起家人的反感，最终引发矛盾或冲突。如果一个人无法掌握在何种情境下应该扮演何种角色，或者遇到特定的他人应该用何种角色回应，紧张、压力乃至问题就会产生。

4. 工作-家庭边界理论

2000年，美国学者苏·坎伯尔·克拉克（Sue Campbell Clark）提出了工作-家庭边界理论。他认为人们每天在工作和家庭的边界中徘徊，工作和家庭组成了各自不同目的和文化的领域，相互影响。工作与家庭之间的主要联系不是感情，而是人。人们每天在工作和家庭两个范围内转移。人们塑造两个范围和它们之间的边界，影响着边界跨越者与这些范围以及与其中成员之间的关系。虽然人们能够塑造环境，但同时也被环境塑造。工作－家庭边界理论试图解释边界跨越者与他们的工作和家庭生活之间复杂的作用关系，解释冲突产生的原因，给出保持平衡的结构。这里"平衡"被定义为对工作和家庭的满意和良好职能，角色冲突的最小化。

三、工作－家庭冲突的影响

（一）工作－家庭冲突对员工个人的影响

工作－家庭冲突一方面会对员工个人的健康状况造成负面的影响，工作－家庭冲突会使其产生紧张、压力、沮丧等负性情感，从而导致其情绪低落、消沉，这种状况长期下去就会逐渐影响其生理和心理健康；另一方面，工作－家庭冲突将会影响员工个人的幸福感、生活满意度和家庭归属感等方面。其中，生活满意度表示一个人追求爱和自我实现的能力（假设基本的生存需要已经被满足）。尽管不同的人可能拥有不同的经济、社会和文化背景，但他们都追求理想的生活满意度。

（二）工作－家庭冲突对组织的影响

工作－家庭冲突对组织的影响，主要表现在以下三方面：

1. 时间的分配

由于工作和家庭生活节奏不一致，员工有限的时间和精力显得十分宝贵。研究表明，时间不足是导致工作－家庭冲突的主要原因。时间分配的难题在组织中广泛存在。工作时间不固定的员工和组织更是被这一问题深深困扰着。

2. 生产效率的下降

员工的工作－家庭冲突会导致组织生产效率的下降。当员工可以利用的家庭或社会资源有限时，他们有时不得不分配一些时间用于处理家庭事务。卡尔·J. 埃德文（Carl J. Erdwins，1997）在研究中指出，职业妇女常常在工作时间内为孩子的照管问题担忧。这种担忧可能对其生理健康和工作效率产生不利的影响。

3. 员工士气的下降

员工感受的工作－家庭冲突的程度和组织提供的支持对员工的士气可能产生重要的影响。当员工面对工作－家庭冲突需要组织帮助时，往往会把组织的政策与其他组织相比较。员工的工作－家庭冲突之所以会导致士气下降，原因在于员工对组织的期望很高。一旦员工对组织失去信心，他们的工作满意度就会大幅度下降。因此，组织应采取能够有效改善员工关系的措施，提高员工对组织的信任，与员工达成积极的心理契约，从而提高员工的士气。

四、工作－家庭冲突的研究模型

1. 角色间冲突模型

1964年，卡恩等人提出角色间冲突的观点，来源于一个角色的压力与另一个角色压力无法相容，导致个体内在的角色冲突。他们认为工作与家庭间的冲突是角色冲突的一种形式，工作或家庭领域间在某些方面所产生的角色压力，是由于在家庭（工作）角色上的参与使得其在工作（家庭）角色上的参与困难。1983年，科佩尔曼（Kopelman）等人以角色理论为基础，提出了一个以角色间冲突为重心的模型（见图10-2）。

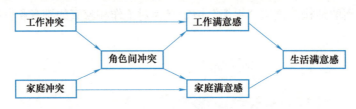

图 10-2　科佩尔曼的角色间冲突模型

（资料来源：李贵卿. 工作家庭冲突的理论模型和研究发展 [J]. 软科学，2007（8）.）

在角色间冲突模型中：工作冲突是指在工作领域中不相容的角色压力；家庭冲突是指在家庭领域中不相容的角色压力；角色间冲突是个体一个角色压力与另一个角色压力的不相容所造成的。工作冲突和角色间冲突共同影响工作满意感；同理，家庭冲突和角色间冲突共同影响家庭满意感；最终影响到员工的生活满意感。

2. 工作–家庭冲突性别差异模型

1991年，希金斯（Higgins）和达克斯伯里（Duxbury）依据柯珀勒曼（Kopeleman，1983）等所提出的角色冲突模型，提出了一个更为完整的工作–家庭冲突性别差异模型（见图10-3）。他们以双职工家庭为研究对象，试图在每一条路径中都考虑性别差异的影响。"传统"的家庭是丈夫在外工作，妻子在家主持家务；而现代生活则有多样化的生活方式，双职工家庭非常普遍。双职工生活方式受到青睐的原因是双方的收入可以带来经济上的安全感，通过双方的收入来维持自己所希望的生活标准。

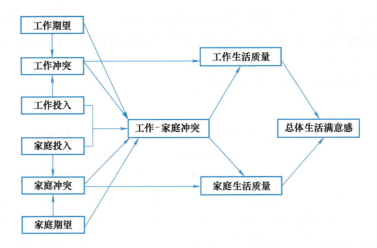

图 10-3　希金斯和达克斯伯里（1991）的工作–家庭冲突性别差异模型

（资料来源：Higgins C A，Duxbury L E.Work-Family conflicts in the dual-career family[J].Organizational Behavior and Human Decision Processes，1991，51（1）.）

在工作-家庭冲突性别差异模型中,以性别差异为主题探讨工作-家庭冲突的前因与后果,后来许多学者在此基础上进行研究,目前已经得出了以下六个结论:

1)工作投入与工作冲突有显著的正相关关系(Greenhaus et al.,1985),并且男性比女性的相关程度更高;家庭投入与家庭冲突也有显著的正相关关系,女性比男性的相关程度更高。

2)工作投入与工作-家庭冲突有显著的正相关关系(Repetti,1988),而且女性比男性的相关程度高;家庭投入与工作-家庭冲突也有显著的正相关关系(Pleck,1979),男性比女性的相关程度更高。

3)工作期望与工作冲突的相关程度中,女性比男性高;家庭期望与家庭冲突的相关程度中,女性比男性高。其原因主要是:一方面,工作领域或家庭领域、角色领域可能导致角色负荷过重;另一方面,个体所扮演的任何一个角色期望,可能因占据个体的时间或干扰另一个角色期望而产生基于时间的压力。

4)工作期望与工作-家庭冲突的相关程度中,男性比女性高;家庭期望与工作-家庭冲突的相关程度中,女性比男性高。

5)在工作冲突与家庭冲突的相关性方面,男性比女性高。男性被允许将工作外溢到家庭中,男性的家庭期望被修正以适应男性工作角色的需求;反之,女性被期望调整自己的事业抱负,以减少工作期望从而满足家庭期望。

6)工作冲突与工作-家庭冲突的相关程度,男性比女性高;家庭冲突与工作-家庭冲突的相关程度,女性比男性高。社会普遍认为,就女性来说,家庭冲突是工作-家庭冲突的来源,女性更容易使家庭角色的需求干扰工作角色,所以更容易造成工作-家庭冲突;对于男性来说,工作冲突是工作-家庭冲突的来源,男性允许工作角色的需求干扰家庭角色,许多男性带着工作回家,利用家庭时间来减少工作角色的压力。

3. 工作-家庭冲突双向模型

弗欧恩和库珀(Frone 和 Cooper,1992)拓展了前人的研究,认为先前的研究多偏重于工作对家庭的干扰,较少提及家庭对工作的干扰,所以提出了工作-家庭冲突是一种双向的概念,并建立了工作-家庭冲突双向模型(见图10-4)。他们认为:如果个人工作上的问题和责任干扰家庭义务的履行,这些未完成的家庭义务便会反过来干扰工作情况;反之,当个人家庭的问题和责任干扰工作任务的完成时,这些未完成的工作任务也会干扰其家庭生活。

以家庭压力源与家庭投入作为家庭-工作冲突的前因变量,工作-家庭冲突和家庭-工作冲突二者呈正相关关系。弗欧恩等人(1992)验证了工作压力源与工作-家庭冲突呈正相关关系,其中工作压力源包括工作负荷及责任,工作自主性缺乏及角色模糊;普莱克(Pleck,1979)验证了工作投入与工作-家庭冲突呈正相关关系,工作投入是指个人关心、重视目前工作的程度。弗欧恩等(1992)验证了家庭压力源与家庭-工作冲突呈正相关关系,家庭压力源包括来自父母的压力源和来自婚姻的压力源。在家庭中面临的父母与婚姻压力,使个人的时间、精力遭受压迫,与家人的关系处在紧张的状态,既影响正常的家庭生活,又影响工作表现。

工作-家庭冲突双向模型指出:工作压力源、家庭-工作冲突与工作苦恼呈正相关关系,工作投入与工作苦恼呈负相关关系；家庭压力源、工作－家庭冲突与家庭苦恼呈正相关关系，家庭投入与家庭苦恼呈负相关关系。基本理由是：个体在满足某一个角色的需求时，又常常会遭受另一个角色的干扰，此时，个体会有高水平的心理苦恼。工作苦恼与家庭苦恼和整体沮丧感呈正相关关系。

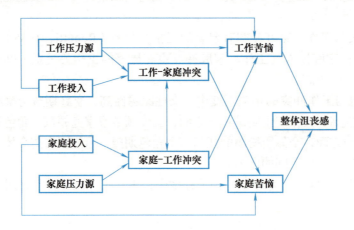

图 10-4　弗欧恩和库珀（1992）的工作－家庭冲突双向模型

（资料来源：李贵卿. 工作家庭冲突的理论模型和研究发展 [J]. 软科学，2007（8）.）

五、工作－家庭冲突的干预策略

工作－家庭冲突的干预策略是指通过不同的措施帮助人们实现工作－家庭之间的平衡，实现工作与家庭共同发展的良好状态。干预策略主要包括组织的支持策略、个人的应对策略和家庭层面的策略三个方面。

（一）组织的支持策略

工作－家庭冲突的组织支持策略主要有：在组织文化中营造支持家庭生活的氛围，提高工作时间和工作场所的灵活性，为员工提供受抚养者援助性福利，在组织中积极鼓励上级支持员工的家庭生活。

1. 在组织文化中营造支持家庭生活的氛围

研究发现，允许员工将家庭放在首位的组织文化与低家庭冲突显著相关。倡导尊重家庭生活的价值观是组织制定支持策略的基础，包括取消性别歧视、倡导家庭工作的同等重要、鼓励员工热爱家庭生活等。组织应建立允许谈论家庭需求的文化规范，并向员工准确表达对其家庭生活的尊重。

2. 提高工作时间和工作场所的灵活性

（1）工作时间　灵活的工作时间是由于社会和经济因素而引入的，如劳动力老化、单亲家长和双职工家庭的增多、减少通勤问题、灵活休闲时间、吸引熟练工进入市场及高失业率、高通货膨胀率。在工作时间方面可以采取以下几种方式：

1）灵活时间，是指将工作分为核心时间和灵活时间，在核心时间员工必须上班，在灵活时间员工可自行决定。其灵活性体现在灵活时间长短、午餐时间可控性和日常改变时间安排。这种方式可以提高工作满意度，减少旷工、缓解通勤忧虑，但会引起沟通问题，使管理者延长工作时间，在某些岗位（如轮班制、服务性）会受限制。

2）压缩工作周，是指将每周的工作安排在少于 5 天内完成。最常用的是"9/80"，即：第一周工作 5 天，前 4 天每天工作 9 小时，第 5 天工作 8 小时；第二周工作 4 天，每天工作 9 小时。该方式在政府和公用事业部门、建筑、卫生及服务业使用比较广泛。这种方式可以增加非工作满意度，减少通勤费、设备起动和关闭次数及旷工率。按小时雇用更能够满足市场对人力的弹性需求，但它会导致员工疲劳并增加管理者的压力。

3）兼职雇用，是指采用少于全职工作时间的方式。采用这种方式，组织可以提高工作安排的灵活性和工作满意度，节约人力成本，促进招聘，更易保留核心员工。

4）工作分享，是指两名员工共同承担一份全职工作，并按完成比例分配薪酬。但是，一岗两员增加了招聘难度，成本较高，同时还会带来薪酬分配的问题，增加管理的复杂程度。

5）"V 时间"项目（Voluntary Reduced Work Time），是指员工在某一特定时段自愿减少工作时间及薪酬。"V 时间"项目给予了员工时间灵活性，并降低了企业的人力成本。

（2）工作场所　灵活的工作场所是指员工可以决定工作地点，有远程办公和家庭办公两种基本类型。韦克（Weick，1979）认为，这种方式可以增强组织和雇员的灵活性和适应能力。员工常因家庭生活限制（子女看护、身体残疾、年老或通勤时间太长等）或相对雇主有某种优势而选择灵活的工作场所。

1）远程办公，可以是临近的工作中心、卫星办公室或集中办公场所，员工只需在核心时间出现在某固定地点，其他时间通过将计算机接入组织网络而实现与组织沟通。但是这种方式会增加办公设备成本，限制员工间交流，影响组织对员工的控制。

2）家庭办公，可进一步分为三类：替代性职业、自我雇用者和补充性职业。替代性职业是指用家庭办公替代传统办公方式；自我雇用者既有工商业自有产业者，也有非公司类工商业组织雇员；补充性职业是指在家完成办公室剩下的工作，常见于管理层和专业员工。家庭办公方式可以使员工减少分散注意力的现象，更易尝试新想法，减少或消除通勤时间，增加残疾人、单亲家长、有子女家长的就业机会，减轻工作压力，增加个人自由时间。

3. 为员工提供受抚养者援助性福利

研究发现，组织对受抚养者的照顾能够减少员工工作－家庭冲突。它有以下几种形式：提供看护中心信息、支付看护费用、提供经济补贴、在工作地建立看护中心、为员工的生病子女提供看护支援等。这些方式可降低旷工率，有助于员工自由安排时间，但由于有些方式成本高且组织直接受益不明显，所以应用得并不广泛，最常用的方式已经从看护中心变为组织为员工支付看护费用及提供信息服务。

组织可为员工提供以下受抚养者援助性福利：

（1）介绍信息　它是指提供并推荐好的看护中心信息。由于这种方式成本比较低，并且为有子女员工提供了方便，所以目前使用较为普遍。

（2）子女看护心得交流　它是指组织一些定期或不定期的讨论会，让员工探讨如何管教子女。这种方式成本不高，但效果却比较好，有些组织已经将它纳入员工支持计划。

（3）看护机构折扣　它是指由组织与看护机构联系，要求其提供折扣价格，组织会以优惠券的形式提供给低收入员工的家庭。

（4）工作地看护中心　它是指由组织在工作地或附近设立看护中心。这样可以减少员工因子女而分心，有利于新员工招聘和保留优秀员工。

（5）生病小孩看护　它是指由组织提供生病子女紧急看护中心，或派专业儿童看护人员到员工家里，或将照顾生病子女纳入正规病假日。由于看护中心不接收生病小孩，而且有些员工不愿让生病子女离开家，所以这种方法使员工可以专心工作并感受到组织的关怀。

（6）受抚养者看护支出账户　由于有些国家规定子女看护支出不需要交税，因此一些组织将其作为可选福利。员工可以用税前收入购买受抚养者看护服务。但是这项政策并不常用，其主要原因是：减少税前收入只对极少部分高收入员工有效；员工无法同时享有看护账户及看护课税扣除；涉及的行政管理手续复杂；员工需要提前一年预测相关支出，而且任何超出费用都不可偿还。

（7）工作家庭经理　在西方发达国家，有些公司设立工作家庭经理以集中管理工作家庭政策，让员工及时了解相关服务和福利，或直接由人力资源管理人员组成委员会进行管理。

4. 在组织中积极鼓励上级支持员工的家庭生活

支持家庭生活的上级会对员工追求工作家庭平衡表示赞同，并努力帮其实现平衡。研究者发现，上级支持会改变员工的态度和行为，允许员工将家庭放在首位的管理者与低家庭冲突显著相关。组织可能提供了很多政策，但如果上级不适当传达这些政策或限制其使用，就不会出现预期效果。因此，组织可以在管理者培训中提出工作家庭冲突，并保持管理者对相关政策的可获得性。

（二）个人的应对策略

个人可以通过自己的努力来实现工作-家庭的平衡，具体包括以下几个方面：

1. 角色的再定义

角色的再定义是指让人们重新认识自己对家庭和工作所应肩负的责任和投入，通过自我认知减少冲突带来的影响。

2. 关注问题

当冲突发生后，个人要更多地关注问题本身，避免顺从和回避，应采取措施尽快解决或缓解冲突。

3. 寻求帮助

当冲突发生时，个人可以与自己的家人、朋友和同事进行良好的沟通，以增进各方的理解，并寻求他们的帮助。

4. 提高自我效能感

增强实现工作-家庭平衡的信心，在冲突发生后，应积极地采取措施解决冲突。自我效能感既是工作-家庭冲突的调节变量，也是前因变量。

（三）家庭层面的策略

家庭的支持对于实现家庭-工作平衡来说非常重要。家庭成员的互相支持、和谐的家庭环境和较高的婚姻质量等,都能够减少和缓解冲突的发生及降低影响的程度。家庭层面的支持主要包括情感支持和工具性支持,如加强家庭成员之间的理解、聘请家政服务人员、家庭成员的合理分工等,都可以促进家庭的和谐,进而促进工作和家庭并行发展。

总之,工作与家庭之间的平衡需要个人、家庭和组织三者的有效配合及共同应对。组织通过制度安排促进员工工作-家庭平衡,既是组织人力资源管理有效性的体现,也是提高组织绩效的保障。实现工作与家庭之间的平衡也是个人、家庭和组织都应该面对的一个新问题。

相 关 链 接

"管理学第一夫人"

在管理学史上,吉尔布雷斯夫妇(Frank Gilbreth,1868—1924;Lillian Gilbreth,1878—1972)是在事业上真正"志同道合"的伴侣。他们共同追随泰勒,忠实信奉"效率"原则,并在诸多方面——特别是在他们自己的家庭生活实践中——都始终如一地将效率原则发挥到了不可思议的"极致"状态。他们在轰轰烈烈的管理人生中,不仅高效率地取得了一系列管理学术成就,还无比"高效率"地生养了12个孩子。特别是吉尔布雷斯夫人莉莲,她以其高效率且无比成功的职业管理生涯,成为一位令人由衷佩服的伟大女性。

1878年5月24日,莉莲出生于加利福尼亚奥克兰一个德裔糖厂主家庭,是家中9个孩子中的老大。由于母亲身体一直不好,所以她很早就承担起家务,帮助体弱多病的母亲照顾年幼的弟弟妹妹。她从小性格腼腆内向,直到9岁才正式入学。莉莲很聪慧,早年在父母的教育下学习法语、德语、钢琴及其他文化知识。中学毕业后,父母不准备让她上大学,在他们看来,莉莲以其家庭条件和家教修养,足以担当相夫教子的女性责任,找个门当户对的婆家优雅地进入上流社会就好,根本没有必要再继续深造。可是莉莲自己不这样认为,她努力说服父母让自己继续修学。最终,父母做出让步,但条件是只能选择加利福尼亚大学伯克利分校,以便继续帮助母亲照料家务。

1900年,莉莲取得了文学学士学位,后又以关于莎士比亚时代著名剧作家兼诗人本·约翰逊(Ben Johnson)的论文取得文学硕士学位。在她去欧洲旅行途经波士顿时,与后来成为她丈夫的弗兰克·吉尔布雷斯邂逅,一见钟情。弗兰克年长莉莲10岁,年轻、英俊且富有,创新精神十足,17岁时就创办了自己的建筑公司。认识三周以后,莉莲接受了弗兰克的求婚,两人于1904年结婚,成为管理学史上志同道合的双飞燕。婚后,莉莲在家庭和事业两方面彼此兼顾、齐头并进。据说他们在恋爱时曾经相约要养育一打孩子,婚后果然就生了12个。身为母亲,莉莲要照顾越来越多的孩子,管理庞大的家庭,同时还要协助丈夫的研究,并继续自己的学业。但这些都没有难倒莉莲,她不仅把家庭治理得井井有条,而且在弗兰克的研究中做出了创造性贡献,同时,还提前一年完成了自己的博士论文《管理心理学:精神在判断、指导和实施浪费最小化方法中的作用》。

但是1912年,当她向学校申请博士学位时,校方回复说,必须再回校研究一年才符合相关规定。这对莉莲是一个大麻烦,因为孩子们太小离不开母亲,她没法回校做研究,请学校方面予以理解和特殊照顾,但是学校负责人丝毫不做让步。丈夫弗兰克十分气愤,决定帮助莉莲寻找出版商发表莉莲的论文，以取得社会承认。最后，《工业工程杂志》答应用一年时间连载论文，然后由斯图吉斯和沃尔顿出版社正式出版。但是，鉴于当时社会上对女性的职业偏见，出版社不同意公开作者的女性角色，版权署名采用模糊的"莉莲·莫·吉尔布雷斯"。没办法，莉莲转向布朗大学申请"应用管理"哲学博士学位，并于1915年正式获得布朗大学哲学博士。

由于丈夫有心脏病，但又长期不间断地忙于研究事业，从事咨询、伏案写作、埋头实验、各种学术演讲和社会活动，最后，因过度疲劳于1924年6月24日在外地出差与莉莲通话时心脏病复发去世。弗兰克的离去，对莉莲是沉重的打击，但是这位刚强的女性并不屈服于命运，决定继承丈夫事业继续前进，并独立照管养育从2～19周岁的12个孩子。她立刻召集孩子们开了一个家庭会议，告诉他们："明天我将登上你们父亲本应乘坐的轮船，代替他到布拉格国际管理会议上发表研究结果，我想这也正是你们父亲所期望的。"在那个年代，一位女性在男人的世界里要向前推进她的职业生涯是无比艰难的。莉莲本想继续经营与丈夫开创的咨询管理公司，但由于其女性身份，许多公司不愿意继续合作，要么中断已有合同，要么拒绝续签到期合同。在这种情况下，莉莲只好在家里开办培训经理人员的私人工作室，以便在照顾孩子的同时继续管理研究及咨询事业。

在管理咨询实践中，莉莲逐渐摸索并形成了自己独到的见解："有一个逐渐为人们所重视的事实是：不仅有必要知道一个人能做什么及如何做，而且要知道任务完成后谁需要他，谁能立即付款。这样的分析使得在着手解决问题之前，所涉及的因素及解决的轮廓都能清晰明朗。"因此，在管理咨询中，莉莲特别注意客户导向，努力使提供给客户的解决方案具有可行性和操作性。例如，在担任纽约梅西百货公司顾问时，她深入销售第一线，与普通女工一起干活，通过亲身体验来获得一手数据资料，进而设计相应的工作效率改进方案。在提供管理咨询的同时，莉莲接受一些大学邀请讲授管理课程。1935年，莉莲接受普度大学管理学教职，直到1948年她70岁时才离开教授岗位。

在繁忙的家务中，莉莲还把早年与丈夫共同开展的动作效率研究运用于分析家务劳动，并找到一系列节省妇女家务劳动负担的方法。经过约20年亲身家庭劳动及摸索研究积累，她发明了脚踏式易拉罐、冰箱内置货架等，一些相关研究成果还不时会出现在诸如《好家政》《美好家园》等大众生活类杂志上。她陆续出版了《家庭主妇及其工作》（1927）、《和我们的孩子一起生活》（1928）、《家庭管理》（1954）等一系列家政管理专著。莉莲认为，如果能够将个体需求、自我实现及幸福感受等因素与管理原则融合起来，那么家庭就可以也应该成为一个人们获得快乐幸福的所在。在家里，每个人都可以得到满足，并且也可以得到自由，作为妻子与母亲的女性有权利享受这种自我实现和自由；但只有当家庭成员能齐心协力地共同分享家庭责任，并且整个家庭被有效地组织起来时，家庭生活的这种快乐境界才能实现。换句话说，每一位妻子、母亲都应成为高效能的管理者，才能带来并享受家庭幸福乐趣。

此外，莉莲还为政府公共部门提供管理咨询。在1929年—1933年经济危机中，莉莲受美国总统邀请，进入为解决失业问题而特设的紧急委员会，创造性地提出一项名为"享受工作、促进就业"的解决方案。在第二次世界大战期间，作为政府顾问，莉莲在军事基地问题和军工车间管理问题等方面，都给政府提供了积极的帮助。她还抽时间参与了大量公益性社会活动，如为女童子军当志愿者，为各种残疾人组织以及教会、公共图书馆义务服务。

莉莲在管理心理学领域研究职业生涯中所获得的成功，其动力最初主要来自于一个女性的爱,这就是特别细腻的女性感觉和悟性,以及男人所缺少的坚韧毅力和奋斗精神,这其中包括:女性的爱情之爱,早年主要是想为她丈夫的动作研究提供帮助,丝毫没有要扬名立万的宏大想法;来自文学艺术之爱以及母性之爱,她的管理学研究得益于她深厚的文学艺术功底,以及在抚育孩子过程中积累的丰富家庭管理经验铺垫。莉莲的研究视野开阔,涉猎内容广泛。在其管理视野中,"人"一直被置于中心的位置,她认为成功的管理"在于人而不是工作",而她和丈夫弗兰克一直努力推广的科学管理,实际上就是为人们提供能最大限度地利用人努力工作的方法。

莉莲将历史上的管理方式分为传统的、过渡的和科学的三种,这使人们从传统的管理事务小圈子中跳出来,便于很好地把握科学管理的时代背景及意义。她研究的领域十分广泛,包括个人、职能化、衡量、分析综合、标准化、记录和计划、传授知识、刺激及福利等,尤其是关于"个人"的研究,是莉莲管理思想的核心和关注焦点。她认为:在传统管理下,个人受到中心人物的权利压抑,事实上处于一种受胁迫的地位,缺乏安全感;而在科学管理下,个人则是一切活动的出发点和中心,挑选人员、激励工人、改善员工福利等活动都应该围绕个人进行,个人是"泰然自若和安全的",尊重个人并关心和满足个人在物质上、精神上及经济上的诉求,是科学管理思想的实质所在。通过培养人的品德、特殊的能力和技巧,使每个人都能发挥其最大的潜力,是科学管理的基本目标。为了共同利益,管理部门如何才能使个人得到发展,在"有效"前提下怎样实现劳资合作,是科学管理的核心问题。莉莲以人为本的管理心理学研究,尤其是有关疲劳的研究,正如她所预期的那样,在丈夫弗兰克的动作研究中有着突出的作用,如果没有莉莲的扶助,弗兰克难以成为"动作研究之父"。

莉莲的职业生涯一直持续到晚年,她在 70 岁以后仍在继续管理研究,80 岁时还进行演讲和写作,经常赴世界各地讲学,即使到了耄耋之年,仍然经常是大众关注的对象。1972 年 1 月 2 日,她在美国亚利桑那逝世,享年 93 岁。莉莲终生所获得的荣誉学位和专业荣誉称号达 30 多项。莉莲的一生,在管理研究事业上创造了诸多"第一":她是美国第一位获得荣誉工程硕士学位的女性,也是第一位获得心理学博士学位的女性;她是获得美国政府授予胡佛奖章的第一位女性,也是获得吉尔布雷斯奖、甘特金质奖章和 CIOS(国际管理科学委员会)金质奖章的唯一女性;她是美国机械工程师协会第一位女性会员,也是普度大学工程学的第一位女性管理学教授。这一系列"第一"连接起来,铸造出了这位"管理学第一夫人"的辉煌一生。

莉莲不仅是"管理学第一夫人",而且是名副其实、身体力行的"管理学第一夫人"。在生活中,莉莲成功地把传统女性夫唱妇随、相夫教子的美德和职业女性独立自主、持之以恒的精神完美统一起来,把职场工作与家庭生活、私人空间与公共领域巧妙链接起来。企业组织管理问题与政府公共管理政策兼顾打通一起研究,不仅并行不悖而且还相得益彰、互相促进。她应用科学管理的方法与技巧让孩子们学会了独立生活与自我管理,长大后不仅健康生活而且还成就斐然,其中还有两个人成为畅销书作家。她的孩子后来推出回忆录《论"打"更便宜》(*Cheaper by the Dozen*),成为 1949 年美国最畅销的非小说类书籍。该书生动地描述了吉尔布雷斯夫妇如何运用效率研究理念操持家务,管理 12 个孩子。好莱坞有人专门引进吉尔布雷斯夫妇二人的轶事拍了一部同名喜剧片,其中有一组打趣讥讽似的生活写真镜头:当夫妇每次商业差旅结束回家时,这对专业的管理学夫妇用秒表计算孩子们上前拥抱他们时所用的动作和时间。

(资料来源:李宝元. 现代职业生涯管理学 [M]. 3 版. 北京:北京师范大学出版社,2020.)

第四节 职业生涯高原

20世纪70年代,随着组织结构的扁平化、组织精简、机构重组以及整个社会经济发展速度放缓,加之越来越多在生育高峰时期出生的人进入职业生涯中期,导致更多的人在更低的组织结构水平上比他们的预期更早地进入职业生涯停滞期(Career Stagnation)。对于在生育高峰时期出生的人来说,职业生涯的不断发展是他们获得成就感、自我价值感和自尊感的一个重要来源,较早进入职业生涯停滞期往往会使他们产生挫折感和失败感,导致组织的效率和效能下降。正是由于职业生涯的停滞引发了一系列问题,费伦斯(Ference)等在1977年提出了职业生涯高原的概念,并很快受到组织管理学家和人力资源管理实践者的关注,成为职业生涯管理中一个非常重要的研究内容。

一、职业生涯高原的概念与类型

1. 职业生涯高原的概念

西方研究者主要从晋升(Promotion)、责任(Responsibility)以及流动(Mobility)三个角度对职业生涯高原进行概念界定。费伦斯等人(1977)最早从晋升的角度对职业生涯高原进行定义。他们认为,职业生涯高原是指个体职业生涯发展的某一阶段,在这个阶段中,个体进一步晋升的可能性非常小。威格(Veiga,1981)对职业生涯高原的含义进行了扩充,他认为职业生涯高原不仅包括晋升的可能性很小(垂直流动的停滞),而且包括水平流动(横向运动)的停滞。他将职业生涯高原定义为:长期处于某一职位,使得个体未来的职业流动包括垂直流动和水平流动变得不太可能。从20世纪70年代后期到80年代后期,研究者对职业生涯高原的概念界定都是从晋升和流动这两个角度进行的。1988年,费尔德曼和维兹对职业生涯高原的概念提出了新的见解。他们认为,采用晋升或垂直流动对职业生涯高原进行定义,实际上是假设组织层级水平与工作责任有着必然的关系。然而,事实上员工可能被授予了更多的责任,但是工作头衔却没有变化。同样,员工可能被授予了新的工作头衔,美其名曰"晋升",但实际上他们的工作责任在减少,费尔德曼等将这种情况称为"明升暗降"。因此,费尔德曼等对职业生涯高原进行了新的定义,他们认为,职业生涯高原是指承担更大或更多责任的可能性很小。

2. 职业生涯高原的类型

关于职业生涯高原的类型,学者们进行了不同的划分。费伦斯把职业高原划分为个人高原与组织高原两类。个人高原是指员工个体因素导致的职业高原状态;而组织高原则是指由于组织环境和条件限制,个体才能和职责无法进一步发挥而形成的职业高原。

巴德威克(Bardwick)进一步细化了对职业生涯高原的界定。他认为,职业高原应包括三类:结构高原、内容高原和个人高原。结构高原是指因组织结构不合理使员工的职业发展受到限制所形成的职业生涯高原;内容高原是指员工缺乏进一步发展所需要的知识与技能而出现的一种个体职业发展上的停滞;个人高原主要是指因个体生活上的静止而导致的个体职业发展上的停滞。

二、职业生涯高原的影响因素

1. 职业生涯高原模型

1988年,费尔德曼和维兹提出了一个职业生涯高原动态发展模型。此模型将员工达到职业生涯高原的原因分为三类:①员工的工作绩效;②组织是否能提供承担更多责任的机会;③员工是否接受组织提供的机会。其中,每一个方面又受到其他因素的影响。比如,员工的工作绩效会受到员工的内部动机和外部动机、个人的工作技能和能力、角色知觉以及培训机会等因素的影响。费尔德曼和维兹的职业生涯高原模型如图10-5所示。

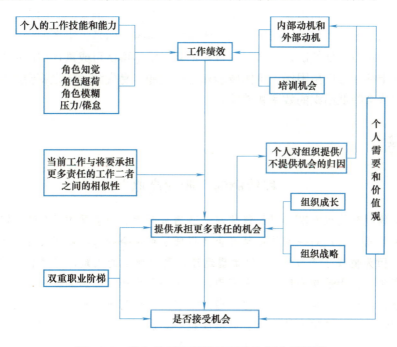

图10-5 费尔德曼和维兹的职业生涯高原模型

(资料来源:谢宝国,龙立荣.职业生涯高原研究述评[J].心理科学进展,2005(3).)

从图10-5中可以看出,员工的工作绩效、组织能否提供承担更多责任的机会以及员工是否接受组织提供的机会三者构成了一个连续链,动态地对员工的职业前景产生影响。链条中任何一个环节的断裂都会导致员工进入职业生涯的停滞期。需要指出的是,在此模型中,组织是否向员工提供承担更多责任的机会,不仅要考虑员工当前的工作绩效,而且要考虑员工当前所从事的工作与将要承担更多责任的工作二者之间的相似性。

2. 职业生涯高原的影响因素

近年来,受到研究者更多关注的是特伦布莱(Tremblay)等人提出的三因素的观点。他们将影响职业生涯高原的因素划分为个人因素、家庭因素及组织因素三类。个人因素包括年龄、资历、控制点(内控或外控)、受教育程度、晋升愿望、上级的绩效评价、工作卷入度、先前的成功经历以及管理幅度等因素。家庭因素包括家庭满意度、家庭规模、家庭负担以及配偶的工作类型(无工作、全年兼职、全年全职)等因素。组织因素包括组织的结构特征以及职业路径（职能或直线）。他们的实证研究表明：个体先前的成功经历、资历、受教育程度、上级绩效评价和年龄与客观职业生涯高原（职业生涯高原的客观测量）存在显著相关；个体的晋升愿望、先前成功的经历、资历、管理幅度、配偶的工作类型等因素与主观职业生涯高原（职业生涯高原的知觉测量）有显著的负相关关系，而外控和年龄与主观职业生涯高原有显著的正相关关系。

3. 职业生涯高原的结果效应

职业生涯高原形成后，将会对员工的工作表现产生怎样的影响呢？有些学者对职业生涯高原效应持积极的观点，认为职业生涯高原是员工职业生涯发展的稳定期，员工可以利用该时期获取新知识、吸收新观念，掌握工作以外的业务技能，追求明确的家庭与个人生活乐趣，为今后承担更多的责任、发挥更大的价值做好准备等。但是，更多的学者对职业生涯高原效应持消极的观点，他们认为，员工一旦知觉到组织不再认可或重视自己的技能、绩效和贡献，在心理上往往会产生困扰，工作技能和生活技能容易失调，随之将会产生职业生涯高原的知觉，最终会降低组织的效率和效能。

相 关 链 接

程传洲的"职业高原"

北京某生物制药技术有限公司的程传洲曾遭遇过两次职业发展中的"停滞期"。11年前，他从国家机关辞职下海，到一家外商独资企业担任了董事会秘书，做了4年。刚开始时，程传洲很高兴，因为他成了"白领"，他希望迅速得到职业上的飞跃，可是他一直等到第4年也没有任何变化。由于最初的理想没有实现，他想到了跳槽，应聘到一家著名的民营高科技企业担任人事部经理。可是几年后，他又遇到了职业生涯高原的痛苦，感到在现有的职位学不到新的东西，工作没有挑战性，加薪的幅度也不如别人，没有出国考察学习的机会，职位的上升空间也没有了。当时该公司有4个副总，程传洲认为除了技术副总外，不会再设副总了，他感到很痛苦，想放弃，想离职。但是，经过长时间的思索，他最后的选择是继续留下来，并以一种创新的精神努力做好工作。不久，公司为了更好地发展，进行结构调整，他被选拔担任新公司的经理，他如愿以偿，同时也为自己的坚持而感到庆幸和自豪。

三、应对职业生涯高原的策略

员工职业生涯高原的产生，既有个人的原因也有组织的原因，因此要从个人和组织两个方面应对职业生涯高原。

1. 个体应对策略

1985年，然兹（Rantze）和费勒（Feller）提出了四种个体解决职业生涯高原问题的策略：①静心法（Placid Approach），接受这种状态，尽力克制自己的消极情绪；②跳房子法（Hopscotch Approach），在原有职位不变的情况下，努力向其他方面发展，以求在其他方面有较好的发展；③跳槽法（Change of Uniform Approach），离开组织并在其他组织中找到相似的职位，希望通过环境的变换解决这一问题；④创业法（Entrepreneurial Approach），通过尝试、创新等途径努力开发现有的工作，成功地与决策者进行互动，而不是被动地接受。然兹和费勒认为，创业法是解决职业生涯高原最有效的办法。

2. 组织应对策略

自从职业生涯高原这一概念提出以来，就有许多研究者从组织管理的角度提出了许多具体的干预策略。1994年，坦（Tan）和塞蒙（Salmone）指出，职业生涯高原既是个人关心的问题，同时也应该是组织关心的问题，应尽力控制可能导致职业生涯高原的组织因素。他们还指出，组织可以通过工作再设计、项目团队、工作轮换、横向转移等人力资源管理措施解决职业生涯高原的问题。1990年，伊万切维奇（Ivancevith）和德弗兰克（Defrank）从心理咨询的角度提出，组织可以通过职业生涯咨询、压力管理研讨会、放松技巧训练、与健康有关的讨论会等措施，帮助处于职业生涯高原的员工。

第五节　人工智能对职业生涯的影响

一、人工智能

在计算机出现之前，人们就幻想着有一种机器可以实现人类的思维，可以帮助人们解决问题，甚至比人类有更高的智力。随着20世纪40年代计算机的发明，这几十年来计算速度飞速提高，从最初的科学数学计算演变到了现代的各种计算机应用领域，诸如多媒体应用、计算机辅助设计、数据库、数据通信、自动控制等，人工智能是计算机科学的一个研究分支，是多年来计算机科学研究发展的结晶。

人工智能是一门基于计算机科学、生物学、心理学、神经科学、数学和哲学等学科的科学和技术。人工智能的一个主要推动力是要开发与人类智能相关的计算机功能，例如推理、学习和解决问题的能力。人工智能之父约翰·麦卡锡（John McCarthy）说：人工智能就是制造智能的机器，更特指制作人工智能的程序。人工智能模仿人类的思考方式使计算机可以智能地思考问题，人工智能通过研究人类大脑的思考、学习和工作方式，然后将研究结果作为开发智能软件和系统的基础。人工智能赋予了计算机感知、学习、推理及协助决策的能力，从而使计算机能采用与人类相似的处理方式来解决问题。

人工智能在以下各个领域占据主导地位：

（1）游戏　人工智能在国际象棋、扑克、围棋等游戏中起着至关重要的作用，机器可以根据启发式知识来思考大量可能的位置并计算出最优的下棋落子。

（2）自然语言处理　可以与理解人类自然语言的计算机进行交互。比如常见的机器翻译系统、人机对话系统。

（3）专家系统　有一些应用程序集成了机器、软件和特殊信息，以传授推理和建议。它们为用户提供解释和建议，比如分析股票行情，进行量化交易。

（4）视觉系统　它能系统地理解、解释计算机上的视觉输入。例如，无人机拍摄照片，用于计算空间信息或区域地图；医生使用临床专家系统来诊断患者；警方使用的计算机软件可以识别数据库里面存储的肖像，从而识别犯罪者的脸部；还有最常用的车牌识别等。

（5）语音识别　智能系统能够与人类对话，通过句子及其含义来听取和理解人类的语言。它可以处理不同的重音、俚语、背景噪声、不同人的声调变化等。

（6）手写识别　手写识别软件通过笔在屏幕上写的文本可以识别文本的形状并将其转换为可编辑的文本。

（7）智能机器人　智能机器人能够执行人类给出的任务。它们拥有传感器，检测到来自现实世界的光、热、温度、运动、声音、碰撞和压力等数据。它们还拥有高效的处理器和巨大的内存，以展示其智能，并且能够从错误中吸取教训来适应新的环境。

二、人工智能对工作的影响

（一）人工智能时代的工作变化

当前以人工智能为核心的新技术对现有职业的冲击，本质上是对岗位或者岗位中的核心模块进行的替换。人工智能环境下，工作变化的特征体现在以下三个方面：

1. 程序化工作被人工智能取代

所谓程序化工作，按照美国经济学家 D. H. 奥托（D. H. Autor）等（2003）的定义，是指变化少、可以按照事先规定的程序进行的工作。程序化工作又分为主要使用认知能力的程序－认知型工作和主要使用肢体能力的程序－肢体型工作。认知能力是指直觉判断、想象、推理、决策、记忆、语言理解等能力；肢体能力是指体力。程序－认知型工作具有重复性、单一性、目的明确并且主要使用脑力等特点，如行政事务、会计工作。程序－肢体型工作虽然也有重复性、单一性、目的明确等特点，但主要使用体力，如流水线组装、仓库运输业务。由于程序化工作相对简单，易于编制成计算机程序，所以人工智能对人类劳动的替代，首先会从这些工作开始。例如，产品组装是按照作业标准反复实施同样内容的工作，而作业标准完全可以编制为计算机程序，所使用的设备以及动作也完全可以建立成模型，因此产品组装就可以由人工智能来代替实施。再如，需要一定认知能力的会计业务，人工智能也可以通过扫描或接收电子信号等方式获取相关数据，而后根据规定程序进行分类、汇总等作业。因此，在人工智能时代程序化工作会呈现明显的减少趋势，以往的自动化设备基本上是替代体力劳动的蓝领劳动者，而人工智能将替代白领劳动者。英国剑桥大学学者 C. B. 弗雷（C. B. Frey）与 M. 奥斯本（M. Osborne）在 2013 年发表的报告中指出，美国在未来 20 年里将有 47% 的工作存在被替代的可能性，电话推销员、标题审查与摘要人员、手工缝纫工、技工、保险受理员、手表修理工、货物运输人员、税务代理员、照片处理工、会计助理、图书馆技术员、数据输入员等工作被取代的概率可高 99%。日本经济新闻和英国金融时报 2017 年合作进行的调查显示，制造、餐饮、运输等 23 个产业的 2000 项工作中有超过 30% 的业务可能被替代：制造业被替代的比例是 80.2%，包括焊接、组装、裁缝、制鞋等业务；餐饮业被替代的比例是 68.5%，如客服、点餐、食材准备、餐桌与餐具摆放等业务；运输业被替代的比例是 48.4%，包括车辆维修、飞机驾驶、运输信息提供等业务。这些研究表明，被取代概率高的工作基本上都是重复性、单一性、目的明确的程序化工作，其中不乏白领岗位的部分业务。

2. 一部分非程序化工作被人工智能取代

相对于程序化工作，非程序化工作通常变化较大，难以按照事先规定的计划进行。非程序化工作又分为两类，一类是非程序－认知型工作，如科学研究、文学创作、作曲作画、经营管理、医疗诊断、诉讼辩护等；另一类是非程序－肢体型工作，如烹饪、理疗、看护和汽车驾驶等。非程序－认知型工作需要高层次的文化水平、分析能力和想象力，现阶段的人工智能还达不到完全替代的水平。烹饪、理疗、看护和汽车驾驶等非程序－肢体型工作需要高度的人际互动、灵敏的环境反应能力和灵活的肢体动作，而这些要求现阶段的人工智能尚不能完全做到，所以，这些工作基本上还需要人来承担。但随着人工智能技术的发展，人工智能在未来不仅会代替人做更多的程序化工作，而且有望将一部分非程序化工作纳入替代范围，如自动驾驶、行走助力、编制诉讼方案、作曲作画等。届时，非程序化工作完全由人来完成的局面就会发生变化，进而带来业务重组，从以前由人承担所有业务变成由人工智能和人共同分担业务，如：影像诊断由人工智能完成，最终诊断由医生完成；围棋陪练由人工智能承担，棋艺解说由教练承担。

3. 工作向高度智慧化转移

装载有人工智能的设备可以替代人承担程序化工作，甚至部分非程序化工作。但现阶段人工智能仍有很大的局限性，如人工智能不能设定目标和规划未来，不能产生意识，不能对未曾有的变化做出反应，不能提出问题，不能设计分析框架，不能产生灵感，不具有常识判断力，不具有指挥人的领导能力。因此，现阶段仍有四类职业的工作是人工智能所无法替代的。一是高度创造性的思维工作，如通过综合分析各种知识归纳和提出新概念，通过多方面分析发现问题并提出解决方案，基于情感创造出文学艺术作品等。二是高度社会化的沟通工作，如包含理解、说服、交涉的工作，人际交往与协同作业等。三是高度灵敏的肢体型工作，如演奏乐曲、表演舞蹈、高难度手工艺等。四是高度非程序化的工作，如看护、清扫工作。这些工作看似简单，但需要人根据知识、经验以及常识等对情境做出判断，如在清扫时对发现的废纸需要进行判断，确定它是重要笔记还是真正的废纸，而这是人工智能的扫地机无法做到的。即使如此，现在几乎所有领域中也都在使用人工智能，并且人工智能的工作领域还在不断扩展。在看护工作中，移动搀扶患者的机器人已经开始出现；人工智能已能够进行文学、绘画及音乐的初步创作，人与人工智能协同作业的状态已成为普遍现象。在这种状态下，人的工作内涵必然要向高度智慧化转移。

（二）人工智能时代的工作定位

在刚开始引进人工智能的生产过程中，人仍是作业的主体，人工智能起辅助性和支持性作用。人工智能辅助人进行数据和信息处理方面的业务，支持人做一些复杂的、技术性的工作，从事需要肢体劳动的、程序化的操作，但对于需要高度认知能力的工作，如推理与决策，以及需要与人沟通的工作，如协调、开发与咨询、沟通与互动，人工智能的贡献就相对较少，但这种情况将会发生改变。世界经济论坛《职业前景报告2018》发表了2018年人与设备的工作时间占比值和2022年人与设备的工作时间占比的预测值，见表10-2。

对于所有业务，2022年设备的工作时间占总工作时间的比值会增加，其中设备在信息和数据处理、探索和获取业务信息中的工作时间占比将超过人的工作时间。在行政，肢体的程序化的工作、识别和评估业务信息,执行复杂的技术任务中,设备的工作时间占比也将超过40%。即使在推理与决策、沟通与互动这样原本主要由人来完成的业务中,设备的工作时间也将提高30%左右。因此,未来人工智能不仅能在生产过程中起辅助、支持的作用,而且在一些业务中将会作为"数字劳动力"发挥主导作用。总之,在人工智能时代,智能设备将越来越多地替代人的劳动,人机协作的关系将越来越显著。

表10-2 2018年、2022年人与设备的工作时间占比值

业务	2018年		2022年	
	人(%)	设备(%)	人(%)	设备(%)
推理与决策	81	19	72	28
协调、开发、管理与咨询	81	19	71	29
沟通与互动	77	23	69	31
行政	72	28	56	44
肢体的、程序化的工作	69	31	56	44
识别和评估业务信息	71	29	54	46
执行复杂的技术任务	66	34	54	46
探索和获取业务信息	64	36	45	55
信息和数据处理	53	47	38	62

(资料来源:世界经济论坛《职业前景报告2018》.)

在人工智能时代,一些职业和工作被替代是不可避免的,因此,劳动者必须对职业及工作选择有清楚的认知。美国管理学学者T. H. 达文波特(T. H. Davenport)和J. 卡比(J. Kirby)认为,人工智能时代劳动者的工作定位,即如何选择能实现自身价值的职业,有以下五种方式:

(1)升级方式 升级方式即提升管理素质和掌握超越计算机的大局思维,向高级管理岗位发展。这要求对经营系统有透彻的理解,并需要有充足的计算机知识与技能。随着人工智能质量的提高和数量的增加,高级管理岗位的事务性工作将被大幅度替代,因此,升级到高级管理岗位的人数会比以往少。

(2)转移方式 转移方式即转移到不能程序化、结构化的工作领域去。现阶段,人工智能设备尚不能完全替代人的劳动,因此,工作流程中会保留一些人的岗位。但随着人工智能水平的提高,这些岗位也将逐渐被替代,因此,这些岗位的劳动者要有充分的危机感。

(3)介入方式 介入方式即学习计算机的程序化决策过程,掌握监视和调整计算机功能的新型能力,以现场管理者的身份介入基本上由人工智能实施的作业过程中。

(4)集中方式 集中方式即以计算机程序尚未渗透到的领域为唯一标准来选择职业或工作。这种方式要求特殊、高超的人类智慧及技能,需要早期、长期训练,甚至需要天赋。

(5)前进方式 前进方式是指与时俱进,加大学习力度,研究开发能改变当前领域工作效率的高水平智能机器。

从与人工智能的关系看,升级方式、介入方式和前进方式,都需要学习人工智能技术。

转移方式中劳动者没有学习新技术的欲望或能力，他们的收入可能会减少，就业也不稳定。集中方式需要从中小学起，通过个性化教育对相关方面的人才进行培养。

三、人工智能时代的能力需求变化与能力要求

在人工智能时代，由于大量的程序化作业，甚至越来越多的非程序化作业都将由自动化设备实施，因此人必须能够驾驭智能设备，发现和解决工作流程中的问题，对智能设备进行更新创造，从而使其更好地服务于人类社会。从劳动者角度看，劳动者只有具备人工智能时代所需要的能力，才能使自己的劳动付出变得更有价值；从企业角度看，具有人工智能时代能力的员工，是创造价值所不可缺少的人力资源，值得大力引进和培养；从社会角度看，劳动者队伍和后备力量都具备符合人工智能时代要求的能力，就可以稳定就业，促进社会经济持续发展。

（一）能力的内涵

人的能力一般包含两个方面：认知能力和非认知能力。2015年经济合作与发展组织（OECD）研究认为，认知是关于获取和应用知识经验的过程，而认知能力就是所有与获取和应用知识经验有关的能力。认识能力有三个层次：第一层是基本能力，如模式识别、计算和记忆；第二层是获取能力，如检索、分类和解释；第三层是应用能力，如思考、推理和概念化。这三层能力的复杂程度从低到高、依次递进。经济合作与发展组织用"社会情感能力"来表示非认知能力。社会情感能力是对目标实现、社会协作和情感控制产生影响的人格特征。例如：目标实现方面的忍耐、自律、意愿；社会协作方面的沟通、开放、体贴；情感控制方面的自尊、灵活、自信等。 在实际中，人是认知能力和社会情感能力的载体，即这两种能力在人的身体中同时存在，相互影响、相互作用，形成了人的脑力活动和肢体行为。例如，批判性思考就是两种能力合二为一的结果。批判性思考既有认知能力的特点，即能够客观地进行逻辑推理，严守成本收益原则，冷静地进行战略分析，又因为其对象是现实中的新问题，仅仅依靠过去的经验和教科书是不够的，还必须对新问题持有开放心态，根据具体情况，灵活改变思路和行动，而这些特点正是社会情感能力范畴的内容。

（二）能力需求的变化

技术进步使得工作环境发生变化，对劳动者的能力需求也出现了新变化。以数字技术为轴心的自动化设备的应用，要求劳动者认知能力和社会情感能力综合水平的提高。世界经济论坛的《职业前景报告2018》发表了313家跨国企业管理高层的调查数据（见表10-3），从中可以看出2022年需要的关键能力中，属于认知能力的有8个，具体包括：分析性思考与创新，主动学习与战略性学习，创造性、独特性和主动性，技术设计与编程，批判性思考与分析，解决复杂问题，问题推理与构思，系统分析与评估。与2018年相比，技术设计与编程、系统分析与评估是新增项目，反映出人工智能时代对劳动者的数字技能的强烈需求，揭示了劳动力素质提高的方向。而领导力和社会影响、情绪性智商属于社会情感能力的范畴。这两个能力同时出现在2018年、2022年两个时间段里。由此可见，社会情感能力在未来的人工智能环境中是不可缺少的。只要生产过程中有人的存在，只要市场及组织内部环境不断变化，就需要用社会情感能力去发现问题，用技术技能去解决问题，从而实现劳动的价值。与此同时，包括脑力、肢体在内的基本认知能力的需求将会减少，如操作灵活性、持

久性与准确性，视觉、听觉与表达，读、写、算等能力。一些基本操作能力的需求也会减少，如财务和物资资源管理、设备安装与维护、质量管理与安全管理等能力。这些能力基本用于实施程序化业务，其工作的操作标准简单明了，个人发挥创造性的空间较少，从能力层次看，虽然属于知识经验应用能力范畴，但处于低级层次。

表 10-3　2018 年、2022 年关键能力需求

序号	2018 年 前 10 项关键能力需求	2022 年 前 10 项关键能力需求	2022 年减少的能力需求
1	分析性思考与创新	分析性思考与创新	操作灵活性、持久性与准确性
2	解决复杂问题	主动学习与战略性学习	记忆、词汇、听力与空间认知
3	批判性思考与分析	创造性、独特性和主动性	财务和物资资源管理
4	主动学习与战略性学习	技术设计与编程	设备安装与维护
5	创造性、独特性和主动性	批判性思考与分析	读、写、算
6	专注细节与诚信力	解决复杂问题	自我管理
7	情绪性智商	领导力与社会影响	质量管理与安全管理
8	推理、解决问题与构思	情绪性智商	协调与时间管理
9	领导力与社会影响	问题推理与构思	视觉、听觉与表达
10	协调与时间管理	系统分析与评估	技术使用、检测与控制

（资料来源：世界经济论坛《职业前景报告 2018》.）

2017 年，日本人才咨询公司阿德卡（Adecco）对 309 家上市公司管理高层进行了抽样调查，收集到了两个时间点（调查时间点为 2017 年、人工智能普遍应用的 2035 年）对各种能力的需求程度。结果显示（见表 10-4），2035 年最需要的前 10 项重要能力中：5 项为认知能力，包括创造性、分析性思考与抽象性思考、解决复杂问题、信息收集和解决简单问题；5 项是社会情感能力，分别是人际关系、灵活性、挑战精神、领导力、积极性与主体性。2017 年的前 10 项重要能力中：4 项为认知能力，依次是分析性思考与抽象性思考、解决复杂问题、创造性和信息收集；6 项是社会情感能力，如人际关系、积极性与主体性、挑战精神、团队工作与协调性、灵活性和目标实现意愿。从数量看，不论是 2017 年还是 2035 年，认知能力和社会情感能力的排名基本相当，表明无论什么时代，均衡能力结构都是必要的。从内容看，不论是 2017 年还是 2035 年，认知能力和社会情感能力的子项目基本相同，反映出企业能力需求具有一定的稳定性。从个别能力变化看，有两个突出现象，一个是认知能力中，创造性需求的大幅上升，这表明在人工智能时代企业将进行业务重组，要求员工在高价值工作领域创新工作方式和取得突破；另一个是社会情感能力中，对灵活性的需求有所提升。这反映出企业需要员工充分发挥主动性，去发现生产流程中的问题、发现新的社会需求，而不仅仅是执行指令。

表 10-4　2017 年、2035 年最需要的前 10 项重要能力

2017 年		2035 年	
序号	能　　力	序号	能　　力
1	人际关系（对人影响/对人理解/与人共鸣）	1	人际关系（对人影响/对人理解/与人共鸣）
2	分析性思考与抽象性思考	2	创造性
3	解决复杂问题	3	分析性思考与抽象性思考
4	积极性与主体性	4	解决复杂问题
5	创造性	5	信息收集
6	挑战精神	6	灵活性
7	信息收集	7	解决简单问题
8	团队工作与协调性	8	挑战精神
9	灵活性	9	领导力
10	目标实现意愿	10	积极性与主体性

（资料来源：刘湘丽.人工智能时代的工作变化、能力需求与培养[J].新疆师范大学学报（哲学社会科学版），2020，41（4）：97-108.）

（三）人工智能时代对人的能力要求

在人工智能时代，劳动者首先应该学习与新技术有关的新知识、新技能，其次要在新技术的学习与应用过程中提高社会情感能力，即与人沟通的方法与相关知识。劳动者的能力结构要向高层次升级，应重点发展高层次认知能力，具体包括两个方面：一是创造性思维能力，即应用人工智能技术创造新产品、新服务的能力；二是环境应变能力，即发现新问题和解决新问题的能力，包括主动学习与战略性学习、解决复杂问题等。在人工智能时代，对于劳动者而言，重要的是使能力结构升级以符合技术发展需要，认知能力不仅要达到新水平，还要与工作方式变化相匹配，与人工智能技术互补的社会情感能力也要同步发展。中国社会科学院工业经济研究所刘湘丽研究员认为，人工智能时代的能力要件可归纳为以下四个方面：

（1）人工智能知识　人工智能知识，首先是数学知识。因为人工智能的基础就是数理模型，主要包括概率、统计、线形代数等内容。其次是数据科学，涉及在计算机上收集、解析数据的知识和技能，数理和计算机语言知识，以及计算机操作能力。有了这两方面的知识，就可以形成关于人工智能的新技能：能够使用程序语言，利用既有模块，编制、操作或使用具有简单的感应、解析、反馈等智慧行为的自动化装备。

（2）社会交流能力　在人工智能时代，要创造新价值，人际或社会交流能力越发显得重要。创造新产品、新服务及新的工作模式，意味着要对现状有充分的了解，要利用人工智能对现状进行改变、重组。这需要周边很多人及社会的理解、帮助及合作。因此，在人工智能时代，劳动者应该提高自身的社会交流能力，能简明扼要地说明目的，开诚布公地寻求理解与帮助，诚实守信地与人合作。社会交流能力的基础是情感，所以人在情绪、意志等方面的情商以及对于文化艺术的审美都非常重要。

（3）创造性思维能力　人工智能技术使程序化的工作自动化，把劳动者从单一循环、重度及危险的劳动中解放出来，给予其更多的时间，为其创造性思维提供了更大的可能性。同时，劳动者也只有发挥自己特有的创造性思维能力，才能在人工智能时代确立自身的存在价值。所谓创造性思维能力，是指利用人工智能技术，劳动者结合自己所在的特定领域，去发现社会及市场需求，提出关于新产品、新服务以及新工作模式的能力，包括抽象能力、综合能力和应用能力。

（4）环境应变能力　它是指能够根据不同情境做出不同决策的能力。在人工智能时代留给人的工作基本上都是非程序化工作，它们不可事先预测，也无法编制操控指南，需要劳动者根据自身掌握的知识、经验、常识以及悟性来灵活行动。

以上归纳了符合人工智能时代要求的四个方面的能力，这四个方面的能力并不是独立存在的，它们之间有着不可分割的联系。人工智能知识是新时代劳动者能力的基础，有了它劳动者才能够驾驭自动化设备，进行新产品、新技术及新价值的创造。创造性思维能力是人工智能时代劳动者能力的核心，突出显示了人的智慧价值。而社会交流能力和环境应变能力则对人的气质或性格提出了新要求，要求处于人工智能时代的劳动者区别于越来越聪明的自动化设备，在纷繁复杂的社会和飞速变化的技术环境中发挥人的作用。

四、如何应对人工智能对职业生涯的影响

（一）政府层面

1. 完善社会保障体系，降低失业带来的冲击

人工智能的高速发展，使劳动者面临失业的压力越来越大，必然会造成一部分劳动者存在失业风险，而且这种趋势会越来越严重。国家应加强社会保障和失业扶持政策力度，避免由失业引发的社会风险。首先，要优化和提升社会基本保障水平，进一步改进医疗、教育和住房保障，稳步提升各项保障待遇水平，构建更加公平的社会保障体系。其次，健全失业救济、就业援助、最低工资水平等社会保障制度，保障失业群体和低收入群体的基本生活水平。再次，完善失业群体和低收入群体就业扶持政策，建立就业援助计划和劳动技能提升培训资助计划。最后，利用大数据建立就业数据分析、监测和评价机制，及时分析研判人工智能发展对劳动力就业的影响趋势，对广泛应用智能机器的地区、企业进行岗位变化监测预测，做好失业风险预警工作，及时掌握不同行业失业变化动态，对潜在失业群体再就业提供帮扶计划，为失业者提供就业信息咨询指导和新技能培训，帮助他们提升就业能力。

2. 加强人工智能教育培训，提高就业能力

人工智能的快速发展，需要大批的相关人才支撑。因此，政府应大力提倡人工智能教育，积极推动学校教育改革，在教学内容中提高人工智能技术教育的比重，为人工智能技术发展提供大量的人才供给。同时，针对人工智能技术对中低端从业者冲击更大的现状，要健全适应智能经济和智能社会需要的终身学习和就业培训体系，重点强化中低端专业技能素质培训，全面提升中低端从业者人工智能素养，确保因人工智能失业人员顺利转岗，降低失业率。为避免学校教育和企业需求脱节问题，可由政府牵头，采用校企合作、产教融合、市场

化运作方式，鼓励校企有针对性地设定培训方式和内容，确保人工智能技术培训与时代发展同步。

3. 健全以劳动者保护为核心的法律制度，保护劳动者权利

新技术的发展推动劳动关系转型，灵活就业成为人工智能时代的重要就业形式。非典型劳动者的涌现，归根结底源于社会变革和科技发展对传统劳动力市场的冲击，也是人工智能创新热潮袭来的附带效应。倘若现有的制度体系对于新生现象未能包容、接纳，无法给予非典型劳动者应有的地位认定和社会保障，就会导致劳动争议高发和复杂化。因此，从法律制度层面加强对灵活就业人员的劳动保护刻不容缓。

4. 构建大数据人才信息库，保障公平就业机会

建立全国统一的大数据人才信息库，为劳动者提供公开、公平的就业数据信息。通过大数据分析技术，整合人才需求数据、人才储备数据、人才更新数据和人工智能应用的岗位技能需求特点数据，以及人工智能技术人才发展趋势等数据资源，为劳动者提供全面及时的就业数据信息。这样，一方面能够保证就业数据信息公开、公平，另一方面能够使人才数据信息库满足企业对劳动力的配置需求。

（二）企业层面

员工是企业最宝贵的资源，在人工智能技术的冲击下，企业应该为员工提供完备的人工智能知识培训，有针对性地制定人才培养体系。

1. 把握人工智能技术的影响，提升员工队伍人工智能素质

人工智能技术的渗透对工作岗位和组织结构产生重大影响，企业需要积极开展人工智能对岗位替代的监测与评估，从企业发展战略出发，找准人工智能和传统技术的结合点，合理使用人工智能技术；结合企业特点，以新技术为突破口，分析人员结构的变化，重视对员工的再培训，以便员工跟上技术进步的步伐；确定人工智能化工作岗位所需的技能和能力要求，积极开展员工技能培训，提升员工队伍的人工智能素质。

2. 做好员工职业生涯管理，促进员工职业发展

在人工智能时代，企业应抓住转型升级的机会，根据企业发展战略对人才的要求，将企业职业生涯管理与人力资源管理战略相结合，做好企业人才发展布局，明确各类人员的胜任力要求，建立不同类别员工的职业发展通道，采取多种措施开展人工智能技术培训，开发员工潜能，激励员工不断提高能力，超越自我，不断适应人工智能时代的工作要求，实现企业和员工的双赢。

3. 加强人才储备，满足企业发展需要

人工智能发展势如破竹，要更好地拥抱人工智能，智能人才的储备至关重要。企业应该积极搭建平台，加强智能人才的引进和培育，根据人工智能技术的要求，结合企业的业务类型，提升现有员工的能力，帮助员工快速适应智能化转型的挑战，帮助员工平稳转岗。企业要依托相关高校，开展校企合作，加强员工职业培训与技能提升，构建不同层次的人才体系，有针对性地培养、招聘更多适应人工智能发展需要的各类人才。

4. 引入工作分享制，减缓人工智能的冲击

通过灵活调整现有工作岗位的劳动时间与薪酬，让更多劳动者分享工作，尽可能减少人工智能技术进步引致的裁员。工作分享制的具体模式有很多种，从国外实践来看，比较典型的有美国的"工作岗位分享制"和"过渡性退休"、德国的"缩短法定工作时间法"等。我国企业可以根据实际情况灵活采用某种形式，坚持员工占主体的技术经济模式。发展人工智能技术的最终目的是支持员工更好地工作而不是简单地取代。所以，企业在研发和使用人工智能技术时，应坚持以员工为主体的基本导向，要重点研发和推广运用劳动填补性技术，用新技术弥补人类劳动力的相对劣势，提升员工的工作能力；对于劳动替代性技术的研发和使用，则应侧重于替代危险、繁重、重复单调、环境恶劣的工作任务。除此之外，企业还要努力构建人机协同生产服务模式，通过技术创新与组织创新，使员工与人工智能技术更好结合，以共同创造社会财富。

（三）个人层面

劳动者个人应该积极面对人工智能技术浪潮，提高相关职业技能，做好个人职业生涯规划，争取更多的就业机会。

1. 建立终身学习理念，提升职业技能水平

在人工智能浪潮席卷下，每一个劳动者都面临着巨大的知识结构挑战，而能快速接受、适应并引领这一挑战的人，将成为最终的赢家。为提升人工智能技术技能，紧跟时代潮流，劳动者需奉行终身学习理念，不断更新专业技能，需要随时关注并参与人工智能相关的技术培训，掌握对智能化技术和智能机器人的操作能力。除了学习操作机器人的技能外，劳动者还要重点学习一些机器人不能取代的岗位技能，如逻辑思维能力、创新能力等，以便提升自己的智力资源价值，更好地从事技术难以替代的工作岗位，应对失业危机。人工智能时代，劳动者更要具备机器不可取代的核心竞争力，通晓未来智能发展方向，从劳动力市场角度，做好自己的职业规划。

2. 优化劳动者技能结构，实现劳动价值

人工智能时代，新技术层出不穷，这对劳动者的技能水平、职业素养等提出了更高的考验。为了更好地适应人工智能技术，劳动者须有积极主动学习的能力，具备丰富的知识储备、较强的创新能力和自我管理能力。随着智能化的发展、技术的进步、劳动者自身的不断学习，劳动者的劳动技能得到不断提升，劳动结构得到了优化。作为个人价值体现的劳动付出，在人工智能时代同样重要。虽然劳动方式和劳动形态发生了巨大变化，但是人工智能时代的劳动价值实现，还是每位劳动者追求的目标。

3. 做好前瞻性个人职业规划，适应时代发展要求

人工智能技术进步速度快、影响面广，劳动者如果等到失业威胁已经或即将来临时再想办法应对，很有可能为时已晚。职业是社会分工的产物，在满足社会的需求、适应专业化的发展中，进行职业规划具有重要的作用。所以，劳动者包括即将进入就业市场的在校学生，提前做好前瞻性职业规划是非常有必要的，这有助于未雨绸缪，以便更加从容地适应技术进步所带来的劳动力需求结构转变。

总而言之，人工智能时代的到来：一方面通过机器取代人显示了人与机器之间的博弈；

另一方面，通过机器需要人的创造、应用与优化，体现了技术进步对人才素质要求的提高。可以看出，人工智能的诞生不仅需要创造技术的人才，同时也需要具有应用与沟通能力的人才，以把高级的技术成果实际应用到生产与生活中去。

【关键词】

压力　工作压力　工作压力源　工作倦怠　工作－家庭冲突　分割理论　溢出理论　补偿理论　角色冲突理论　工作－家庭边界理论　职业生涯高原　人工智能

【思考题】

1．什么是工作压力？其来源有哪些？
2．工作压力理论研究中的三个模型（个人－环境匹配模型、认知交互作用模型和 ISR 模型）的核心思想是什么？
3．在市场竞争的环境下，你认为应该如何应对工作压力？
4．什么是工作倦怠？它有哪些特征？
5．工作倦怠的影响因素有哪些？
6．你认为应该如何对工作倦怠进行干预？
7．什么是工作－家庭冲突？
8．工作－家庭冲突的影响因素有哪些？
9．分割理论、溢出理论与补偿理论、角色冲突理论和工作－家庭边界理论的主要内容是什么？
10．什么是职业生涯高原？它有哪些类型？
11．职业生涯高原的影响因素有哪些？
12．你认为应该如何应对职业生涯高原？
13．人工智能技术对职业和职业生涯的影响主要体现在哪些方面？
14．你如何看待人工智能对职业的冲击？
15．政府、企业和个体如何应对新技术给职业及职业生涯管理带来的挑战？

【案例分析讨论】

罗阳：用生命托起战机的航空英模

罗阳 1961 年出生于辽宁沈阳，生前任沈阳飞机工业集团（简称沈飞）董事长和总经理。

罗阳所在的沈阳飞机工业集团是中国重要的歼击机研制生产基地，他本人也是飞机设计专家。2012 年 11 月 25 日上午，罗阳随中国首艘航母"辽宁号"参与舰载机起降训练，在大连执行任务时突发急性心肌梗死、心源性猝死，经抢救无效，于 12 时 48 分在工作岗位上殉职。

罗阳 1982 年毕业于北京航空航天大学高空设计专业。在他担任沈阳飞机工业集团董事长、总经理的 5 年里,是集团新型号飞机任务最多、最重的 5 年。难关难度,难题难点,好像排着队一样。罗阳善于解决问题,采取多种措施推动研制进度,创造了新机研制提前 18 天总装下线,从设计发图到成功首飞仅用了 10 个半月的奇迹。

2012 年 1 月,罗阳担任中国第一艘航空母舰舰载机歼-15 研制现场总指挥。没有经验,也没有现成的关键技术可以借鉴,航空制造大国对技术的封锁,逼着航空人只有自主创新一条路可以走。在航母上,罗阳坚持亲力亲为,与科研人员一起整理试验数据,观看每次起降过程,记录和分析飞机状态,出现身体不适,也没有中途下舰,甚至都没有去找医护人员检查。

难度高,任务重,时间短,重重考验摆在罗阳面前,可是他就有这么一股不服输、不懈怠的劲头。他曾说过:外国人能干成的事情,中国人同样能干成,而且还能干得更好。

在生命的最后一个月里,他不知疲倦,劳心劳力,没有一刻休息,直至生命的最后一刻。

失罗阳,痛哉!

11 月 24 日,我国首款舰载机歼-15 在辽宁号航母上成功完成起降试验,举国欢庆。然而,短短十几个小时后,担任歼-15 研制现场总指挥的罗阳却因突发心肌梗死、心源性猝死,经抢救无效殉职,年仅 51 岁,令人扼腕痛惜。很多网友自发在网络上悼念罗阳,称其"用生命擎起了舰载机起飞"。

新华社"中国网事"记者连日来走进罗阳生前的同事和身边的工作人员,听他们追忆罗阳留下的那首生命的壮歌……

那些天,他太累了!

25 日上午,完成舰载机起降试验的辽宁号返航,在大连港靠岸,人们欢呼着,迎接英雄们胜利归来。舰上人员依次走下舰艇,在集团职工热切的企盼中,罗阳才拖着缓慢的步伐出现在队伍的最后面。罗阳走下扶梯,脸上的疲倦显而易见,没有热烈拥抱,没有高声欢呼,他微笑着与每个员工握手,随后,转身坐上汽车。几个小时之后,庆功宴就要开场,然而,罗阳留给很多人的记忆却停留在了这一刻。

沈飞党委书记谢根华回忆,歼-15 起降成功后,中航工业集团准备 25 日下午举行庆功会,罗阳理应出席。但是,在回宾馆的路上,罗阳因为身体难受,请谢根华代替。一回到房间,罗阳便手按胸口横躺在床上,谢根华赶紧让人联系,将罗阳送往仅几公里外的大连市友谊医院。在距离医院大门还有 100 米左右,罗阳就喘不过气来,医护人员当即在医院门口大厅就做起了急救,但最终还是没有救回来。

"罗阳是累倒的!"中航工业沈阳黎明航空发动机(集团)有限责任公司董事长孟军说。只有亲身经历,你才能体验在航母上试验舰载机的巨大压力。作为歼-15 的生产者,在一旁观看、记录着可以说是提心吊胆;而歼-15 起飞时巨大的轰鸣声,震得人心脏难以承受,罗阳坚持记录了每批架次起降,也没有放过任何一批次飞机的触舰、复飞等动作,而他的观看点离飞机最近距离不超过 20 米。

而在上舰之前的不到 20 天内,罗阳连续完成两个重点项目,紧接着参加珠海航展,17 日飞回沈阳后,连家都没回就连夜从机场前往基地。算上在舰时间,他已连续在外出差了 17 天。面对罗阳遗体,妻子王希利悲痛地呼喊"罗阳,我知道,这些天来你太累了!"的话语,让身边人不禁落泪。

铁肩担起报国志。

资料显示，罗阳从2007年起担任沈飞董事长、总经理、党委副书记职务，上任以来锐意改革、开拓创新，企业营业收入年均增长16%，利润年均增长34%，带领公司迈入了持续发展的快车道。

26日在沈飞宾馆，记者见到了罗阳的秘书任仲凯，他正在打电话安排亲友参加29日罗阳的追悼会。这名30多岁的年轻人眼眶发红、嘴唇有些干裂、面色蜡黄，显然已相当疲劳。对罗阳的离世，他至今难以接受。

任仲凯说，罗阳生前既不喜欢喝酒也不抽烟，只是人到中年以后血压、血脂有些偏高。担任领导工作后，罗阳很少有时间陪家人，工作忙的时候，他早晨6点多钟就上班，常常到后半夜才回家，平日极少请假。女儿参加高考时，罗阳才罕见地请了半天假陪她。

沈飞总工程师袁立是罗阳的同事，两家住楼上楼下。一提到罗阳他眼中就泛起泪光，"工作中他兢兢业业，但压力是实实在在的。他多少年来一直性情温和，但这些日子肝火旺盛，有时候一说话声音就高了。"因为罗阳是研制现场总指挥，所以很多事情都需要他调度、决断。

在同事的眼中，罗阳性格稍显内向，平日温文尔雅、很少发脾气，但工作起来毫不含糊。罗阳原来的同事，我国首席歼击机设计专家孙聪说："罗阳决策很慎重，但只要一决策就坚持到底，绝不轻易放弃。我最怕罗阳请我吃饭，他一说吃饭我就知道，这是要我的部门在科研上闯关了。但没有他的强力支持，沈飞的科技水平绝不会进步得这么快。"

沈飞14厂职工赵传印参加工作已近40年了，他说："罗阳是个好干部，是我们沈飞任务太重，让他受苦了。罗阳对基层干部要求特别严格，车间生产出现问题，他一个集团老总居然第一时间赶到现场，立即解决问题。沈飞在他的率领下，工人特别关心生产质量，团队意识也特别强。"

将罗阳未竟的事业进行到底。

27日的沈阳寒风阵阵，街上少有行人。而设置在沈飞宾馆内的公祭堂，却源源不断涌来要悼念罗阳的人们。各行各业送来的花圈把偌大的公祭堂摆了整整三层，"鞠躬尽瘁为中华复兴，殚精竭虑铸航空大业"两道黑底白字的挽联垂下。

沈飞退休职工，今年已经74岁的夔长青说："我担心进不了悼念现场，就带齐了退休证、进门证、以前的介绍信，不图别的，就想给英雄送一程、道个别！"

沈飞的国际合作伙伴、加拿大庞巴迪公司得知罗阳去世的消息后，也派出代表赶来祭奠。

庞巴迪公司工作人员罗斯告诉记者，他个人与罗阳并没有交情，但了解到罗阳对整个中国航空业做出了巨大贡献，罗阳去世无论是对沈飞还是对中国都是巨大的损失。他很敬重罗阳，罗阳在中国航空业很有影响力，很难想象沈飞失去罗阳会有怎样的影响。

几天来，网上也是悼念如潮。新浪网友白杨说："作为现场总指挥，罗阳承受的精神压力可想而知。持续体力与精神的高强度消耗，压垮了这位为中国歼击机发展做出卓越贡献的功臣。"也有网友说，中国空军已经能撑起辽阔的蓝天，中国海军的步伐也将从祖国的黄色海洋到蓝色的星辰大海，总会有人倒在黎明，深鞠一躬，然后，继续前进，沿着他们未竟之路……

"辽宁号入列时，海外媒体预计中国舰载机成功应用至少需要1年半时间，没想到我们仅用2个多月,就成功实现了最为关键的起降试验!"中航工业集团董事长林左鸣说,这一奇迹的背后,是像罗阳这样千千万万航空人的不懈努力。

林左鸣说:"'才见霓虹君已去,英雄谢幕海天间',航空人要化悲痛为力量,完成罗阳未竟的事业,为中国航空工业的伟大战略做出更大贡献。"

2013年,罗阳被评为感动中国十大人物,颁奖词是这样写的:"如果你没有离开,依然会,带吴钩,巡万里关山。多希望你只是小憩,醉一下再挑灯看剑,梦一回再吹角连营。你听到了吗?那战机的呼啸,没有悲伤,是为你而奏响!"

(资料来源:http://lizhi.quhua.com/ganenlizhi/7000.html.)

分析讨论题:

1．通过阅读案例,你认为罗阳超负荷工作的压力源来自哪些方面?

2．你认为组织内部应该采取哪些管理策略来预防和减轻研究人员过度劳累和压力产生的严重后果?

3．从罗阳的事迹中,你认为应该向罗阳学习什么?

参 考 文 献

[1] CALLANAN G A, GREENHAUS J H. The career indecision of managers and professionals : development of a scale and test of a model[J]. Journal of Vocational Behavior, 1990（37）: 79-103.

[2] BARNEY J B, LAWRENCE B S. Pin stripes, power ties and personal relationships : the economics of career strategy, in handbook of career theory[M]. Cambridge : Cambridge University Press, 1989: 417-436.

[3] FELDMAN D C. Careers in organizations : recent trends and future directions[J]. Journal of Management, 1989（15）: 135-156.

[4] GOULD S, PENLEY L E. Career strategies and salary progression : a study of their relationships in a municipal bureaucracy[J]. Organizational Behavior and Human Performance, 1984（34）: 244-265.

[5] LATHAM G P, LOCKE E A. Self-regulation through goal setting[J]. Organizational Behavior and Human Decision Processes, 1991, 50（2）: 212-247.

[6] LOCKE E A, LATHAM G P, EREZ M. The determinants of goal commitment[J]. Academy of Management Review, 1988（13）: 23-39.

[7] KILDIFF M, DAY D V. Do chameleons get ahead？the effects of self-monitoring on managerial careers[J]. Academy of Management Journal, 1994, 37（4）: 1047-1060.

[8] FREUDENBERGER H J. Staff burnout[J]. Journal of social issues, 1974（30）: 159-165.

[9] SCHAUFELI W B, ENZMANN D. The burnout companion to study and research : a critical analysis[M]. Abingdon : Taylor & Francis Group, 1998.

[10] 袁庆宏, 付美云, 陈文春. 职业生涯管理[M]. 北京：科学出版社, 2009.

[11] 格林豪斯, 卡拉南, 戈德谢克. 职业生涯管理：第3版[M]. 王伟, 译. 北京：清华大学出版社, 2006.

[12] 徐笑君. 职业生涯规划与管理[M]. 成都：四川人民出版社, 2008.

[13] 杜映梅. 职业生涯管理[M]. 北京：中国发展出版社, 2007.

[14] 周文霞. 职业生涯管理教程[M]. 北京：中国人民大学出版社, 2021.

[15] 周文霞. 职业生涯管理[M]. 上海：复旦大学出版社, 2019.

[16] 顾海根. 人员测评[M]. 合肥：中国科学技术大学出版社, 2005.

[17] 姚裕群. 职业生涯规划与发展[M]. 2版. 北京：首都经济贸易大学出版社, 2007.

[18] 李宝元. 职业生涯管理学[M]. 3版. 北京：北京师范大学出版社, 2020.

[19] 巴鲁. 职业生涯管理教程[M]. 陈涛, 孙涛, 译. 北京：经济管理出版社, 2005.

[20] 风笑天. 社会学研究方法[M]. 北京：中国人民大学出版社, 2001.

[21] 罗宾斯. 组织行为学：第7版[M]. 孙建敏, 李原, 译. 北京：中国人民大学出版社, 1997.

[22] 刘宇璟. 职业生涯辅导中自我探索的分析方法研究[J]. 现代商业, 2009（8）: 178-179.

[23] 李霞, 赵梅. 略论企业员工的职业生涯阻碍及应对策略[J]. 华东经济管理, 2008, 22（11）: 125-128.

[24] 江历明, 赵森, 马俊. 员工职业生涯中期阶段的危机管理[J]. 漳州师范学院学报（哲学社会科学版）, 2005（4）: 5-9.

[25] 刘宁, 刘晓阳. 企业管理人员职业生涯成功的评价标准研究[J]. 经济经纬, 2008（5）: 75-78.

[26] 龙立荣, 李晔. 职业辅导思想的历史嬗变：从职业指导到生涯辅导[J]. 华中师范大学学报（人文社会科学版）, 2001（6）: 136-140.

[27] 姜玉原, 高艳军. 职业导师制推行的步骤[J]. 人力资源, 2006（21）: 30-31.

[28] 刘勇，高珊. 企业导师制的类型与功能 [J]. 管理观察，2008（17）：76-77.

[29] 时雨，刘聪，刘晓倩，等. 工作压力的研究概况 [J]. 经济与管理研究，2009（4）：101-106.

[30] 刘杨，张建军. 员工工作家庭冲突研究综述 [J]. 无锡商业职业技术学院学报，2008（4）：58-60.

[31] 王西，廖建桥. 工作家庭冲突的组织支持策略研究综述 [J]. 人类工效学，2006（3）：69-71.

[32] 谢宝国，龙立荣. 职业生涯高原研究述评 [J]. 心理科学进展，2005（3）：348-355.

[33] 陈剑. 西方职业高原现象研究进展 [J]. 北京工业大学学报（社会科学版），2006（3）：16-20.

[34] 贾晓波，陈凤荣. 工作倦怠的测量及其干预研究综述 [J]. 心理与行为研究，2006，4（1）：55-60.

[35] 李超平，时勘. 分配公平与程序公平对工作倦怠的影响 [J]. 心理学报，2003（5）：677-684.

[36] 李银飞. 对工作倦怠研究最新进程与展望 [J]. 职业，2009（12）：20-22.

[37] 石建勋. 职业生涯规划与管理 [M]. 北京：清华大学出版社，2012.

[38] 秦志华. 人力资源管理 [M].4 版. 北京：中国人民大学出版社，2014.

[39] 姚裕群，曹大友. 职业管理 [M].3 版. 大连：东北财经大学出版社，2015.

[40] 刘湘丽. 人工智能时代的工作变化、能力需求与培养 [J]. 新疆师范大学学报，2020（7）：97-107.

[41] 林松池. 人工智能技术发展对我国就业的影响及对策研究 [J]. 生产力研究，2020（4）：18-20.

[42] 潘文轩. 人工智能技术发展对就业的多重影响及应对措施 [J]. 湖湘论坛，2018（4）：150-153.

[43] 周卓华. 人工智能技术发展对就业的影响及应对 [J]. 重庆社会科学，2020（10）：45-53.

[44] 王君，张于喆，张义博，等. 人工智能技术等新技术进步影响就业的机理与对策 [J]. 宏观经济研究，2017（10）：169-178.

[45] 张燕红，廖建桥. 组织中的反馈寻求行为研究述评与展望 [J]. 外国经济与管理，2014，36（4）：47-56.

[46] 张建平，秦传燕，刘善仕. 寻求反馈能改善绩效吗？反馈寻求行为与个体绩效关系的元分析 [J]. 心理科学进展，2020，28（4）：549-565.

[47] 章莉. 自我雇佣的收入效应、发展特征及其群体差异 [J]. 北京工商大学学报（社会科学版），2018，33（6）：32-42.

[48] 赵富强. 职业生涯管理：理论与实务 [M]. 北京：科学出版社，2016.